영남의 3·1운동과 만주의 꿈

지은이

이윤갑 | 서울대학교 국사학과를 졸업하고 같은 대학의 대학원에서 문학석사 학위를, 연세대학교 대학원에서 문학박사 학위를 받았다. 대통령 직속 친일반민족행위자재산조사위원회 위원으로 활동하였고, 현재 계명대학교 사학과 교수로 재직하고 있으며, 계명대학교 한국학연구원장을 맡고 있다. 저서로는『한국근대 상업적 농업의 발달과 농업변동』,『조선총독부의 소작정책연구』,『일제의 식민지 지배와 마을문화의 해체』,『근대 전환기의 학문적 단절 잇기』,『인문정신의 회복과 한국학의 길 찾기』,『인문생태의 눈으로 지역혁신을 꿈꾼다』등이 있다.

심상훈 | 안동대학교 사학과를 졸업하고 같은 대학의 대학원에서 석사 학위를 받았으며, 경북대학교 사학과 박사과정을 수료했다. 저서로는『안동근현대사』1~4(공저),『근현대 영남유학자들의 현실인식과 대응양상』(공저),『한국사상의 재조명』(공저)이 있고, 논문으로는「일제강점기 光山金氏 청년지식인의 시대인식과 민족운동」,「한국국학진흥원 소장 자료를 통해 본 국채보상운동의 전개양상과 성격」,「한말 경북지역 의병일기의 사료적 특징과 활용을 통해 본 선비정신」,「일제강점기 해외에서 경북여성들의 민족운동」등이 있다.

김순석 | 고려대학교 사학과를 졸업하고 같은 대학의 대학원에서 석사 및 박사 학위를 받았다. 태동고전연구소를 수료하고, 독립기념관 연구원과 순천향대학교, 고려대학교 강사를 거쳐 현재 한국국학진흥원 수석연구원으로 재직중이다. 주요 저서로는『일제시대 조선총독부의 불교정책과 불교계의 대응』,『한국 근현대불교사의 재발견』,『근대 유교개혁론과 유교의 정체성』,『불멸의 민족혼 되살려 낸 역사가 박은식』등이 있다. 한국 근현대불교사와 근현대유학사를 공부하고 있다.

서동일 | 건국대학교 사학과를 졸업하고, 같은 대학의 대학원에서 석사 학위를, 한국학중앙연구원에서 박사 학위를 받았다. 저서로는『면우 곽종석의 학문과 사상』(공저)이 있고, 논문으로는「1910년대 한인의 안동 이주와 접리수 한인촌 형성」,「1910년대 한중 유림의 교류와 공교운동」,「조선총독부의 파리장서운동 참가자에 대한 사법처리와 관련 수감자의 대응」등이 있으며,『상경일기』등을 번역하였다.

이은영 | 건국대학교 중어중문학과를 졸업하고 성균관대학교에서 석사 및 박사 학위를 받았다. 저서로는『요동의 학이 되어—일제강점기 서간도 망명 우국지사 이건승·안효제·노상익·노상직·예대희·조정규와 안창제를 중심으로』,『한국 독립운동과 암호』등이 있고, 공동 역저서로『철로 위에 선 근대 지식인』이 있다. 논문으로는「수파 안효제의 서간도 망명과 우국시」,「송은 안창제의 서간도 망명시 연구」,「대눌 노상익의「대한망국사열전」연구」등이 있다.

정우락 | 경북대학교 국어국문학과를 졸업하고 같은 대학의 대학원에서 문학박사 학위를 받았다. 중국 북경대학교 방문학자를 지낸 바 있으며, 현재 경북대학교 국어국문학과 교수로 재직하고 있다. 저서로는『영남의 큰집, 안동 퇴계 이황 종가』,『조선의 서정시인 퇴계 이황』,『남명과 퇴계 사이』,『남명문학의 철학적 접근』,『남명학파의 문학적 상상력』,『삼국유사 원시와 문명 사이』,『문화공간 팔공산과 대구』등이 있다.

김윤규 | 경북대학교 국어교육과를 졸업하고 같은 대학의 대학원에서 문학박사 학위를 받았다. 현재 한동대학교 교수로 있으며 미국 Middle Tennessee State University 교환교수를 지냈다.『개화기 단형서사문학의 이해』외 10권의 저서가 있으며,『석주유고』,『백하일기』,『동구유고』,『서산집』등의 번역에 참여하였고,『다산 유배문학 신책』외 4권의 번역서가 있다.

영남의 3·1운동과 만주의 꿈

초판 1쇄 2019년 2월 25일
초판 2쇄 2019년 11월 25일
지 은 이 이윤갑·심상훈·김순석·서동일·이은영·정우락·김윤규
펴 낸 이 김상동
펴낸 곳 경북대학교출판부
출판등록 1973년 10월 10일 ㉣97호
주 소 대구광역시 북구 대학로 80
전 화 053-950-6741~3
팩 스 053-953-4692
이 메 일 press@knu.ac.kr
홈페이지 http://knupress.com
I S B N 978-89-7180-516-9 93910

정가는 뒤표지에 있습니다. 파본은 바꾸어 드립니다.

영남의 3·1운동과 만주의 꿈

이윤갑·심상훈·김순석·서동일·이은영·정우락·김윤규 지음

경북대학교출판부

3·1운동 100주년에 즈음하여

1

2019년은 3·1운동이 일어난 지 100주년이 되는 해이다. 1919년에 일어난 3·1운동은 국내는 물론이고 연해주, 간도, 미주 지역에 거주하는 동포들까지 독립만세시위에 적극 나선 거족적인 민족운동이었다. 1910년 폭력으로 대한제국을 강제 병탄한 일제는 헌병경찰을 앞세운 무단통치로 조선의 민족운동을 봉쇄하고 억압하였다. 그러나 무단통치의 위세에 눌려 잠시 잠복했던 조선독립의 투지와 열정은 1919년 3월 1일 민족대표 33인의 독립선언서 발표를 도화선으로 삼아 일서에 폭발하였다. 3·1운동의 불꽃은 3월 1일 시작되어 5월 하순까지 전국 방방곡곡에서, 나아가 조선동포가 이주해 있던 연해주와 용정, 미국의 필라델피아 등지에서 거세게 타올랐다.

3·1운동에는 천도교·기독교·불교 등의 종교지도자, 지식인, 학생과 척사위정운동을 계승한 유림을 비롯하여 농민, 상인, 노동자, 도시빈민 등 각계각층의 사람들이 남녀노소 할 것 없이 모두가 자발적으로 참여하여 총칼로 무자비하게 진압하는 일본의 군경에 맞서 독립만세를 외치며 항거하였다. 3·1운동에서 우리 민족은 일제의 총검에 의해 무려 7천5백여 명이 목숨을 잃었고, 1만 6천여 명이 부상을 입었으며, 4만 6천여 명이 검거되어 혹독한 고문을 받고 투옥되었다. 이러한 막대한 희생이 의미하는 것은 우리 민족이 일제의 잔혹한 폭력에도 굴하지 않고 독립을 추구하겠다는 의지가 단호했다는 것이다. 그리하여 3·1운동은 일제강점기 민족운동이 들불처럼 거세게 타오르게 만든 결정적 계기가 되었고, 일제 패망 때까지 끈질기게 민족

운동을 이어 갈 수 있게 한 정신적 근원이 되었다. 3·1운동을 계기로 조선에서는 청년운동이 들불처럼 일어났다. 이와 함께 농민·노동자층이 중심이 된 대중운동이 사회주의사상과 결합하면서 폭발적으로 고양되었다. 만주에서는 3·1운동을 계기로 무장독립운동이 시작되어 독립군 부대가 결성되고 이를 진압하려는 일제의 군대와 전투를 벌였다. 봉오동 전투와 청산리 대첩이 그 대표적인 성과였다.

나아가 3·1운동은 우리 민족 최초의 근대적 공화주의 정부였던 대한민국 임시정부를 탄생시켰다. 대한민국 임시정부는 3·1운동이 격렬하게 전개되는 와중에 태동하고 출범하였다. 임시정부의 수립은 민족운동의 사령탑을 구축하는 것이고, 동시에 민족해방과 독립국가 건국의 구체적 방향과 목표를 공개적으로 표명하는 것이었다. 대한민국 임시정부는 우리 역사상 최초로 자주적인 민주공화국 건설을 민족해방과 독립의 목표로 공표하였다. 임시정부가 대내외적으로 당당히 민주공화국 건설을 민족해방의 목표로 선언할 수 있었던 것은 우리 민족의 대다수가 일제의 폭압에 굴하지 않고 당당히 독립을 요구하며 자발적으로 3·1운동에 적극 참여하였기 때문이다. 민주공화제는 그 구성원이 주권자로서 권리와 의무를 자발적으로 제정하고 서로 평등하게 소통하고 연대하여 공동의 과제를 해결하기 위해 노력할 때 비로소 실현된다. 3·1운동은 우리 민족이 민주공화제를 시행할 수 있는 정신적·사회적 기반을 형성해 가고 있음을 대내외에 과시한 역사적 사건이었다. 3·1운동의 이러한 역사적 의의에 근거해 대한민국 헌법전문은 3·1운동을 우리 근대국가의 출발점으로 제시하고 있다.

2

3·1운동은 경상북도에서도 거세게 일어났다. 경상북도의 3·1운동은 3월 8일 대구 서문시장에서 처음 시작되었다. 대구의 3·1운동은 서문시장에서 출발해 대구경찰서와 대구부청 앞을 지나 종로로 이어지는 대규모 만세시위로 펼쳐졌다. 대구의 만세시위는 곧 바로 경상북도 전역으로 파급되었

다. 3월 11일에는 영일·의성·김천에서, 13일에는 경주·칠곡에서, 16일에는 안동에서, 18일에는 영덕·봉화에서, 23일에는 상주에서, 24일에는 영양·청송에서, 26일에는 영천에서 독립만세시위가 이어졌다. 4월에 들어서도 만세시위는 계속 이어졌다. 4월 2일에는 성주에서, 3일에는 예천·선산에서, 4일에는 영주에서, 6일에는 고령에서, 12일에는 청도에서, 15일에는 문경에서, 28일에는 달성군에서 만세시위가 일어났다. 경상북도 24개 군 가운데서 무려 21개 군에서 독립만세시위가 전개되었는데, 만세시위의 횟수는 총 90회였고 시위에 직접 참가한 인원 또한 2만 2천 명에 이르렀다.

최초의 대구 시위에서부터 일경은 폭력적으로 시위대를 해산하고 진압하였으며, 일제의 폭력진압은 독립만세시위가 이어질수록 더욱 강도가 높아졌다. 이에 맞서 전개되는 만세시위 또한 폭력성을 띠지 않을 수 없었다. 경북의 3·1운동에서 일제 경찰이 무기를 사용해 시위를 진압한 것이 총 13회였고 그중 11회에서 발포가 이루어졌으며, 그로 말미암아 25명이 사망하고 69명이 부상하였다. 이 통계는 조선주차헌병대사령부에서 작성한 것이므로 실제 사망자와 부상자는 이 숫자를 상회한다고 보아야 한다. 3·1운동으로 일경에 체포된 자는 경북 전체에서 2,133명이나 되었는데, 특히 운동이 격렬하게 일어났던 대구에서는 297명, 안동에서는 392명, 영덕에서는 489명, 의성에서는 190명, 성주와 칠곡에서는 각각 133명, 135명이 체포되었다.

3

경북에서의 3·1운동은 그 주도층에 주목해 보면 크게 세 유형으로 나누어진다. 한 유형은 대구의 시위가 그 대표적인 예로, 기독교 교역자와 신도가 주도해 만세시위를 일으킨 것이다. 경북의 기독교 교역자나 신도들은 서울, 평양, 대구 등 기독교도들이 주축이 된 지역의 만세시위를 목격하거나 소식을 듣고 자신의 교회 신도들을 규합해 만세시위를 일으켰다. 대구의 만세시위는 민족대표 33인의 일원이었던 대구 출신 이갑성이 서울 시위 소식을 전하며 참여를 요청하자 대구 남성정교회의 목사 이만집과 남산정교회의 전도사 김태련 그리고 선교사가 설립한 계성학교 교감 김영서가 전면에 나서서 각 교회의 기독교 신자, 계성학교와 신명학교 학생, 대구고보 학생들의 참여를 적극 이끌어 내면서 성사되었다. 대구의 경우와 같이 기독교 교회의 교역자와 신도가 중심이 되어 만세시위를 일으킨 지역으로는 의성·김천·칠곡·경주·포항·청송·울진 등지가 있다. 이들 지역의 기독교 신자들은 만세시위를 통해 독립의지를 강렬히 표출하면 파리강화회의에서 조선의 독립이 성취될 수 있을 것으로 기대하였다.

다른 한 유형은 안동이나 성주의 만세시위가 그 대표적인 예로, 척사위정운동의 전통을 계승한 유림들이 주도하여 만세시위를 일으킨 것이다. 안동에서는 을미의병을 비롯해 한말 전개된 척사위정운동의 영향 속에서 성장한 유림들이 고종의 인산에 참가하기 위해 상경하였다가 만세시위를 목격하였거나 인근 지역의 만세시위 소식을 듣고 문중 사람들과 협의해 만세시위를 일으켰다. 안동 예안면과 임동면의 시위가 그 대표적인 경우로, 한말 척사위정운동에 앞장섰던 예안의 진성이씨 일족과 임동의 전주류씨 일족이 시위의 중심을 이루었는데 그 주동자는 두 지역 모두 고종의 인산에 참가하였다가 서울의 만세시위를 목격하고 귀향한 유림들이었다. 이들은 파리강화회의에 조선의 독립을 요청하기 위해 독립선언서가 발표되고 만세시위가 일어나게 된 사실을 알고 있었고, 자신들 또한 만세운동을 일으켜 이 운동에 기여하려 하였다. 그러나 유림들은 기독교도들에 비해 파리강화회의를 통해 조선의 독립이 성취될 것이라는 기대는 크지 않았다. 대신 이들은 만세시위를 통해 일제의 식민 지배에 적극 항거하려 하였다. 그로 말미암아 이들 지역에서의 시위는 주재소나 면사무소를 습격하고 일본 경찰의 무기를 탈취하거나 체포된 동료를 구출하려 시도하는 등 적극적이고 공세적인 양상을 보였다. 안동의 경우처럼 유림이 만세시위를 주도한 지역은 봉화·영양·영주·예천·상주 등지와 성주였다.

성주의 만세시위는 척사위정 계열의 유림이 주도한 점에서는 안동과 공통되지만 그 전개방식에서는 다른 특징을 보였다. 성주의 만세시위는 유림들이 독자적으로 파리강화회의에 조선의 독립을 요청하는 파리장서운동을 전개하면서 그와 연계해 일어났다. 파리장서운동은 고종의 인산에 참여하기 위해 상경한 유림들이 3·1독립선언서에 발표된 민족대표에 유림대표가 빠졌다는 사실을 알고 파리강화회의에 유림단의 독자적 입장을 전달하기로 논의하면서 시작되었다. 이들은 조선이 전통적으로 유림의 나라였기 때문에 파리강화회의에 조선독립을 요청하는 민족대표에 반드시 유림이 포함되어야 한다고 보았다. 그런 까닭에 33인의 민족대표에 유림이 빠졌으면 유림대표가 독자적으로라도 파리강화회의에 독립을 요청해야 한다고 판단한 것이다. 파리장서운동에서 가장 핵심적인 역할을 맡았던 인물은 성주 유림 김창숙이었다. 김창숙은 당시 유림의 종장으로 추앙받았던 곽종석을 장서 유림단의 대표로 추대하고 그와 협의해 이 운동을 추진하였다. 이런 사정으로 곽종석·장석영·김창숙 등 한주학단 소속 유림들이 파리장서운동에서 중요한 역할을 맡게 되었고, 따라서 공간적으로도 성주가 운동의 중심지가 되었다. 성주의 만세시위는 김창숙이 파리장서를 휴대하고 중국으로 탈출한 직후에 이 운동과 연계해 일어났다. 성주 유림들은 파리장서 제출에 즈음해 자신들의 강렬한 독립의지를 공개적인 대규모 만세시위로 표출했던 것이다. 성주의 만세시위를 주도한 유림은 파리장서에 서명한 송준필과 그 일족들이었다. 송준필은 「통고국내문」을 대량으로 작성해 전국의 유림들에게 발송하고, 일족의 청년들을 독려해 앞장서서 만세시위를 이끌게 하였다. 3월 28일 일어난 성주의 만세시위는 1,500여 명이 참여하여 밤늦게까지 계속되었다. 일본 군경은 이 시위를 진압하기 위해 발포하였고, 결국 시위대 3명이 사망하고 7명이 부상을 입었다. 안동과 비교하면 성주의 3·1운동은 파리장서운동과 긴밀한 연계 속에서 일어났고, 그리하여 그 전개 양상도 평화적 만세시위를 지향하였던 점에서 차이가 있었다.

앞의 두 유형과는 달리 경북에서는 기독교도와 유림들이 각각 독자적으로 세력을 형성해 무력적 항일 만세시위를 전개한 지역들이 있었다. 물론 안동과 성주의 3·1운동에도 기독교도들의 참여가 있었다. 가령 안동면 시위와 성주면 시위에서는 기독교도와 유림 연합으로 시위가 전개되었다. 그럼에도 불구하고 안동이나 성주의 3·1운동에서는 양적으로나 질적으로나 유림의 영향력이 시위 전반을 주도했다고 할 만큼 우세하였다. 이와는 달리 구미(선산)·영덕 등지에서는 어느 한쪽의 우세를 말하기 어려울 만큼 기독교도들은 교회를 중심으로, 유림들은 문중조직을 중심으로 각각 다중을 동원해 연합 시위를 벌이거나 독자적으로 만세시위를 전개하였다. 이 두 지역은 한말 반일의병투쟁이 격렬하게 전개된 지역들이었다. 이 지역 출신으로 유명한 의병장은 선산의 허위와 영해의 신돌석이었다. 허위는 1908년 13도 연합의진 서울 공략 시 선봉대를 이끌었고, 신돌석은 영릉의진(寧陵義陣)을 이끈 평민 의병장으로 크게 위용을 떨쳤다. 이들 지역에서 한말 반일의병운동의 영향은 일제의 병탄 후에도 이어져 3·1운동에 영향을 미쳤다. 그로 말미암아 이들 지역의 3·1운동은 여타 지역에 비해 매우 적극적·공세적으로 전개되었다. 이 지역의 만세시위는 헌병주재소나 보통학교·소학교·우편소·면사무소 등 일제의 식민통치기관을 공격, 파괴하고 심지어 일본 경찰을 무장해제하고 응징하는 방식으로 진행되었다. 3월 18일에 일어난 영해면 성내리 시장에서의 시위가 그 대표적인 예였다. 그로 말미암아 일제 군경의 진압과정에서 타 지역에 비해 더 많은 사망자와 부상자가 나왔고, 구속자도 더 많았으며 재판에서 선고받은 형량도 높았다. 만세시위에 참가한 이 지역의 기독교도나 유림의 3·1운동에 대한 인식이나 기대는 타 지역의 경우와 다르지 않았다.

이 밖에도 경북의 일부 지역에서는 기독교도나 유림이 아닌 신식학교 재학생이나 졸업생이 만세시위를 주도하였다. 문경·영천·경산·청도·울진 등지가 그러하였다. 이들 지역의 시위는 그 규모나 위세가 크지 않았다는 공통점이 있다.

4

본서는 3·1운동 100주년을 기념하여 영남 지역의 3·1운동의 실상을 파악하고 그 역사적 의의를 재조명하기 위해 기획되었다. 이를 위해 본서는 영남 지역에서 다양한 양상으로 전개된 3·1운동의 특징을 드러내기 위해 대구와 안동의 3·1운동과 이 지역 유림들이 주도하였던 파리장서운동을 집중 조명하였다. 이윤갑의 「대구 지역의 한말 일제 초기 사회변동과 3·1운동」, 심상훈의 「안동 지역 3·1운동의 전개 양상과 특징」, 김순석의 「3·1운동기 영남 지역 종교계의 동향」, 서동일의 「파리장서운동의 전개와 영남 지역의 숨은 협력자들」이 그 성과다. 대구의 만세시위는 기독교도들이 주축이 되어 전개되었고, 안동의 만세시위는 척사위정 계열 유림이 주도하였다. 파리장서운동은 유림단이 독자적으로 추진한 외교독립운동으로, 유림의 종장으로 존경받던 곽종석을 비롯해 영남과 기호 지역의 유림 137명이 연명하여 조선의 독립을 파리강화회의에 요청한 것이었다. 파리장서운동은 전국적으로 전개되었지만 이 운동의 핵심 주도층은 김창숙과 곽종석·장석영 등 영남 유림이었다.

영남의 3·1운동에서는 다른 지역에 비해 유림의 주도성과 참가가 두드러졌다. 영남의 유림들이 3·1운동에 적극적으로 참여하였던 요인으로는 다음 두 가지가 주목된다. 하나는 한말 이 지역의 유림들이 척사위정운동으로 치열하게 펼쳤던 반일의병투쟁의 영향이었다. 안동·영양·선산·영덕·청송 등지의 3·1운동에서 그러한 영향이 확인된다. 다른 하나는 다수의 영남 유림들이 해외로 망명하여 독립운동기지를 건설하는 등 일제의 병탄 이후에도 꾸준히 독립운동을 이어 갔던 것이다. 안동 내앞의 의성김씨 일문과 석주 이상룡, 성주의 한계 이승희(韓溪 李承熙) 등이 그 대표적인 예이다. 이들의 독립운동 소식은 지역 유림들 사이에서 공유되고 있었고, 그 영향으로 3·1운동이 일어나자 지역에서 앞장서 만세시위를 주도하였던 것이다. 파리장서운동이 그 대표적인 예다. 만주에서 독립운동을 전개하던 이승희는 1916년 말 망명지 심양(瀋陽)에서 세상을 떠났고, 전국의 유림들이 그의 순국을 애도하는 가운데 향리 성주에서 장례가 치러졌다. 이승희의 순국과 장례는 특히 그를 마음 깊이 존경하고 따랐던 김창숙에게 큰 영향을 미쳤다. 김창숙은 이를 계기로 독립운동의 의지를 더욱 강고하게 다졌고 2년 뒤 파리장서운동에 앞장서게 된다.

영남 유림이 3·1운동에 적극 참가하게 되는 이러한 요인들에 주목해 본서에서는 영남의 3·1운동 연구와 나란히, 일제의 조선 병탄 전후 시기에 만주로 망명해 독립운동을 펼친 영남 유림에 대해서도 연구하였다. 본서에 실린 이은영의 「20세기 초 영남 유림의 만주 이주와 초기 정착과정」, 정우락의 「『요좌기행』을 통해 본 장석영의 만주 체험과 그 의의」, 김윤규의 「1910년대 만주 망명 영남 지사들의 문학과 그 성격」이 그것으로, 이 연구들을 통해 망명 유림의 만주에서의 독립운동과 사상적·정서적 지향, 그리고 이들과 연계된 국내 유림들의 동향과 대응을 해명하였다. 이러한 연구가 영남 지역에서 전개된 3·1운동의 실상을 보다 심층적으로 이해하는 데 기여할 것으로 기대한다.

집필자를 대표하여
이윤갑 씀

목 차

제1부 영남의 3·1운동

제2부 만주의 꿈

제1부

영남의 3·1운동

제1부

영남의 3·1운동

대구 지역의 한말 일제 초기 사회변동과 3·1운동

제1장

이윤갑

제1장

대구 지역의 한말 일제 초기 사회변동과 3·1운동

*****

국내의 3·1운동은 각계각층이 참여한 거족적인 항일운동으로 우리 민족운동사에서는 물론이고 세계사적으로도 그 영향이 매우 컸던 역사적 사건이었다. 국내의 3·1운동은 1919년 3월 1일의 독립선언서 발표로 시작해 5월 하순에 이르기까지 전국 각지에서 연쇄적으로 일어났다.

1. 응축된 독립의지가 폭발한 3·1운동

3·1운동은 각계각층이 참여한 거족적인 항일운동으로, 우리 민족운동사에서는 물론이고 세계사적으로도 그 영향이 매우 컸던 역사적 사건이다. 국내의 3·1운동은 1919년 3월 1일의 독립선언서 발표로 시작해 5월 하순에 이르기까지 전국 각지에서 연쇄적으로 일어났다.

그러나 3·1운동의 전체적인 전개 양상을 살펴보면 그 가운데 조직

* 이 글은 2006년『계명사학』17집에「대구지역의 한말 일제초기 사회변동과 3·1운동」이란 제목으로 발표한 글을 수정·보완한 것이다.

적으로 준비된 운동은 초기의 일부분에 지나지 않는다. 33인을 비롯해 독립선언서의 제작 및 발표에 관여하였던 천도교와 기독교 계통의 인사들이 대도시를 중심으로 조직한 시위가 그것이다. 이와는 대조적으로 이러한 만세시위에 촉발되어 일어난 3월 중순 이후의 만세운동은 대부분이 군·면 혹은 부락 단위에서 자체적으로 조직되었다.

3월 중순 이후 일어난 만세운동의 경우 대부분이 다른 지역의 만세시위에 촉발되어 즉흥적이라 해도 좋을 만큼 간단한 준비만으로 장날을 이용해 시위를 일으키고, 일제의 군경이 출동해 이를 진압하면 운동이 종료되는 방식으로 전개되었다. 한 지역에서 몇 차례 만세시위가 일어난 경우에도 이러한 양상이 되풀이되었다. 시위가 지역을 인접해 계속해서 발생했고, 시위 양상이나 투쟁 대상이 같았지만, 지역 경계를 넘어 공동으로 혹은 연대해 만세투쟁을 전개한 경우는 거의 없었다. 그러했던 만큼 개별 사례를 검토할 경우, 특히 농촌 지역의 만세시위는 대부분이 즉자적이고 개별 분산적이어서 사회운동으로서는 결코 수준이 높지 않았다.

그럼에도 불구하고 3·1운동은 대중운동으로서는 매우 성공적이었다. 주도층의 사전 준비가 거의 즉흥적인 수준에 머물렀음에도 불구하고 대중들은 그들 모두가 주동자라 할 만큼 이 운동에 능동적으로, 그것도 매우 적극적으로 참가하였다. 그러한 특징은 시간이 흐를수록, 특히 3월 중순 이후 뚜렷이 나타났다. 그 성과 또한 주목할 만했다. 조선총독부 당국이 조사한 바에 따르더라도, 조선인들은 엄청난 희생을 치렀음에도 불구하고 이 운동을 통해 평소 독립 문제에 대해 생각하지 않았던 사람들조차 독립사상을 품기에 이르렀던 것이다.[1] 나아가 민족운

---

1 朝鮮憲兵隊司令部 編, 『大正8年 朝鮮騷擾事件狀況』, 271쪽.

동사의 흐름으로 보더라도 3·1운동은, 이를 일으킨 민족지도자들의 주관적 의도와는 무관하게, 민족운동을 근대적인 대중운동으로 전환시키는 결정적 계기가 되었다. 그러한 까닭에 3·1운동에 대한 연구는 만세시위에 한정된 연구만으로는 절대적 한계가 있다. 이에 더해 졸속한 봉기에도 불구하고 대중운동으로서 성과를 낼 수 있었던 정치경제적 배경과 1910년대에 전개된 민족운동에 대한 폭넓은 검토가 필요하며, 아울러 대중폭동의 성향을 띠었던 만세시위의 사회운동사적 함의와 잠재력에도 주목해야 한다. 3·1운동이 민족운동사의 발전에 중대한 전기가 된 것은 민족·계급운동가들이 이러한 시위 양상에서 근대적 대중운동을 전개할 수 있는 사회적 기반과 잠재력을 발견했기 때문이다.

이러한 문제의식에서 필자는 대구 지역의 3·1운동을 연구하였다.[2] 대구는 조선시대에 경상감영이 설치되었던 곳으로, 교통의 요지이자 정치와 행정의 중심지였다. 그런 만큼 한말 대구에서는 국권회복운동이 활발히 전개되어 경상북도와 영남 일원에까지 지대한 영향을 미쳤고, 국채보상운동을 발의해 전국적으로 명성을 얻기도 하였다. 일제에 병탄된 후에도 여전히 행정과 상업의 요지로 그 위상을 유지했던 대구에서는 일제의 탄압에도 불구하고 국권회복운동을 계승하는 민족운동이 전개되었고, 그 기반 위에서 3·1운동 당시 경북 지역에서 가장 먼저 만세시위가 일어났다. 경북의 여타 지역의 만세시위는 대구의 만세시위에 직접 혹은 간접적으로 영향을 받으면서 일어났다. 이러한 지역적 특성으로 인해 대구는 3·1운동에 폭넓게 접근할 수 있는 좋은 연구대상이 되며, 관련

2 독립운동사편찬위원회, 『독립운동사』 3, 1983; 권영배, 「대구지역 3·1운동의 전개와 주도층」, 『조선사연구』 6, 조선사연구회, 1997; 광복회대구경북연합지부, 『대구경북 항일독립운동사』, 1991.

자료도 비교적 풍부하게 남아 있다. 또한 대구의 3·1운동을 연구하는 것은 경북 지역의 3·1운동을 이해하는 필수적 기초 작업이 되기도 한다.

2. 1910년대의 식민지 지배와 대구사회의 변동

1) 식민지 지배체제의 구축

대구는 한말 경상감영이 자리한 행정과 치안의 요지이자, 교통이 편리해 시장과 유통경제가 발달한 상업도시였다. 그런 만큼 대구는 한말의 국권회복운동의 중심지가 되기도 하였다. 대구의 민족운동가들이 중심이 되어 경북 일원에 근대학교를 설립하는 운동을 전개하였고, 또한 전국적으로 큰 반향을 불러일으켰던 국채보상운동을 처음 시작하기도 하였다. 한말 대구의 시가지에는 5천6백여 호, 2만 4천여 명의 조선인이 살고 있었고, 일본인도 러일전쟁 이후 2천여 호, 8천여 명이 진출해 있었다. 이런 사정으로 인해 일제는 경북도청과 지방법원 및 복심법원을 두고, 보병 80연대를 주둔시키는 등 대구를 정치적으로 장악하기 위해 각별한 관심을 기울였다.

일제는 조선을 강제로 합병할 수 있게 되자 조선총독부를 설치하고 대한제국의 행정 및 치안기구를 식민통치에 적합하도록 전면적으로 개편하였다. 먼저 행정기구의 개편을 보면 조선총독부는 병탄 직후 경상도를 경상북도와 경상남도로 나누고, 1914년에는 대한제국의 군현을 통합하여 경상북도 지역에는 1부(府)와 22개 군(郡)과 1개 도(島)를 두었다.[3]

---

3 김보현·김용래, 『지방행정의 이론과 실제』, 법문사, 1967, 168쪽. 당시 군현의 통합 기

도에는 도장관으로 도지사를 두었고 그 산하에 재무부와 내무부를 두어 행정을 담당하게 하였다. 일제는 경상북도의 도청을 대구부에 두었으며, 도장관(道長官)에 조선인 관리를 임명하였다. 그러나 행정실무를 책임지는 내무부장과 재무부장에는 일본인 관리를 임명하였으며, 산하 주요 업무의 책임자 또한 일본인 관리가 맡게 하였다. 도 산하의 부(府)·군(郡)·도(島)에는 부윤(府尹)·군수(郡守)·도사(島司)를 두었으며, 서무계·내무계·재무계를 두어 지방행정을 분담하게 하였다. 대구부의 부윤에는 일본인 죽가륙차랑(竹崎六次郎)이 임명되었고, 그 아래에 7명의 일본인과 5명의 한인 서기가 있어 대구부의 업무를 담당하였는데 주요 업무는 일본인 관리가 관장하였다. 대구부청은 대구부와 대구면 일원 52개 동리의 행정을 담당하였다. 부·군·도의 행정업무는 이후 더욱 분화되어 1918년이 되면 서무계, 내무계, 학무계, 토목계, 위생계, 민적계, 재무1·2계로 나누어진다.

치안을 담당하는 기구 또한 병탄 이후 대대적으로 개편되었다. 총독부의 관제상 지방의 치안을 담당하는 부서는 도청에 소속된 도경무부장과 그 지휘를 받는 부·군·도의 경찰서와 파출소, 주재소 등이었다. 그러나 의병항쟁의 여파가 남아 있었던 병탄 당시의 특수한 사정으로 인해 치안업무는 경찰이 아니라 헌병이 대신하였다. 이에 따라 신관제가 실시되는 1919년 8월까지는 도청의 경무부장을 헌병대장이 겸했으며, 부·군·도에는 헌병분대, 헌병분견소, 헌병파견소가 계통적으로 설치되었다. 1916년의 경찰통계에 따르면 대구부와 달성군에는 대구경찰서와 8개

준은 면적 40방리, 호수 1,000호를 한도로 하였고, 여기에 미달하는 군현은 인접 군에 합병하였다.

의 순사주재소, 5개의 순사파출소가 설치되어 치안업무를 담당하였다.[4] 1919년 신관제로 개편되어 헌병의 업무가 경찰로 이관되었을 당시 대구부의 경찰 현황을 보면 대구경찰서가 대구부와 달성군을 관할하였고, 파출소는 대구부와 근교에 설치되고, 주재소는 그 밖의 지역에서 1개 면에 1개소씩 설치되었다. 1919년 신관제에 따라 배치된 경찰관 수는 경부, 경부보, 순사 등을 합쳐 경상북도 도청 제3부 소속이 52명이었고, 대구부에는 최소한 80명 이상이 치안업무에 종사하였다.[5]

헌병경찰은 기본적으로 치안과 위생업무를 담당하였는데, 아울러 범죄즉결, 민사소송 조정, 검찰사무, 집달사무와 도로 수축(修築), 삼림보호, 어업 단속, 우편물 보호, 일본어 보급, 징세 원조, 실업 지도 등등 다양한 사법 및 행정사무를 담당하거나 지원하였다. 헌병경찰은 일상생활 전반에서 위압적으로 식민 지배를 실행하는 난폭한 지배자로 한국민중 위에 군림하였다. 일본은 헌병경찰에게 광범위한 즉결처분권을 부여해 식민지 지배체제를 구축하고, 식민정책을 강요하는 데 효과를 높이고자 하였다. 조선총독부의 「경찰범 처벌규칙」에는 경찰관서가 즉결처분으로 구류, 태형(笞刑), 벌금, 3개월 이하의 징역형에 처할 수 있는 항목이 무려 87개나 열거되어 있다.[6] 그 가운데는 단체 가입을 강청하는 것, 함부로 다수가 모여 관공서에 청원 또는 진정하는 것, 불온한 연설을 하

---

4 朝鮮總督府警務總監府, 『大正5年警察統計』, 1917, 5쪽.

5 大邱民報社編輯局, 『慶北產業誌』, 朝鮮民報社, 1920, 41~42쪽. 이 자료에 따르면 경상북도 23개 부·군·도의 경찰관 총 인원수는 1,870명이었다,

6 경상북도에서 경찰의 범죄즉결 사건 수는 1915년의 경우 형법범이 1,416건 3,992명, 특별법범이 3,714건 3,916명이었고, 1916년의 경우 형법범이 2,184건 5,738명, 특별법범이 9,155건 9,420명이었다. 경찰의 범죄즉결 건수는 해마다 크게 증가하였다. 朝鮮總督府警務總監府, 『大正4年警察統計』, 1915, 113쪽; 朝鮮總督府警務總監府, 『大正5年警察統計』, 1916, 133쪽.

는 것, 경찰관서의 지시나 명령을 위반하는 것도 포함된다.

일제는 대구에 조선총독부의 사법기관도 설치하였다. 대구에 근대적 사법기관이 처음 설치된 것은 병탄 이전인 1908년이었다. 당시 사법권이 대한제국에서 통감부로 위임되면서 전국에 3개의 공소원(控訴院)이 설치되었는데, 일본인거류민단이 적극적인 유치활동을 벌여 대구에 공소원이 설치되었다.[7] 병탄 후 공소원은 복심법원으로 개편되었고, 대구복심법원은 경상남북도와 전라남북도 등 4개 도와 강원도 일부 지역을 관할하였다. 이때 대구에는 지방법원도 설치되었다. 대구복심법원에는 판사 10명, 검사 3명, 서기 11명, 통역 2명이 배치되었으며 전부 일본인이었다. 대구지방법원에는 8명의 판사와 2명의 사법관시보, 4명의 검사, 7명의 서기가 배치되었고 전부 일본인이었다. 이들 법원과 나란히 대구에는 감옥도 설치되었다.[8]

일제는 이들 사법기관과 헌병경찰을 앞세워 한국에 식민지 지배체제를 수립하는 각종 법령을 강제하였다. 식민지 통제법으로는 1907년에 제정된 「보안법」을 비롯해 「신문지법」, 「출판법」과 병탄 직전에 제정된 「집회취제에 관한 건」(1910. 8.), 그리고 「조선교육령」, 「사립학교령」, 「조선형사령」, 「조선민사령」, 조선총독부의 제령(制令) 등등이 있었다. 「보안법」은 "안녕질서를 유지하기 위해 필요한 경우 결사의 해산을 명"할 수 있고, "집회·다중의 운동 또는 군중을 제한·금지하거나 해산"할 수 있으며, "정치에 관하여 불온한 언론·동작을 하거나 타인을 선동·교사·사용하거나 또는 타인의 행위에 간섭함으로써 치안을 방해하는 자"를 처벌

---

7 大邱府 編, 『大邱民團史』, 1915, 15쪽.

8 大邱府 編, 위의 책, 附錄, 28~29쪽.

할 수 있었다. 「신문지법」과 「출판법」은 민족의식을 일깨우거나 고취하는 신문이나 잡지·서적 등을 탄압하는 법으로, 신문 발행을 금지할 수 있고, 서적을 몰수할 수 있고, 발행자나 저자 및 배포하는 자를 처벌할 수 있었다. 또한 「조선교육령」과 「사립학교령」은 애국계몽운동으로 설립된 학교들이 민족의식을 고취할 수 없도록 통제하거나 탄압하고, 동시에 학교교육이 일본 천황의 신민을 육성하는 교육이 되도록 강요하였다.

이에 더해 일제는 대구에 일본군 보병 80연대를 주둔시켰다. 영남 일원에 지대한 정치적·경제적 영향을 미쳤던 대구 지역을 확고히 장악하기 위한 조치였다. 이 부대는 남한 지역의 국방과 치안 유지를 위해 배치되었고, 조선에서 봉기가 일어날 경우 이를 진압하는 역할을 담당하였다. 이 부대는 1916년에 임시조선파견보병 제2연대로 개칭되었는데, 3·1운동 당시 출동하여 시위를 진압하고 대구의 치안을 담당하였다.[9]

다른 한편 일제는 체계적으로 일본 천황의 신민을 육성할 목적으로 근대적인 학교를 설립·운영하였다. 이 정책에 따라 대구에는 공립학교로 대구심상고등소학교, 대구유치원, 대구농업학교, 대구보통학교, 동촌심상소학교, 수창공립보통학교가 설립되었다. 그 가운데 대구심상고등소학교와 대구보통학교는 특히 규모가 커서 각각 18학급 897명, 6학급 293명의 학생을 수용하였다. 이들 공립학교의 교사는 전부 일본인으로, 조선교육령에 의거해 황국신민 육성에 앞장섰다.[10]

이들 학교 외에도 대구에는 기독교 선교재단이 설립한 다수의 사립학교가 있었다. 협성학교, 희원학교, 명신여학교, 계성학교, 순도여학

9 渣拾藏, 『慶北大鑑』, 1934, 344쪽.
10 大邱府 編, 앞의 책, 附錄, 31~32쪽.

교, 성립학교, 달서여학교, 보습학교, 속성일어야학교 등이 그것이었는데, 대부분이 학생 수 50명 내외의 소규모였고, 계성학교와 성립학교가 각 103명, 165명으로 다소 규모가 컸다.[11] 일제는 이들 사립학교에 대해서도 「조선교육령」과 「개정 사립학교 규칙」 등을 앞세워 감시·통제하면서 식민지 교육을 수용하도록 강요하였다. 한 예로 1910년대 후반 계성학교에서 사용된 교과서는 총 29종이었는데, 그중에서 조선총독부의 인가를 받아야 했던 것이 11종이었고, 조선총독부에서 직접 발행한 교과서가 4종이었다. 교과서의 절반 이상이 조선총독부의 직접적인 통제를 받았던 셈이다. 그 대상 과목은 조선어, 일본어, 세계 역사, 세계 지리, 미술, 음악과 심지어 성경을 포함한 기독교 교육도 포함되었다. 통제에서 자유로웠던 과목은 동물학, 식물학, 농학, 상업부기학, 대수학 등등의 자연과학이나 직업교육에 한정되었다.[12]

이와 같은 식민지 통치로 대구의 국권회복운동은 병탄과 더불어 자취를 감추었으며, 이를 주도했던 민족지도자들은 관헌의 삼엄한 감시 아래 놓이게 되었다. 사립학교에서 민족교육도 급속히 퇴조했으며, 조선인 교사와 학생들은 일본어 교육을 위해 파견된 일본인 교사들의 감시를 받게 되었다. 일제는 이와 같이 대구사회를 통제함으로써 영남 일원의 민족운동을 제압하려 하였다.

2) 식민지 산업정책의 강요와 경제변동

일제는 한국에 식민지 지배질서를 구축하고, 이를 기반으로 한국을

11 大邱府 編, 앞의 책, 附錄, 49쪽.

12 계성100년사편찬위원회, 『啓聖百年史 1906-2006』, 학교법인 계성학원, 2006, 54쪽.

경제적으로 지배하고 수탈하는 식민정책을 강행하였다. 1910년대의 대표적인 식민정책은 토지조사사업이었다. 토지조사사업은 전국의 토지에 대해 소유자, 지목, 면적, 등급 등을 조사하고, 등기제도를 통해 그 소유권을 법인하는 사업이었다. 토지조사사업은 토지 및 그 소유자를 정확히 파악하여 징세 근거를 명확히 함으로써 식민지 지배에 필요한 재정원을 확보하고, 토지에 대해 근대법적인 배타적 소유권을 보장하여 자본주의 경제가 발달할 수 있는 기초를 수립할 목적으로 실시되었다. 일제는 또한 토지조사사업을 통해 막대한 국·공유지를 몰수하여 동양척식주식회사의 자산으로 만들고, 그 일부를 일본인 농업이민에게 불하하기도 하였다.

토지조사사업이 토지소유권을 보장하고, 지주 경영에 유리한 조건을 제공하자 일본인 자본가들은 대거 조선으로 진출해 농업 요충지인 평야지대에서 거대한 농장을 개설하였다. 1912년에 작성된 『경상북도 권업통계서(慶尙北道 勸業通計書)』에 따르면 대구부에는 당시 이미 152명의 일본인이 22만 6천 엔을 투자해 324정보의 전답을 소유하고 있었고, 그들 가운데 1만 엔 이상을 투자해 대규모로 농업을 경영한 자도 3명이나 되었다.[13] 일본인의 진출은 이후 더욱 증가해 1920년에 이르면 일본인 농업호가 대구부와 달성군에 각각 199호와 221호에 이르렀다.[14]

그들은 동양척식회사로부터 헐값에 토지를 불하받거나 한국 농민들로부터 토지를 매입해 적게는 수십 정보에서 많게는 수백 정보에 달하는 농장을 형성하고 소작제로 일본으로 수출할 미곡을 생산하거나 지

---

13 慶尙北道 編, 『慶尙北道 勸業統計書』, 1912, 61~64쪽.

14 慶尙北道 編, 『慶尙北道 農業統計書』, 1920, 1쪽.

역 내의 시장을 목표로 한 소채나 과수, 연초를 재배하였다. 이들은 오로지 이윤 추구를 위해 한국에 진출한 자들로, 이윤 증대를 위해 모든 방법을 동원해 소작농을 수탈하였다. 일본인 지주의 진출로 소작 조건에서 발생한 가장 큰 변화는 집수법(執穗法)의 확대였다. 집수법은 지주 또는 그 대리인이 소작인 입회하에 직접 작황을 조사하여 수확고를 산정하고, 지세와 종자를 소작인에게 부담시키면서 그 수확고의 절반을 지대로 수취하는 지대 수취법이었다. 집수법은 당시의 지대 수취법 가운데 소작농민에게 가장 불리한 방법이었다. 집수법은 한말 일본인이 농장을 개설하면서 도입되기 시작하였고, 토지조사사업 기간 중에 급속히 확산되었다. 일본인 농장이 집수법을 실시하자 주변에 있던 조선인 지주들도 이를 도입해 1920년대 초반에 이르면 경상북도 전체 소작지의 6할 정도가 집수법으로 소작료를 수취하기에 이른다.[15] 그 결과 소작료도 인상되어 1922년에 조사된 바에 따르면 10여 년 사이에 경상북도의 소작료는 절대액에 있어 2, 3할, 생산고에 대한 비율에서 1, 2할 증가하였다.[16]

또한 일본인 지주들은 이 시기에 조선총독부가 추진한 식민농정의 민간 별동대로 활약하였다. 이 시기에 조선총독부는 조선의 쌀을 일본으로 대량 수출하기 위한 기초 작업으로 벼 품종의 교체를 추진하였다. 조선총독부는 이 정책을 지주회(地主會)를 통해 추진하였다.[17] 지주회는 지주들의 이익단체라기보다 제국주의 권력이 군내 지주들을 일괄적으로

15 慶尙北道,「小作慣例に關する調査」,『朝鮮彙報』大正7-7, 1918.

16 朝鮮總督府,『朝鮮の小作慣行』(下), 參考編, 1930, 250쪽.

17 文定昌,『朝鮮農村團體史』, 1942, 61~66쪽. 지주회는 관 주도로 조직되어 군수가 회장을 맡고 군의 서무주임이나 대지주가 부회장을, 군의 보통농사기수가 이사 또는 간사를 맡았다. 지주회의 주된 업무는 품종 개량, 비료 및 농기구 구입자금의 대부 주선, 농사 강습, 우량소작인 표창 등이었다.

통제하고 농사 개량에 필요한 구체적인 수단과 방법을 지시하는 기관, 달리 말하면 관주도로 만들어진 말단의 농정 별동대였다.[18] 경상북도에서는 이러한 지주회가 1911년 군내 50두락 이상을 소유하는 지주—한국인, 일본인 구별 없이—로 조직된 김산(金山) 지주회를 시발로 토지조사사업 기간 중에 모든 군에 설립되었다.[19] 일본인 지주들은 이러한 지주회에서 식민정책의 수행을 주도하고, 자신들의 지주경영방식을 조선인 지주들에게 전파하는 역할을 담당하였다. 대구에 이주해 있던 일본인 지주 가운데서 이러한 역할에 앞장섰던 대표적인 인물은 대구민단의 민회 의원을 역임했던 복지의작(福地義作), 섭택주장(涉澤周藏), 중원방일(中原房一) 등이었다. 이들은 모두 대규모 농장을 경영했는데, 복지의작(福地義作)은 벼 품종 개량에 앞장섰고, 중원방일(中原房一)은 농구와 비료, 종묘상을 겸영하면서 대구농회(大邱農會) 등의 농업단체를 이끌었다.

다른 한편 토지조사사업은 농민들에게 지세부담을 증가시키는 결과를 가져왔다. 당시 토지 가운데는 지세를 물지 않는 은결(隱結)이나 지세부담이 크지 않은 하등전이 많았다. 오랜 기간 양전이 실시되지 못하자 지주나 농민들이 결부법의 허점을 이용해 합법적 혹은 불법적 방법으로 조세 감면이나 포탈을 꾀해 온 결과였다. 그러나 토지조사사업은 전세가 포탈되거나 부당하게 감면된 토지를 전부 적발하여 징세 대상에 포함시켰다. 그 결과 세액이 인상되지 않았음에도 불구하고 지세징수액이 전국적으로 150만 원 증가하였다. 전세를 포탈하거나 부당하게 감면받았던 토지는 지역에 따라 많고 적음이 크게 달랐는데, 경상북도에

18 大邱民報社編輯局, 앞의 책, 92쪽.
19 慶尙北道 編, 앞의 책(1912), 130쪽.

는 그러한 토지가 상대적으로 많았다. 그리하여 토지조사사업을 통해 이 지역의 지세는 크게 증가하였는데 밭에서는 7%, 논에서는 무려 54%의 지세가 증가하였다.[20] 일제는 지세를 지주가 납부하도록 법제화하였지만, 소작지에서는 그 부담이 전적으로 소작인의 것이 되거나 지주와 소작인이 절반씩 나누어 부담하였다.[21] 그로 인해 논농사가 발달했던 대구 및 그 인근 지역에서는 농민들의 부담이 크게 늘어났다.

또한 일제는 한국 농민들이 농가경제를 향상시키는 상품 생산으로 중시했던 면화나 고치 등에 대해서도 수탈의 손길을 뻗쳤다. 면화나 고치는 일본 자본가들에게도 고이윤을 실현하는 수출 주력 산업의 원료였기 때문이다. 일제는 한국에서 면화와 고치의 생산을 통제하고, 일본 자본가들이 이를 독점적으로 매수하면서 생산자를 수탈할 수 있게 면작조합과 양잠조합을 조직하고 공동판매제도를 강요하였다. 면작조합과 양잠조합은 군수가 회장이 되고, 군의 산업계 직원이 임원이 되며, 관할 지역 내의 생산자 농민이 전부 강제 가입되는 산업조합으로, 품종 개량, 증산 장려, 공동판매 실행 등을 담당하였다. 이러한 조직화와 통제를 통해 일제는 이전에 생산자 농민이 얻었던 면화나 고치 생산의 수익을 면방직업이나 생사업을 경영하는 일본의 독점자본이 수탈할 수 있게 하였다.[22]

다음으로 대구의 일본인들은 병탄 이후 상업에 적극적으로 진출하였다. 일본 상인이 대구에 처음 진출하는 시기는 1898년이지만 러일전쟁 이전까지는 대한제국 정부의 규제가 심해 이주나 영리활동이 어려웠

---

20 朝鮮總督府臨時土地調査局 編,『朝鮮土地調査事業報告書』, 1905, 685~687쪽.

21 이윤갑,「1920년대 경북지역 농촌사회의 변동과 농민운동」,『韓國史硏究』, 2001, 113쪽.

22 이윤갑,「1920년대 식민지 상업적 농업의 전개와 지주제의 확대」,『韓國史硏究』 90, 1995.

다. 그러나 러일전쟁이 시작되고 경부철도 부설공사가 시작되면서 일본인의 진출은 급속히 증가하였다. 러일전쟁 기간에 대구에 거류하였던 일본인의 수는 일거에 2천 명을 넘어섰고, 일본은 이들을 보호하기 위해 1개 중대 병력을 파견하고 헌병주둔소를 설치했으며, 부산경찰서의 출장소를 개설하고 우편취급소도 설치하였다. 이후 통감부가 설치되자 대구에 진출한 일본인들은 거류민단을 조직하여 통감부 산하 대구 이사청 및 대구에 주둔한 일본 군대의 지원을 받으면서 적극적으로 이권을 확대해 나갔다. 그 대표적인 예가 대구읍성의 성벽 철거였다.[23] 대구에 진출한 일본인들은 도성 밖에 거주하였다. 그러나 대구로 진출하는 일본인이 급증하면서 이들은 도심 지역으로 진출하기를 희망했고, 그 방안으로 대구읍성 성벽의 철거를 기획하였다. 성벽을 철거하자는 이들의 요구는 관찰사서리와 대구군수를 겸했던 친일파 박중양(朴重陽)에 의해 받아들여져 전격적으로 단행되었다. 1907년 대구읍성 성벽이 철거되고 그 자리에 도로가 개설되자 일본인들은 대거 도심으로 진출해 토지나 가옥을 매수하고 하루 평균 한 동의 건물이 신축될 정도로 상가나 주택을 활발히 건조하였다. 일본 거류민회의 의장을 역임하였던 암뢰정(岩瀨靜)은 토목사업을 경영하면서 그 과정에서 최대 지주로 성장하기도 하였다. 그리하여 1908년 말이 되면 대구에 이주한 일본인은 2,300여 호, 7,800여 명으로 증가하였다.[24] 그들 가운데 4할 정도가 상인이었고, 여타 농업이나 제조업에 종사하는 자들도 상업을 겸하는 경우가 많았다.[25]

---

23 김일수, 「한말·일제시기 대구의 도시 성격 변화」, 『대구 근대의 도시발달과정과 민족운동의 전개』, 계명대학교 50주년 준비위원회, 2004, 130~132쪽.

24 大邱民報社編輯局, 앞의 책, 11~13쪽.

25 大邱民報社編輯局, 앞의 책, 35~36쪽. 경상북도 전체로 보면 일본인호 총수는 8,346호, 29,825명이었다. 이들의 직업 구성을 보면 상업에 종사하는 자가 36%, 관공리나

병탄을 전후해 일본 상인들은 당시 거래가액이 가장 컸던 미곡시장에 경쟁적으로 진출하였다. 미곡은 지역 내에서 소비되는 양보다 일본으로 수출되는 양이 압도적으로 많았다. 일본 상인들은 수출업체와 연결될 수 있는 장점과 일본계 은행의 막대한 금융 지원을 등에 업고 미곡유통의 요지인 서문시장에 미곡상을 개설하고, 곡물수출상조합을 결성하여 조직적으로 미곡시장을 공략하였다. 그리하여 미곡시장은 단기간에 이들에 의해 장악되었다. 일본인 미곡상으로 단연 두각을 나타냈던 인물은 안송웅길(安松熊吉)로, 곡물수출상조합의 조합장을 역임했으며 곡물 수출과 관련해 곡물 개량, 도로 개수, 철도운임 인하 등을 위해 활동하였다. 대판(大阪: 오사카) 출신의 약림성조(若林誠助) 또한 대구 지역의 곡물이 대부분 대판 지역으로 수출되면서 곡물상으로 크게 성공하였고, 청주 양조업을 겸영하였다.

대구에서는 수입상품의 상권도 일본인들이 장악하였다. 대구로 수입되는 상품은 면포, 면사, 담배, 주류, 철물, 소금 등인데 대부분이 일본에서 들어오는 것들이었다. 이들 상품은 일본인 무역상들이 수입하여 일본인이나 조선인 소매상인들에게 공급하였다.[26] 그런 까닭에 수입품의 상권은 처음부터 일본 상인들이 장악하였다. 그러한 상인을 대표하는 일본인으로는 하정조웅(河井朝雄), 내전육랑(內田六郎), 판본준자(阪本俊資) 등을 들 수 있다. 판본준자(阪本俊資)는 일본의 송전(松前)상점 대구지점을 개설하여 대구 제일의 무역상이 되었고, 조선인을 대상으로 영업을 하는 경북 지역의 상인들에게 수입상품을 공급하였다. 하정조웅(河井朝雄), 내

교원이 29%, 농업에 종사하는 자가 13%를 점했다.

26 近藤徹君,『大邱地方經濟事情』, 1913, 5~8쪽.

전육랑(內田六郎)은 서문시장과 남문시장에 대규모 잡화상점을 개설하고 조선인을 대상으로 면포나 면사, 철물 등등의 수입품을 판매하였다.

일본인들은 당시 전국적으로 수요가 급증하던 연초를 재배하거나 엽연초 제조 및 구매·판매에서도 상권을 장악하였다. 병탄 이후 근대 엽연초 가격은 폭등세를 지속했고, 그로 인해 연초 경작이나 제조·판매는 고수익을 내는 유리한 사업이었다.[27] 연초 수요가 막대함을 파악한 일본인들은 연초를 재배하는 대규모 농장을 개설하였다. 1912년경 대구 부근의 엽연초 경작면적은 180정보를 상회하였고, 총 수확량은 4,600관에 달했다.[28] 일본인들은 또한 연초를 구매·판매하는 조합을 조직하고, 연초를 가공·조제하는 공장을 설립하였다. 그리하여 연초 시장의 상권도 일본 상인 수중에 넘어갔다. 연초 사업에서 두각을 나타낸 일본인은 연초를 재배하는 대농장을 개설하고 남한연초주식회사를 창립한 복지의작(福地義作)과 암뢰정(岩瀨靜), 대구에서 일본연초제조업을 처음 시작했고 연초구매판매조합을 설립했넌 송본성일(松本誠一), 서문시장과 남문시장에서 대규모 잡화상을 경영하면서 연초제조업을 겸했던 하정조웅(河井朝雄) 등이었다. 이들이 조제·판매한 연초는 경성, 인천, 마산, 평양, 목포, 군산, 원산, 안동 등지로 판매되어 나갔다.

대구에 진출하여 주요 수출 및 수입상품의 상권을 장악해 갔던 일본 상인들은 자신들의 권익을 보호하고 확대하기 위해 1906년 대구일본인상업회의소를 조직하였다. 대구일본인상업회의소는 1916년 대구상

---

27 「대구의 연초경작」, 『每日新報』, 1911. 3. 16.; 김인호, 「일제하 대구지역 산업성장의 역사적 성격」, 『대구 근대의 도시발달과정과 민족운동의 전개』, 계명대학교 50주년 준비위원회, 2004 참조.

28 「대구의 연초작황」, 『每日新報』, 1912. 7. 28.

업회의소가 설립되어 그 역할을 승계할 때까지 활동을 지속하였다. 대구일본인상업회의소는 조선 상인과 자본가들을 압박하면서 일본 상인들의 권익을 확대하는 활동을 하였고, 나아가 더욱 상권을 넓히고 영업이익을 높일 목적으로 관계 당국을 상대로 도로 개수, 철도운임 인하 등을 요구하였다. 이와 같이 일본인들의 상업활동이 번창하면서 대구로 이주하는 일본인의 수도 급증하여 1920년이 되면 일본인 인구는 3,487호, 12,603명이나 되었다.[29] 이 수는 당시 대구부에 거주하던 총인구의 3분의 1을 점하는 수준이었다.

일본 상인들의 이러한 진출로 대구의 조선인 상권은 크게 위축되었다. 조선 상인은 일본 무역상이나 도매상의 지배를 받아야 했고, 불이익을 감수해야만 했다. 뿐만 아니라 대구의 서문시장이나 남문시장에 장을 보러 나오는 대구 인근 지역의 농민들도 상권을 장악한 일본 상인들에 의해 피해를 입었다. 이들이 구매하는 물품에서 수입상품의 비중이 높아질수록 그 피해는 더욱 늘어났다.

3. 한말 일제 초기 대구 지역의 민족운동

1) 한말의 국권회복운동과 1910년대 달성친목회의 활동

일제의 한국 침략은 러일전쟁을 도발하면서 본격화되었다. 러일전쟁 개전과 더불어 일본은 불법으로 군대를 상륙시켜 한국 정부에 한일의정서 체결을 강요하고, 군사상 필요한 지점을 점령하였다. 이어서 1904년

29 大邱民報社編輯局, 앞의 책, 32쪽.

8월에는 제1차 한일협약(한일외국인고문용빙에 관한 협정서)을 강요하여 고문 정치를 통해 재정과 외교의 실권을 장악하였다. 일본은 러일전쟁에서 승리하자 사실상 주권을 탈취하는 을사조약을 강요하였다.

1905년 11월 17일 을사조약(제2차 한일협약)이 체결되자 일본은 곧바로 한국의 외교권을 강탈하고, 이듬해 2월 1일에는 외교뿐만 아니라 내정 전반을 감독·통제하는 통감부를 설치하였다. 통감부가 설치되자 일본은 각부 차관에 일본인을 앉히고 시정 개선을 명분으로 한국의 국정 전반을 지배·감독하면서 대한제국을 무력화시켜 갔다.

일본의 침략은 1907년의 헤이그 밀사 사건을 계기로 더욱 강화되었다. 일본은 이 사건을 빌미로 고종을 강제 퇴위시키고, 한일신협약을 강요해 통감이 한국의 통치권을 완전히 장악하게 하였을 뿐만 아니라, 사법권을 탈취하고 군대를 해산하였다. 나아가 통감부는 화폐정리사업을 단행하여 일본이 조선의 화폐·금융 전반을 지배할 수 있게 하였고, 제실재산정리사업을 실시해 막대한 왕실소유지와 국유지를 약탈하였다. 또한 철도·우편·통신기관을 장악하고 광업권, 어업권, 삼림·토지소유권 등도 약탈하였다. 이러한 침략은 무력으로 조선을 합병하고 식민지로 재편하기 위한 기초 공작이었다.

이와 같은 일본의 침략에 대해 대부분의 조선인들은 격렬하게 저항하였다. 당시의 민족운동으로 가장 위력적이었던 것은 전국 각지에서 전개된 의병항쟁이었다. 을사조약이 강제로 체결되었다는 소식이 전해지자 1906년 봄 영남 지역 곳곳에서 의병이 조직되어 항일투쟁을 전개하였다. 경북 지역에서는 동해안의 울진, 영덕, 영일, 경주와 봉화, 영주, 안동, 예천, 문경, 영양, 청송, 의성, 군위 등 북부 산간 지역, 상주, 김천, 성주, 고령으로 이어지는 지역, 그리고 대구와 인접한 영천, 경산, 청도 등

거의 모든 지역에서 의병이 일어났다. 특히 울진, 봉화, 영주, 안동, 영일, 청송, 경주 등지에서는 의병투쟁이 매우 격렬하게 전개되었다. 1907년 8월 이후 1910년 12월까지 경북 지역에서 항일투쟁에 참가한 의병 총수는 17,504명에 달했고, 사상자 수도 1,801명이나 되었다.[30]

의병운동이 활발했던 경북 북부 지역과는 달리, 경상감영이 있고 일본군 부대가 주둔했던 대구에서는 의병운동이 일어나지 못했다. 대신 개명(開明)한 유생층들이 주도하는 국권회복운동이 활발히 일어났다. 대구의 국권회복운동은 '구본신참(舊本新參)'사상에 입각해 대중의 민지(民志)를 개발하고 교육의 진흥을 추구하는 실력양성운동과 국채보상운동으로 전개되었다.[31] 대구에서 국권회복운동을 주도한 단체로는 대구광문사(大邱廣文社)와 대구광학회(大邱廣學會)가 있었다. 대구광문사는 1906년 1월 창립된 애국계몽운동단체로, 동서양의 서적 가운데 당시에 사용할 수 있는 것을 번역하여 교과서로 발행하고, 관리의 치적과 인민의 선악을 조사하여 싣는 잡지와 신문을 발간하고자 했으며, 특히 영남 일원의 교육과 학문의 진흥을 위해 활동하였다. 대구광문사는 지역인사 500~600명으로 문회를 조직하고, 국왕과 관찰사에게 대표를 파견해 교육 진흥의 필요성을 역설하여 지원을 이끌어 내었으며, 경북 지역 전역을 순회하면서 41개 군에 370개 학교가 설립되게 만드는 성과를 내었

30 광복회대구경북연합지부, 앞의 책, 32~37쪽. 경북 지역에서 의병과 일본군 토벌대가 접전한 횟수는 1907년 54회, 1908년 101회, 1909년 18회, 1910년 11회 등 총 184회였다. 항쟁에 참가한 의병 수와 사상자 수는 각각 1907년에 7,810명과 249명, 1908년에는 8,475명과 1,383명, 1909년에는 1,011명과 136명, 1910년에는 208명과 33명이었다.

31 권대웅, 「한말 경북지방의 사립학교와 그 성격」, 『국사관논총』 58, 국사편찬위원회, 1994; 김도형, 「한말 대구지역 상인층의 동향과 국채보상운동」, 『계명사학』 8, 계명사학회, 1997; 김도형, 「한말 영남지역의 근대교육과 유교」, 『계명사학』 10, 계명사학회, 1999.

다. 또한 교육활동에 더욱 힘을 쏟기 위해 문회를 대동광문회로 개편하고 일본, 청국의 교육단체들과 학술적 교류에 나서기도 하였다. 대구광문사에 참여한 인물은 김광제, 서상돈, 김호규, 김진수, 권정섭, 신현목, 이종정, 채헌, 김윤란, 정재학, 정규각, 이일우 등등 전·현직 관료와 대구 지역의 부호들이었다.

대구광문사가 본격적인 활동에 나설 무렵 대구에서는 또 다른 애국계몽단체인 대구광학회가 설립되었다. 대구광학회는 1906년 8월 '민지의 개발과 교육의 진흥'을 목표로 창립되었다. 대구광학회는 대한자강회의 윤호정 총무를 수차례 초청해 토론회를 하거나 연설회를 여는 등 서울의 대한자강회와 연락을 취하면서 활동하였다. 대구광학회 활동의 중심인물은 이일우였다. 이일우는 자신의 우현서루에 시무학당을 설립해 학문이 뛰어난 인사를 학당장으로 초빙하고 지식 발달에 유익한 국내외 신구서적과 각종 신문·잡지 등을 널리 구입·비치하여 신구학문연구의 중심지가 되게 하였다. 대구광학회에 참여한 인물은 최대림, 이일우, 윤영섭, 김선구, 윤필오, 이종면, 이쾌영, 김봉업 등이었다.

대구광문사와 대구광학회는 '민지의 개발과 교육의 진흥'이라는 공통된 목표를 가졌고, 힘을 합쳐 국채보상운동을 전개하였다. 국채보상운동은 1907년 1월 29일 대구광문사가 자체의 문회를 대동광문회로 개편하는 특별회의 석상에서 서상돈이 발의하여 시작되었다. 대구광문사 부사장이었던 서상돈은 이천만 동포가 석 달만 단연하여 기금을 모으면 국채 1,300만 원을 갚고 자립할 수 있다고 하면서 단연보상운동을 제안하였다. 이 제안은 즉석에서 받아들여졌고, 아울러 그 취지서를 작성하여 주요 도시와 서울의 언론기관에 배포하여 이 운동을 전국적으로 확대할 것도 결의되었다.

국채보상운동은 대구광문사에서 발의하였지만, 대구에서 이 운동을 주관한 금연상채회에는 대구광문사 회원뿐만 아니라 대구광학회 회원들도 참여하였다.[32] 또한 국채보상운동에는 국권회복운동에 앞장섰던 전·현직 관료와 유생층 그리고 이 운동의 실무를 담당했던 상인층은 물론이고 농민, 부녀자들과 기생, 심지어 걸인, 백정, 마부, 채상녀(采商女), 주파(酒婆), 비자(婢子), 고용(雇傭)까지도 참여하였다. 이와 같이 국채보상운동에 광범한 계층이 참여하게 된 데에는 대구민의소 운동이 기여한 바가 컸다. 대구민의소는 '국채를 담보하기 위해' 설립된 일종의 대의기구로, 민의를 결집하고 민기(民氣)를 진작시키는 역할을 담당하였다. 대구민의소는 국채보상운동에 대중의 참여를 이끌어 내기 위해 대구 북후정에서 대규모 민회를 개최하고 모금활동을 전개하였다.

국채보상운동을 함께 이끌었던 대구광문사와 대구광학회는 힘을 합쳐 1908년 1월 대한협회(大韓協會) 대구지회를 설립하였다. 당시 각지에서 전개되던 국권회복운동을 지역적인 운동을 넘어 전국적인 운동으로 전개해야 소기의 목적을 이룰 수 있었기 때문이다. 대한협회 대구지회에는 전현직 관료, 지주, 상인층 등 대구 지역의 계몽운동을 주도하던 인사 대부분이 참여하였는데, 박해령이 지회장을 맡았고, 부회장은 서봉기, 총무는 정재덕이 맡았으며, 평의원은 이일우, 박기돈, 이종면, 최대림, 서홍균 등이 맡았다.

이와 같이 대구 지역의 국권회복운동은 경북 일원은 물론이고 국채보상운동을 통해 전국적으로 큰 영향을 미치면서 활발하게 전개되었다.

---

32 김도형, 위의 논문(1997). 금연상채회의 발기인은 13명이었다. 그 구성을 보면 대구광문사 김광제 사장, 서상돈 부사장, 대동광문회 박해령 회장, 대구광학회 인사 등이었다.

그러나 대구 지역의 국권회복운동은 1910년 병탄이 이루어지면서 급속히 퇴조하였다. 일제가 대구를 영남 일원의 지배 거점으로 삼아 군대를 주둔시키고, 지방법원과 복심법원, 검찰 등을 설치하는 등 치안을 대폭 강화하고 민족운동을 탄압했기 때문이다. 일제는 대구광문사, 대구광학회, 대한협회 대구지회 등과 후술할 달성친목회를 해산시켰고, 이들이 설립한 학교도 대부분 폐지하였다. 출판활동도 엄격히 통제하였다. 이런 사정으로 인해 국권회복운동에 앞장섰던 대부분의 인사들이 운동 일선에서 물러나 거리를 두고 관망하는 자세를 취했고, 심지어 일부 인사들은 조선총독부의 지방통치에 협력하는 자세로 돌아서기도 하였다. 가령 대구광문사나 대구광학회 또는 국채보상운동에 관여하였던 이일우, 이종면, 서병조, 박기돈 등이 대구부(大邱府)의 협의회원으로 활동하였고, 국채보상운동에 거금을 기부했던 정재학도 대구경찰서가 조직한 친일단체 교풍회(矯風會)에 참여하였다.

이들을 대신해 병탄 후 대구 지역에서 민족운동을 이어 간 이들은 한말 국권회복운동으로 설립된 학교에서 신교육을 받고 성장한 청년지식층이었다. 가령 1910년대 대구 지역의 민족운동을 이끌었던 지도적 인물은 서상일이었다. 서상일은 대한협회 대구지회 부회장이었던 서봉기의 아들이었다. 서상일은 한말 신교육을 위해 설립된 대구 달성학교를 졸업하고, 서울 보성학교 법과로 진학하였으며, 졸업 후 만주로 건너가 노령과 만주의 독립운동 상황을 둘러보고 귀국해 대구를 근거지로 민족운동을 전개하였다. 1910년대에 대구 지역에서 국권회복운동을 계승하는 민족운동을 했던 이들은 대부분이 서상일과 같이 애국계몽운동이 활발히 전개되던 한말에 신교육을 받고 성장한 청년들이었다.

이들은 일제의 탄압과 감시를 피해 비밀리에 민족운동을 전개하였다. 1910년대에 대구 지역 민족운동의 근거지가 되었던 단체는 달성친목회(達城親睦會)였다.[33] 병탄 전인 1908년 9월 5일에 대한협회 대구지회 회원이던 이근우, 김용선 등이 설립한 달성친목회는 대한협회의 지도를 받는 조직으로, 조선 청년의 친목을 도모하고 교육과 실업을 장려하는 것을 목적으로 하였고, 서상일, 이시영, 서병룡 등 병탄 후 대구 지역의 민족운동을 이끌었던 청년들의 상당수가 회원으로 활동하였다. 그러나 달성친목회는 병탄으로 인해 대한협회 대구지회가 강제 해산되면서 활동이 정지된다.

그 후 달성친목회가 재건되는 것은 1913년이 되어서였다. 서상일 등은 1913년 정월 보름날에 대구 안일암(安逸庵)에서 시회(詩會)를 가장한 회합을 갖고 달성친목회를 재건하였다. 당시 시회에는 서상일, 이시영, 홍주일, 박영모, 서병룡, 윤상태, 윤창기 등이 참가하였고, 이후 최준명, 정순영, 김재열, 최병규, 김진만, 남형우, 김응섭 등이 가입하였다. 달성친목회는 이들을 핵심으로 하여 공개조직으로 전환해 적극적으로 회원 확보에 나섰고, 매년 대종교의 중광절(重光節)인 정월 15일에 정기 시회를 개최하고, 필요할 경우 부정기적으로도 시회를 개최하였다. 서상일, 이시영, 홍주일, 남형우, 윤상태, 서병룡 등등 달성친목회를 이끌었던 지도부는 달성친목회를 기반으로 국외에서 전개되던 독립운동을 지원하는 비밀조직과 연락망을 구축하고 독립자금을 조달하는 활동에 주력하였다. 일제의 탄압으로 지역 내에서는 더 이상 교육과 언론을 통해 국권회복운동을 전개할 수 없었기 때문이었다. 달성친목회의 회원이 400~500명

33 김일수, 「서상일의 정치·경제 이념과 활동」, 성균관대 대학원 박사학위논문, 2000, 11~43쪽.

으로 늘어나자 일제는 1915년 9월 달성친목회를 비밀결사로 간주하여 강제로 해산시켰다.

달성친목회가 재건되어 활동하던 당시 대구에는 강유원간친회(講遊園懇親會)도 활동하고 있었다. 강유원간친회는 1913년 3월 15일에 조직되었고, 40~50명의 회원이 있었으며, 매주 한 번씩 모여 학술활동과 체육 및 오락활동으로 친목을 도모하는 것을 목적으로 내세웠다. 강유원간친회는 그 회원이 대부분 달성친목회와 중복되고, 달성친목회 회관을 이용해 활동하였으며, 학술 및 체육활동을 매개로 해외유학생 및 조선 내의 학생을 규합하는 것을 목적으로 하였다. 강유원간친회를 주도했던 오재숙, 홍주일, 윤창기, 서병룡 등은 달성친목회의 핵심 인물들이었다. 강유원간친회 또한 1916년 4월 일제에 의해 강제로 해산되었다.[34]

달성친목회와 강유원간친회가 강제 해산되었지만 서상일, 윤상태, 이시영, 홍주일, 서병룡, 박영모 등 이들 조직의 핵심 인물들은 풍기광복단(豐基光復團)과 연합하여 대한광복회(大韓光復會)를 결성하는 등 달성친목회를 통해 형성한 인맥을 기반으로 국외의 민족운동을 지원하는 활동을 비밀리에 지속하였다. 그들 가운데 재원을 조달할 수 있었던 자들은 곡물상이나 무역상으로 변신해 해외 독립운동과 연락망을 형성하고 상거래를 위장해 독립자금을 지원하였다. 서상일이 대구에 설립한 태궁상점과 안상태가 왜관에 설립한 향산상회, 안희제가 부산에 설립한 백산상회 등이 그것이었다. 그렇지 못한 자들은 대구와 경북 일원에 거주하는 조선인 부호들을 상대로 독립자금을 모금하거나 강탈하는 활동을 전개했고, 그 요구에 불응하는 부호를 무력으로 협박하거나 살해하

34 김일수, 앞의 논문(2000).

기도 했다. 그 과정에서 대구 권총 사건이 발생하였다.[35]

이와 같이 병탄 이후 1910년대에 대구 지역에서 전개된 민족운동은 한말의 국권회복운동을 계승하였고, 국권회복운동이 고조되던 시기에 신교육을 받고 성장한 청년지식층을 중심으로 전개되었으며, 만주나 노령 등 국외에 거점을 두고 전개되던 민족운동을 지원하는 데 중점을 두고 이를 위해 필요한 국내 조직과 연락망을 구축하고 물적·인적 기반을 확대하는 방향으로 전개되었다. 따라서 그 운동은 청년지식층과 부호나 지주 등 유산계층을 주된 대상으로 하였다. 이러한 특성으로 인해 달성친목회 출신들은 3·1운동 당시 만세시위투쟁에서 주도적인 역할을 하기보다 상해 임시정부를 지원하는 활동에 주력하였다.

2) 기독교 민족운동의 성장과 교남기독청년회의 결성

한말 대구에서는 기독교 교회와 선교재단이 설립한 학교를 기반으로 또 다른 민족운동세력이 성장하고 있었다. 대구에 기독교 선교를 위해 선교사가 처음 정착한 시기는 1896년이었고, 전도활동으로 7명의 신자가 생겨나 최초로 교회가 설립된 때는 1898년이었다. 교회가 설립되자 미국 북장로회 선교부는 1899년 대구에 공식적인 선교지회 설립을 승인하였고, 이를 계기로 선교사업이 본격화되어 기독교 신자 수가 1903년에 이르면 100명으로 증가하였다. 대구의 기독교 신자는 을사조약 이후 폭발적으로 증가하였다. 기독교 신자 수는 1905년에는 225

35 권대웅, 「1910년대 경상도지방의 독립운동단체연구」, 영남대 대학원 박사학위논문, 1993. 대구 권총 사건은 1916년 9월 4일 대구 부호 서우순을 상대로 무력적인 방법으로 독립자금을 조성하려다 실패하여 관련자들이 일제 경찰에 검거된 사건으로, 달성친목회원 출신인 김진만, 김지우, 정운일, 최병규 등이 주도하였고, 이시영, 정순영, 홍주일, 김재열 등이 연루되었다.

명, 1907년에는 800명, 1910년에는 1천 명으로 증가하였다. 신자 수가 늘어남에 따라 교회도 성장하였다. 대구 최초의 교회였던 남성정교회는 1912년 이후 신자를 나누어 신정교회, 남산정교회, 효목교회, 범어교회 등을 분립시켰고, 교회가 늘어남에 따라 경북노회도 결성되었다.[36]

이와 같이 한말에 기독교가 대구 지역에서 급성장하게 된 배경은 먼저 조선 사회를 지배했던 성리학이 현실적 생명력을 상실한 점을 들 수 있다. 한말 성리학자들은 폐쇄적 척사위정론과 신분제적 특권을 고집함으로써 더 이상 대내외적 위기를 해결할 수 없는 수구세력으로 전락하였다. 그러한 가운데 외세의 침략이 확대되고 안으로 신분 계급적 모순과 대립이 격화되어 갔다. 기층민중들은 외세의 침략을 물리치고 신분적·계급적 차별이 없는 평등사회가 실현되기를 희구했으며, 경제적으로는 지배층의 수탈에서 해방되어 생활이 안정되기를 열망하였다. 민중들은 이러한 염원을 실현시켜 줄 새로운 사상과 지도자의 출현을 고대하였다. 최수운 선생이 창도한 동학이 지배층의 가혹한 탄압에도 불구하고 급속히 대중 속에 확산되면서 거대한 변혁세력을 형성할 수 있었던 것은 이러한 시대적 조건에서 가능하였다. 그러나 동학운동은 1894년의 농민전쟁을 거치면서 더 이상 현실적 대안으로 기능하기 어려울 정도로 타격을 입었다. 평등과 자유, 사랑을 앞세우며 기독교가 전파되기 시작한 것은 이러한 상황에서였다. 민중들은 서구의 근대화를 이끈 기독교를 동학을 대신할 새로운 종교로 주목하였다.

그러한 가운데 기독교는 근대적인 교육과 의료사업을 앞세우고 선교활동을 전개하였다. 기독교의 이러한 선교 전략은 기층민중은 물론

36 이재원, 『대구장로교회사연구(1893~1945)』, 도서출판 사람, 1996, 69쪽, 106~107쪽.

이고 지배층들에게도 큰 호감을 샀다. 청일전쟁 이후 외세의 침략이 급속히 확대되면서 이제 근대화는 국권을 지키기 위해서라도 불가피한 선택이 되지 않을 수 없었다. 근대화를 추진하자면 이를 위해 필요한 지식과 기술, 자본을 들여와야 했고, 이를 활용해 근대적인 국가체제를 형성하고 근대산업을 발전시킬 인재를 양성해야 했다. 따라서 근대적 학교를 설립하여 근대화의 주체가 될 인재를 양성하는 것은 국가적으로 특히 시급한 사업이 되었다. 한말 국권을 지키기 위해 '민지를 개발하고 학문과 교육을 진흥'하는 애국계몽운동이 전국적으로 일어난 것은 이러한 필요 때문이었다. 기독교는 이러한 상황에서 근대적 지식을 보급하는 교육사업과 서양의술로 질병을 치료하는 의료사업을 앞세워 선교활동을 전개하였기에 대중들로부터 호감을 살 수 있었다. 대중들은 기독교를 통해 서양의 근대문물과 지식을 수용하여 외세의 침략을 막고 국가와 사회를 근대화할 수 있다는 기대를 가지게 되었다. 을사조약 체결 이후 기독교 신자가 급증하고, 이들이 국권회복운동에서 큰 역할을 한 것은 이러한 기대에 말미암은 것이었다.[37]

대구와 경북에서도 한말 기독교의 성장은 교육사업과 의료사업에 힘입은 바가 컸다.[38] 선교사들은 1899년에 처음으로 대구에 교회를 세우고 그 이듬해 바로 남자부 소학교인 대남학교와 여자부 소학교인 신명여자소학교를 교회 안에 설립하였다.[39] 또한 교회를 세운 바로 그해에 제중원(濟衆院)을 열어 의료활동에 나섰다. 이러한 선교방식은 경북 일원에서도 마찬가지였다. 1910년까지 경북 일대에는 50여 개의 기독교 교

37 이만열, 『한말 기독교와 민족운동』, 평민사, 1976, 108~109쪽.
38 경북노회100년사편찬위원회, 『경북노회100년사』, 1997, 55~57쪽.
39 이재원, 앞의 책, 115쪽.

회가 설립되었는데, 그중 38개 교회가 사립학교를 운영하였다. 1910년 2월 통계에 따르면 경북 도내에 산재한 종교학교는 총 74개였는데, 그 가운데 장로교에서 경영하는 학교가 무려 61개나 되었다.[40] 미국 북장로회 대구선교지회의 교육사업은 나아가 중등학교 설립으로까지 확대되었다. 교회가 경영하는 소학교를 졸업한 학생들이 진학할 중등교육기관으로 1906년 10월에 4년제 계성중학교(啟聖中學校)를 설립하였고, 그 이듬해 10월에는 신명여학교(信明女學校)를 개교하였다.[41]

이러한 대구선교지회의 활발한 교육사업은 대구와 경북 지역에서 기독교 신자를 늘리고, 교회를 성장시키는 데 크게 기여하였다. 또한 그러했던 만큼 한말 기독교 교회와 기독교 학교에서는 국권회복을 향한 민족운동의 성향이 매우 강했다. 기독교가 일찍 전파되었던 서울이나 서북 지역에서는 기독교 신자들이 을사조약에 저항해 우국기도회를 개최하고 을사조약 철폐운동을 벌였으며, 서북학회나 신민회의 결성을 주도하고 국채보상운동에 앞장섰으며, 세금불납운동을 전개하기도 하였다.[42] 이러한 성향은 대구에서도 나타났다. 물론 대구 지역에서는 기독교가 막 선교를 시작한 단계여서 아직 기독교 신자가 국권회복단체에서 지도자로 두각을 드러내거나 교육계몽운동이나 국채보상운동 등에서 주목받을 만한 역할을 하지는 못했다. 그런 가운데서도 1907년 대구군수 겸 관찰사서리 박중양이 일본인 대구거류민단의 요구를 받아들여 대구읍성을 철거하자 계성학교 학생들은 비밀결사 양일회(養一會)를 조직하고

40 김남식, 『이만집목사 생애와 사상』, 새순출판사, 1987, 50~51쪽.

41 이재원, 앞의 책, 120~123쪽.

42 이만열, 앞의 책, 120~132쪽; 민경배, 『韓國基督教社會運動史』, 대한기독교출판사, 1987, 127~147쪽.

여기에 항거하였다. 양일회 회원들은 대구읍성 철거와 일본인들의 도심 진출에 항의해 시민들이 박중양을 규탄하는 시위를 일으키자 여기에 합세해 시위를 선도하였다. 양일회의 활동은 이후에도 3, 4년간 더 지속되었다.[43]

기독교 교회의 민족운동 지향은 병탄 이후에도 지속되었다. 신자층 구성에서 일제의 식민지 지배로 직접적인 피해를 입었던 상인이나 농민이 대부분을 차지했고, 기독교 계통의 학교가 일제가 정한 사립학교 규칙에 의해 감시·통제를 받은 것이 그 배경이 되었다. 그러나 한말 교회 부설학교를 통해 전개했던 애국계몽운동은 더 이상 전개할 수 없게 되었다. 기독교 계통의 사립학교에서는 당국의 감시를 피해 은밀하게 민족정신을 고취해야 했고, 교회들은 설교나 주일학교 등 다양한 교인교육 프로그램을 통해 민족의식을 고취하였다.

그러한 가운데 1910년대 후반으로 접어들면서 대구 지역 교회 내에서도 마침내 민족의식이 강한 조선인 지도자들이 성장하였다. 한말 국권회복의 열망을 가지고 기독교에 입문해 목사, 전도사, 장로 혹은 기독교 학교의 교사가 된 자들이 다수 배출된 것이다. 평양신학교 출신으로 1916년 결성된 경북노회의 초대 노회장이 된 박영조 목사, 제3대 노회장이 된 이희봉 목사, 계성학교 한문 교사를 거쳐 평양신학교를 졸업하고 남성정교회를 이끈 이만집 목사, 1907년 기독교에 입문해 남산정교회의 장로를 역임한 김태련 전도사, 제중원에서 의료교육을 받고 의원을 개업한 정광순, 계성학교 제1회 졸업생으로 신명여학교 교사가 된 이재인, 계성학교 제1회 졸업생이자 양일회 출신으로 계성학교 교사가 된

43 계성100년사편찬위원회, 앞의 책, 85쪽.

최상원, 계성학교 제2회 졸업생으로 평양 숭실전문학교를 졸업하고 모교의 교사가 된 최경학, 계성학교 제3회 졸업생으로 북경신학교 및 북경협화대학교에 유학하고 모교의 교사가 된 백남채 등이 그들이었다.[44]

그들 가운데 연령이나 경력 및 민족의식에서 가장 영향력이 컸던 지도자는 이만집이었다.[45] 이만집은 1875년 경주 월성군에서 태어나 성리학을 공부하였고, 1905년을 전후해 아담스 선교사를 만나 기독교에 입문하였다. 기독교에서 국권회복의 희망을 발견한 이만집은 1906년 계성학교가 설립되자 한문 교사로 부임해 1912년까지 제자를 양성하였다. 그가 교사로 근무했던 기간은 대구에서 국채보상운동 등 국권회복운동이 맹렬히 전개되던 시기였고, 다른 한편 대구읍성이 헐리는 등 일본의 침략이 급속히 확대되던 때였다. 계성학교의 비밀결사인 양일회는 이만집이 단독으로 모든 교육을 담당하던 1907년에 조직되었으며, 이재인, 최상원, 최경학, 백남채 등도 이 시기에 그가 길러 낸 제자들이었다.[46] 이만집은 계성학교에서 물러난 후 브루언 선교사의 조사(助師)가 되어 경북지역의 여러 교회를 순회하면서 교회 지도자들과 교분을 쌓았고, 평양신학교에 입학하여 신학을 공부하였다. 마침내 1917년 목사가 되었으며 남산정교회를 거쳐 남성정교회에서 사역하면서 교회 내에서도 큰 영향력을 가지게 되었다.

이만집은 대구 교계 내에서 조선인 지도자들이 성장하자 1918년 9월 15일 민족의식이 강한 대구 지역의 조선인 기독교 교역자들과 교사

---

44 대구YMCA 엮음, 『대구 YMCA 80년사 1918-1998』, 1999, 88~91쪽.

45 김남식, 앞의 책; 정경호, 「대구3·1만세운동을 주도한 민족지도자 이만집 목사의 자주적 민족신앙연구」, 『신학과 목회』 25, 영남신학대학, 2006.

46 계성100년사편찬위원회, 앞의 책, 45쪽, 93쪽.

들을 규합해 교남기독청년회(嶠南基督青年會)를 조직하였다.[47] 대구교남기독청년회는 1903년 서울에서 조직된 황성기독청년회의 전통을 잇는 YMCA 조직으로 설립되었다. 황성기독청년회는 을사조약 철폐운동과 고종양위 반대운동을 일으키고, 친일단체 일진회를 성토하면서 일본의 한국 병탄에 저항하는 등 비타협적인 민족운동을 전개하였다.[48] 대구교남기독청년회는 영남 일원에서 기독청년들의 의식을 일깨우고 결집해 한말 YMCA와 기독교 교회의 민족운동의 전통을 계승하고자 하였다. 교남기독청년회의 이러한 지향은 조선인 창립발기인 9명 가운데 이만집을 포함한 7명이 그 이듬해 일어난 3·1운동에서 만세시위에 연루되어 최소 1년 이상의 실형을 선고받았던 사실을 통해 확인할 수 있다.[49]

이와 같이 1910년대에 대구 지역에서는 기독교 교회와 선교재단이 설립한 학교를 기반으로 목사, 전도사, 장로, 기독교 학교의 교사 등이 중심이 된 민족운동세력이 성장하고 있었다. 이들은 교남기독청년회를 중심으로 결집하면서, 교회와 학교를 통해 식민지 지배로 직접 고통을 받는 기독교 교인 대중 및 학생들과 긴밀히 결합하였고, 기독교 정신에 기초해 이들과 같이 식민지 지배를 극복할 민족운동을 모색하고 있었다. 그 점에서 기독교 측의 민족운동은 국외의 민족운동을 지원하는 데 주력하였던 달성친목회 계열의 민족운동과는 차이가 있었고, 그런 만큼 3·1운동에서 역할도 달랐다.

47 대구YMCA 엮음, 앞의 책, 91~92쪽.
48 이만열, 앞의 책, 128~131쪽.
49 대구YMCA 엮음, 앞의 책, 99쪽.

4. 대구 3·1운동의 전개

1) 3월 8일과 10일의 만세시위

대구에서 만세시위가 처음 일어난 것은 3월 8일이었다.[50] 3월 8일의 만세시위는 3월 1일 서울에서 일어난 만세시위운동과 직접 연관되어 있었다. 서울에서 민족대표들은 3·1운동을 준비하면서 전국 주요 도시로 대표를 파견하여 3월 1일 만세시위에 동참해 줄 것을 요청하였다. 당시 부산, 마산, 대구 등 경상도 주요 도시의 민족운동가들과 접촉할 임무를 띠고 파견된 대표는 이갑성(李甲成)이었다.[51] 이갑성은 2월 24일 밤 비밀리에 남성정교회를 방문하고 대구 기독교계의 지도자였던 이만집, 김태련, 백남채를 만난다. 그 자리에서 이갑성은 파리강화회의가 열리는 기회를 이용해 국외의 독립운동가들이 그 회의에 조선독립을 청원한다는 소식을 전하고, 이를 응원하기 위해 서울 및 각지에서 만세시위가 준비되고 있다고 설명한 나음 대구 지역에서도 만세시위를 일으켜 줄 것과 일본 정부에 보낼 독립청원서에 이만집이 대구를 대표해 서명해 줄 것을 요청하였다. 백남채는 2월 16일 비밀리에 대구를 방문한 김규식의 부인 김순애를 통해 파리강화회의를 비롯한 그 당시의 국제정세에 대해서 듣고 있었다.[52] 그러나 이들은 그 제의를 쉽게 받아들이지 못했고, 이갑성

---

50 「이만집 외 74인 대구지방법원 판결문」, 『독립운동사자료집』 5, 독립운동사편찬위원회, 1972(이하 이만집 외 판결문①로 표기); 「이만집 외 17인 대구고등법원 판결문」, 『독립운동사자료집』 5(이하 이만집 외 판결문②로 표기); 이재인, 「상해서 잠입한 김순애여사—대구의 3·1운동」, 『신동아』, 1965년 3월호, 101~104쪽.

51 이갑성은 대구 출신으로, 세브란스의학전문학교를 졸업하고, 3·1운동 당시 민족대표 33인의 일원으로 대구·경북 지역 독립선언서 배포 책임자로 활동하였다.

52 이재인, 앞의 글.

은 그다음 날 서울로 돌아갔다. 2월 26일 이갑성은 다시 세브란스의학전문학교 학생이던 김문진을 대구로 보내 이들의 의사를 타진하지만 동의를 얻지 못한다. 대구의 기독교 지도자들이 이갑성의 제의를 받아들이지 않은 것은 국제정세가 유리하다고 하나 만세시위로 독립을 성취하기 어렵다고 판단했고, 특히 대구는 80연대가 주둔하는 등 영남 일대의 치안 거점이었던 까닭에 일본이 무력으로 시위를 진압하게 되면 민중의 희생이 막대할 것으로 예상했기 때문이다.

비록 대구의 기독교 지도자들은 참여하지 않았지만 3월 1일 서울에서는 민족대표들이 독립선언서를 발표하고 학생과 시민들이 대규모 만세시위를 벌였다. 3월 1일의 만세시위는 평양, 원산, 신천 등지에서도 크게 일어났다. 만세시위는 3월 2일에도 전국 여러 지역에서 일어났다. 이러한 가운데 이갑성은 다시 세브란스의학전문학교 학생 이용상을 보내 독립선언서 2백 매를 전달하며 이만집에게 만세시위에 동참해 줄 것을 부탁하였다. 이때가 3월 3일이었다. 이갑성이 전해 온 독립선언서를 보고, 서울을 비롯해 전국 여러 지역에서 만세시위가 일어나고 있다는 소식을 접하게 되자 이만집도 대구에서 만세시위를 일으켜 독립운동에 힘을 보태기로 결심하였다.

이만집은 다음 날 교남기독청년회에서 같이 활동하던 기독교 지도자들에게 연락을 취해 거사를 논의하였다. 1차로 연락을 취했던 인사는 남산정교회의 전도사 김태련과 신정교회 장로이자 계성학교 교감이었던 김영서였다. 세 사람은 만세시위를 일으키기로 합의하고, 즉각 동지 규합에 나섰다. 그들은 교남기독청년회 활동을 통해 뜻을 같이해 왔던 정재순, 정광순, 백남채, 최상원, 권의윤, 최경학, 이재인 등에게 연락해 서문시장에서 장이 서는 3월 8일에 시위를 일으키기로 정하고, 거사에 필요한 준비 업무를 분담하였다. 교회의 교역자들이었던 이만집, 김태련, 정재순은 각각 남성정교회, 남산정교회, 신정교회의 교인들을 상대로 시위 소식을 알리기로 했고, 계성학교 교사였던 김영서, 백남채, 최상원, 권의윤, 최경학은 학생들에게 만세시위에 동참하도록 권유하는 역할을 맡았다. 김태련은 또한 이만집이 서울에서 보내온 독립선언서를 전달받아 이를 등사하고, '대한독립만세'라고 크게 쓴 태극기와 소형 태극기 40매를 제작하는 등 시위 당일에 사용할 물품을 준비하기로 하였다.

계성학교 교사들은 3월 6일경에 심문태, 김삼도, 정원조, 박태현, 이승욱, 손석봉, 최영학, 김재범, 이영식, 이성용, 박재곤 등 학생대표를 소집하여 3월 8일에 거행될 만세시위 계획을 알리고 동참할 학생들을 규합하도록 권유하였다. 학생대표들은 연락을 취해 전교생이 참가하기로 결의하였고, 교사들과 함께 독립선언서를 등사하고 시위에서 사용할 깃발을 만드는 등 거사 준비에 착수하였다.

한편 계성학교 교사 최상원은 3월 5일과 6일에 자신이 하숙하고 있던 대남여관에서 그 주인의 아들이었던 대구고보 학생 허범에게 서울과 평양 등지의 시위 소식과 대구의 시위 계획을 전하고 대구고보 학생들이 동참하도록 종용하였다. 이 무렵 계성학교 제5회 졸업생으로, 평양숭실학교에 다니던 김무생도 시위를 독려하기 위해 대구에 내려왔는데 3월 7일 밤 허범과 신현욱을 만나 3월 8일의 시위에 동참할 것을 권유하였다. 대구고보 4학년 동급생이었던 허범과 신현욱은 3학년 학생 백기만, 2학년 학생 하윤실, 1학년 학생 김수천 등에게 연락해 만세시위에 대해 논의하고 동급생 전부를 만세시위에 동참시킬 계획을 세웠다. 이들은 계성학교 학생대표에게 연락을 취해 이러한 사실을 알렸다.

3월 8일의 시위에는 신명여학교의 교사와 학생 및 대구성경학교 학생들도 가담하였다. 신명학교 여학생들이 참가한 데에는 평소 이만집과 가까웠던 이재인 교사의 역할이 컸다. 김무생도 김천의 전도사 박제원을 동행하고 3월 7일 밤 신명학교 교사 임봉순을 찾아가 서울과 평양의 시위 소식과 여자들의 활약상을 전하면서, 다음 날로 계획된 시위에 신명학교 학생들과 같이 참가할 것을 종용하였다. 그리하여 신명학교에서는 이재인, 임봉순 교사와 이순애 학생이 학생들을 동참시키기로 하였다. 한편 대구성경학교에서는 2월 18일부터 이 무렵까지 50명의 강습생이 참가하는 성경강습회가 열리고 있었다. 이들을 시위에 참가시키는 임무는 의성군 운산면의 교회 조사로 있던 이태학이 맡았다. 이태학은 평양신학교에 입학하기 위해 서울로 가던 중 서울에서 만세시위를 목격하고 대구로 내려와 이만집과 연락을 취하고 대구성경학교로 갔다. 그는 평소 친분이 있던 강습생들을 만나 서울 소식을 전하고 3월 8일의 만세시위에 참여할 것을 당부하였다. 그의 노력으로 20여 명의 강습생이 시위에 동참하기로 하였다.

한편 대구경찰서는 타 지역에서 만세시위가 계속되고 있어 대구에서도 서문시장에서 장이 열리는 3월 8일에 시위가 일어날 것으로 예상하였다. 이에 시장정파출소와 남성정파출소에 경찰관을 증파하고 시장에서 경계를 서는 등 만일의 사태에 대비하고 있었다. 그러나 경찰은 3월 3일 천도교 대구 교구장 홍주일을 예비 검속하고, 다시 3월 7일에 중국유학으로 해외의 독립운동가들과 연락이 있을 것으로 의심되던 계성학교 교사 백남채를 예비 검속하였을 뿐, 누가 어떻게 시위를 준비하고 있는지에 대해서는 전혀 알지 못했다.

대구의 만세시위는 3월 8일 오후 3시에 서문시장에서 시작되었다. 먼저 수업을 마친 계성학교 교사와 학생 대부분이 서문시장으로 흩어져 들어왔고, 대구성경학교 강습생 20여 명도 모여들었다. 3시가 가까워 오자 이날 아침 학생대표들로부터 시위 소식을 듣고 동참하기로 결의한 대구고보생 2백여 명이 일본 헌병 기마대와 순사들의 저지를 뚫고 서문시장으로 진입하였다. 순식간에 학생 시위대가 3백여 명으로 불어났고 쌀가마니로 만든 임시 연단에 이만집과 김태련이 올라섰다. 이만집은 "지금은 조선 독립의 시기로서, 각자가 독립을 희망한다고 부르짖는 것은 독립을 위해 당연한 일이므로 만세를 고창해야 한다"는 취지의 연설을 했고, 이어서 김태련이 대한독립선언서를 낭독하기 시작했다. 학생들은 숨겨 온 깃발을 꺼내 흔들며 독립선언서를 배포하였다. 시위가 시작되자 장터에 나와 있던 시민들이 합세해 시위대는 순식간에 7백 명으로 불어났다.[53] 경찰이 시위를 저지하기 위해 무차별적으로 공격해 오자 이만집은 독립선언서 낭독을 중단시키고 대한독립만세를 선창하였다. 이에 시위대가 화창하면서 우렁찬 만세소리가 시장을 뒤흔들었다.

시위대는 곧장 대한독립만세를 외치면서 서문로를 따라 도심으로 행진하기 시작하였다. 기마헌병과 순사들이 이를 저지하려 하자, 시위대는 투석으로 이들을 물리치면서 앞으로 나아갔다. 시위대 선두에서 이만집, 김태련, 김영서, 최경학, 박제원, 이태학 등이 대한독립만세를 연창하며 시위대를 이끌었고, 안경수가 '대한독립만세'라고 쓴 대형 태극기를 흔들면서 나아갔다.[54] 신정교회 목사였던 정재순은 군중들 속에서 만세시위를 독려하였다. 행진이 시작되자 신명학교 여학생 50여 명이 교사 인솔하에 시위대에 합류하였다.[55] 학생과 장꾼, 시민들이 합세한 시위대

53 慶尙北道警察部, 『高等警察要史』, 1934, 24쪽.
54 이만집 외 판결문②.
55 이만집 외 판결문①.

는 대구경찰서 앞을 지나 종로를 통과하였다. 시위대가 동성로로 진입해 달성군청 앞에 이르렀을 때 대구 주둔 일본군 80연대 병력이 시위대를 가로막았다. 이들은 대여섯 대의 기관총을 앞세우고 착검한 총을 시위대를 향해 겨누면서 도열해 있었다. 이들 앞에서 시위대가 주춤하자 헌병경찰은 무차별적으로 시위대를 공격하고 검거하였다. 대열이 흐트러지면서 군중들은 흩어졌고 주도층들은 도청 앞으로 이동하여 시위를 하다가 무더기로 체포되어 대구경찰서에 구금되었다.[56] 이로써 3월 8일의 시위는 막을 내렸다.

이날 시위 도중 경찰에 검거된 인원은 157명에 달했다. 심문을 거쳐 그 가운데 67명이 구속되어 재판을 받았는데 남성정교회 목사 이만집, 남산정교회 전도사 김태련, 신정교회 목사 정재순, 계성학교 교사 김영서·백남채·최경학·최상원·권의윤, 신명학교 교사 이재인·심봉선, 평양 숭실학교 생도 김무생, 김천 기독교 전도원 박제원, 의성 기독교 조사 이태학, 심문태 등 계성학교 학생 30여 명, 허범·신현욱 등 대구고보 학생 5명, 박장호 등 대구성경학교 강습생 4명, 농민·잡화상·제화공 등 십수 명의 시민이 포함되었다.

3월 8일의 시위에 참가했다 체포를 모면한 계성학교 학생 박태현·박성용, 대구고보 학생 박남준·김재소 등은 이틀 뒤인 3월 10일에 남문시장(새장 혹은 덕산정시장)에서 다시 시위를 주도하였다.[57] 주동자나 시위의 성격으로 보아 3월 10일의 시위는 3월 8일 시위의 연장이었다. 3월 10일은 남문시장에서 장이 서는 날이었고, 장터에는 장꾼보다 군경이 더

---

56 이재인, 앞의 글.
57 이만집 외 판결문①.

많을 정도로 경계가 삼엄하였다. 그러한 가운데 학생들은 기독교 교인이던 김재병(전당업자), 김윤덕(한약상), 서상철(재봉직공), 이덕주(농민), 김치운(농민) 등과 힘을 합쳐 기습적으로 '대한독립만세'라고 대서특필한 태극기를 펼쳐 들고 독립만세를 고창하였다. 미리 연락을 받고 나와 있던 기독교인과 학생, 주위에 있던 장꾼과 상인 이백여 명이 이들의 만세소리에 호응해 만세를 불렀다.[58] 경계를 서던 군경은 즉각 군중을 해산시키면서 주동자를 비롯해 그 주변에 있던 사람들까지 무차별적으로 체포하였다. 이날 검거된 자는 총 65명이었는데 그 가운데 구속된 자는 박태현, 박성용, 박남준, 김재소, 김재병, 김윤덕, 서상철, 이덕주, 김치운, 이영호 등 10명이었다.

이상에서 보듯이 대구의 3월 8일과 10일의 만세시위는 기독교 교회와 기독교 학교에 기반을 두고 성장해 온 민족운동세력이 서울에서 일어난 독립선언과 만세시위의 영향을 받고 일으킨 민족운동이었다. 이들은 이만집이 회장을 맡았던 교남기독청년회에 결집해 뜻을 같이하면서 민족운동을 모색하고 있던 중에 이갑성의 권유를 받고 대구의 만세시위를 주도하게 되었다. 이들은 자신들이 가르쳤던 학생들과 교인들을 시위에 동참시켜 만세시위가 대중운동이 되게 하였다. 이들은 파리강화회의에 한국의 독립을 청원하는 외교독립론에는 회의적이었지만, 이를 응원할 목적으로 만세시위를 일으키는 데는 동의하였다. 외교독립론이 실패한다 할지라도 독립운동의 의지를 밖으로 천명하고 결집하는 것은 그 자체만으로도 가치 있고 필요한 일이라 판단했기 때문이었다.

58 慶尙北道警察部, 앞의 책, 24쪽.

2) 3월 30일의 만세시위와 조선 상인들의 철시투쟁

3월 8일과 10일의 두 차례 시위로 대구의 기독교계 민족운동세력은 지도자급 인사는 물론이고 학생층까지도 대부분 구속되었다. 시위에 적극 가담한 계성학교·대구고보·신명학교에 휴교령이 내려졌고, 일본군 80연대 병력이 대구 전역에 파견되어 만세시위의 재발에 대비해 삼엄한 경계를 펴고 있었다. 그러한 가운데서 3월 30일 남문시장에서 또 한 차례 만세시위가 일어났다.

3월 30일 남문시장에서 만세시위를 일으킨 주동자는 달성군 공산면 도학동에 자리 잡고 있는 동화사 부설 지방학림의 학생들이었다.[59] 이들이 시위에 나서게 된 데에는 달성군 공산면 출신으로, 서울의 중앙불교학교에 다니다 귀향한 윤학조의 영향이 컸다. 윤학조는 3월 1일 서울에서 만세시위에 참가하고 고향으로 돌아와 동화사 부설 지방학림에 다니던 권청학·김문옥 등에게 서울의 만세시위 소식을 전하고 지방에서도 만세시위를 일으킬 것을 종용하였다. 이에 권청학·김문옥 등은 인근에 위치한 공산면 백안시장에서 장날을 이용해 만세시위를 벌이기로 하고 준비에 들어갔다. 이 소식을 들은 윤학조는 백안시장보다 대구 남문시장에서 시위를 벌이는 것이 더 효과적이라고 설득하였고, 지방학림 학생들은 그 의견을 받아들여 3월 30일에 장이 서는 대구 남문시장에서 거사하기로 계획을 변경하였다.[60]

3월 29일 태극기 등 준비물을 갖추고 9명의 학생이 동화사를 출발해 대구 도심으로 들어갔다. 학생들은 대구의 동화사 출장소 김상의의

59 「이성근 외 8인의 대구복심법원 판결문」, 1919. 6. 10.
60 독립운동사편찬위원회, 앞의 책, 360~361쪽.

방에서 유숙하면서 대형 태극기를 제작하는 등 만세시위를 위한 마지막 준비를 하였다. 3월 30일 오후 2시가 되자 거래를 위해 시장에 나온 군중이 2천여 명에 달했다. 군경의 경계는 3월 10일 이후 한 차례의 시위도 발생하지 않았기 때문에 다소 느슨해져 있었다. 9명의 학생들은 대형 태극기를 펼치고, 준비한 소형 태극기를 군중들에게 나누어 주면서 대한독립만세를 외치기 시작하였다. 기습적인 시위였지만, 계속해서 경북 일원과 전국 각지에서 맹렬하게 일어나던 시위 소식이 전해지던 상황이라, 장터에 모인 군중들은 주저 없이 호응하였다. 학생들이 선두에 서고 장꾼들이 그 뒤를 따르면서 삽시간에 시위대가 형성되었다. 시위대는 장터를 누비며 만세를 불렀고, 남문시장은 우렁찬 만세소리와 함께 거대한 시위장으로 변해 갔다.[61]

뒤늦게 시위 소식을 접한 일제의 군경은 급히 시장으로 출동하여 총검으로 시위 군중을 협박, 구타하여 해산시키고 시위를 주도한 동화사 지방학림 학생 9명을 검거하였다. 남문시장 시위로 구속된 학생은 이성근·김문옥·이보식·김종만·박창호·김윤섭·허선일·이기윤·권청학 등이었다.

남문시장에서 만세시위가 있고 이틀 뒤 대구에서는 독립만세운동을 지지하는 상인들의 철시시위가 일어났다. 이 시위를 조직했던 이들은 김수길·이종식·이영식 외 수 명이었다. 김수길과 이영식은 계성학교 학생으로, 3월 8일 시위에 참가하였다. 그 후 김수길은 고향인 김천으로 내려가 만세시위를 도모하기도 했다. 3월 하순 다시 대구로 돌아온 김수길은 동지들을 규합해 3월 31일 밤에 대구시내 조선 상인들에게 철시시

61 「이성근 외 8인의 대구복심법원 판결문」, 1919. 6. 10.

위를 종용하는 유인물을 배포하였다.[62] 여기에 호응해 4월 1일 아침 경정(京町)에서 영업하던 조선인 상점들이 일제히 폐문 철시를 단행하였다. 상인들의 철시시위는 군경의 강요로 이날 오후 1시경에 끝이 났다.[63]

이에 김수길 등은 다시 조선 상인들을 상대로 '동정 표시 경고문'을 작성하여 배포하였다. 동정 표시 경고문에는 "조선이 일본에게 병합된 것은 불합리한 것이다. 조선인 된 자는 결사로써 조선 독립의 목적을 관철시켜야 되며 이미 이 목적을 위해서 생명을 던지고 혹은 옥중에서 신음하는 이들이 있다. 모름지기 동정을 표시하고 내지인과의 장사 거래를 정지하라. 불응하는 자가 있으면 흉포한 수단에 호소하겠다"는 내용이 담겨 있었다.[64] 여기에 호응해 상인들은 4월 2일 아침 또 다시 폐문 철시를 단행하였다. 1차 철시에 참여했던 상인 일부와 서문시장 부근에서 영업하던 조선 상인 80여 호가 여기에 동참하였다. 군경이 급거 출동해 철시를 중지할 것을 강요하고 협박을 가하여 2차 시위도 오후 1시경에 끝이 났다.[65]

조선인 상인들 가운데는 철시시위에 참가하기를 거부하는 자들도 있었다. 김수길 등은 그들 가운데 서문시장의 포백상 김응수와 경정 비단상 김경부를 선정해 경고문을 보냈다. 4월 3일 자로 된 이 경고문에는 "현하의 시국에서 의연히 개점하여 상업을 경영하는 것은 불가하다. 내일 개점한다면 며칠 내에 방화하여 그 상점을 태워 버리겠다"고 쓰여 있었다. 김수길 등은 4월 6일과 7일에도 폐점 철시를 종용하는 동정 표

62 金正明 編, 『朝鮮獨立運動』 I, 原書房, 1977, 490쪽.
63 慶尙北道警察部, 앞의 책, 24쪽.
64 「김수길 외 3인 대구복심법원 판결문」(이하 「김수길 외 판결문」으로 표기), 『독립운동사자료집』 5, 1446~1453쪽.
65 慶尙北道警察部, 앞의 책, 24쪽.

시 경고문 2호와 3호를 각 4백 매와 3백 매를 제작하여 시내 요소에 배부하였다. 2호와 3호에는 조선의 독립청원서가 파리의 열국회의에서 곧 수리될 것이라는 내용과, 서양의 신문기자들이 대구를 방문하니 이 기회에 조선인의 독립자유 의지를 표시하기 위해 철시해야 한다는 주장, 그리고 폐점하지 않는 자에 대해서는 강제 수단을 쓸 것이라는 경고를 담았다.[66]

이와 같이 서문시장 상인들이 철시시위를 단행한 데에는 학생들이 보낸 동정 표시 경고문이 큰 역할을 했다. 그러나 이들의 영향력 때문에 철시시위가 이루어졌다고 보기는 어렵다. 3월 8일과 10일 시위 이후 대구에서는 민족운동세력이 거의 구속되거나 도피하여 현저히 약해져 있었다. 그들은 사실상 시위를 주도하거나 지휘할 역량이 없었다. 반면 군경을 앞세운 일제의 통제는 현저히 강화되어 있었다. 그런 상황이었으므로 출처가 불분명한 철시 권고문이나 동정 표시 경고문 몇 장에 영향을 받거나 위협을 느껴 철시에 응했다고 보는 것은 무리다. 4월 2일 이후 두 차례 더 동정 표시 경고문이 배포되었지만 상인들이 더 이상 철시를 하지 않는 것이 이를 방증한다. 대구 상인들은 철시 권고문이나 동정 표시 경고문을 이용하여 자발적으로 철시시위를 단행한 것이었다.

앞서 보았듯이 병탄 이후 대구의 상권은 대부분 일본 상인들이 장악했고, 그로 인해 조선 상인들이 입은 피해는 막심하였다. 이러한 변동은 서울, 평양, 개성, 인천 등등 상업이 발달한 대도시에서는 공통되게 나타났다. 그로 인해 상인들은 식민지 지배에 대해 큰 반감을 가지고 있었고, 그러한 반감은 일본인 무역상이나 도매상의 지배를 받아야 하는

66 「김수길 외 판결문」.

소상인일수록 더욱 컸다. 만세시위가 장터에서 많이 일어나게 된 것은 군중이 많이 모인다는 특성에 더해 상인들이 이러한 이유로 시위에 호의적이었기 때문이다. 상인들은 만세시위를 지지했을 뿐만 아니라 3월 초부터 집단적인 폐문 철시로 일제에 대한 저항과 독립에 대한 열망을 표출하였다. 3월 4일에 평양과 선천의 상인들은 집단 철시로 독립선언을 지지했고, 3월 9일에는 서울의 상인들이 철시시위에 돌입하였다. 평양 상인들의 철시투쟁은 매우 강고하여 4월 이후까지 지속되었다. 서울 시내의 조선인 상점들도 '경성시상민공약서'에 따라 철시에 들어가 군경의 강압에도 불구하고 20여 일간 시위를 계속하였다. 평양과 서울의 상인들이 대대적으로 철시투쟁을 전개하자 그 영향이 전국적으로 파급되어 개성, 강경, 의주, 수원, 인천, 시흥, 안성, 대전 등지에서 철시투쟁이 일어났다.[67]

이렇게 철시시위를 확산하고 발전시킨 배경에는 지식인, 청년 학생의 선전·선동과 기층 민중의 투쟁 열기가 큰 영향을 미쳤다. 이들은 철시시위가 일어나도록 선전·선동활동을 벌이고 분위기를 조성했으며, 철시에 동참하지 않는 상인들에게 위해를 가하기도 하면서 시위가 지속될 수 있도록 독려하였다. 그렇긴 하지만 철시시위는 어디까지나 일제에 대한 상인들의 능동적 저항의지를 동력으로 전개되었다.[68]

대구 상인들의 철시시위는 서울과 평양의 철시시위가 전국적으로 영향을 미치며 확산되는 가운데 일어났다. 철시를 종용하는 권고문이나 동정 표시 경고문이 발표된 상황에서 폐문 철시하는 것은 식민지 지배에

---

67 김영호, 「3·1운동에 나타난 경제적 민족주의」, 『3·1운동 50주년 기념논집』, 동아일보사, 1969, 644~646쪽.

68 이지원, 「3·1운동의 전개양상과 참가계층」, 『3·1민족해방운동연구』, 청년사, 1989, 243쪽.

대한 반대를 공개적으로 표시하는 것이기 때문에 결코 쉬운 일이 아니었다. 특히 많은 경찰과 80연대가 치안을 유지하고 있는 대구에서 시위를 벌인다는 것은 큰 용기가 필요했다. 그러나 대구의 조선 상인들은 오히려 철시 경고문을 구실로 삼아 두 차례에 걸쳐 철시를 단행하였다. 철시 권고문이나 동정 표시 경고문에 담긴 보복 위협을 구실 삼아 자신들의 저항의지를 능동적으로 표출한 것이었다.

이 밖에도 대구에서는 4월 15일과 28일에 소규모 만세시위가 일어났다. 4월 15일에는 공동묘지에서 제사를 지내기 위해 50여 명이 모인 가운데 강윤옥, 장용암 두 사람이 '조선독립만세'를 외치다가 경찰에 체포되었고,[69] 4월 28일에는 달성군 공산면 미대마을의 채씨 문중 청년 8명이 밤에 인근의 여봉산에 올라가 '한국독립만세'를 불렀다.[70] 여봉산 시위는 대구, 경북 지역에서 일어난 3·1운동의 마지막을 장식했다. 이 두 건의 만세시위는 비록 규모는 작았지만 대중들 속에서 독립의식이 깨어나고, 독립을 향한 능동적 행동의지가 분출되고 있음을 보여 준다는 점에서 주목된다.

이상에서 보듯이 3월 30일 남문시장에서 발생한 만세시위와 4월 초 조선 상인들이 결행한 두 차례 집단적인 철시시위는, 비록 학생들이 선도하기는 했지만, 상인을 비롯한 민중들의 능동적 참여가 두드러진 항일운동이었다. 이 두 시위에서 학생들은 민중시위에 불을 붙이는 도화선 역할을 하였다. 그러나 동화사 부설 지방학림 학생들은 남문시장에서 군중을 동원할 아무런 사전 준비가 없었고, 조선 상인 철시시위에서

---

69 「강윤옥 대구지방법원 판결문」, 『독립운동사자료집』 5, 1263~1264쪽.

70 「채봉식 외 7명 대구지방법원 판결문」, 『독립운동사자료집』 5, 1262~1263쪽.

도 철시 권고 또는 경고문을 작성·배부한 학생들은 상인들과 직접 연결을 갖지 못한 채 비밀리에 움직일 수밖에 없었다. 그럼에도 불구하고 민중이나 상인들이 능동적으로 가담함으로써 두 시위는 상당한 성과를 낼 수 있었다. 3월 8일의 시위가 기독교 민족지도자들과 학생들의 역량으로 진행되었다면, 남문시장 시위와 조선 상인들의 철시시위는 기본적으로 상인과 군중들의 능동적인 저항의지로 성사될 수 있었다. 공동묘지 시위와 여봉산 시위는 시간이 지날수록 대중들의 독립의식이 더욱 능동적으로 고양되고 있음을 보여 준다.

그러했던 만큼 남문 밖 시장의 만세시위와 조선 상인들의 철시시위에 이르면 대구의 3·1운동은 그 이전에 비해 상당한 성격의 변화를 나타낸다. 3월 8일과 10일의 시위가 파리강화회의에서의 독립청원외교를 지원하는 독립의지의 공개적 표출 내지 선언이었다면, 후자의 시위에서는 그러한 성격에 더해 상인과 농민들이 식민지 지배에 대항해 직접 능동적으로 저항하는 측면이 강하게 나타난다.

3) 자제단의 결성과 혜성단의 활약

3·1운동이 농촌 지역으로 파급되면서 만세시위가 걷잡을 수 없을 정도로 확대되고 그 방식이 더욱 과격해지고 폭력화되자 조선총독부는 무력진압의 강도를 더욱 높이는 한편, 전국적으로 자제단을 조직해 민심을 진정시키려 하였다. 총독부의 이 지시에 따라 대구부에서도 자제단(自制團)을 조직하였다. 대구부의 자제단 규약은 다음과 같았다.

> 제1조　본 단은 경거망동으로 인하여 국민의 품위를 상하게 하는 일이 없도록 상호자제하게 하는 것을 목적함.

제2조 본 단원은 금회 소요를 진압하고 불령(不逞)한 무리를 배제하기를 힘씀.

제3조 본 단원은 부민(府民) 각호에 대하여 긴히 그 경거망동에 뇌동치 아니할 것, 불온한 행위를 감히 하는 자를 발견할 시는 바로 이를 경무관헌에게 보고함을 맹서하게 함.

제4조 본 단 사무소는 이를 대구부청 내에 둠.[71]

이 규약에 따르면 자제단은 만세시위를 진압하고, 독립이나 항일을 선전·선동하는 자들을 적발해 경무관헌에게 신고하는 것을 목적으로 조직되었다. 자제단은 이 목적을 달성하기 위해 개별 시민들을 상대로 만세시위에 가담하지 않을 것과, 불온한 행위를 하는 자를 발견하면 당국에 신고하겠다는 서약을 강요하였다.

대구부는 4월 초 친일 성향의 유지들을 불러 모아 자제단발기인회를 개최하고 박중양을 자제단 단장으로 선출하였다. 박중양은 한말 대구군수 겸 관찰사서리로 재직하면서 일본거류민단의 요구를 받아들여 대구읍성을 철거함으로써 일본인들이 대구 도심을 장악할 수 있게 길을 열어 준 인물이었다. 그는 당시 중추원 참의였고 대구 최고의 친일파였다. 자제단은 그 산하에 행정구역 단위의 구를 두고, 구장으로 하여금 자제단의 구 관리원을 맡게 하였다. 구의 관리원인 구장은 다시 몇 사람의 찬성원을 임명해 해당 구의 주민 전체를 자제단 단원으로 가입하도록 강제하는 역할을 맡았다.[72] 이러한 조직을 갖추었지만 실제 활동에서 자제단은 그 목적에 부합하는 실적을 거의 낼 수 없었다. 시민들은 자제

71 『每日申報』, 1919. 4. 9.
72 『每日申報』, 1919. 4. 9.

단의 활동에 대해 노골적으로 거부감을 표시하였다. 자제단이 개별 가호를 방문하여 서약을 강요했지만, 시민들은 자신들의 서약이 일제에 의해 식민지 통치를 찬성하는 서약으로 변조되어 파리강화회의에 제출될 수 있다는 이유로 이를 거부하였다.[73]

대구 지역의 조선인 유지로, 자제단의 발기인이 되었던 인물은 이병학·이장우·정해붕·이일우·이영면·정재학·한익동·김홍조·서경순·장상철·서철규·서병원 등이었다.[74] 이들은 대구를 대표할 만한 지주나 자산가들이었다. 이들 가운데 이일우나 정재학은 한말 국권회복단체인 대동광문회와 대한협회 회원이었고 국채보상운동에도 적극 관여했던 인물이었다. 병탄 후 이들은 식민지 통치에 협력하는 쪽으로 선회하였고, 대다수가 민심 통제를 위해 대구경찰서에서 조직한 교풍회의 회원을 겸했다.

이와 같이 1919년 4월 초 대구부가 3·1운동의 진압을 위해 자제단을 발족시키자 이에 맞서 관련자들에게 경고문을 발송하는 등의 항일운동이 전개되었다. 이 운동을 전개한 인물은 3월 말 4월 초에 조선 상인들을 상대로 철시 권고문과 동정 표시 경고문을 여러 차례 작성·배포하였던 김수길·권성우·이종식·이영식·이영옥·이명건·최재화·허성도·이기명·박제원·이종헌·이덕생·이수건 등이었다. 이들 중 김수길·권성우·이영식·이명건·허성도·이기명·이종헌·이덕생·이수건 등은 계성학교 학생이었고, 최재화는 기독교 교회의 조사였다.[75] 이들은 4월 6일 대구경찰서장에게 만세시위를 한 동포를 검거한 죄를 물어 암살하겠다는 경고장을 보냈

---

73 朝鮮總督府警務局, 「騷擾事件에 關한 民情彙報 第9報」, 『現代史資料 朝鮮 3·1運動編(1)』, 東京: みすず書房, 1967, 403쪽; 朝鮮總督府警務局, 「朝鮮騷擾事件에 관한 民情彙報 제22보」, 『現代史資料 朝鮮 3·1運動編(1)』, 429쪽.

74 오미일, 『한국근대자본가연구』, 한울, 2002, 171쪽.

75 학교법인 계성학원, 『계성90년사』, 1997, 145쪽.

다. 또한 4월 13일에는 대구부 자제회의 의장을 맡았던 박정양과 명치정 2정목 구장 백응훈에게 경고장을 보냈다. 그 경고장에는 "시세에 맞지 않는 자제회를 설립하고 다수를 강제 권유하여 입회시킨 것은 조선 민족으로서는 용서할 수 없는 노배(奴輩)이므로 암살할 것이다"[76]라고 쓰여 있었다.

이들은 보다 체계적으로 항일투쟁을 전개하기 위해 4월 17일 비밀결사 혜성단(彗星團)을 조직하였다. 이들은 혜성단을 통해 독립에 관한 각종 문서를 제작·배포하여 민중을 각성시키고, 독립운동이 활발한 만주 방면에 조직원을 파견해 국내외의 항일투쟁을 연결시키려 하였다.[77] 이를 위해 문서의 제작 및 인쇄는 최재화와 김수길이 맡고, 이를 배포하는 업무는 허성덕·이덕생·이종식·이종헌·이기명이 맡았으며, 경비 조달은 이수건이 맡았다. 연락업무는 이병건이 책임졌으며, 만주에 출장 가는 역할은 이영옥이 맡았다.

4월 18일 혜성단은 「근고동포(謹告同胞)」라는 제목의 격문 3백 매를 제작하여 시내 요소에 뿌렸다. 이 격문에는 미국 대통령의 제창에 의해 약소국도 국권을 회복할 수 있게 되었다고 하고, "조선인 동포는 모름지기 분기하여 횡포한 일본의 기만을 벗어나 다년 학정하에 노예적 대우를 받아 온 치욕을 씻고 자유의 천지를 개척해야 할 이 호기를 틈타 국가의 재건에 노력하지 않으면 안 된다"라고 하면서 조선인들에게 만세시위에 적극적으로 나설 것을 촉구하였다. 혜성단은 4월 27일에도 독립운동을 거듭 촉구하고, 상점 철시운동을 다시 시작하라는 내용의 「경아

76 「김수길 외 판결문」.
77 「김수길 외 판결문」.

동포(警我同胞)」라는 격문 3백 매를 제작하여 배포하였다.

혜성단은 또한 5월 7일에 독립운동을 탄압하는 관공리를 상대로 한 경고문을 2백 매 작성하여 도내 각 군면의 군수·군서기·면장·면서기 등에게 우송하였다. 이 경고문에는 조선인 관공리가 일본의 편에 서서 독립운동을 진압하는 것은 동족의 원수가 되는 짓이니 속히 각성하여 사직하고 조국을 위해 독립운동을 하라는 내용이 담겨 있었다. 또한 4월 17일과 5월 1일에는 민족자산가를 상대로 독립운동에 소요되는 자금을 염출해 줄 것을 호소하는 탄원서를 보내기도 하였다.

혜성단은 경찰의 집요한 추적으로 김수길이 체포되면서 5월 중순 이후 대부분의 단원이 검거되어 조직이 와해된다. 일제는 김수길에게 징역 4년, 이명건·이종식·이영옥·최재화·방명원에게 각각 징역 3년을 선고하는 등 3·1운동으로 처벌된 자들 가운데 가장 무거운 형을 선고하였다.

4) 달성친목회 세력의 상해임시정부 지원활동

1910년대에 달성친목회를 재건하고 태궁상점을 열어 국외의 독립운동을 지원하였던 서상일은 파리강화회의가 열리고 3·1운동이 일어나자 한국의 독립 문제가 해결될 수 있을 것으로 크게 기대하였다. 이에 그는 국외의 독립운동세력과 긴밀한 연락을 취하려 노력하면서 그들의 활동을 지원할 방도를 강구하기 시작하였다. 서상일이 생각한 지원방도는 국외의 독립운동에 필요한 자금을 적극적으로 조달하는 것이었다.[78]

서상일은 달성친목회의 핵심 회원들과 회합하여 국제정세와 상해임시정부의 활동에 대해 설명하고 조선의 남부 지역에서 임시정부를 지

78 김일수, 앞의 논문(2000), 32~43쪽.

원할 활동을 펼칠 것을 제안하였다. 이 제안이 받아들여져 서상권·서상호·서창규·배상연·배상렴·편동현 등이 서상일과 함께 모금활동에 나섰다. 이들은 조선 남부 지역의 부호들을 방문해 모금에 협조해 줄 것을 당부하고, 태궁상점을 독립자금 모금 및 전달 통로로 이용하였다. 서상일은 독립자금이 모금되면 자신이 직접 상해로 건너갈 계획을 세우고 있었으며, 이를 위해 대구경찰서에서 여행허가서를 발부받기도 하였다.

다른 한편 서상일은 만주 안동현에서 활동하다 잠입한 문상직으로부터 임시정부의 선포문과 강령을 전달받아 남부 지역에 배포하였다. 그 문서에는 "임시정부의 설치를 선포하면서 조선민족은 일본의 통치를 벗어났으니 일본의 명령을 따를 필요가 없으며 또한 이후로 유혈의 참상을 보더라도 독립을 수행하여 완전한 정부를 조직할 때까지 조세 등 일체를 납부해서는 안 된다"는 내용이 들어 있었다.[79] 서상일은 달성친목회 동지인 신상태를 통해 그 문서를 통영의 서상호에게 전달하고, 경남지역에 배포해 줄 것과 아울러 독립자금 모금에 협조해 줄 것을 요청하였다.

그러나 이러한 노력에도 불구하고 독립자금의 모금은 매우 부진하였다. 자산가들이 일제의 보복이 두려워 협력하지 않았기 때문이다. 그로 인해 서상일의 상해행도 중단되었다. 그 후 얼마 지나지 않아 서상일과 달성친목회 회원들은 '조선국권회복단 중앙총회'를 조직한 혐의로 대거 경찰에 체포되었다.[80] 이 사건은 1919년 5, 6월경 달성친목회 회원

79 강영심, 「朝鮮國權回復團의 結成과 活動」, 『한국독립운동사연구』 8, 한국독립운동사연구소, 1990, 163쪽.

80 조동걸, 「대한광복회의 결성과 그 선행조직」, 『한국학논총』 5, 1982; 권대웅, 「조선국권회복단연구」, 『민족문화논총』 9, 영남대 민족문화연구소, 1988; 강영심, 위의 논문; 김일수, 앞의 논문(2000).

윤상태의 처남인 정진영이 대구경찰서 조선인 순사에게 관련 사실을 밀고함으로써 일어났다. 이 사건에 연루되어 검찰의 심문을 받거나 조사를 받은 달성친목회원은 무려 33명에 달했다. 최종적으로 재판에 회부된 자는 27명이었는데, 서상일 등 16명은 구류형을 받았고, 이시영 등 11명은 불구속으로 처리되었다.[81]

5. 대구 3·1운동의 역사적 의의

대구 지역에서는 한말 국권회복운동이 활발하게 전개되었다. 대구광문사와 대구광학회는 근대교육을 보급하고 대중을 계몽하는 활동을 전개하였다. 특히 대구광문사의 대동광문회는 대구관찰사와 국왕을 상대로 학교 설립의 필요성을 역설하여 경북 전역에서 학교를 설립할 수 있는 정부의 지원을 얻어 내기도 하였다. 이들 국권회복단체들은 공동으로 국채보상운동을 전개하였고, 나아가 대한협회 대구지회를 설립해 교육진흥과 식산흥업운동을 위해 노력하였다.

한말 대구 지역의 국권회복운동에는 기독교 교회도 일조하였다. 대

81 조선국권회복단의 실체에 대해서는 논란의 여지가 크다. 김일수는 앞의 논문(2000)에서 조선국권회복단에 대해 연구한 논문과 자료들을 검토하고, 이 단체의 실체를 부정하였다. 조선국권회복단을 실재한 단체가 아니라 일제가 대구 지역의 민족운동을 탄압하기 위해 조작한 단체로 본 것이다. 조선국권회복단의 결성시기를 1913년이나 1915년으로 보는 견해에 대한 김일수의 비판은 타당하다. 그러나 조선국권회복단의 실체를 부정하는 것은 무리한 주장이다. 전후 정황이나 재판기록으로 보아 조선국권회복단의 결성은 추진되었다고 보아야 하며, 다만 3·1운동을 계기로 이 조직을 결성하자는 논의가 막 진행되던 준비단계나 결성초입기에 적발됨으로써 연루자의 형량이 가벼웠다고 생각된다.

구에 기독교가 전파된 것은 1898년이었고, 미국 북장로회의 선교지회가 설립된 것은 그 이듬해였다. 선교사들은 근대교육과 의료활동을 앞세워 선교활동을 전개하였다. 이로 인해 국권회복을 추구했던 많은 사람들이 기독교에서 국권회복의 희망을 찾았고, 특히 을사조약 이후 식민지화의 위기가 심화되자 기독교에 입문하는 사람이 급속히 증가하였다. 그 결과 한말 기독교 교회와 기독교 교인 가운데서는 민족운동의 성향이 매우 강했다.

1910년 조선을 병탄한 일제는 국권회복에 앞장섰던 민족운동단체를 해산하고 사립학교를 폐쇄하였다. 이러한 탄압으로 대구에서도 대구광문사와 대한협회 대구지회, 달성친목회 등이 전부 해체되었다. 기독교 교회에 대해서도 감시가 시작되고, 교회부설 사립학교에 대한 통제도 강화되었다. 이러한 가운데 일제는 식민지 지배를 위한 행정망과 치안망을 구축하고 황국신민을 양성하는 학교를 설립하였다. 또한 식민지 수탈과 재정 확보를 위해 토지조사사업을 실시하고, 농업수탈기구로 지주제를 보호·육성하였다. 이로 인해 세금과 지대가 인상되어 농민들의 생활이 급속히 빈궁해졌다. 한편 식민지 지배에 편승해 조선에서 농업과 상업, 제조업, 금융업 등을 경영하려는 일본인의 진출도 급증하였다. 러일전쟁 이후 대구로 진출하기 시작한 일본인은 1910년대 중반이 되면 조선인 인구의 절반에 육박할 수준으로 급증하였다. 이들은 대농장을 개설해 식민지 지주제를 확립하는 데 앞장섰고, 식민지 금융기관의 지원을 등에 업고 무역상이나 도매상이 되어 대구의 상권을 장악하고, 이윤이 높은 제조업을 석권하였다.

이와 같은 식민지 지배와 일본인의 진출은 농민과 상인에게 직접적인 피해를 입히면서 그들의 몰락을 촉진하였고, 국권회복운동의 분위기에서 성장한 청년, 학생들에게는 참기 힘든 민족적 굴욕감을 주고 경제적 압박을 가했다. 이로 인해 식민지 지배와 일본인에 대한 조선 민중의 적개심과 저항의식은 시간이 갈수록 더욱 증폭되어 갔다. 그러나 그 저항의식은 경찰과 헌병을 앞세운 무단적 강압통치로 인해 표출되지 못하고 내연하면서 엄청난 폭발력을 가진 에너지로 응축되고 있었다.

이러한 가운데 1910년대 대구에서는 비밀리에 한말의 국권회복정신을 계승하는 민족운동이 전개되었다. 대구광문사와 대한협회 등의 국권회복운동을 계승하는 민족운동 계열은 달성친목회를 재건하고, 이를 중심으로 세력을 확대하면서 국외의 독립운동을 지원하는 활동을 전개하였다. 그러나 달성친목회를 재건한 인물들은 한말 국권회복운동을 주도한 전·현직 관료나 부호들이 아니었다. 그들은 대부분 병탄 이후 일제의 탄압이 강화되자 민족운동 일선에서 물러나 관망하거나 심지어는 교풍회 또는 대구부 협의회원으로 변신해 식민지 지배에 협력하기도 하였다. 이들을 대신해 병탄 후 달성친목회를 재건한 인물은 한말 이들이 설립한 학교에서 신교육을 받고 성장한 후속세대들이었다. 달성친목회에 결집한 후속세대 청년들은 국내에서 교육이나 언론·출판활동을 통한 국권회복운동이 불가능해지자 간도나 노령 등 국외에서 전개되던 독립운동에서 희망을 찾고, 그것을 지원할 조직을 만들고 독립자금을 모금하는 활동에 힘을 쏟았다. 이들은 1915년 달성친목회가 일제에 의해 강제로 해산되자 태궁상점, 향산상회, 백산상회 등 곡물 혹은 잡화를 수출입하는 무역상을 설립하여 국외 독립운동단체들과 연락하고 자금을 지원했으며, 일부는 무력으로 부호들을 위협해 독립자금을 조달하는 활동을 벌이다 경찰에 검거되기도 하였다.

한편 기독교 교회와 사립학교에서 국권회복운동을 추구하였던 민족운동가들은 남성정교회, 신정교회, 남산정교회에서의 다양한 교육활동과 계성학교·신명학교 등의 기독교 사립중등학교의 교육활동을 통해 민족운동의 정신을 이어 갔다. 한말에 이들의 활동이 크게 주목을 끌지 않았던 까닭에 병탄 이후 기독교 교회나 이들 학교에 대한 일제의 감시와 통제는 상대적으로 느슨했다. 그러한 가운데 1910년대 후반이 되면 대구 지역 교회 내에서도 민족의식이 강한 조선인 지도자들이 성장하였다. 한말 국권회복의 열망을 가지고 기독교에 입문하여 목사, 전도사, 장로 혹은 기독교 학교 교사로 성장한 자들이 다수 배출된 것이다. 그들은 농민, 상인, 청년학생 등의 기독교 교인들과 식민지 지배의 고통을 같이 나누면서 기독교 정신에 입각해 그 모순을 해결할 방도를 고민하였다. 이들은 그러한 노력의 일환으로 1918년 교남기독청년회를 창립하였다. 교남기독청년회는 한말 친일단체에 맞서 비타협적으로 국권회복운동을 전개하였던 황성기독청년회의 YMCA 정신을 지향하였다.

대구의 3·1운동은 이상과 같은 사회적 조건을 배경으로, 민족대표 33인이 주도한 서울의 3·1운동과 연계되어 일어났다. 33인 중 한 명이었던 이갑성이 2월 24일 남성정교회 이만집 목사를 찾아와 독립선언서에 지역대표로 서명할 것과 대구에서 만세시위를 일으켜 줄 것을 요청하였다. 이 요청은 수락되지 않았지만, 3월 2일 이갑성은 다시 이만집에게 독립선언서를 전달하고 만세시위에 참여할 것을 당부하였다. 이에 이만집은 교남기독청년회에서 같이 활동하던 목사, 전도사, 계성학교와 신명학교 교사들과 협력해 3월 8일 서문시장에서 만세시위를 일으켰다. 3월 8일의 만세시위에는 계성학교·신명학교·대구고보의 학생들과 대구성경학교 강습생 등 3백여 명이 조직적으로 참가하여 주력을 형성하였고, 기독교 교인과 시장에 나왔던 군중 수백 명이 동참하였다. 3월 8일 시위에서 체포를 모면했던 계성학교와 대구고보 학생들은 기독교 청년교인들과 연합해 3월 10일 군경이 삼엄하게 경계를 펴던 남문시장에서 다시 만세시위를 일으켰다. 이 시위에도 다수의 기독교 교인이 동참하였다. 3월 8일과 10일의 만세시위는 기독교 내의 민족운동세력이 주도하였고, 파리강화회의에서 전개된 독립청원외교운동을 지원하는 독립선언운동으로 전개되었다.

3월 10일 이후 군경의 삼엄한 경계로 잠시 소강상태를 보였던 대구의 3·1운동은 3월 30일 동화사 부설 지방학림 학생들이 남문시장에서 시위를 일으키고, 4월 1일과 2일에 조선 상인들이 철시시위를 벌이면서 다시 활기를 띠게 된다. 이 두 건의 시위에서도 학생들은 선도적인 역할을 담당하였다. 그러나 3월 8일과 10일의 시위와 대비하면 학생들의 역할은 상대적으로 축소되고, 그 대신 상인을 비롯한 민중들의 능동적 참여가 두드러졌다. 3월 8일의 시위가 기독교 민족지도자들과 학생들의 역량을 중심으로 진행된 데 반해 3월 30일의 남문 밖 시장 시위와 조선 상인들의 철시시위는 학생들의 선도투쟁에 상인과 군중들이 능동적으로 호응하면서 성사되는 양상을 보였다. 이에 따라 만세시위의 성격에도 변화가 일어났다. 만세시위에서 독립선언적 성격에 더해 상인과 농민들이 직접 식민지 지배에 대항해 능동적으로 저항하는 측면이 강하게 나타난 것이다.

군경의 진압에도 불구하고 만세시위가 들불처럼 확산되자 조선총독부는 4월 초 전국 부·군에 관제조직인 자제단을 조직하여 시위를 진정시키려 하였다. 이 지시에 따라 대구에서도 박중양을 단장으로 하는 자제단이 조직되어 활동하기 시작하였다. 이에 맞서 학생들은 비밀결사 혜성단을 조직하여 저항하였다. 혜성단은 3월 8일 시위에 참가한 계성학교 학생이 중심이 되어 4월 중순경에 조직되었고, 5월 중순 체포되어 해산될 때까지 활동하였다. 혜성단은 자제단 단장과 구장, 시위를 진압하는 대구경찰서장에게 경고문을 우송하고, 조선인 관공리의 사직을 촉구하며, 대구 시민들을 상대로 만세시위나 철시시위를 촉구하는 권고문을 배포하는 투쟁을 전개하였다.

대구의 3·1운동은 시위주도층이 단기간에 형성되고 하루 혹은 이틀 동안의 준비로 만세시위나 철시가 전개되는 양상으로 전개되었다. 시위대가 조직적으로 동원된 경우는 3월 8일 시위가 유일하였다. 그나마도 계성학교와 신명학교 학생들에게는 시위 하루 전에, 대구고보 학생들에게는 당일에 시위 소식이 알려지고 동원이 이루어졌다. 그럼에도 불구하고 대구에서 일어난 대부분의 시위는 대중들이 수백 명씩 능동적으로 참가하는 대중운동의 형태를 띠었다. 사전 준비가 매우 졸속했음에도 불구하고 시위 자체는 대중운동으로 성공적이었다. 그것을 가능하게 했던 것은 대중들의 자발적이고 능동적인 참여였다. 무력에 의해 강제합병이 이루어지고 식민지 지배정책이 강요되면서 농민, 노동자, 상인, 학생 등등 각계각층의 조선인들은 그로 인해 직접적으로 피해를 입고 큰 고통을 겪었다. 식민지 지배에 대한 이들의 불만과 저항의식은 무단통치로 억압되어 표출되지 못하고 엄청난 폭발력을 가진 에너지로 응축되어 갔다. 그러한 가운데 터져 나온 지식인과 학생들의 선도적 만세시위는 식민지 지배망에 이 에너지가 뚫고나와 폭발할 수 있는 균열을 만들고, 동시에 그 에너지에 불을 붙이는 도화선 역할을 하였다. 이러한 노력으로 대중들의 투쟁에 불이 붙으면서 3·1운동은 당초 기대를 훨씬 넘어서는 성과를 낼 수 있었다.

3·1운동을 통해 표출된 식민지 지배에 대한 대중들의 저항의지와

힘은 거대하였다. 그 힘은 무단통치 기간에 억눌려 잠재된 상태로 커 왔기 때문에 어느 누구도 가늠할 수 없었고, 따라서 이를 민족해방운동의 동력으로 발전시키는 방안을 강구할 수 없었다. 그 힘은 자주적·자립적·안정적 생존을 열망하는 대중들의 강렬한 욕구로부터 나온 것이었다. 따라서 그러한 욕구를 해결할 수 있는 구체적 방안을 민족해방운동으로 발전시킬 수 있을 때 그 힘은 민족해방운동의 동력으로 전화될 수 있었다. 민족운동가들은 3·1운동을 거치면서 예기치 못했던 그 힘을 생생히 목격할 수 있었다. 그 힘은 국외의 독립운동에 희망을 걸고 이를 지원하기 위해 분투했던 민족운동가들에게도, 식민지 지배로 고통받는 교인들과 아픔을 같이하면서 그 해결의 길을 찾기 위해 고민하던 기독교의 민족운동가들에게도 민족운동의 새로운 가능성과 전망을 예시하고 있었다. 그리하여 3·1운동 이후의 국내의 민족운동은 이 힘을 민족해방운동의 동력으로 전화시키려는 다양한 시도로 분화되면서 근대적이고 대중적인 민족운동으로 발전해 갔다.

제1부

영남의
3·1운동

안동 지역 3·1운동의 전개 양상과 특징

제2장

심상훈

제2장

안동 지역 3·1운동의 전개 양상과 특징

*****

3·1운동은 세계 제국주의 열강에 맞서 일어난 식민지 해방운동의 선두에 섰다. 제1차 세계대전을 마무리 짓는 단계에서 터져 나온 세계 식민지 해방운동의 선두에 바로 3·1운동이 있었던 것이다. 제국주의가 식민지 쟁탈전을 벌이면서 성난 파도처럼 세계를 집어삼키던 그 시기에 3·1운동은 이를 비판하고 막아서는 흐름의 선두권에 속하는 세계적인 사건이었다. 안동 지역 3·1운동은 만세운동으로 끝나지 않고, 그 이후 안동 지역 항일운동의 인적·물적 구심점이 되었다.

1919년에 들면서 나라 안팎을 달군 한국인의 거대한 항일투쟁이 3·1독립선언이요 만세운동이다. 시점으로 말하자면 한국 독립운동사 51년 가운데 꼭 중간에 해당하고, 성격으로 보면 독립운동의 분기점이라 평가된다. 3·1운동을 기점으로 한국 독립운동사의 방략과 방향이 이전 시기에 비해 많이 달라졌기 때문이다.

3·1운동의 시작점은 3월 1일이 아니라, 이보다 한 달 앞서 동경(東京)에서 일어난 2·8독립선언이다. 다만 나라 안에서 본격적으로 시작되고 퍼져 나간 시점을 중심으로 삼다 보니 '3·1운동'이라 부르고 그 이름이 정착하게 된 것이다. 3·1운동은 흔히 생각하듯이 태극기를 손에 들고 목 놓아 만세를 외친 것은 아니다. 그 초점은 한국인이 독립을 원하고

있으니, 프랑스 파리(Paris)에서 열리는 강화회의에서 한국 문제를 다루어 일본으로부터 독립시켜 달라고 강력하게 요구한 데 있었다. 그래서 파리에 대표를 파견하면서 아예 미리 한국이 '독립국'이라는 사실을 세계에 천명한 것이다. 그 사실을 국제사회에 알리는 행위가 선언서를 채택하여 독립을 선언하는 것이었다. 그리고 온 겨레가 그 뜻에 찬성한다는 의지를 분명하게 보이는 방법이 모두 함께 나서서 만세를 부르는 것이었다. 3·1운동을 식민지가 된 한국과 이를 침탈한 일본 제국주의 사이의 다툼 정도로 이해하는 경우도 있지만, 사실은 한국인이 세계 열강들에게 요구한 독립선언이자 투쟁이었다.

3·1운동은 세계 제국주의 열강에 맞서 일어난 식민지 해방운동의 선두에 섰다. 3·1운동 직후에 일어난 4월 인도 마하트마 간디 주도하의 비폭력·비협조운동, 5월 중국에서 터진 5·4운동, 그해 여름에 일어난 베트남 독립운동, 필리핀 마닐라 대학생과 이집트 카이로 대학생들의 독립운동 등을 보면 그 흐름을 이해할 수 있다. 다시 말하자면, 제1차 세계대전을 마무리 짓는 단계에서 터져 나온 세계 식민지 해방운동의 선두에 바로 3·1운동이 있었던 것이다. 제국주의가 식민지 쟁탈전을 벌이면서 성난 파도처럼 세계를 집어삼키던 그 시기에 3·1운동은 이를 비판하고 막아서는 흐름의 선두권에 속하는 세계적인 사건이었다.

3·1운동은 제국주의 침략 물결에 맞서는 것이었다. 비록 제국주의 열강 가운데 승전국이 중심이 되어 판을 폈던 파리강화회의였지만, 여기에서 식민지 해방 문제를 다루도록 요구하고 나선 것이다. 이러한 노력은 식민지 국가들에게는 귀감이 되지 않을 수 없었다. 제1차 세계대전 직후 활발하게 일어난 식민지 해방운동의 선상에서 3·1운동은 시간적으로 선두에 있었고, 그 반향이 결코 작지 않았다. 또 참가자들의 비율도

그러했으며, 무저항 비폭력 투쟁의 방법에서, 또 인류사회가 지향해 갈 인도주의를 제시한 사상적인 면에서도 높게 평가해야 할 것이다.

경북과 안동 사람들도 다른 지역과 마찬가지로 만세운동에 참가하였다. 이들이 펼친 3·1운동은 다른 지역과 견주어 볼 때 보편성을 가지는 동시에 다른 점도 있는데, 이를 특수성이라고 한다. 각 시군의 내용 또한 보편성과 특수성을 아울러 가진다. 전체로 보면 대체로 비슷하지만, 구체적으로 뜯어보면 지역마다 조금씩 차이를 보인다. 이는 그 지역의 역사와 문화가 가진 차이에서 비롯된다. 안동의 3·1운동을 이해하려면 3·1운동의 내용과 성격에 대한 개괄적인 서술이 필요하다. 즉, 배경과 전개 과정 등을 알아보고, 이어서 경북 사람이 펼친 3·1운동 그리고 안동 지역 3·1운동의 보편성과 특수성을 살펴보기로 하자.

1. 3·1운동의 배경과 전국적인 확산[1]

1) 역사적 배경

1910년 대한제국은 일본 제국주의의 침략을 받아 무너졌다. 일제는 대한제국이 원하여 합방한 것이라는 거짓 선전을 일삼았지만, 이는 제국주의 국가들이 식민지를 만들고 짓밟는 자연스러운 과정의 하나였다. 그러므로 다른 제국주의 국가들도 그렇게 받아들일 뿐이었다. 일제는 대한제국을 멸망시킨 뒤 조선총독부를 설치하여 통치에 나섰다. 육

1 3·1운동의 전국적인 추이와 개략적인 내용은 한국근현대사학회에서 간행한 『(개정판)한국독립운동사강의』(한울아카데미, 2007, 94~117쪽) 참조.

군대장을 조선총독으로 임명하여 일본군 2개 사단을 전국에 풀어 무단 통치를 시작하면서, 헌병경찰제를 기초로 삼아 식민지 지배정책을 펼쳐 나갔다.

식민지에서 뽑아낼 수 있는 경제적인 원천이 오로지 1차 산업사회의 바탕인 토지에 있다고 판단한 일제는 무엇보다 먼저 토지 수탈에 나섰다. 한국을 강점하자마자 토지조사사업이란 것을 들고 나와 1918년까지 밀어붙인 이유가 거기에 있었다. 일제는 동양척식주식회사를 앞세워 토지를 장악하고 일본인을 끌어들여 우리 국토를 자신들의 영원한 영토로 만들어 가는 정책을 펼쳤다. 농민들의 경작권 등 여러 가지 권리를 박탈하여 소수 지주들을 소작인으로 전락시켰으며, 일본인의 이주와 토지 수탈을 쉽게 하였다. 한국은 철저하게 일제의 식민경제체제 아래 끌려들어 가게 되었다.

한편 1910년 나라가 무너지자 한국인들은 일제에 맞서 새로운 투쟁 방안을 찾기 시작하였다. 1909년까지 의병전쟁과 구국계몽운동을 펼치면서 저항하였지만 끝내 나라를 빼앗기고 말자, 항일투쟁이 새로운 모습으로 펼쳐지기 시작한 것이다. 우선 보수적인 유림들을 중심으로 스스로 목숨을 끊어 일제의 침략과 통치가 한국의 뜻이 아니라는 사실을 세계에 알린 '자정순국'이라는 극단적인 투쟁으로 표현되었다. 또 계몽운동을 펼치던 인사들은 나라 밖으로 망명하여 독립군을 기르기 위한 독립운동기지를 건설하기 시작했다. 독립운동기지가 뿌리를 내리려면 인력과 재력이 공급되어야 했고, 이를 해결하려는 노력이 광복회로 대표되는 국내 지원 조직으로 나타났다. 여기에서 의병과 계몽운동 계열이 방략상의 차이에서 비롯된 갈등을 극복하고 통합하는 역사적 발전상을 보였다.

나라 밖에서 틀을 잡은 독립운동가들은 때가 오기를 기다렸다. 국제적으로 상황 변화가 나타나야 그 틈을 이용하여 우리가 독립을 성취할 수 있다고 판단했기 때문이다. 기다리던 국제정세 변화가 1914년에 제1차 세계대전으로 나타나자, 독립운동 양상은 발 빠르게 변했다. 이상설이 연해주에서 대한광복군정부(大韓光復軍政府)를 수립하기도 했고, 1915년에는 상해를 중심으로 활동하던 인물들과 결합하여 신한혁명당(新韓革命黨)을 조직하기도 했다. 전쟁이 지속되자, 1917년에는 대동단결선언(大同團結宣言)이 발표되면서 새로 세울 정부를 민주공화제로 추진하자는 논의가 일어났다. 나라가 망할 때는 황제가 주권을 갖는 대한제국이었지만, 독립운동가들이 새로 세울 국가는 공화정을 목표로 삼는다는 것이다. 더구나 1918년 1월에 미국의 윌슨 대통령이 제시한 '민족자결주의'라는 것이 독립운동계에 영향을 주기도 했다. 이것은 제1차 세계대전이 끝난 뒤 있을 마무리 방침으로 제시된 것인데, 민족의 장래를 그 민족 자신의 결정에 맡긴다는 것이 골자였다.

제1차 세계대전이 끝난 시기는 1918년 11월이다. 나라 안팎에서 독립운동에 전념하던 모든 이들이 여기에 눈길을 모은 것은 당연한 일이었다. 특히 나라 밖에서 활약하던 사람들은 신속하고 정확한 정보를 가지고 있었기 때문에 발 빠르게 대응 방안을 찾아 나갔다. 전쟁을 마무리 짓기 위해 프랑스 파리에서 강화회의가 열린다는 소식에 한국 독립운동가들은 그 한계성을 생각하면서도 다른 한편으로는 조국의 독립을 위한 좋은 기회가 될 수도 있다고 판단했다. 그런데 단순히 대표를 파견하여 우리의 주장을 펴 나가는 일이 큰 의미가 없다는 사실도 잘 알고 있었다. 왜냐하면 '한국이 일본 통치에 의해 발전하고 있고, 한국 민중들도 일본 통치에 감복하고 있다'고 선전하는 일본의 목소리가 국제사회에서 더 크게 울리고 있었기 때문이다. 그러므로 일본의 주장보다 더 큰 목소리, 즉 민족 전체의 하나 된 울림의 함성이 필요했던 것이다.

나라 밖 곳곳에서 활동하던 독립운동 세력들은 지역마다 강화회의에 대표를 파견하려고 시도하였다. 중국에서는 신규식(申圭植)이 이끄는 동제사(同濟社)와 여기에서 성장한 여운형(呂運亨)이 대응책 모색에 나섰다. 여운형은 신한청년당(新韓靑年黨)을 조직하고 김규식(金奎植)을 대표로 선임하여 파리로 보냈다. 이런 움직임은 연해주에서 활동하던 독립운동가들이나 일본 유학생들도 마찬가지였다. 특히 일본 유학생들은 강화회의에 대한 소식을 자세하게 들으면서 이미 1월 말에 조국의 독립을 선언할 준비를 마쳤다. 그 결실이 2월 8일 동경의 조선기독교청년회관에서 일어난 '2·8독립운동'으로 나타났다. 여기서 발표된 독립선언서는 한국이 독립국이란 사실만이 아니라, 이를 부인하는 일본에게 '혈전'을 선언하는 것이었다. 이 무렵 중국 지역 인사들은 일본 유학생들에게 밀사를 파견하여 연계를 추진하기도 했다. 또한 미국 동포사회도 대표 파견을 결정했지만, 미국 정부의 비협조로 성공하지 못했다. 이러한 국외의 활동은 독립을 열망하는 민족의 의사를 큰 함성으로 세계에 알려야 한다는 필요성에서 나온 것이었다. 그것이 바로 3·1운동으로 나타난 것이다. 따라서 3·1운동은 곧 세계 만국에 한국이 독립국임을 선언하면서 반드시 독립하겠다는 의지를 천명한 것이었다.

2) 국내 확산과 특징

3·1운동은 3월 중순까지 국내뿐만 아니라 나라 밖의 동포사회에까지 퍼져 나갔다. 나라 안에서 펼쳐진 만세운동은 전파되는 경로에 따라 몇 가지 특징을 보인다. 첫째, 교통망을 따라 확산된 점이다. 철도 노선

을 따라 그 주변의 대도시로 퍼져 나갔고, 대도시의 장날에 시위가 크게 일어난 뒤 다시 중소도시의 장날을 따라 퍼져 나갔다. 둘째, 시위 준비 세력이 전국 주요 도시에 연락망을 정하고 이에 따라 독립선언서를 발송한 것이 하나의 경로였다. 서울에서 발송된 독립선언서가 지방의 유지들에게 전달되고, 그들에 의해 지방마다 시위가 준비되었다. 셋째, 각 지방에서 고종 인산(因山: 조선시대, 태상왕과 그 비, 왕과 왕비, 왕세자와 그 빈, 왕세손과 그 빈의 장례)에 참례하는 봉도단(奉悼團)으로 상경했다가 서울의 시위를 눈으로 보고 고향으로 돌아간 인물들이 시위를 확산시킨 것이 또 하나의 경로였다. 국장(國葬)에 참여한 인물들이 현장에서 태극기와 독립선언서를 손에 넣고, 그것을 고향으로 가지고 가서 시위를 만들어 냈던 것이다. 이들이 가져간 것은 비단 그것만이 아니었다. 이들은 서울에서 본 시위 현장의 열기를 그대로 지방으로 안고 가서 전달하였다.

1919년 3월 1일, 서울을 비롯하여 평양·진남포·안주·의주·선천·원산 등 주요 도시에서 동시에 독립선언과 만세시위가 전개되었다. 이 지역에서 서울과 같은 날 만세시위가 일어날 수 있었던 것은 종교조직을 통하여 사전에 조직화 작업이 이루어지고, 독립선언서가 배포되는 등 준비 작업이 진행되었기 때문이다. 3월 1일 시작된 독립선언과 만세시위는 3월 중순경에는 전국 방방곡곡으로 확산되었는데, 3월 20일 무렵부터 4월 10일 무렵까지 절정에 달하였고 5월 말까지 계속되었다.

시위 양상을 보면 매일 연달아 일어난 곳이 많아 서울에서는 13회, 해주·개성·진주·함흥 등지에서는 7회의 만세시위가 이어졌다. 만세운동이 일어난 횟수를 모두 합친다면 서울 64회, 의주 37회, 시흥 23회, 고양 22회, 수원 20회, 해주와 북청이 각각 16회이며, 참가 인원은 서울 수십만 명, 의주 30,000명, 강화 24,000명, 선천과 삭주 20,000명 등의 순이었다.[2] 전국에서 대략 2백만 명, 즉 인구의 10%가 만세운동에 참여한 셈이다.

3) 국외 확산과 특징

3·1운동의 여파는 국외에까지 파급되어 만주·연해주·미주 등 한인이 거주하는 곳이면 어디서나 독립선언과 만세시위가 전개되었다. 만주 지역에서는 서간도와 북간도 등에서 한인들이 만세시위를 펼쳤다. 서간도에서는 3월 12일에 처음으로 만세시위가 벌어졌는데, 유하현 삼원포와 통화현 금두복락(金斗伏洛)에서 수백 명의 동포들이 참가한 가운데 독립축하회와 만세운동이 전개되었다. 경북인들이 집중적으로 망명해 있던 곳이 바로 서간도 일대였고, 특히 삼원포를 중심으로 터를 잡았기 때문에 이 시위에 많이 참가했을 것이다. 북간도에서는 3월 13일 1만여 명의 한인들이 용정 북쪽의 서전대야(瑞甸大野)에 모여 독립선언과 만세시위를 가졌다. 또 훈춘에서는 3월 20일에 만세시위가 있었다. 이후 만주 지역에서는 3월 21일에 봉천(심양) 안산참(鞍山站)을 비롯하여 이후 4월 10일에 냉수천자(冷水泉子) 등 각지에서 만세시위가 계속되었다.

연해주 한인사회에서도 만세시위가 전개되었다. 3월 17일 블라디보스토크[海蔘威] 일대의 한인 집단거주지인 신한촌(新韓村)[3](일명 신개척리)에

---

2 한국근현대사학회, 『(개정판)한국독립운동사강의』, 한울, 2007, 108쪽.

3 러시아 블라디보스토크에는 1870년대부터 한인이 모여들어 1890년대 900여 명에 이르렀다. 이에 시 당국은 1893년 한인들만 집단으로 거주하도록 구역을 설정했는데, 이것이 신한촌 성립 전 '개척리'이다. 러시아는 1911년 전염병인 페스트를 이유로 개척리를 철거하고 한인을 서북편 외곽으로 이주시켰다. 한인들은 그곳에서 다시 어렵게 신개척리를 건설했고, 새로운 한국을 부흥시킨다는 의미로 '신한촌'이라 이름하였다. 1911년 여름까지 이곳의 한인은 1,500명 정도였고, 1915년에는 약 1만 명에 달했다. 이곳은 나아가 한국 내에서 활동하기 어려운 독립운동가들의 집결지로, 국외 독립운

대형 태극기를 게양한 한인들이 만세행진을 펼쳤는데, 오후 4시경에는 블라디보스토크 주재 11개국 영사관과 러시아 당국에 대한국민의회(大韓國民議會) 이름으로 독립선언서를 배포하고 일본 총영사관 앞을 행진하면서 열띤 만세시위를 벌였다. 러시아 당국이 외교분쟁을 우려하여 탄압하자, 격분한 한인 노동자들은 이튿날인 3월 18일부터 동맹휴업을 단행하였으며 학생들은 동맹휴학으로 호응하였다. 우수리스크를 비롯한 여러 지역에서도 만세시위가 펼쳐졌다.

미주 지역에서는 3월 15일 대한인국민회 중앙총회가 미국·멕시코·하와이 거류 동포 전체회의를 열어 독립을 다짐하는 12개 항의 결의안을 채택하고 포고문을 발표하였다. 또 서재필의 주선으로 4월 14일부터 16일까지 3일 동안 한인들이 필라델피아에 모여 한인자유대회를 열고 한민족의 독립선언과 대한민국 임시정부의 수립 사실을 전 세계에 널리 선포하고 악대를 선두로 태극기를 흔들며 시가를 행진하였다.[4]

2. 경북 지역 3·1운동의 전개 양상과 특징

1) 전개 양상[5]

3·1운동은 1919년 3월 1일 서울에서 시작되어 각 지역으로 확산된

동의 중추기지로 발전했다. 그러나 제1차 세계대전 발발로 한 차례 위축된 뒤, 1937년 스탈린의 정책에 따라 한인들이 중앙아시아로 강제 이주되면서 신한촌은 역사 속으로 사라졌다(박환, 『사진으로 보는 러시아 지역 한인의 삶과 기억의 공간』, 민속원, 2013).

4 국사편찬위원회, 『한국독립운동사』 자료 4(임정편 4), 1974, 313쪽.

5 경상북도 각 시군에서 전개된 3·1운동에 대해서는 안동대학교 안동문화연구소에서 간행한 『경북독립운동사 Ⅲ–3·1운동』(경상북도, 2013) 참조.

뒤 약 3개월 동안 전국적으로 펼쳐졌다. 대구를 비롯한 경북에서도 3·1운동이 격렬하게 펼쳐졌는데, 두 가지 경로를 통해 만세운동이 발화되었다. 하나는 서울에서 3·1운동을 기획하던 인물들이 독립선언서를 보내온 것이고, 다른 하나는 서울에서 시위 대열을 눈으로 본 뒤 선언서와 태극기를 손에 넣고 고향으로 돌아와 그 소식을 전하면서 계기를 만든 경우였다. 대구 만세운동은 앞의 경우이고, 경북 북부와 동해안 등 나머지 지역은 대개 뒤의 경우였다. 대구 주변에서는 이곳 만세운동에 참가한 인물이 고향을 찾으면서 계기를 만들었고, 대구에서 먼 곳은 오히려 서울에서 돌아온 사람으로부터 계기를 찾은 것이 일반적인 현상이었다. 이런 경우에도 유림들은 전통적으로 황제의 장례에 참석하는 봉도단으로 서울에 갔다가 만세운동 소식을 갖고 돌아왔고, 기독교인들은 신학을 배우기 위해 상경하거나 평양으로 가다가 시위를 보고 돌아온 경우가 많았다.

경북 지역의 3·1운동은 3월 8일 대구 만세운동 이후 5월 7일 청도군 매전면 구촌동 만세운동에 이르기까지 꼬박 두 달 동안 80곳이 넘는 지역에서 80회 넘게 일어났으며, 총 3만여 명이 참가하였다.[6] 경북 지역에서 가장 먼저 일어났던 대구 만세운동은 일본 군경의 특별경계 속에서도 기독교계 인사들과 학생들을 중심으로 추진되었다. 그 결과 3월 8일 대구 서문시장에서 약 1,000명의 군중이 만세운동을 일으켰다. 그 뒤 경북 곳곳으로 확산되어 펼쳐진 3·1운동의 상황을 지역별로 정리하면 다음 표와 같다.[7]

---

6 류시중·박병원·김희곤 역주, 『국역 고등경찰요사』, 선인, 2010, 63쪽. 이 자료에 따르면 소요 장소는 102개소, 그 횟수는 102회이며 소요자의 총 인원수는 2만 178명에 달하고, 진압하기 위해 무기를 사용한 일은 8개소·10회(그중 6회는 발포)이며, 관헌 측의 손해는 부상자가 13명, 폭도의 사상자는 죽은 자가 26명, 부상자가 69명이라고 기록되어 있다.

7 독립운동사편찬위원회, 『독립운동사』 3, 1983, 347~475쪽; 독립운동사편찬위원회,

표 1 경북 지역 3·1운동 봉기 상황

지역	일자	시위 장소	규모(참여자 수)	비고
대구부	3. 8.	서문시장	약 1,000명	
	3. 10.	남문 밖(덕산정) 시장	약 65명	
	3. 30.	남문 밖(덕산정) 시장	약 2,000명	
달성군	4. 26.	공산면 미대동	약 10명	
성주군	3. 27.	선남면 소학동	약 20명	
	3. 27.	가천면 동원동	약 10명	
	4. 2.	성주면 시장	약 3,000명	
	4. 2.	벽진면 해평동	약 200명	
	4. 3.	지사면 수륜동	약 30명	
	4. 6.	대가면 도남동	약 10명	
	4. 6.	월항면 안포동	약 20명	
고령군	4. 6.	우곡면 도진동	약 30명	
	4. 8.	우곡면 대곡동	약 50명	
칠곡군	4. 9.	약목면 평복동	약 10명	
	4. 9.	석적면 중동	약 30명	
	4. 9.	석적면 성곡동	약 40명	
김천군 (금릉)	3. 24.	김천면 감호동	약 10명	
	3. 24.	개령면 동부동	약 20명	
선산군	3. 12.	인동면 진평동	약 200명	
	4. 3.	해평면 주재소	약 70명	
	4. 8.	구미면 임은동	약 300명	
	4. 12.	선산면 시장	약 50명	
청도군	3. 18.	운문면	수십 명	
	3. 19.	운문면	약 300명	
	5. 7.	매전면 구촌동	약 100명	
영천군	4. 6.	신녕면 매양동	약 20명	
안동군	3. 13.	안동면 공신상회 앞	1명(단독시위)	
	3. 17.	예안면 주재소	약 1,500명	
	3. 18.	안동면 시장	약 2,500명	
	3. 18.	도산면 토계동	약 30명	
	3. 21.	임서면 금소동	약 300명	
	3. 21.	임동면 중평동	약 1,500명	
	3. 21.	길안면 천지동	약 350명	
	3. 21.	일직면 망호동	약 100명	

지역	일자	시위 장소	규모(참여자 수)	비고
	3. 22.	임북면 사월동	약 300명	
	3. 22.	예안면 소재지 일대	약 2,000명	
	3. 23.	안동면 소재지 일대	약 3,000명	
	3. 23.	동후면 절강동	약 100명	
	3. 24.	풍산면 풍산시장	약 30명	
	3. 27.	풍남면 하회동	약 30명	
봉화군	3. 18.	내성면 시장	약 20명	
예천군	3. 28.	호명면 원곡동	약 20명	
	4. 2.	용문면 상금곡동	약 100명	
	4. 6.	풍양면 우망동	약 50명	
의성군	3. 12.	비안면 비안공립보통학교 뒷산	약 150명	
	3. 12.	비안면 쌍계동	약 100명	
	3. 13.	비안면 비안시장	약 100명	
	3. 15.	안평면 대사동	약 60명	
	3. 16.	비안면 비안시장	약 100명	
	3. 16.	비안면 이두동·장춘동	약 100명	
	3. 16.	안평면 대사동	약 100명	
	3. 16.	안평면 석탑동	약 50명	
	3. 17.	봉양면 사부동	약 100명	
	3. 18.	의성면 시장	수십 명	
	3. 18.	점곡면 사촌동	약 600명	
	3. 19.	점곡면 사촌동	약 700명	
	3. 19.	안평면 도리원	약 1,000명	
	3. 25.	신평면 덕봉동·중율동	약 50명	
영덕군	3. 18.	영덕면 시장	약 200명	
	3. 18.	영해면 시장	약 1,000명	
	3. 18.	병곡면 병곡동	약 400명	
	3. 19.	병곡면 주재소	약 1,000명	
	3. 19.	창수면	약 200명	
	3. 19.	지품면 원전동	약 20명	
	3. 21.	지품면 신안동	약 60명	
	4. 4.	남정면 장사동	약 20명	
울진군	4. 11.	원남면 매화시장	약 100명	
	4. 13.	북면 흥부시장	약 20명	

지역	일자	시위 장소	규모(참여자 수)	비고
영양군	3. 24.	청기면 청기동	약 400명	
	3. 25.	입암면 신사동	약 100명	
청송군	3. 25.	진보면 시장	약 30명	
	3. 27.	현서면 화목장	약 400명	
영주군	3. 20.	영주면 영주시장	수백 명	
	4. 4.	하리면 은산동	수십 명	
	4. 9.	풍기면 풍기시장	약 2,500명	
문경군	4. 13.	산북면 김용사 지방학림	약 18명	
	4. 15.	신북면 갈평시장	약 40명	
상주군	3. 23.	상주면 상주시장	약 500명	
	3. 29.	이안면 소암리	약 20명	
	4. 8.	화북면 문장산	약 100명	
	4. 9.	화북면 운흥리	약 100명	
경주군	3. 15.	경주면 경주시장	수백 명	
영일군	3. 10.	포항면 복본정 예수교 학교	약 60명	
	3. 11.	포항면 포항시장	약 1,000명	
	3. 22.	청하면 덕성리시장	약 100명	
1개 부 21개 군		85회(10명 이하 소규모 시위는 제외, 단 안동면 단독시위는 예외로 함)	약 31,124명(수십 또는 수백 명으로 기록된 수치는 제외)	

지역별로 보면 발단기에는 대구와 포항·의성에서, 절정기에는 안동과 영덕·의성에서 특기할 만한 투쟁을 벌였고, 종결 단계에 들어서는 대부분의 군 지역에서 한두 차례씩 일어났다. 횟수로 보면 의성·안동(각 14회)에서 가장 여러 차례 일어났고, 영덕(8회)과 성주(7회)에 이어 상주·선산(각 4회), 대구·칠곡·예천·영주·청도(각 3회), 그리고 나머지 군에서 한두 차례씩 일어났다.

경북 지역에서 일어난 3·1운동은 봉기의 빈도를 보면 발단기와 절정기, 그리고 종결기 등 세 시기로 구분해 볼 수 있다. 시기별로 그 상황을 정리해 보면 다음 표와 같다.

『독립운동사자료집』 5, 1983, 1262~1475쪽; 권영배, 「대구지역 3·1운동의 전개와 주도층」, 『조선사연구』 6, 조선사연구회, 1997, 126~129쪽 참조.

표 2 경북 지역의 날짜별 3·1운동 봉기 상황

3월									
8일	10일	11일	12일	13일	15일	16일	17일	18일	19일
대구부 서문시장 약 1,000명	대구부 남문 밖 시장 약 65명	영일군 포항면 약 1,000명	선산군 인동면 진평동 약 200명	안동군 안동면 공신상회 앞 1명(단독시위)	경주군 경주시장 수백 명	의성군 비안시장 약 100명	안동군 예안면 주재소 약 1,500명	봉화군 내성시장 약 20명	영덕군 병곡면 주재소 약 1,000명
	영일군 포항면 복본정 예수교 학교 약 60명		의성군 비안보통학교 약 150명	의성군 비안시장 약 100명	의성군 안평면 대사동 약 60명	의성군 비안면 이두·장춘동 약 100명	의성군 봉양면 사부동 약 100명	안동군 안동면 시장 약 2,500명	영덕군 창수면 약 200명
			의성군 비안면 쌍계동 약 100명			의성군 안평면 대사동 약 100명		안동군 도산면 토계동 약 30명	영덕군 지품면 원전동 약 20명
						의성군 안평면 석탑동 약 50명		영덕군 영덕면 시장 약 200명	의성군 점곡면 약 700명
								영덕군 영해면 시장 약 1,000명	의성군 안평면 도리원 약 1,000명
								영덕군 병곡면 병곡동 약 400명	청도군 운문면 약 300명
								의성군 의성면 시장 수십 명	
								의성군 점곡면 약 600명	
								청도군 운문면 수십 명	
20일	21일	22일	23일	24일	25일	27일	28일	29일	30일
영주군 영주면 영주시장 수백 명	안동군 임서면 금소동 약 300명	안동군 임북면 사월동 약 300명	상주군 상주시장 약 500명	김천군(금릉) 개령면 동부동 약 20명	영양군 입암면 신사동 약 100명	성주군 선남면 소학동 약 20명	예천군 호명면 원곡동 약 20명	상주군 이안면 소암리 약 20명	대구부 남문 밖 시장 약 2,000명
	안동군 임동면 중평동 약 1,500명	안동군 예안면 약 2,000명	안동군 안동면 약 3,000명	김천군 김천면 감호동 약 10명	의성군 신평면 덕봉동 약 50명	성주군 가천면 동원동 약 10명			
	안동군 일직면 망호동 약 100명	영일군 청하면 시장 약 100명	안동군 동후면 절강동 약 100명	안동군 풍산면 풍산시장 약 30명	청송군 진보면 시장 약 30명	안동군 풍남면 하회동 약 30명			
	안동군 길안면 천지동 약 350명			영양군 청기면 청기동 약 400명		청송군 현서면 화목장 약 400명			
	영덕군 지품면 신안동 약 60명								

4월							
2일	3일	4일	6일	8일	9일	11일	12일
성주군 성주면 시장 약 3,000명	선산군 해평면 주재소 70명	영덕군 남정면 장사동 약 20명	고령군 우곡면 도진동 약 30명	고령군 우곡면 대곡동 약 50명	상주군 화북면 운흥리 약 100명	울진군 원남면 매화시장 약 100명	선산군 선산면 시장 약 50명
성주군 벽진면 해평동 약 200명	성주군 지사면 수륜동 약 30명	영주군 하리면 은산동 수십 명	성주군 대가면 도남동 약 10명	상주군 화북면 문장산 약 100명	영주군 풍기시장 약 2,500명		
예천군 용문면 상금곡동 약 100명			성주군 월항면 안포동 약 20명	선산군 구미면 임은동 약 300명	칠곡군 약목면 평복동 약 10명		
			영천군 신녕면 매양동 약 20명		칠곡군 석적면 중동 약 30명		
			예천군 풍양면 우망동 약 50명		칠곡군 석적면 성곡동 약 40명		

4월			5월
13일	15일	26일	7일
문경군 산북면 김용사 지방 학림 약 18명	문경군 신북면 갈평장 약 40명	달성군 공산면 미대동 약 10명	청도군 매전면 구촌동 약 100명
울진군 북면 흥부시장 약 20명			

첫 발단은 3월 8일과 10일 대구에서 시작된 시위였고, 11일에 영일군 포항면, 12일에 의성군 비안면과 선산군 인동면에서 시위가 일어나면서 확산 조짐을 보였다. 그러다가 폭발적으로 확산된 것은 3월 16일 이후이며, 27일까지 절정에 달한다. 28일 이후 점점 잦아들던 시위는 4월 6일부터 9일까지 반짝 강세를 보이면서 4월 15일까지 간간이 이어졌다. 그 뒤로 완전히 꺼졌던 불이 4월 26일과 5월 7일에 한 차례씩 일어나면서 만세운동이 마무리되었다.

2) 특징

시기별로 보면, 처음 만세운동이 시작된 대구를 비롯하여 남부 지역이 북부 지역에 비해 먼저 시작되고 늦게까지 이어졌다. 하지만 규모까지 그렇지는 않았다. 규모가 큰 곳은 대구·의성·안동·영덕·성주·영주·영일 등이었고, 봉화·달성·영천은 규모도 작은 데다가 한 차례에 그친 경우도 있었다. 더구나 경산과 군위 지역처럼 주역들이 사전에 발각되는 바람에 만세운동이 아예 일어나지 못한 경우도 있다.

참가 인원을 보면, 안동이 11,000여 명으로 단연 많았다. 다음으로 의성·대구·성주가 3,000명 선이고, 영덕·영주가 2,000명 선이었다. 한 장소에 1,000명 이상이 모인 시위는 총 13회 일어났다. 안동이 5회(안동과 예안 각 2회, 임동 1회)로 가장 많고, 대구(서문시장·남문 밖 시장)와 영덕(영해·병곡)이 각 2회, 그리고 영일(포항)·의성(안평)·영주(풍기)·성주 등이 각 1회였다. 가장 큰 규모는 성주장터와 안동면(3차) 시위로 3,000명이나 참가하였고, 이에 버금가는 것은 안동면(2차)과 영주 풍기면 시위로 2,500명이 참가했다. 그다음이 예안면(2차) 시위로 2,000명 정도가 참여했다.

3·1운동의 강도도 지역별로 차이가 컸다. 일제의 관헌 자료는 검속과 한국인의 피해를 알려 주는데, 물론 이 숫자는 최소치로 이해하면 될 것이다. 조선주차헌병대사령부의 조사에 따르면, 경북 지역에서 두 달 동안 50명 이상의 규모로 일어난 만세운동은 40회로 기록되어 있고, 일제가 미리 막아서 일어나지 못한 경우도 5회로 되어 있다. 그리고 만세운동 참가 인원은 27개 지역에서 16,500여 명, 사망자 25명, 부상자 69명, 체포자 2,155명으로 집계되어 있다. 그 현황을 정리하면 다음 표와 같다.

표 3 3·1운동 조사표

구분	봉기 장소	봉기 횟수	봉기 계획	참가 인원	체포자	사망자	부상자	비고
전국	618	848	357	57,764	13,157	553	1,409	
경북	27	40	45	16,573	2,155	25	69	

* 1919년 12월 31일 기준, 조선주차헌병대사령부 조사 참조.

전국적인 추이를 본다면 봉기 횟수는 다른 도에 비해 조금 적은 편이다. 다만 서울을 제외한다면 대개 평균치에 머문다. 그런데 이 수치에 비해 참가 인원이 절대적으로 많다. 봉기 횟수가 전국의 5%가 안 되는데, 참가 인원은 무려 28.7%나 된다. 이에 반해 사상자는 적은 편이다. 그렇다면 큰 규모로 일어났지만, 강도는 그리 강하지 않아 사상자가 적었다고 말할 수 있다. 하지만 여기에는 몇 가지 오류가 있다. 우선 이 조사에는 헌병경찰이 주둔하고 있던 곳을 벗어난 지역에서 벌어져 뒤늦게 발각된 경우와, 50명 이내의 인원이 참가한 지역은 제외한다는 단서 조항이 붙어 있다. 1명이 단독시위를 벌인 경우도 있었고, 지역에 따라서는 수십 명이 나서서 만세운동을 펼친 경우도 있었기 때문에 이들 모두가 조사표에 포함되지는 않았다. 따라서 여기에서 제시된 것보다 시위 횟수와 참가 인원이 훨씬 많았을 것으로 추정된다.

또 피살자만 살펴보더라도 그 수치는 실제와 큰 차이가 있음을 알 수 있다. 예를 들면 안동에서 사망자가 가장 많아 15명으로 기록되었지만, 안동 지역에서 그 당시 사망한 사람은 30명 정도로 알려지고 있기 때문이다. 이런 차이는 만세운동을 벌이다가 일경에게 붙잡혀 태형을 당하거나 구타를 당한 사람들이 집으로 옮겨진 뒤에 사망한 경우도 적지 않았기 때문이다. 따라서 여기에 기록된 수치는 박은식이 저술한 『한국독립운동지혈사(韓

國獨立運動之血史)』에서 제시된 것과 큰 차이를 보인다.[8] 그러므로 실제보다 많이 축소되었을 가능성이 있다. 이러한 사실은 그들이 조사한 체포자 수에서도 짐작할 수 있다.

경북 지역에서 일제 관헌에 붙잡힌 사람은 모두 2,133명이다. 이 가운데 영덕이 489명으로 가장 많고, 뒤를 이어 안동 392명, 대구 297명, 의성 190명, 칠곡 135명, 성주 133명 등의 순이다. 체포된 사람이 많다는 것은 그 지역의 만세운동이 그만큼 강렬하고 격정적이었다고 보아도 좋을 것이다. 경북에서는 이처럼 1개 부, 21개 군 지역에서 만세운동이 일어났고, 영덕·안동·대구·성주 등에서 강성했던 것으로 나타난다.[9]

표 4 경북 지역에서 3·1운동으로 체포된 사람의 수

군별	대구	달성	군위	의성	안동	청송	영양	영덕	영일	경주	영천	울진
인수	297(16)	33	4	190	392(1)	7	5	489(4)	39	30	18(1)	30
군별	청도	고령	성주	칠곡	김천	선산	상주	문경	예천	영주	봉화	총계
인수	97	33	133	135	51	11	19	23	43	34	20	2,133 (22)

* 1919년 12월 31일 기준, 조선주차헌병대사령부 조사 참조, ( ) 안은 여자 수.

8 박은식이 저술한 『한국독립운동지혈사』에는 3월에서 5월 사이에 경북에서 벌어진 만세운동은 총 93회로 63,000여 명이 참가하여, 사망자가 1,206명, 부상자가 3,276명, 붙잡힌 사람이 5,073명이었다고 기록되어 있다. 이를 전국적인 통계와 견주어 보면, 경북이 결코 강도가 약한 것이 아님을 알 수 있다. 박은식은 상해에서 자료를 수집하여 이 책을 집필하였다. 나라 안에서 상해로 오는 인물들을 통하여 자료를 수집하다 보니 부정확하고 겹친 수치가 생기기도 했을 것이다(독립운동사편찬위원회, 『독립운동사』 3, 1983, 「부록」 '3·1운동일람표' 880쪽 참조).

9 칠곡에서 135명, 달성에서 33명이나 붙잡혔다는 것은 그 지역에서 일어난 시위 성격이나 규모에 견주어 볼 때 의문이 남는다. 칠곡에서 시위에 참가한 인물이 100명도 되지 않고, 달성에서도 10여 명에 지나지 않기 때문이다.

경북 지역 3·1운동에서도 다른 지역과 마찬가지로 일제 군경은 만세운동을 짓밟기 위해 총기를 사용하였다. 모두 15개소에서 15회나 총기가 사용되었고, 일제 군경이 총을 쏘는 바람에 사상자가 많이 발생하였으며, 게다가 현장에서 무자비하게 폭행하는 바람에 사상자가 더 크게 늘어났던 것으로 보인다. 또한 관공서 건물도 많이 부서졌는데, 그 상황을 정리하면 다음 표와 같다.

표 5 관공서 파괴 상황(1919. 4. 25. 기준)

구분	면사무소	경찰관서	보통학교	소학교	우편소	기타	계
전국	47(19)	45(16)	4(1)	2(2)	11(2)	2(1)	111(41)
경북	8(4)	7(3)	1(1)	1(1)	1		18(9)

* 비고: 수치는 완전 파괴와 부분 파괴를 합친 것이며, ( ) 안은 완전 파괴된 것임.
* 金正明,『朝鮮獨立運動』1, 國學資料院(原書房;東京), 1991, 762~763쪽 참조.

파괴된 관공서는 면사무소 8개소, 경찰관서 7개소, 우편소 1개소, 학교 2개소였다. 이 가운데는 일부 또는 전부 파괴된 것이 섞여 있다. 관공서는 식민지 민중이 만나는 통치기관이다. 따라서 서울에서 독립을 선언하고 이를 세계에 알리면서 평화로운 저항을 내세웠지만, 식민통치에 마주 서 있던 민중들은 무저항·비폭력이라는 틀을 유지할 수가 없었다. 무엇보다 식민지 민중에게 가장 원성을 산 기관이 일제 통치기관 가운데서도 말단인 면사무소와 경찰주재소였다. 이들 기관이 비록 말단기구이기는 하지만 민중들이 매일 마주치는 일제의 식민통치기구였기 때문이다. 따라서 이를 공격 대상으로 삼는 것은 자연스러운 일이었다. 더구나 시위를 준비하고 펼쳐 나가는 동안 경찰에 붙잡힌 사람이 늘어나자, 이들을 석방시켜 달라고 요구하며 주재소를 공격하는 일이 흔했다. 따라서 시위 장소가 장터에서 면사무소나 경찰주재소로 옮겨졌고, 그 때문에 이들 기관이 부서지는 현상이 곳곳에서 벌어지게 되었다.

경북에서 군 단위로 보면 가장 강성을 보인 곳은 영덕과 안동이고, 대구·의성·성주·칠곡 순으로 그 뒤를 이었다. 또 만세운동을 주도한 인물은 유림과 기독교인이 주된 축을 이루었다. 그렇다고 유림 세력이나 기독교가 독자적으로 자신들만의 만세운동을 펼친 것은 아니다. 곳곳에서 두 축이 각각 독립적으로 추진하기도 했지만, 협력하여 함께 만세운동을 펼친 곳도 많았다. 전통 유림 세력이 강고한 곳에서는 그들의 역할이 돋보였고, 그렇지 않은 곳에서는 새롭게 들어선 기독교의 목소리가 높았다. 1910년대에 접어들면서 지역 곳곳에 들어섰던 교회가 바로 3·1운동을 통해 처음으로 민족문제에 참여하게 된 것이다.

만세운동이 일어난 날은 대부분 장날이었다. 면 소재지의 장터는 장꾼을 비롯해 많은 사람이 모여드는 곳이기에 시위를 펼치기 알맞은 장소였다. 만세운동을 펼친 시간은 다양했다. 한창 장이 서는 낮에 일어난 경우도 많았고, 장이 저무는 저녁도 그랬다. 저녁 무렵에 시작된 만세운동이 밤을 지새우는 경우까지 나타났다. 또 한 곳에서 다른 지역으로 이동하여 펼치는 시위도 있었다.

3. 안동 지역의 3·1운동

안동의 3·1운동[10]은 1919년 3월 13일 이상동의 1인 시위부터 3월

10 안동 지역 3·1운동에 대한 대표적인 연구로는 권영배의 「안동유림의 3·1운동과 파리장서운동」(『대동문화연구』 36, 성균관대학교 대동문화연구원, 2000), 김원석의 「안동의 3·1운동」(안동대학교 대학원 석사학위논문, 1994)과 「안동지역 3·1운동의 성격」

27일 풍남면 하회 시위까지 총 14회에 걸쳐 1만여 명이 참가하였고, 17일에서 23일까지가 절정기였다. 그 가운데 안동면과 예안면 그리고 임동면은 1,500여 명에서 3,000명에 이르는 대규모의 시위 항쟁을 펼쳤다. 이를 제외한 나머지 다른 시위는 수십 명에서 300명 정도였다.[11] 안동군 19개 면 가운데 11개 면에서 시위가 일어났는데, 시위가 일어나지 않은 면은 장이 서지 않는 소규모의 작은 면이었고, 그 지역 사람들은 인근에 있는 큰 면의 만세시위에 참가하였다. 특히 23일 안동면 시위는 사실상 안동군민 전체가 참여한 만세시위로서, 30여 명이 살해당하여 경북에서 인명 피해가 가장 컸다.

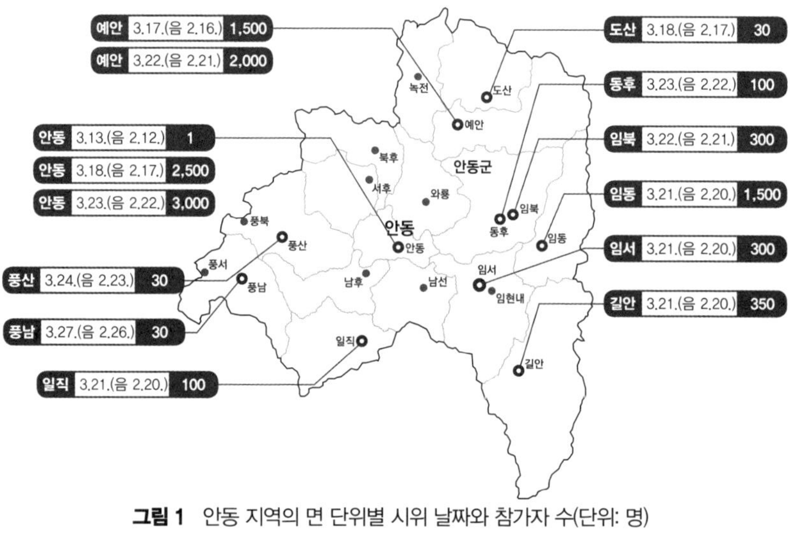

그림 1 안동 지역의 면 단위별 시위 날짜와 참가자 수(단위: 명)

13일부터 시작된 안동의 3·1운동은 18일까지는 비교적 온건한 시위

(『안동문화』 15, 안동대학교 안동문화연구소, 1994) 그리고 김희곤의 『안동의 독립운동사』(안동시, 1994)와 『안동 사람들의 항일투쟁』(지식산업사, 2007) 등이 있다.

11 김원석, 「안동의 3·1운동」, 안동대 석사학위논문, 1994, 35쪽.

모습을 보였다. 그런데 18일부터 시작된 안동면 2차 시위가 밤 12시를 넘어서자 공격적인 양상을 보이기 시작했다. 이때부터는 식민통치기관에 대한 과감한 공격을 가하는 투쟁 양상을 나타냈다. 면사무소 5곳과 주재소 3곳을 부수었다. 당시 경북에서 일어난 일제 경찰헌병관서 습격 12회, 일반관서 습격 6회 가운데 안동이 각각 3회와 5회를 차지하고 있었으니, 이 사실만 보아도 안동 지역 만세시위가 얼마나 격렬했는지를 알 수 있다. 이렇듯 안동의 독립만세는 강력하고 격렬한 투쟁의지를 행동으로 나타냈다.

안동에서 한창 시위가 격렬하게 치닫고 있을 때인 22일에 보병 제80연대에서 1개 중대 병력이 분산 배치되어 경찰과 합동작전을 펴면서 시위 진압에 나섰다. 안동 3·1만세로 재판에 넘겨져서 실형을 받은 사람은 168명이다. 가장 격렬한 시위를 벌인 임동에서는 67명의 수형자 중 2년 이상의 중형을 받은 사람이 무려 58명이나 될 정도로 강한 공격성을 보였다. 특히 임동 만세시위를 주도한 류연성은 안동에서 최고형인 7년 형을 선고받고 끝내 옥사하였으니, 이 지역 3·1운동의 투쟁성과 위상을 짐작할 수 있다.

1) 시위 양상의 변화와 일제의 탄압

(1) 시위 양상의 변화

3월 13일부터 27일까지 계속된 안동의 3·1운동은 18일까지는 비교적 평화적인 모습을 보였다. 13일에 있은 이상동의 단독시위가 기폭제 역할을 한 이후 대규모 시위는 예안에서부터 시작되었다. 17일의 예안 시위는 선성산에서 첫 만세 함성이 터져 나온 것을 신호로 시장통에 모인 80~90명의 무리가 만세를 외치며 발발되었다. 그런데 이미 일제는 그 전날 안동에서 경찰 4명과 하사 이하 10명의 보병을 파견하여,[12] 시위 중에 주동자 15명을 체포하였다. 1,500여 명의 군중들은 구금자 탈환을 위해 주재소로 몰려갔다. 그 와중에 주재소 유리창을 몇 장 파손시켰으며 사무실 안으로 들어가려 하였으나 경찰과 수비대에 의해서 저지되었다. 이때 수비대는 공포를 발사하였고 25명이 또 체포되었다. 1차 예안 시위에 참가했던 사람들은 3월 18일 안동과 도산에서 각각 만세 시위를 벌였다. 예안 시위와 관련하여 형을 받은 사람은 모두 59명인데, 예안면민 26명, 도산면민 24명, 임북·녹전·동후면민 9명 등이었다.[13] 18일 안동면에서는 전날의 예안 시위 여파 때문에 아침부터 분위기가 사뭇 살벌하였다. 그런 와중에 오후 3시와 6시경 두 차례에 걸쳐 기독교인들과 송기식을 비롯한 유림 세력에 의해 시위가 전개되었다. 시위 규모는 겨우 100명 정도였으며 14명이 체포된 이후 곧 해산하였다.

표 6 안동 지역 3·1운동의 시위 양상 변화

		평화적 시위 단계			격정적 시위 단계						
3. 1.	3. 8.	3. 13.	3. 17.	3. 18.	3. 21.	3. 22.	3. 23.	3. 24.	3. 27.	5. 7.	5. 7.
서울 탑골 공원	대구 서문 시장	안동면 1차 1명	예안면 1차 약 1,500명	안동면 2차 약 2,500명	임동면 약 1,500명	예안면 2차 약 2,000명	안동면 3차 약 3,000명	풍산면 약 30명	풍남면 약 30명 (소년 23명)	청도 매전면 구천동	강원 양양
				도산면 약 30명	임서면 약 300명	임북면 약 300명	동후면 약 100명				
					길안면 약 350명						
					일직면 약 100명						

12 국회도서관, 『한국민족운동사료-일본외무성육해군성문서(제5집)』(3·1운동편 3), 1979, 46쪽.

13 당시 예안에는 장이 섰기 때문에 인근 도산·녹전·동후의 경제 중심지 역할을 하여 만세시위에서도 많은 사람이 자연스레 모이게 되었다. 한편 단순시위가 두 번 일어난 도산에서 '도산공립보통학교'가 수일간 휴교 조치되기도 했다(독립운동사편찬위원회, 『독립운동사자료집』 6, 1983, 825쪽).

그러나 온건한 시위 양상은 밤이 깊어지고 군중의 수가 많아진 밤 12시가 지나면서 격한 양상으로 변하기 시작했다. 19일 0시 50분경 2,500여 군중이 군청·경찰서·법원 안동지청에 몰려갔으며, 법원 안동지청에 불을 지르려 하자 수비대가 실탄을 발사하였다. 이때 시위대 2명이 중상을 입었고 17명이 체포되었으며, 새벽 1시가 넘어서야 해산하였다. 구금자 탈환을 시도했던 예안의 1차 시위와는 달리 안동면 시위는 식민통치기관에 대한 과감하고 파괴적인 항거의 모습을 보였다. 그러나 보다 격렬한 시위는 21일에 있었다. 그날의 시위는 임동·임서·길안의 세 곳에서 주재소와 면사무소를 파괴하고 서류와 비품을 파기하는 등 일제의 말단 행정조직에 대한 적극적인 투쟁 양상을 보였다. 그 가운데 임동 시위가 가장 격렬하였다. 시위 군중이 주재소 내부로 진입하여 무기를 모두 탈취하였을 뿐만 아니라 경찰들을 폭행하여 저항할 수 없도록 만들었다. 시위 군중의 위세에 눌린 일본 경찰은 무기조차 사용하지 못했다. 급보를 받고 안동에서 순사부장 1명과 수비병 8명이 22일 새벽 5시경에 도착하였지만, 이미 시위 군중은 모두 해산한 뒤였다. 날이 밝자 임동 시위의 여세를 몰아서 일부가 임북면 사월동(현 임동면 사월리)으로 진격하였다. 그곳에서 군중과 합세한 300여 명이 독립만세를 부르고 면사무소로 몰려가서 면사무소와 숙소를 완전히 파괴하여 지붕과 기둥을 제외하고는 남은 것이 없었다.[14] 21·22일의 임동·임북 시위에서 시위 군중은 조선에 대한 일본의 강압적인 지배체제를 부정하며 이것의 축출을 위해 항거하였다. 당시 시위대는 주재소에서 탈취한 무기를 사용하지 않고 정문 및 우물에 버렸다. 22일에는 예안 2차 시위가 있었다. 이 시위에서 일

14 독립운동사편찬위원회, 『독립운동사자료집』 5, 1983, 1353쪽.

본 경찰과 수비병의 실탄 발사로 13명이 부상을 당하였다. 일본 경찰과 수비대의 강력한 무력진압으로 예안 2차 시위는 격렬한 저항을 보이지 못했다. 그러다가 3월 23일의 안동면 3차 시위에서 절정에 이르렀다. 오후 8시경 안동군의 각 면에서 참여한 시위 군중이 200~300명 집단으로 영호루·남문동·개목천방·법흥산·율세산·목성산·서당골·안기천 등에 모여 미국 선교사 주택(현 경안고등학교 구내) 부근으로부터의 점화를 신호로 독립만세를 부르기 시작하였다. 이어서 시위 군중이 시내로 진격하던 중 수비대와 마주치자 수비대의 총기를 탈취하려 하였다. 3,000여 시위 군중은 수비대를 밀어붙였고, 군청·경찰서·대구지방법원 안동지청을 포위하고 구금자 석방을 요구하였다. 이어서 관공서 습격을 시도하다가 시위 군중 15명이 총에 맞아 죽었다. 이 과정에서 23일의 시위에서는 안동 거류 일본인으로 구성된 '자위단(自衛團)'의 공격도 극심하였다. 이들은 곡괭이 등으로 만세 참가자를 공격했는데, 이로 인해 더욱 많은 인명 피해가 발생하였다.

(2) 일제의 탄압과 인명 피해

경북의 3·1운동은 3월 8일에서 5월 7일까지 두 달 동안 지속되었다.[15] 절정기는 3월 하순부터 4월 초순까지였는데, 안동의 시위는 3월 중·후반에 집중되었고 경북에서 인명 피해가 가장 컸다.[16] 3월 12일 총독은 부대 배치 명령을 내렸다. 안동에는 시위가 한창 달아오르던 22일에 보병 제80연대에서 1개 중대 병력이 배치되었다. 당시 안동에는 78명

15 독립운동사편찬위원회, 『독립운동사자료집』 6, 1983, 542쪽.

16 일제 기록에 경북 지역 만세시위 관련 피살자 26명(『고등경찰요사』, 1934, 23쪽) 가운데 안동이 15명(국회도서관, 『한국민족운동사료』 중국편, 1976, 246쪽)으로 가장 많다.

의 일본 경찰이 주재하고 있었는데, 안동경찰서에 서장(경시) 1명, 경부 1명, 경부보 3명, 순사부장 7명, 순사 21명이, 주재소에 순사부장 15명과 순사 30명이 각각 배치되어 있었다. 파견되어 온 군대는 경찰과 합동작전을 펴면서 시위 탄압에 나섰다. 일본 경찰은 17일 예안과 18일 안동에서 시위가 일어났을 때 단호한 조치를 취하지 않았기 때문에 23일 안동에서 대규모 시위가 일어난 것으로 생각했다. 그리하여 23일에는 모든 수단을 강구하여 시위대를 무력으로 진압하면서 많은 피해가 발생했다.

표 7 안동 지역 3·1운동 탄압 참가 인원

일자	탄압 참가 인원	시위 현장	비고
3.17.	하사 이하 10명, 군·경 합동 진압	예안 1차	
3.18.	장교 이하 20명, 군·경 합동 진압	안동 2차	
3.21.	하사 이하 13명	임동	
3.21.	수비대 약간	임서	
3.21.	상등병 이하 4명, 군·경 합동 진압	길안	
3.22.	하사 이하 6명, 군·경 합동 진압	예안 2차	
3.23.	장교 이하 28명, 군·경 합동 진압	안동 3차	
3.24.	수비대 약간	풍산	
3.27.	수비대 약간	하회	

안동 시위의 인명 피해는 일본 측 기록과 큰 차이를 보인다. 우리 측 기록에는 안동군민 전체가 참가한 23일의 안동면 시위에서 30여 명의 피살자가 발생하였으며, 임서 시위(21일) 직후인 26일에 주동자 색출 과정에서 5명이 살해당했다고 전해진다. 당시 안동면 시위를 이끌었던 송기식은 죽음을 당한 자가 40여 명이라고 기록했다.

표 8 안동 지역 3·1운동의 인명 피해 상황

시위	예안 1차	안동 2차	임서	길안	예안 2차	안동 3차
피해 내역	부상 5명	부상 2명	피살 3명 부상 5명	부상 1명 (여자)	부상 13명	피살 15명 부상 20명

* 자료: 경상북도경찰부, 『고등경찰요사』, 1934; 국회도서관, 『한국민족운동사료』(3·1운동 편); 『매일신보』, 1919년 3월 26일 자.

그런데 안동면 시위에서 이름이 밝혀진 피살자는 김옥진(金玉鎭)·권두경(權斗慶)·이암회(李岩回)·권도익(權道益)·황영남(黃永南)·김필수(金鉍洙)·김회백(金會伯) 등 7명이고, 임서 시위로 일본 경찰의 주동자 검거 과정에서 피살된 사람은 임호일(林浩逸)·임지열(林志烈)·김도주(金道周)·신필원(辛必元)·신달석(辛達石) 등 5명이며, 길안 시위 뒤 피살된 사람은 손두원·김필락 등 2명으로, 총 14명에 불과하다. 따라서 우리 측 기록은 3·1만세 이후 일본 경찰에 의한 취조 과정에서 고문과 그 후유증으로 숨진 안동 전체 사망자를 모두 합친 숫자로 보아야 할 것 같다. 당시 일본 외무성과 육군성이 경상북도 전체의 사망자가 25명, 부상자가 72명이라고 밝힌 것과는 큰 차이를 보이며, 심지어 조선총독부 기관지인 『매일신보』에서는 사망자 15명, 부상자 108명으로 보도하였다.

표 9 안동 지역 3·1운동 수형 현황 (단위: 명)

지역 \ 형량	7년	6년	5년	4년	3년	2년 6월	2년	1년 6월	1년	10월 이하	집행 유예	계
예안			1	1	3	1	4	5	19	13	2	49
안동					1		4	1	7	8	1	22
임동	1	5			6	3	43	1		2	6	67
임서							2	11	2			15
길안			3		1			1	5	5		15
계	1	5	4	1	11	4	53	19	33	28	9	168
비율(%)	1	3	2	1	6	2	32	11	20	17	5	100

위의 표는 시위 주도세력의 수형 현황을 기간별로 정리한 것이다. 이 표에 따르면 안동 지역 3·1운동으로 실형을 받은 사람은 168명이다. 23일의 안동면 시위에서는 사상자가 많이 발생하기는 했지만, 거군(擧郡)적인 최대규모 시위였던 것에 비해서는 수형자의 숫자나 형량이 비교적 적은 편이다. 가장 격렬한 시위를 벌인 임동에서는 67명의 수형자가 발생했을 뿐만 아니라 시위 주동자인 류연성이 안동에서 최고형인 7년을 선고받고 결국 옥사하였다.

2) 지역별 전개 양상

(1) 예안·도산·동후면의 만세운동

가. 예안면 1차 시위

안동 지역에서 최초로 대규모 군중에 의해 만세시위가 일어난 곳은 예안이었다. 3월 13일(음 2. 12.)에 안동면에서 이상동 한 사람이 단독시위를 벌였지만, 예안은 대규모 군중 시위가 처음으로 전개된 곳이다. 예안 시위는 고종 인산에 참가했던 이동봉(李東鳳)·이용호(李用鎬)·김동택(金東澤)·신응한(申應漢) 등이 발단이 되었다. 그들은 서울의 시위를 직접 보고 돌아와 소식을 전하면서 시위를 준비하였다.

예안 시위는 계획 단계에서 세 갈래로 준비되었다. 첫째로, 예안면장 신상면(申相冕)을 중심한 인사들이 면사무소 숙직실에서 시위를 논의하였다. 3월 11일 밤 8시경에 이시교(李時敎)·이남호(李南鎬)·이광호(李洸鎬)·이호명(李鎬明)·신응두(申應斗)·신동희(申東熙) 등이 모여 있을 때, 신상면이 3월 17일(음 2. 16.)에 만세운동을 전개하자고 제의하였다. 이 제의에 따라 장날을 이용하여 대한독립만세를 부르고 시위를 펼치고자 결의하였고,

많은 사람들이 참여할 수 있도록 권유하였다.[17] 예안 시위는 식민통치기관인 면사무소에서 비밀리에 논의되었음이 주목된다. 둘째, 예안의 유림 지도자 가운데 한 사람인 조수인(趙修仁)도 의거 세력을 모으고 있었다. 그는 3월 8일경 서울의 손병희로부터 서신을 받고 예안 만세운동을 주도할 결심으로 평소 눈여겨봐 둔 김진휘(金鎭暉)·조병건(趙炳建)·이원영(李源永)·조맹호(趙孟鎬)·조방인(趙邦仁) 등과 의논하여, 3월 17일에 거사하기로 합의했다. 셋째, 예안 만촌교회(현 예안교회)에서도 교인들을 중심으로 3월 17일의 만세시위가 준비되고 있었다. 고종 인산에 참가하여 독립선언서를 가져온 신응한과 민태규(閔泰圭) 및 면려청년회 간부 신세균(申世均) 등이 중심이 되어 교회 안에서 비밀히 등사판으로 태극기 수백 장을 제작하여 시위를 준비하였다.

예안 시위는 3월 17일 오후 3시 30분경 20~30명의 군중이 면사무소 뒤편 선성산(宣城山)에 올라가 일본이 세운 '어대전기념비(御大典紀念碑)'를 쓰러뜨리고, 독립만세를 부르는 것을 신호로 시작되었다. 시장 주변에 모여 있던 30여 명씩으로 이루어진 3개 시위대가 일제히 시장을 향하여 진격해 갔다. 이에 미리 정보를 탐지한 일본 경찰이 수비대까지 동원하여 시위 군중을 포위하고 진압하고자 했다. 그러나 이에 굴하지 않고 이동봉이 만세를 외치며, 군중을 예안주재소로 인솔해 갔다. 이를 본 이열호(李烈鎬)와 선명학교 및 예안공립보통학교 학생들이 태극기를 던져주며 시위 군중에게 용기를 북돋았다. 주동자를 비롯한 15명이 체포당하면서 군중도 해산하였다.[18]

---

17 독립운동사편찬위원회, 『독립운동사자료집』 5, 1983, 1328, 1330쪽.

18 류시중·박병원·김희곤 역주, 『국역 고등경찰요사』, 선인, 2010, 71~72쪽.

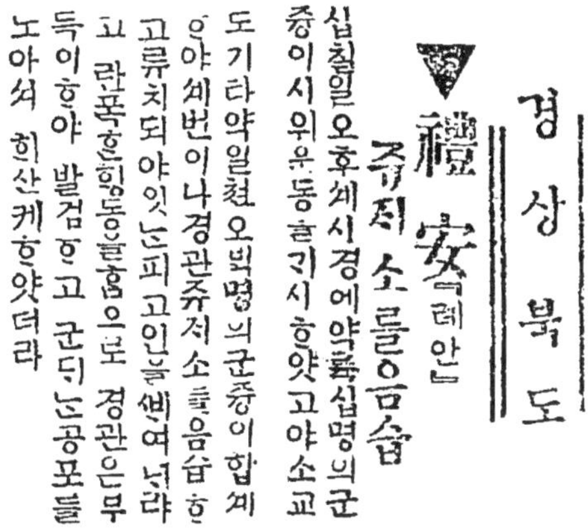

경상북도

禮安(례안) 쥬재소를음습

십칠일오후세시경에약륙십명의군
즁이시위운동을긔시ᄒᆞ얏고야소교
도기타약일쳔오빅명의군즁이합계
ᄒᆞ야세번이나경관쥬재소를음습ᄒᆞ
고류치되야잇ᄂᆞᆫ피고인을쎄여니랴
고 란폭ᄒᆞᆫ힝동을ᄒᆞᆷ으로 경관은부
득이ᄒᆞ야 발검ᄒᆞ고 군듸ᄂᆞᆫ공포를
노아셔 히산케ᄒᆞ얏더라

그림 2 1919년 3월 20일 자『매일신보』

그림 3 예안면 1·2차 시위 장소였던 선성산

그림 4 예안면 1차 시위 준비 장소였던 예안면사무소(선성현아문)

오후 6시경, 격분한 군중이 점차 주재소로 몰려가 체포된 사람들의 석방을 요구하였다. 해산 명령에도 불구하고 오히려 군중의 수가 많아져 1,500여 명에 이르렀으며, 체포된 사람들을 탈환코자 돌멩이와 기왓장을 던지면서 주재소로 밀고 들어갔다. 이때 일제의 진압 과정에서 25명이 또 체포당했다. 해산 군중 가운데 와룡·예안면민 600여 명은 산을 타고 안동 북문으로 들어가 다음 날인 18일 안동면 시위에 합세하였다.[19]

나. 예안면 2차 시위

3월 22일, 예안면에서 2차 시위가 일어났다. 해질 무렵인 오후 7시부터 약 2,000명의 군중이 태극기를 들고 동부동과 서부동, 선성산 위에서 무리를 이루며 만세를 부르기 시작했다. 여기에 대응하여 밀집한 시장에서 군중 해산에 힘쓰던 일본 경찰 2명이 시위 군중에게 포위되자, 수비병 6명이 총을 쏘아서 군중을 해산시켰다. 이때 시위 군중 13명이 부상을 입고 3명이 체포되었다. 예안 시위로 재판을 받은 사람은 모두 50명이다.[20]

다. 도산면 시위

17일의 예안면 1차 시위는 안동면뿐만 아니라, 도산면 시위에도 직접적인 영향을 주었다. 도산면 토계동의 이용호와 이극호(李極鎬)는 예안 시위에 참여하고 도산공립보통학교 학생인 이호기(李鎬基)에게 만세운동을 주동할 것을 권유하였다. 다음 날인 18일, 이용호와 이극호는 마을

---

19 독립운동사편찬위원회, 『독립운동사』 3, 1983, 397쪽; 류시중·박병원·김희곤 역주, 『국역 고등경찰요사』, 선인, 2010, 71~72쪽.

20 독립운동사편찬위원회, 『독립운동사자료집』 5, 1983, 1359쪽.

앞 개울가에 있는 큰 나무 밑에서 동네 주민들과 함께 독립만세를 외쳤고, 이호기도 도산공립보통학교 교정에서 30여 명의 학생들과 독립만세를 외쳤다.[21] 도산 만세시위는 예안 시위의 열기를 확산시켜 나갔다는 의미를 가진다.

그림 5 도산공립보통학교 옛터 표지석

그림 6 도산공립보통학교 옛터

라. 동후면 시위

동후면 시위는 예안면 2차 시위 다음 날인 3월 23일 오후 2시에 절강동(현 와룡면 절강리)에서 일어났다. 100여 명의 군중이 면사무소를 습격하여 창문·비품·서류 등을 모두 파괴하고 스스로 해산하였다. 이 절강동 시위는 재판 기록이 없어 관련 인물과 기타 자세한 내용이 알려지지 않고 있다.

(2) 안동면의 만세운동

가. 1차 시위

안동면의 3·1만세운동는 동경 유학생 강대극(姜大極)의 귀국과 '세브

21 독립운동사편찬위원회, 『독립운동사자료집』 5, 1983, 1326쪽.

란스연합의학전문학교' 재학생인 김재명(金在明)의 귀향으로 시작되었다. 강대극은 1919년 2월 16일에 '2·8독립선언서'라고 일컬어지는 「선언서」를 가지고 귀국하였다고 알려진다. 그는 3월 3일과 4일에 평소 잘 알고 지내던 안동군청 서기 김원진(金元鎭)을 찾아가 서울 등지의 시위 소식을 전하고, 함께 만세운동을 펼치자고 권유하였다. 김원진은 일본의 지배에 불만을 가지고 독립의 방법에 대해 고민하던 인물이었다. 그는 이미 강원도 지역에서 발간된 사회주의 성향으로 짐작되는 혁신잡지를 구독하였으며, 윌슨의 민족자결주의를 관철해 나갈 방법을 찾고 있었다.[22] 그때 강대극이 찾아왔으며, 김원진은 주저하지 않고 그와 의기투합하였다. 그리고 안동교회 목사 김영옥(金泳玉), 장로 이중희(李重熙) 등과도 만나 3월 13일 장날(음 2. 12. 안동의 장날은 2·7일인데, 해방 이전에는 음력으로 장이 섰다)에 거사하자고 논의하였다. 여기에 서울에서 독립선언서를 갖고 온 김재명도 참여하게 된다. 김원진은 3월 11일 안동수비대 청사의 인부 40~50명을 설득하여, 교회 종소리를 신호로 합세할 것을 약속 받았다. 그리고 안동군 북후면 옹천의 강대극 집에서 만든 태극기와 격문을 은밀히 돌리기도 하였다. 그러나 안동면의 만세운동은 강대극·김원진·김영옥·이중희 등 주역 4명이 거사 하루 전날인 3월 12일 계획 단계에서 예비검속을 당함으로써 좌절되었다.[23]

하지만 안동면의 1차 시위가 완전히 실패한 것은 아니었다. 첫 만세시위가 석주 이상룡(石洲 李相龍)의 동생인 이상동(李相東)에 의해서 이루어졌기 때문이다. 이상동은 13일 장날 오후 5시 반경, 공신상회(현 신한은

22 독립운동사편찬위원회, 『독립운동사자료집』 5, 1983, 1335쪽.

23 안동교회80년사편찬위원회, 『안동교회 80년사』, 안동교회, 1989, 161쪽.

행 앞 성결교회 입구쯤으로 추정됨) 앞 도로에서 '대한독립만세'를 외쳤다.[24] 이상동의 1인 시위는 안동면 만세운동을 은밀히 추진하고 있던 유림 세력 및 기독교 지도자들에게 기폭제 역할을 하였다.

그림 7 안동면 1차 만세시위 장소
(현 신한은행 앞, 『사진으로 보는 근대 안동』)

그림 8 안동면 1차 만세시위 장소
(현재 모습, 『대구·경북 독립운동사적지』 II)

나. 2차 시위

안동면 2차 시위는 계획 단계에서 안동교회와 송기식(宋基植)을 비롯한 유림에 의해 두 갈래로 준비되고 있었다. 예비검속을 피한 김병우·김익현(金翊顯)·김계한(金啓漢)·황인규(黃仁圭)·권점필(權點必)·이인홍(李仁洪) 등은 3월 18일 장날에 서둘러 거사를 일으키기로 결의하였다. 이들은 안동교회를 중심으로 태극기와 격문을 만들었다. 특히 이 시위는 하루 전인 17일(음 2. 16. 예안 장날)에 일어난 예안 시위에 의해 열기가 달아오르고 있었다.

3월 18일(음 2. 17. 안동 장날) 낮 12시경 기독교인 30여 명이 삼산동 곡물전(현 신한은행과 농협안동지부 중간 지점) 앞에서 '대한독립만세'를 외치기 시작했다. 이들이 태극기와 '대한독립만세'라고 쓴 깃발을 앞세우고 남문

24 독립운동사편찬위원회, 『독립운동사자료집』 5, 1983, 1373쪽.

통과 북문통을 오르내리며 시위를 벌이고 있을 때, 동문통에서 내려오는 또 다른 시위대가 합세하였다. 송기식을 비롯한 류동붕(柳東鵬)·송장식(宋章植)·송홍식(宋弘植)·권중호(權中鎬)·문소원(文召源)·이종록(李鍾綠) 등 유림이 시위대를 지휘하고 있었다. 송기식은 계획 단계에서 이미 김병우·김원진과 시위를 논의했고, 협동학교(協東學校)(임동)·보문의숙(寶文義塾)(도산)·동화학교(東華學校)(하회)의 교사와 학생을 동원하는 한편, 태극기와 격문을 만들어 곳곳에 배부하였다. 여기에서 주동자로 보이는 14명이 체포되었고, 시위 군중은 일단 해산했다. 그러다가 오후 6시경 다시 기독교인 60여 명이 체포된 사람들의 석방을 요구하며 시위운동을 전개하였다.

밤이 되자 시위 군중은 더욱 많아져 19일 0시 50분경에는 2,500여 명으로 늘어났다. 당시 안동면의 인구가 5,502명이었으므로 면민의 절반이 만세운동에 참여한 것이다. 이들은 일제 통치기관인 군청·경찰서·대구지방법원 안동지청으로 가서 구속자 석방을 요구하며 돌을 던졌고, 일부는 불을 지르려고 했다. 그러나 일본 수비대의 사격으로 해산되었다. 당시 안동에 거주하고 있던 일본인들은 129호 495명이었는데,[25] 이들은 안동면 2차 시위 후 자위단을 조직하여 군민 탄압에 가담하였다.

다. 3차 시위

안동교회와 송기식을 비롯한 유림들에 의해 주도된 2차 시위와는 달리, 23일(음 2. 22.)의 3차 시위는 안동군의 다른 면민들이 대거 참가하여 전군(全郡)적인 시위 양상을 보였다. 오후 7시 30분 무렵 만세시위가 시작되었으며 3,000여 명의 군중은 구금자를 구출하기 위해 경찰서와

---

25 조선총독부, 『조선총독부통계연보』, 대정 7년 12월 말, 54, 55쪽.

법원 안동지원으로 밀고 들어갔다. 수비대가 공포를 쏘아 위협 해산코자 했으나, 시위대는 돌을 던지기 시작하였다. 여기에서 수비대의 실탄 발사로 30여 명이 죽고, 50여 명이 부상을 입었다. 군중은 북서쪽 산 위로 철수하여 만세를 외치고 해산하였으니 그때가 다음 날 새벽 4시경이었다.

3차 시위에서는 일본 경찰과 수비대 및 자위단의 탄압이 극에 달하였는데, 이때 김옥진(안동면)·권두경(서후)·이암회(서후)·권도익(와룡)·황영남(남후)·김필수(와룡)·김회백(와룡) 등이 피살된 것으로 전해진다. 이들의 거주지가 전부 다른 것은 3차 시위가 대중적인 양상으로 발전했음을 보여 주는 대목이다.

그림 9 안동재판소 옛 사진
(『사진으로 보는 근대 안동』)

그림 10 안동면 3차 시위 장소인
군청·경찰서·법원 터 일대
(『대구·경북 독립운동사적지』 II)

(3) 임동·임북면의 만세운동

가. 임동면 시위

안동 지역의 3·1만세운동은 21일이 되자 4개 면(임동·임서·길안·일직)에서 동시다발적으로 일어났다. 이것은 18일의 안동면 시위가 각 지역에 자극을 주었을 뿐만 아니라, 거사 주동자들의 준비가 신속히 전달된 결과였다. 임동 시위는 류동시(柳東蓍)가 3월 초 고종 인산에 참가했다가 귀향하면서부터 계획된 것으로 보인다. 이때 류동시는 협동학교의 류동태(柳東泰)·이균호(李均鎬)와 거사 계획을 의논하고 류연성(柳淵成)과도 협의하였다. 그리고 협동학교에서 태극기와 독립선언서를 준비하였다. 15일 편항시장(鞭巷市場)(챗거리장)의 동쪽 공동 타작장에 류연성·류동수(柳東洙)·박재식(朴載植)·류교희(柳敎熙)·박진성(朴晉成) 등이 모여서 21일 장날에 만세시위를 벌이기로 약속하였다. 그리고 많은 사람을 참여시키기 위해 류연성은 대곡동과 위동, 류동수는 마령동, 박진성과 박재식은 임동면 소재지인 중평동, 류교희는 수곡동과 박곡동, 이강욱(李康郁)과 홍명성(洪明聖)은 갈전동을 각각 맡았다.[26] 이렇게 조직적인 거사 계획을 세우게 된 데는 류연성의 역할이 컸다.

3월 21일(음 2. 20.) 오후 1시쯤 지나서 기독교인 10여 명이 독립만세를 부르자 시장에 모인 군중이 호응하였다. 또 류연성은 군중을 향하여 만세를 불러야 할 이유를 설명하면서 독립만세를 외쳤다. 이때 내전(內田, 우치다) 순사가 이를 제지하다가 주재소로 도주하였고, 군중도 주재소로 향하였다.[27] 주재소로 밀고 들어간 군중은 일본 경찰이 휴대하고 있는 무기와 보관 중인 무기를 모두 빼앗고, 지적도·호적부·지세명기장 등 중요 서류도 파기하였다. 이때 시위대는 일본 경찰을 완전히 제압하고, 내전 순사와 한국인 순사보 등을 때려서 거꾸러뜨렸다. 이때 강전(岡田, 오카다) 순사가 신덕리 주재소로 도망갔고, 주재소는 시위 군중으로

26 독립운동사편찬위원회, 『독립운동사자료집』 5, 1983, 1348쪽; 경상북도사편찬위원회, 『경상북도사』(중), 경북인쇄소, 1983, 307쪽.

27 독립운동사편찬위원회, 『독립운동사자료집』 5, 1983, 1338, 1348쪽.

꽉 차게 되었다.[28] 이들은 주재소를 부수고, 주재소의 무기를 몽땅 우물에 버렸다. 이어 면사무소를 습격하여 기구와 서류를 파기하고 건물을 부수었다.

시위 군중은 22일 새벽 2시경에 전원 해산하였다. 군중이 흩어진 뒤 새벽 5시 무렵 안동에서 수비대가 왔으나, 시위 현장에는 아무도 없었다. 이때 시위에 직간접적으로 참가한 인원이 1,500명을 넘었다고 전해진다. 임동 시위를 주도했던 이강욱과 홍명성은 영양군 청기로 달려가서 3월 24일 청기 3·1운동을 주도하였고, 그날 밤 영양군 입암의 이원오(李元五) 집에서 이곳으로 달려온 류동수와 합류하여 25일 영양 시위를 주도했다고 전해진다.[29]

나. 임북면 시위

한편 임동 시위대의 일부가 3월 22일(음 2. 21.) 오후 2시쯤 이웃에 있는 임북면 소재지인 사월(현 임동면 사월리)로 몰려가 그 지역 사람들과 합세하였다. 300여 명의 시위대는 면사무소와 숙직실을 모두 부수고, 서류도 파기한 뒤 오후 5시쯤 자진 해산했다. 21일에서 22일까지 임동 챗거리와 사월에서 일어난 시위로 체포되어 재판에 회부된 사람은 모두 69명(67명은 실형, 2명은 무죄 판결)이었다. 이 숫자는 경북 지역 면 단위 시위에서 가장 많은 기소자를 기록한 것으로, 시위가 얼마나 과격하고 격렬했는지를 증명하는 것이다.

---

28 독립운동사편찬위원회, 『독립운동사자료집』 5, 1983, 1352~1357쪽; 류시중·박병원·김희곤 역주, 『국역 고등경찰요사』, 선인, 2010, 74쪽.

29 『대구매일신문』, 1982년 5월 8일 자.

(4) 길안·임서면의 만세운동

가. 길안면 시위

임동 챗거리에서 만세시위가 일어난 3월 21일, 길안 천지에서도 오후 3시경 시위가 격렬하게 펼쳐졌다. 임서면(현재 임하면) 오대동의 손영학(孫永學)·김정익(金正翼)·김정연(金正演)·손대석(孫大石) 등이 이미 여러 지역의 만세시위 소식을 듣고 가까운 길안면 천지장터에서 시위할 것을 결의한 결과였다.[30] 이때 오대동 인물로 인산에 참가하였던 정성흠(鄭成欽)이 있었다.

이들은 시장에서 수백 명의 군중과 함께 깃발을 앞세우고 '대한독립만세'를 부르다가, 면장과 면서기의 참여를 촉구하려고 면사무소로 향했다.[31] 미리 와 있던 삼본(杉本, 스기모토) 순사가 시위대를 저지하자, 350여 명의 군중은 오후 6시경 면사무소에 돌을 던져 유리창과 출입문을 부수었다. 그리고 300m 정도 떨어진 길안주재소로 몰려가서 입구와 유리창 등을 파괴하기 시작하였다. 한국인 순사가 이들을 가로막고 공포를 쏘기 시작하자, 시위 군중은 흩어졌다. 이때 안동에서 수비대는 파견되지 않았다. 다음 날인 22일 길안주재소에서 시위에 가담한 정성흠과 김술병(金述秉)을 잡아갔다. 그리고 24일엔 손두원이, 다시 이틀이 지난 26일엔 김필락이 각각 오대동 자신의 집에서 일본 경찰에게 살해되었다.

오대동은 행정구역으로는 임서면이지만, 거리는 길안면에 더 가까워 생활권은 길안이었다. 그래서 만세시위도 길안 천지장터에서 벌이게 되었고, 주동자도 오대동 사람들이 더 많았다. 시위로 형을 받은 사람이 13명인데(피살자 2명 제외) 그 가운데 오대동 사람이 10명이었다. 손영학·

---

30 『대구매일신문』, 1982년 5월 1일 자.
31 독립운동사편찬위원회, 『독립운동사자료집』 5, 1983, 1364쪽.

그림 11 3·1운동 만세시위지인 길안주재서 터 (『대구·경북 독립운동사적지』 II)

그림 12 3·1운동 만세시위지인 길안 천지장터

김정익·김정연은 의거 뒤 피신하였으나, 대한민국 임시정부에 가기 위해 여비를 마련하다가 의성의 박재하(朴在夏) 집에서 1920년 9월 2일 체포되었다. 5년 뒤 출옥한 손영학은 임시정부로 갈 목적으로 군자금을 모으기 위해 1925년 7월 21일 청송군 파천면 지경리의 조규한에게 거금을 요구하였다가 그의 밀고로 붙잡혀 다시 옥고를 치렀다. 그 뒤 그는 만주로 가서 일생을 마쳤다.

나. 임서면 시위

임서면 만세운동은 금소동의 임찬일(林贊逸)이 임범섭(林範燮)·임득연(林得淵) 등과 함께 국장에 참가했다가 독립선언서를 가지고 돌아와 거사를 준비하면서 시작되었다. 임찬일은 금양의숙(錦陽義塾)에서 수학한 뒤 고종 국장에 참례하기 위해 상경하여 봉도단[32]에 가입하였다. 그는 귀

---

32 『매일신보』, 1919년 1월 27일 자, 「경성상민들이 봉도단을 조직ᄒᆞ엿다」. 경성시내에 있는 각 상공단체는 고종 승하에 봉도의 뜻을 표시하기 위하여 '경성상인 봉도단'을 조직하였다. 단장은 박승직, 부단장은 예종석, 위원장은 최승원이었으며, 16개 단체가 여기에 참여하였다.

향 후 즉시 안동의 김원진과 밀의하고 선언서를 준 다음 동지 규합에 나섰다. 이때 규합된 동지인 노말수(盧末守)·임동숙(林東淑)·임윤익(林潤益)·손응돌(孫應乭[乭伊])·류북실(柳北實)·임춘섭(林春燮)·임범섭 등은 3월 16일(음 2. 15.) 길안 장날에 거사하기로 결의했지만, 당일에 호응자가 적어 거사 날짜를 3월 21일로 연기했다.

21일 저녁, 100여 명의 금소동민들은 마을 앞에서 독립만세를 외치고, 면소재지인 신덕으로 몰려갔다. 신덕주재소에 몰려간 군중은 일경의 위협 발포로 한때 해산했으나, 밤 9시 무렵 다시 300여 명의 군중이 주재소로 밀고 들어가서 일부는 몽둥이를 들고 돌을 던지기도 하였다. 이때 순사 2명이 뒷산으로 도망가서 총을 쏘아 군중들을 해산시키려 할 즈음, 시위 군중이 주재소의 문과 유리창을 부수고 호구조사부 등 서류를 파기하고 벽을 밀어 건물 대부분을 무너뜨렸다. 주재소를 파괴한 뒤 임찬일과 노말수가 앞장서서 면사무소를 부수러 갔다. 면서기 김병린(金秉麟)은 뒷산으로 도망갔고, 군중은 면사무소의 지붕과 기둥만 남기고 모두 부수었다.[33]

처음 시위를 계획할 당시에는 임찬일·손영학·김필락(金珌洛)·이한룡(李漢龍) 등이 길안 천지에서 거사하여 임서 신덕까지 가기로 정했던 것으로 보인다. 그래서 태극기와 격문을 만들어 두 면에 배부하였으며, 집집마다 방문하여 시위 참여를 독려하기도 했다. 그러나 이한룡 등 소수의 인원이 길안에서 임서 시위까지 참여한 경우가 있기는 하나, 두 면의 중심 세력은 합류하지 못하였다.

임서 시위에서도 경찰의 발포가 있었지만 사상자는 없었다. 그러나

33 독립운동사편찬위원회, 『독립운동사자료집』 5, 1983, 1356, 1357쪽.

그림 13 3·1운동 만세시위지인 임서면사무소 터(『대구·경북 독립운동사적지』 II)

그 후 안동수비대의 추격을 받던 임호일·임지열·김도주·신달석·신필원 등 5명이 26일에 살해당하였다. 임서 시위로 실형을 받은 사람은 15명이다.

(5) 일직·풍산·풍남면의 만세운동

일직면 시위는 21일 밤 11시에 망호동 솔밭에서 일어났다. 이구덕(李九德) 외에 5명이 앞장서서 주민 100여 명과 함께 만세를 부른 것이다. 그러나 곧 주재소의 일본 경찰이 도착하자 해산하였다. 이튿날 오후 6시에 이들이 다시 시위를 일으켰다. 이번에는 주도자인 이구덕이 체포됨에 따라 군중은 해산하였다.

풍산면 시위는 안동면 3차 시위에 참가한 전성철(全聖哲)·김후성(金後性)·권영헌(權寧憲) 등을 중심으로 한 기독교인 30여 명이 3월 24일 오후 3시 20분경 장날을 이용하여 풍산시장 부근에서 만세운동을 펼쳤다. 시위가 일어나기 전에 전성철은 안동의 김병우·김원진·송기식 등의 지시를 받았으며, 김후성의 동생인 김후근(金厚根)은 임동 류동봉의 집에서 격문과 태극기를 가져왔다. 풍산 시위는 수비대의 제지로 곧 끝났으며, 전성철·김후성은 체포되었다. 이 밖에 한 무리의 동화학교 학생도 시위에 참가한 것으로 보인다.[34] 또 풍산면 만운동에 사는 마부 박재욱(朴在旭)이 밤 11시에 풍산주재소 앞 국도에서 홀로 태극기를 들고 만세를 부르다가 검거된 사실도 있다.[35]

안동에서 마지막으로 만세운동이 일어난 곳은 풍남면 하회동(현 풍천면 하회리)이다. 3월 27일 오전 11시경 16세 이하 소년 23명이 마을 솔밭(만송정)에 모여 태극기를 앞세우고 만세를 부른 뒤, 마을을 한 바퀴 돌았다. '16세 이하의 소년들은 법의 저촉을 받지 않는다'는 생각에서 하회동의 류점등(柳點登)이 이들을 움직인 것이다. 시위에 앞장섰던 류점등은 체포되고, 소년들은 부모들의 서약서 제출로 풀려났다.[36] 이 시위는 안동 3·1운동의 만세 열기가 이미 식은 가운데 일어난 마지막 시위로서, 참여한 구성원이 모두 어린 소년이었다는 점을 볼 때 시위 양상이 소극적으로 변모했음을 알 수 있다.

4. 안동 3·1운동 주도세력의 성격과 만세운동의 특징

1) 주도세력의 성격

(1) 종교적 성격

안동은 개항 직후 위정척사운동의 중심지가 되었는데, 전국에서 가

34 『매일신보』, 1919년 3월 28일 자.
35 독립운동사편찬위원회, 『독립운동사』 3, 1983, 413쪽.
36 독립운동사편찬위원회, 『독립운동사』 3, 1983, 411쪽.

장 먼저 일어난 의병항쟁은 그러한 성향을 잘 보여 주는 것이었다. 그런데 전·중기 의병항쟁 이후 안동 유림에도 커다란 변화가 나타났다. 혁신유림들이 신교육체제를 받아들여 교육구국운동을 펼쳐 나간 것이다. 그러나 개화를 거부하며 의병적 기질을 가지고 있던 척사 유림은 향리에서 서당을 운영하면서 후진을 양성하기도 하고, 또 절개를 지키기 위해 두문불출하거나, 경술국치 이후에는 자결을 통해 위정척사적 대의명분을 지키려고 하였다. 이만도(李晩燾)(예안)·이중언(李中彦)(예안)·김순흠(金舜欽)(풍산)·류도발(柳道發)(풍산)·권용하(權龍河)(와룡) 등의 자결은 나라를 위해 깨끗이 죽는 유림의 척사적인 저항정신을 그대로 보여 주는 사례이다.

이러한 저항정신은 안동 지역 3·1운동에서도 그대로 나타났다. 안동면의 경우는 송기식을 중심한 유림이 움직였고, 예안의 경우도 진성이씨 문중을 비롯한 유림들이 주도해 나갔다. 위정척사운동과 의병항쟁 및 계몽운동을 이끌어 왔고, 또 전국적으로 가장 많은 수의 순절자를 남긴 안동에서 그 유학적 명분과 힘이 3·1운동을 통해 일제의 통치기관을 파괴하고 체제를 부정하는 격렬한 시위로 그 모습을 나타낸 것이다. 그리고 유림들은 파리장서운동에 힘을 보태며 3·1운동의 또 다른 줄기에 참가하였으며, 1920년대 들어서는 좌우파로 분화되면서 민족운동을 줄기차게 이어 나갔다. 그러나 그 활동은 이미 종교적 차원을 떠난 것이었다.

이들 유림 외에, 기독교도들의 적극적인 시위 주도도 주목된다. 안동에 1908년 선교부가 설치되고 1909년 8월에 안동교회가 창립되었으니, 3·1운동 당시는 선교 10주년이 되는 해였다. 안동 지역의 만세시위 14회 중에 6회는 기독교도들이 주도세력으로 활약했던 것으로 보인다. 예안 시위에서 기독교도가 선두에서 만세를 불렀으며, 안동면 시위에도 김영옥 목사나 장로들이 앞장섰다. 또 임동 시위에서도 기독교도 한 무리가 참여하였다.[37] 그리고 오대교회 교인들이 임서 시위를 주도하였고, 풍산면 시위 주도세력도 30여 명의 기독교인들이었다. 3·1운동 때에 관서 지역과 서울에서 기독교인이 주동이 된 것은 널리 알려져 있으나, 위정척사적 저항정신이 드높았던 유림의 고장인 안동에서도 시위 계획 단계에서 기독교도들이 참여했다는 사실은 눈여겨볼 만한 대목이다. 유학의 권능이 한풀 꺾인 사상적 공백기에 기독교가 점차 터를 잡아 가기 시작하였다. 평소에 자기주장을 표출하지 못하던 그들은 3·1운동이 전국적으로 확산되어 가자 만세시위를 통한 구국의 대열에 동참하여, 자신들의 존재가치를 선명하게 드러내 보였다. 하지만 이들이 3·1운동에만 반짝 고개를 내밀었다가 그 이후 계속해서 민족운동에 동참하지 못한 것은 아쉬운 점이다.

안동에서 불교 세력과 천도교 세력의 만세운동 참여는 미미하였다. 다만 의성 고운사의 지방학림(地方學林)을 다닌 권이원(權二元)이 이만우(李萬愚) 주지와 교사였던 권태석·강혜전(姜惠典)의 지도로 안동면 시위에 참여했다는 사실 정도가 파악된다. 당시 고운사는 지방학림을 운영하면서 학생들에게 민족정기와 자주 독립사상을 심어 주었는데, 일제에 의해 강제 폐교되고 말았다.

(2) 사회적 성격

유림 세력이 단독으로 시위를 주도했던 지역은 예안면과 임동면 두 곳이다. 또 규모가 아주 작기는 하지만, 예안 시위 다음 날 진성이씨 동성마을인 도산면에서도 유림이 중심이 되어 시위를 주도하였다. 이것은

---

37 독립운동사편찬위원회, 『독립운동사자료집』 5, 1983, 1338쪽.

예안의 시위가 계속 확산되어 갔던 것을 의미한다. 예안 시위는 계획 단계에서 기독교도의 역할이 있었지만, 전반적으로 유림에 의해 전개되었다. 그런데 안동면 2차 시위는 유림과 기독교도가 연합하여 시위를 벌였다. 예안 시위의 주도세력으로서 재판에 회부되어 형을 받은 사람은 50명(징역형 49명, 태형 1명)이었고, 재판에 회부되지 않고 태형을 받은 사람은 9명이었다. 수형자 59명 중 36명이 향반 출신으로서, 예안 시위의 주도세력은 유림이 61%를 차지했다.

표 10 예안 3·1운동 주도세력과 형량

번호	성명	나이	본관	직업	주소	형량	비고
1	이동봉(李東鳳)	26세	진성	농업	도산 토계	2년	
2	이용호(李用鎬)	46세	진성	농업	도산 토계	2년	
3	이극호(李極鎬)	29세	진성	농업	도산 토계	2년	
4	이광호(李洸鎬)	35세	진성	면서기	예안 서부	2년	
5	이남호(李南鎬)	38세	진성	면서기	예안 삼계	1년 6월	
6	이회림(李晦林)	29세	진성	농업	도산 온혜	1년	
7	이맹호(李孟鎬)	26세	진성	농업	도산 의촌	1년	
8	이원영(李源永)	34세	진성	농업	도산 원천	1년	
9	이운호(李雲鎬)	37세	진성	농업	도산 의촌	1년	
10	이영호(李寧鎬)	37세	진성	농업	도산 토계	1년	
11	이중무(李中珷)	37세	진성	농업	도산 의촌	1년	
12	이비호(李丕鎬)	35세	진성	농업	도산 토계	1년	
13	이중원(李中元)	39세	진성	면서기	예안 서부	10월	
14	이병린(李炳麟)	36세	진성	면서기	도산 온혜	8월	

15	이인호 (李仁鎬)	26세	진성	농업	도산 온혜	6월	
16	이호준 (李鎬俊)	26세	진성	농업	도산 토계	6월	
17	이상호 (李常鎬)	불명	진성	농업	도산 토계	苔 90	
18	이출이 (李出伊)	불명	진성	농업	도산 토계	苔 90	
19	이동욱 (李東昱)	불명	진성	농업	도산 토계	苔 90	ㅇ 하계종손
20	이성호 (李成鎬)	불명	진성	농업	예안 부포	3월	
21	이기호 (李琦鎬)	불명	진성	농업	도산 토계	4월	
22	조수인 (趙修仁)	39세	횡성	농업	임북 정산	5년	
23	조병건 (趙炳建)	29세	횡성	농업	예안 부포	3년	
24	조만인 (趙晩仁)	불명	횡성	농업	도산 원천	1년	
25	조방인 (趙邦仁)	30세	횡성	농업	임북 정산	1년	
26	조사명 (趙思明)	43세	횡성	농업	예안 대곡	1년	
27	이의필 (李義弼)	불명	영천	농업	도산 분천	苔 90	
28	이삼현 (李參鉉)	불명	영천	농업	도산 분천	苔 90	
29	이유홍 (李裕弘)	22세	영천	농업	도산 운곡	苔 90	
30	이주섭 (李周燮)	20세	우계	학생	녹전 녹래	1년	
31	이종홍 (李鍾弘)	51세	우계	접장	녹전 녹래	苔 90	
32	김형진 (金衡鎭)	42세	선성	구장	예안 천전	4년	
33	김두진 (金斗鎭)	33세	선성	농업	예안 천전	2년 6월	
34	김응진 (金應鎭)	30세	선성	농업	예안 천전	6월	
35	김동택 (金東澤)	불명	선성	농업	도산 의일	6월, 집유	
36	신응숙 (申應淑)	40세	평산	농업	녹전 사신	苔 90	

위의 표에서 보면 진성이씨 21명, 횡성조씨 5명, 영천이씨 3명, 우계이씨 2명, 선성(예안)김씨 4명, 평산신씨 1명으로 진성이씨가 전체의 60%를 차지한다. 이 지역 시위 주도세력의 또 한 가지 특징은 일제 식민통치의 말단 행정조직인 면장·면서기·잠업교사와 마을에서 여론을 선도할 만한 위치에 있는 동장이 상당수 참여하고 있다는 점이다. 면장 신상면, 면서기 이광호·이남호·이중원·이병린, 잠업교사 이시교 등이 예안 시위에서 중요한 역할을 맡았다. 일제는 1910년 9월 30일 조선총독부 지방관제를 발표했는데, 그 중점은 면 기능의 강화에 있었다. 그런데 이미 통감부 시기부터 면은 일제의 징세와 치안의 말단기구로 기능이 강화되기 시작하였다. 1914년 4월 317개 군이 218개 군으로 줄어들 때, 예안군이 안동군으로 통합되면서 예안면으로 낮추어졌다.[38] 일제는 '면'이라는 최하부 조직을 통해 통치력을 행사하였다. 점차 친일적 인물에게 면장직을 맡기고서, 통치자로 자리 잡게 만든 것이다. 그런데 예안의 경우는 아직도 일제에 타협하지 않는 인물이 면(面) 행정을 맡고 있었다. 그가 면서기를 지휘하고, 지역 지도자들을 규합하여 시위를 전개하였던 것이다.

임동은 전주류씨를 중심으로 한 향반이 시위에서 주도적인 역할을 담당하였다. 이들은 수곡동과 박곡동에 동성마을을 이루고 있었다. 임동 시위에서 재판에 회부되어 실형을 선고받은 67명 중 전주류씨를 중심으로 한 유림이 18명으로 27%를 차지하고 있다.

---

38 김희곤, 『안동 사람들의 항일투쟁』, 지식산업사, 1997, 242~249쪽. 1914년 당시 안동군은 예안군을 병합하여 20개 면(부내면-안동면, 동후면, 남선면, 남후면, 서후면, 북후면, 임현내면, 임동면, 임서면, 임북면, 길안면, 일직면, 풍남면, 풍서면, 풍북면, 와룡면, 풍산면, 예안면, 녹전면, 도산면) 194개 동리로 재편되었다.

표 11 임동 3·1운동 주도세력과 형량

번호	성명	나이	본관	직업	주소	형량	비고
1	류연성 (柳淵成)	63세	전주	농업	안동군 임북면 계곡동	7년	
2	류동수 (柳東洙)	32세	전주	농업	안동군 임동면 마령동	6년	
3	류교희 (柳敎熙)	33세	전주	농업	안동군 임동면 박곡동	6년	
4	류연태 (柳淵泰)	36세	전주	농업	안동군 임동면 수곡동	1년, 집유	
5	류종식 (柳宗植)	57세	전주	농업	안동군 임동면 수곡동	1년, 집유	
6	류동복 (柳東馥)	21세	전주	농업	안동군 임동면 수곡동	1년, 집유	
7	류연기 (柳淵琦)	27세	전주	농업	안동군 임동면 수곡동	1년, 집유	
8	류동수 (柳東壽) (이명: 晩秀)	21세	전주	농업	안동군 임동면 수곡동	1년, 집유	
9	류춘흠 (柳春欽)	41세	전주	농업	영양군 입암면 산해동	2년 6월	
10	류연익 (柳淵益)	18세	전주	농업	안동군 임동면 수곡동	2년	
11	류 동 (柳 東)	19세	전주	농업	안동군 임동면 수곡동	2년	
12	류동혁 (柳東爀)	29세	전주	농업	안동군 임동면 수곡동	2년	
13	류동환 (柳東煥)	35세	전주	농업	안동군 임동면 수곡동	2년	
14	류치득 (柳致得)	25세	전주	농업	안동군 임북면 마령동	2년	
15	류경발 (柳景發)	23세	전주	농업	안동면 임북면 사월동	2년	
16	류기영 (柳璣永)	31세	전주	농업	안동군 임북면 구룡동	2년	
17	김옥창 (金玉昌)	35세	광산	농업	안동군 임북면 계곡동	2년	
18	이승연 (李承淵)	31세	광산	농업	안동군 임북면 계곡동	2년	

이들 중 시위에서 주도적인 역할을 맡은 류연성·류동수·류교희·류동환 등은 모두 정재 류치명(定齋 柳致明)의 증손인 류동시와 가까운 혈연관

계를 맺고 있었다. 임동면 수곡동은 전주류씨의 동성마을일 뿐만 아니라 사립 협동학교가 소재한 곳이기도 했다. 이곳에서 태극기와 독립선언서를 준비하였으며 협동학교 출신자들에게 연락하여 임동 시위에 참여할 것을 종용하기도 하였다. 협동학교 출신으로 임동 시위에 적극 참여한 인사로는 류동혁·류연태·류연기 등이 있다. 이러한 정황으로 볼 때 임동 시위의 구심체는 협동학교와 류동시를 축으로 하는 학연·혈연·지연의 결속 세력으로 볼 수 있다.

임서면 시위의 주역인 임찬일·임호일(임찬일의 형)·임범섭·임윤익·박유석(실제 이름은 임유진) 등은 금소에 자리 잡은 금양의숙에서 수학한 것 같다. 20명 가운데 임씨가 12명으로 60%를 차지하고 있는 것으로 보아, 임서 시위는 임씨 동성마을로서 동족 간의 강한 유대관계 형성이 크게 작용하였음을 알 수 있다.

표 12 길안 및 임서면 3·1운동 주도세력과 형량

	성명	본관	출신지	형량	판결 재판소	비고
1	김필락 (金珌洛)	의성	임서 오대			○ 피살 순국
2	손두원 (孫斗源)	경주	임서 오대			○ 피살 순국
3	권영직 (權寧職)	안동	임서 오대	6월	안동지청	
4	권우철 (權又哲)	안동	임서 오대	6월	안동지청	
5	김술병 (金述秉)	의성	임서 오대	1년	대구복심	
6	김재락 (金載洛)	의성	임서 오대	6월	안동지청	
7	김정연 (金正演)	경주	임서 오대	5년	대구복심	
8	김정익 (金正翼)	경주	임서 오대	5년	대구복심	
9	손영학 (孫永學)	경주	임서 오대	5년	대구복심	○ 출옥 후 군자금 모집 활동

10	이한룡(李漢龍)	경주	임서 고곡	5월		ㅇ 미결수
11	장두희(張斗熙)	안동	임서 오대	3년 6월	대구복심	
12	정성흠(鄭成欽)	청주	임서 오대	1년	안동지청	
13	정유복(鄭有福)	청주	임서 오대	6월	안동지청	
14	김목락(金穆洛)	의성	임서 오대	도피		
15	손영희(孫永熙)	경주	임서 오대	도피		ㅇ 도피 후 만주 망명
16	김병도(金炳道)	안동	길안 현하	1년	대구복심	
17	정태모(鄭泰模)	동래	길안 현하	1년	대구복심	

길안 시위로 재판에 회부되어 형을 받은 사람이 15명이고, 피살된 사람은 2명이다. 이들은 대부분 평민이지만, 김징로·김재락·김필락 등 의성김씨와 정성흠·정태모 등은 향반에 속하는 사람이었다. 그리고 손영학은 경주손씨 지파 종손으로서 영향력 있던 인물로 알려져 있다.

(3) 경제적 성격

안동면 시위의 주도세력인 기독교인들은 거의 대다수가 상업적인 농업 및 양축업에 종사하고 있었다. 김병우·이중희·황인규·김계한 등은 복숭아와 같은 과수를 재배하면서 소규모 철공소도 경영하고(이중희), 안동교회에서 운영하는 계명학교(啓明學校) 교사로도 활동했으며(이중희·김익현), 권점필은 기독교서점을 운영하였다. 이렇게 볼 때 기독교인들은 전통적인 농업보다 시장성 있는 상품을 재배하고, 생산하는 경제활동에 종사하는 계층이었다고 할 수 있다.

송기식은 서산 김흥락(西山 金興洛)의 학통을 계승한 유림으로서, 경제적 배경도 농업이 중심이었다. 그는 유림이기에 직업이 당연히 농업으로 나와 있지만, 실제로 농사를 지은 것이 아니고 농업을 배경으로 하고 있다고 보아야 할 것이다. 3·1운동에서 체포된 대다수 인물의 직업이 농업이라고 해서 농민으로 인식해서는 안 된다. 대다수의 안동 유림들이 관직과는 거리가 멀고 토지 경제에 바탕을 두고 있던 신분이었으므로, 그들의 직업이 농업으로 기록되는 것은 당연한 일이었기 때문이다.

예안 시위의 수형자 59명을 분석해 보면, 주도세력의 71%가 농업에 종사했다. 면장을 비롯한 관직자 15.2%, 상업 6.8%, 교사와 학생이 각각 3.4% 등이었다. 농업 가운데 중농층으로 보이는 4명(이동욱·이호명·조만인·신동희)을 제외하고는 자작농 내지 자·소작농으로 여유롭지 못한 경제적 위치에 있었다. 이것으로 볼 때, 당시 유림이라는 사회적·신분적인 위치와 경제적인 형편이 일치하지 않는다는 것을 알 수 있다.

임동·임북 시위로 재판에 회부된 68명(2명은 무죄 판결) 가운데 농업에 종사한 사람은 59명으로 거의 88%를 차지한다. 농업 외에 음식점(이강욱·박진성), 고용인(천양쇠), 날품팔이(김은수), 도살업(황점봉) 등 5명과 직업을 알 수 없는 4명(김실경·김석이·천승락·김수철)까지 농업이 아니라 하더라도 시위 주도세력의 경제적 바탕이 대부분 농업으로 나타나고 있다. 예로부터 임동은 '챗거리'로 불리는 경북 북부 지역의 어염(魚鹽) 집산지로서 소·도매시장이 크게 발달했다. 정기 장날인 1·6일은 소매를 하고, 다른 날은 도매를 하여 어물을 인근 외지로 반출시켰다.[39] 뿐만 아니라 '챗거리' 어물장 내에는 '마방(馬房)'이 있어서 부상(負商)이라는 상업조직을 동원하여

39 김원석, 「안동의 3·1운동」, 안동대 석사학위논문, 1994, 42쪽.

각 장이나 지역을 순회하면서 상품유통을 매개(媒介)할 정도였다. 그러므로 임동 지역에서 상인들의 경제적 역할은 상당했을 것이다. 그러나 상인들이 시위에 가담했던 흔적은 보이지 않는다.[40]

임서 시위에서 재판에 회부되어 실형을 받은 사람은 15명이고, 피살된 사람은 5명이다. 이들 중 류북실과 남선면 이천의 금중연을 제외하고는 모두 금소동민이었다. 시위 주도인물 20명 중에서 노말수(대장간 운영)를 제외하고는 모두 농업에 종사했다. 임찬일·임석현(이명 '임석홍', 영덕으로 도피하여 궐석재판을 받음) 등이 중농이고, 다른 인물들은 자·소작농으로 경제적으로 어려운 계층에 속하였다. 금소동에는 역이 자리 잡고 있었는데, 금소역은 동해안의 영해로부터 안동을 거쳐 조령 쪽으로 연결하는 선 가운데 안동청송을 잇는 지선에 속하였다. 그런데 1895년 역참제가 폐지됨에 따라 관둔전(官屯田)이나 마전(馬田) 등의 역토(驛土)가 일반 국유지로 편입되었다. 1913~1914년 일제의 토지조사에 따르면, 금소동의 토지는 국유지가 논의 16.0%, 밭의 25.4%를 차지하였다. 금소동 앞의 들과 마을 근처 토지들은 대부분 국유지였고, 대지의 71%가 국유지였다. 일제가 추진한 토지조사사업은 농촌에 대한 착취를 쉽게 하는 한편, 한국인 지주를 친일세력으로 이용하였지만, 반면 광범위한 농민층을 항일 저항세력으로 만들어 놓았다. 특히 금소동민들의 신덕주재소와 면사무소 파괴와 같은 격렬한 시위는 이러한 수탈과 생계에 대한 직접적인 위협에 따른 불만이 누적되어 있다가 만세시위 과정에서 크게 폭발한 사례로 볼 수 있다.

---

40 최성기, 「조선후기 지방 상업연구-책가(챗거리) 어물장을 중심으로」, 영남대 박사학위논문, 1989, 111, 126쪽.

길안 시위의 주도세력으로서 재판을 받은 사람은 15명이고 피살자는 2명이다. 이 가운데 12명이 임서면 오대동민이었다. 이들 중 목수인 정유복을 제외하고는 모두 농업에 종사하였으므로, 시위 주도세력이 농민이라고 생각된다. 그중에 손영학·정성흠 등이 중농이고, 다른 주도세력들은 자·소작농으로 알려져 있다.

안동 3·1운동의 주도세력은 경제적으로 볼 때 농업에 기반을 둔 자작농 내지 자·소작농 정도의 부유하지 못한 유림이 대부분이다. 일반 농민의 경우도 중농의 비율이 아주 낮고 대부분 영세하고 빈한하였다. 이 지역은 특히 유교적인 가치관이 중시된 곳이었기에 상공업보다는 농업에 강한 집착을 보였다. 그러나 안동면 2차 시위의 한 갈래를 맡은 기독교 주도 인물의 직업은 상공업 분야가 많았는데, 이들 다수는 몰락 양반이나 중인계층 인물이었다.

2) 안동 3·1운동의 특징

경북의 3·1운동은 3월 8일부터 5월 7일까지 전개되었는데, 3월 16일에서 25일 사이에 절정을 이루었다. 그런데 안동의 3·1운동은 바로 경북 지역의 절정기에 해당하는 3월 13일부터 27일까지 보름 동안 11개 지역[面]에서 14회에 걸쳐 일어났다. 그리고 23일에 있은 안동면 3차 시위는 안동 지역 3·1운동의 절정이었다.

안동의 만세시위에서는 고종 인산에 참여했던 인물들이 서울 시위 현장에서 갖고 온 독립선언서나 태극기를 안동 시위 현장에 그대로 사용하였고, 독립선언서는 예안·안동·임동·임서·길안 등 5곳에 전달되었다. 독립선언서는 안동면 2차 시위 때 안동교회 교인들이 직접 인쇄하여 준비한 것뿐이고, 태극기는 여러 곳에서 제작된 것으로 보인다. 시위 현장에 등장한 격문으로는 '대한독립만세'라고 쓴 깃발(안동·임동·길안)과 등사한 문서(안동) 정도이며, 태극기는 대부분 지역의 시위에서 사용되었다. 그러나 안동면 시위에서 「왜적은 퇴거하라 침략간흉계(侵略奸凶計)를 버리라」라는 격문이 등장하여 다른 지역과 차이를 보였다. 안동 지역 시위에서 격문이 크게 사용되지 않은 것은 선전적인 시위가 아니라 직접 행동으로 일본 통치조직에 대한 파괴를 감행했기 때문으로 보인다.

시위 날짜는 장날이었다. 안동 지역의 14회 시위 가운데 8회(예안 2, 안동 3, 임동 1, 길안 1, 풍산 1)가 장날에 일어났으며, 그날에는 장이 서지 않는 인근 지역 주민까지 모두 시위에 참여하였다. 17·22일의 예안면 시위에는 인근 도산·동후·녹전면 등지의 군중이 참여하였으며, 21일의 임동면 시위에는 임북면 주민들과 멀리 청송군 진보면민들도 참여하였다. 특히 23일의 안동면 시위에는 군 전체가 참여하는 모습을 보였다.

시위 장소는 당연히 장터가 중심이었다. 사람들이 많이 모이는 장소였기 때문이다. 구체적인 장소를 보면, 시장 터 8회, 면 소재지(장이 서지 않는 경우) 2회, 마을 앞 1회, 학교 운동장 1회, 솔밭 2회였다. 특히 임동의 챗거리시장은 경북 북동부 일원의 대표적인 어물 집산지이자 교통의 요지였기에, 그 시위는 인근 지역에 상당한 파급효과를 나타냈을 것이다. 장터에서 시작된 시위는 군청과 경찰서, 면사무소나 주재소 등의 일제 통치기구로 이동하였다. 이것은 전국 어느 지역이든지 마찬가지였다.

안동의 첫 시위는 이상동에 의한 1인 시위였고, 예안의 1차 시위(17일)나 안동의 2차 시위(18일)는 비교적 평화적 성격을 띠고 전개되었다. 그러나 임동면 시위(21일)부터는 일제 통치기관에 대해 격렬한 공격을 펼쳤다. 일제의 과격한 대응에 무력으로 저항한 것만은 아니었다. 즉, 일제 강점 이후 수탈에 대한 저항이 바닥에 깔려 있었던 것이다. 특히 안동은 영덕과 더불어 경북 지역에서 가장 격렬한 시위를 벌인 곳으로, 경북 지역에서 인명 피해가 가장 컸다.

안동 3·1운동을 펼쳐 나간 주도세력의 성격은 두 가지로 정리된다. 첫째, 시위 주도세력의 사회적 성격은 유림과 기독교인이 주축을 이루었다. 전통적인 세력인 유림과, 새롭게 자리 잡으면서도 큰 소리를 내지 못하고 있던 기독교인들이 3·1운동을 계기로 민족문제에 앞장섰다. 유림의 본향인 안동에서 상당히 여러 차례 시위의 계획 단계에 기독교인이 참여하였다는 사실은 주목할 만하다. 그러나 기독교도들의 역할은 대체로 시위의 계획 단계에 집중되었고, 이 지역 만세운동의 전 과정을 놓고 볼 때 유림 세력과 그와 연관된 농민들의 비중이 훨씬 컸다. 향반인 유림이 단독으로 시위운동을 전개한 대표적 지역은 예안면과 임동면 두 곳이고, 기독교도와 유림이 연합하여 시위를 전개한 곳은 안동면 한 곳이었다. 예안은 전기 의병항쟁의 거점으로 척사적 저항의식이 잠재되어 있는 데다가, 퇴계 이황의 후예로서 집단적 항일 성향을 가진 진성이씨 일족이 동성마을을 이루고 있는 곳이다. 그리고 임동은 전주류씨를 중심으로 한 향반이 시위에서 주도적인 구실을 해낸 곳이었다. 안동면 시위는 유림과 기독교인의 연합으로 펼쳐져 민족문제에 서로가 합류하는 모습을 보였다. 한편 신식교육기관이 별로 없었기 때문에 학생들의 참여는 비교적 적은 편이었다. 그런 와중에도 임동과 안동면 시위에서 협동학교 학생들의 활동이 꽃을 피웠는데, 그 때문에 협동학교는 영원히 폐교되고 말았다. 예안과 도산의 공립보통학교 학생들이 참가한 사실도 안동 지역에서는 드문 사례 가운데 하나였다.

둘째, 시위 주도세력의 경제적인 계층은 자작 내지 자·소작을 하는 부유하지 못한 농민이었다. 유림으로서 향반의 위치에 있었던 주도세력

일지라도 중농의 비율이 현저하게 낮은 빈한한 영농 규모를 보이고 있었다. 이와 달리 기독교인들은 상인이나 공장인이 많았고, 상업적인 농업을 경영하는 경우도 많았다. 그러므로 이들이 자본주의체제에 적응하는 속도가 유림보다 훨씬 빠른 것은 당연했다. 이들은 대부분 안동사회의 강한 유림적 성향과는 달리 기독교를 통하여 서구 자본주의적 요소를 일찍 수용한 것으로 보인다.

한편 안동에서 가장 과격한 시위 양상을 보인 임동은 경북 북부 지역의 어염 집산지로서 도·소매 시장이 크게 형성되었던 상업활동의 중심지였으나, 상업 종사자들이 시위 주도세력으로 참가하지는 않았다. 이는 독립운동이 상업적 이해관계와 상반되는 속성도 있지만, 상인들이 임동 지역에서 여론을 선도할 만한 중심 세력으로 부상하지 못했기 때문이다. 또 임서 시위의 주도적인 역할을 담당했던 금소동은 역이 설치되었던 곳으로, 1895년 역참제가 폐지됨에 따라 관둔전이나 마전 등의 역토가 국유지로 편입되는 지역적인 특수성을 가지고 있었다. 그런데 1910년대에 실시된 일제의 토지조사사업으로 어느 정도 농민의 권리로 인정되어 오던 경작권이나 도지권 등이 소멸되어 버렸다. 이런 사태에 직면한 농민들은 일제에 의한 직접적인 생계 위협과 박탈감으로 불만이 누적되어 있다가 만세시위 때 한꺼번에 폭발하여 과격한 양상으로 치달았던 것이다.

마지막으로 시위의 과격성과 강한 저항성은 일제의 무자비한 탄압을 불러왔고, 그 결과 안동은 경북에서 인명 피해가 가장 컸다. 시위 주도세력의 수형 기간을 보면, 167명의 실형 선고자 중에서 2년 형이 가장 많고, 3년 이상도 22명이나 된다. 이것은 민족대표 33인의 최고형이 3년으로 한정된 사실과 비교할 때, 안동 3·1운동의 과격한 시위 양상에 대한 척도가 되기에 충분하다. 이러한 과격시위에 대한 일제의 무력탄압과 그 후유증으로 말미암아 안동 3·1운동은 17일의 예안 시위부터 따져 보면 10여 일밖에 지속되지 못했던 것으로 보인다.

5. 3·1운동 이후 안동 지역 독립운동의 변화

독립운동의 역사는 1919년 3·1운동을 기점으로 그 성격이 크게 바뀌었다. 3·1운동 이전에는 의병전쟁과 계몽운동이 주류를 이루었고, 나라가 망한 뒤 1910년대에는 의병전쟁과 계몽운동을 계승한 비밀 단체가 조직되어 투쟁을 벌이는 한편 자정순국 투쟁이 펼쳐졌으며, 나라 밖으로는 망명 물결이 일어나면서 주로 만주에 독립운동기지를 건설하여 독립전쟁을 준비하였다. 또 독립국이라는 사실을 국제사회에 선언하고서 망명지에 대한민국을 세우고 임시정부와 임시의정원을 두어 국가를 운영하면서 독립운동을 펼쳤다. 대한제국으로 망했으나 독립운동가들이 되살린 국가는 국민이 주권을 가진 대한민국이었다. 따라서 독립운동으로 시민사회·근대사회를 일구어 냈다.[41]

3·1운동 이후 독립운동의 양상은 크게 발전하였다. 사상적으로 대한민국임시정부가 세워지면서 한국 역사에서 처음으로 민주공화정이 발을 내디뎠고, 또한 3·1운동 과정에서 사회주의 물결이 국내로 밀려들기 시작했다. 따라서 1920년대 이후 한국 독립운동은 흔히 말하듯이 민족

---

41 대한민국임시정부의 정치 이념과 독립운동 등에 대해서는 김희곤의 『대한민국임시정부 연구』(지식산업사, 2004) 참조.

주의와 사회주의라는 두 가지 사조로 진행되었다. 하지만 명확하게 구분해 보면 민족주의와 사회주의는 대척점에 있는 개념은 아니다. 민족주의의 대척점에는 친일 반민족주의가 있고, 사회주의의 반대편에는 개인주의나 자유주의가 있다. 그런데 대개 사회주의가 자리를 잡기 시작하면, 그 대척점에 있던 우파를 민족주의로 불렀다. 그렇다고 사조가 변하지 않고 진행되는 것은 아니다. 민족진영에서 항일투쟁을 지속한 인물들을 민족좌파라 일컫고, 이와 반대로 친일·반민족 행위로 돌아선 인물을 개량주의자 혹은 민족우파라고 불렀다. 또 사회주의자들은 대개 새로운 사조를 이용하여 민족문제를 해결하는 데 기여하려고 노력하였지만, 그렇다고 모두 그런 것은 아니었다. 간혹 국제주의에 빠져 민족문제를 낮추어 보는 경향을 보이는 경우도 있었다. 따라서 민족문제를 최고의 가치로 놓고 본다면, 좌우 세력 모두 민족문제에 집중하는 사람과 국제주의에 빠져 반민족적인 행위와 성향을 보이는 사람 또는 집단으로 구분할 수 있다. 이런 현상은 한국만이 아니라 가까이는 동아시아 지역의 식민지 해방운동, 더 나아가서 세계 식민지 해방운동에서도 이러한 모습을 찾아볼 수 있다.

안동 지역 3·1운동은 만세운동으로 끝나지 않고, 그 이후 안동 지역 항일운동의 인적·물적 구심점이 되었다. 이 운동을 통해 성장한 유림과 안동 사람들은 만세운동의 정신을 잇고자 유림단의거(1·2차)에 참여하거나, 1920년대 사회주의사상을 기반으로 한 대중운동 그리고 만세운동의 결정체인 대한민국 임시정부를 지원하기 위한 활동에 참여하게 된다.

먼저 유림단의거를 살펴보면, 3·1운동 직후 유림이 파리강화회의에 독립을 청원하는 장서(長書)를 보내는 거사에 안동 유림도 적극 참가하였다. 특히 이중업(李中業)(이만도의 아들)의 활약은 서울과 안동에서 펼쳐졌고, 여기에 류연박(柳淵博)(류치명 종손)·이만규(李晩煃)(이만도의 동생)·류필영(柳必永)(류인식의 아버지)·김병식(金秉植)(안동 내앞 종손)·김양모(金瀁模)(금계) 등이 참가하였다. 장서를 상해로 가져가는 데 기여한 인물로 김응섭(金應燮)이 있었다. 이중업은 서울에서 장서를 발의할 때부터 활동한 인물이지만, 김응섭은 임시정부에 가 있다가 합류한 경우였다. 1919년 유림단의거는 그것으로 끝나지 않고 이듬해로 이어졌다. 1920년 11월 이중업이 파리장서의거에 동참했던 경북 지역 인물 가운데 장석영(張錫英)(칠곡)·권상익(權相翼)(봉화)·김황(金榥)(산청)·손후익(孫厚翼)(경주) 등과 함께 중국의 유력 인사들에게 독립청원서를 보내려고 시도한 것이다. 여기에 이중업이 앞장섰다. 이들은 3통의 청원서를 작성하였다. 광동 정부의 대통령 손문(孫文)과 중국 정부에 보낼 2통은 권상익이, 중국 군벌 오패부(吳佩孚)에게 보낼 1통은 장석영이 각각 작성하였다. 그리고 이중업을 유림 대표로 선정하여 중국으로 보낼 것을 결정하였다. 그런데 아쉽게도 이중업이 갑작스럽게 병으로 죽으면서 이 거사는 중단되고 말았다. 또한 1925년~1926년에 유림들이 중심이 된 의열투쟁이 펼쳐졌다. 이것을 경북유림단의거(慶北儒林團義擧) 혹은 2차 유림단의거라고 부르기도 하는데, 여기에도 안동 유림의 일부가 참가하였다. 파리장서의거로 시작된 유림들의 활동은 척사 계열 유림들이 변화를 보여 주는 대표적인 사례다. 혁신유림보다 늦기는 했지만, 당시까지 복벽주의자들이 존재하고 있던 형편을 감안한다면 여기에서 전통을 고수하던 유림들의 점진적인 변화를 읽을 수 있다.

1920년대는 한국사 전반에서 혁신성과 분화 및 통합 시도가 격렬하게 두드러진 시기다. 3·1운동 이후에 국내로 파급되기 시작한 사회주의 물결은 1924년 즈음에 이르면, 노농(勞農)운동이나 청년운동의 주류가 이를 수용하는 단계에 이른다. 이것이 더 나아가 1925년 조선공산당과 고려공산청년회 조직으로 나타나고, 노동·농민운동이 확산되어 갔다. 여기에 중심적인 역할을 담당한 이들이 바로 3·1운동의 영향 속에 성장한 인물들이다. 유학의 본고장인 안동은 양반 특유의 보수적 성향에 기인하는 항일의식과 사회주의 지식인들의 영향이 결합함으로써 다른 지역에 비해 사회주의가 유난히 일찍 유입되었으며, 대중운동이 강세를 보인 곳이다. 1920년대 초반에 경북 지역에서 가장 강력한 농민단체인 풍산소작인회가 조직된 것을 비롯하여, 1·2차 조선공산당 조직으로부터 4차 공산당에 이르기까지 경북 지역에서 가장 많은 수의 사회주의 운동가가 배출되었다. 또한 1930년대 조선공산당 재건 비밀결사인 '안동콤그룹'이 결성되면서, 경북 북부 지역 일대의 혁명적 민족해방운동을 주도하였다. 대표적인 인물로 김재봉·권오설·이준태·김남수 등을 꼽을 수 있다. 김재봉은 코민테른의 적자(嫡子)가 되어 귀국했고, 고향 친구 이준태가 서울에서 닦아 놓은 터전 위에 화요회를 조직하고, 나아가 조선공산당을 창당하여 초대 책임비서를 맡았다. 그러는 과정에서 안동에 풍산소작인회를 조직하여 농민운동을 활성화하고, 새로운 인물 권오설을 등장시켜 서울에서 굳건하게 자리 잡도록 만들었다. 서울에서 김재봉과 권오설이 조선공산당과 고려공산청년회의 핵심으로 움직일 때, 안동에서는 이준태와 김남수가 구심점이 되었다. 이준태는 풍산소작인회를 이끌었고, 김남수는 화성회를 지휘하면서 형평사 예천 사건의 한가운데서 활약하였다. 이들은 대부분 이곳의 명문가 집안 출신들의 유학적 지식인들이었고, 그들은 지역적인 기반을 매개로 다음 세대를 이끌어 갈 사회주의자들을 양성해 나갔다. 어쩌면 이들은 전통과 권위가 허물어져 가는 당시의 시대적인 아픔을 유교를 대신해 사회주의라는 새로운 이념으로 달래고자 했을 것이다. 그리고 새로운 이상향의 실천을 사회주의의 민족해방운동으로 표출하고자 했던 것이다.

1934년에 조선총독부 경북경찰부가 발간한 극비자료 『고등경찰요사(高等警察要史)』는 그 서문에서 경북 사람들의 저항성이 유달리 강력하다고 기술하면서, 그 원인을 퇴계학맥의 성격에서 찾았다. 그러한 성향이 3·1운동 무렵부터 국내로 들어온 사회주의와 접목되면서 유교적 문화주의와 신조류인 사회주의가 공통점을 찾아 빠르게 합류하였고, 이것이 항일투쟁에 강력한 힘으로 작용하였다. 다시 말하면 유교적 문화주의에 입각한 배일사상과 사회주의의 흡입이 항일투쟁의 새로운 추동력으로 작용하였다. 그리고 이 현상이 3·1운동 이후 안동 지역의 항일투쟁, 농민운동·노동운동·청년운동 등의 각 분야에서 그 어느 지역보다 강하게 나타났다고 이해할 수 있다.

제1부

영남의 3·1운동

3·1운동기 영남 지역 종교계의 동향

제3장

김순석

제3장

3·1운동기 영남 지역 종교계의 동향

*****

일제강점기 민족 최대의 과제는 민족해방이었다. 천도교·기독교·불교계뿐만 아니라 유교·대종교계도 해방을 얻기 위해 종교 간의 벽을 허물고 역할을 분담하여 3·1운동이 전국적으로 확산되는 데 기여하였다. 이들 종교는 세력 간의 주도권 다툼을 벌이지 않았고, 연합전선을 구축하는 등 독립을 얻기 위해 갖은 노력을 기울였다. 그 결과 3·1운동의 진상이 세계 여러 나라에 알려지게 되었고, 3·1운동의 참상을 알게 된 세계 각국은 한민족이 독립국이 되어야 한다는 인식을 가지게 되었다.

1. 3·1운동에서 종교계의 역할

일제강점기 민족해방운동사의 주요한 특징 가운데 하나는 종교가 중요한 역할을 하였다는 점이다. 3·1운동은 독립운동사에서 규모가 가장 크고, 참여 계층이 광범위한 운동이었다.[1] 3·1운동에서 종교계의 역할을 살펴보면, 준비 과정에서 종교인들이 주도적인 역할을 하였고, 「독립선언서」에 천도교·기독교·불교 등 종교계 대표들이 서명을 하여 운동을 촉발시켰다. 뿐만 아니라 서울과 지방에서 전개된 만세시위와 확산

1 강만길 편, 『밀양의 독립운동사』, 밀양문화원, 2003, 229쪽.

과정에서 종교조직이 크게 활용되었기 때문에 3·1운동에서 종교계의 비중은 크다고 할 수밖에 없다.[2]

일제 강점 초기에 교단조직을 가진 종교단체는 천도교를 비롯하여 기독교·불교·유교·천주교 등이 있었다. 이 중 가장 강력한 중앙조직을 가지고 있었던 것이 천도교였다. 천도교는 1860년 최제우의 동학에서 시작하여 1894년 '동학농민전쟁'을 거치는 동안 박해를 받았으나 1900년대 들어와서 대정비가 이루어졌다. 1904년 '갑진개화운동(甲辰開化運動)'을 거치면서 1905년 12월 교단의 명칭을 동학에서 천도교로 변경하였다.[3]

3·1운동은 식민지 지배권력에 총칼을 들지 않고 맨몸으로 저항한 거족적인 독립운동이었다. '3·1운동'은 제헌헌법기초위원회가 작성한 헌법 초안에 '3·1혁명'으로 되어 있었는데, 제헌국회에서 헌법을 논의하는 과정에서 갑자기 '3·1운동'으로 격하되었다고 한다.[4] 이후 60년 이상 '3·1운동'이라는 단 하나의 이름만이 마치 특허 등록된 상표처럼 쓰여 왔다. 3·1운동은 독립운동으로 인식하는 것이 일반적이다. 물론 '3·1혁명'이 일차적으로는 일제 식민통치로부터의 해방을 지향했으니 독립운동이었다는 사실을 부정할 수는 없다. 그러나 '3·1혁명'에는 독립운동 이상의 것이 담겨 있었다. 그것은 바로 군주제와의 혁명적 단절이었다.[5]

---

2 이덕주, 「3·1운동과 기독교」, 『한국기독교와 역사』, 한국기독교역사연구소, 2017, 107~108쪽.

3 이만열, 「3·1운동과 종교계의 역할」, 『한국기독교와 역사』, 한국기독교역사연구소, 2017, 13쪽.

4 이준식, 「'운동'인가 '혁명'인가?-'3·1혁명'의 재인식」, 『3·1혁명 95주년기념학술회의 자료집』, 민족문제연구소, 2014. 2. 26., 36~37쪽.

5 위와 같음.

3·1운동의 발단은 민족대표 33인이 태화관에서 독립선언서를 발표함으로써 시작되었지만 만세시위에 참여하였던 학생들을 통하여 전국적으로 파급되면서 대중운동으로 확산되었다. 민족대표들이 3·1운동을 준비하는 과정에서 천도교는 자금 마련과 독립선언서 작성을 담당하고, 기독교와 불교계는 전국 조직망을 통하여 선언서의 전국 배포를 담당하기로 하였다.[6] 종교계는 3·1운동의 전개 과정에서도 중요한 역할을 하였다. 1919년 6월 일본 헌병대의 보고에 따르면 전국 13개 도 가운데 충청남북도를 제외한 대부분의 지역에서 천도교·기독교·불교 등 종교인들이 시위를 주도한 것으로 나타난다. 경기도에서는 천도교·기독교·불교 측이 연합했고, 전라남북도, 경상남북도, 평안남북도, 함경북도에서는 기독교가 주동하고 천도교가 협력했다고 한다. 강원도와 함경남도에서는 천도교가 주동하고 기독교가 협력했으며, 불교는 경상남북도와 전라북도에서 협력한 것으로 나타난다고 한다.[7]

3·1운동은 3월 1일 하루로 끝난 만세시위가 아니다. 다음 날도 그다음 날도 만세시위는 계속되어 그해 5월 말까지 지속되었다. 이것은 3·1운동이 단순히 우발적으로 일어난 것이 아니고 사전에 치밀하게 계획되었다는 뜻이며, 독립의 쟁취라는 뚜렷한 목표를 가지고 전개되었음을 의미한다. 박은식은 『한국독립운동지혈사』에서 1919년 3월 1일부터 동년 5월 말까지 전국에서 발생한 만세시위 사건에 대하여 다음과 같은 통계 수치를 제시하였다. 부군수(府郡數) 211개, 집회 횟수 1,542회, 집회인 수 2,023,098명, 사망자 수 7,509명, 부상자 수 15,961명, 투옥자 수

---

6 송길섭, 「3·1운동과 종교간의 연대문제」, 『기독교사상』 28(3), 기독교서회, 1984, 56쪽.
7 한규무, 「기독교와 천도교의 3·1운동 협력에 대한 평가와 오늘의 의미」, 『기독교사상』 제663호, 2014. 3., 60~61쪽.

46,948명, 소실교회 수 47개, 소실학교 수 2개, 소실민가 수 715채였다.[8]

조선총독부는 날마다 계속되는 만세시위를 진압하기에 병력이 부족함을 느꼈다. 조선총독 장곡천호도(長谷川好道)는 본국에 군대를 더 보내줄 것을 타전하였고, 새로운 병력들은 한국에 상륙하자마자 시위 현장에 투입되어 학살을 자행하였다. 일본 헌병과 경찰의 무자비한 탄압에도 불구하고 만세시위는 그해 5월 말까지 전국에서 일어났다. 이 만세시위는 한국 주재 외신기자들을 통하여 세계만방에 보도되었다. 3·1운동으로 가장 놀란 것은 일본이었다. 그들은 지금까지 대외적으로 그들의 식민통치에 조선 사람들이 기꺼이 협력하고 있으며, 경제적으로도 성장을 거듭하고 있다고 선전하였기 때문이다. 이제 그것이 거짓말이었음이 만천하에 드러나게 된 셈이다. 3·1운동은 외신기자들을 통하여 일본 식민통치의 잔학상과 그것에 저항하는 한국인의 끊임없는 저항운동을 세계인들에게 알리는 계기가 되었다. 또한 즉시 독립의 실현을 가져오지는 못했지만 마침내 독립을 실현해 내는 원동력이 되었다.[9]

이러한 3·1운동에 대한 연구성과는 해방 직후부터 배출되기 시작하였고, 각종 학술회의와 회고록 등을 통하여 축적되어 왔다. 그렇지만 대부분의 연구는 중앙의 만세시위와 3·1운동 정신 등에 집중되어 있고, 전국으로 확산된 현황과 지방의 3·1운동 전개 상황에 대해서는 연구가 많이 부족한 실정이다. 더구나 지방 종교계의 3·1운동에 대한 연구성과는 제암리 만세 사건과 같이 일제의 혹심한 탄압이 있었던 몇몇 경우를 제외하고는 거의 없다.

8 백암박은식선생전집편찬위원회, 『한국독립운동지혈사』, 『백암박은식전집』 제2권, 동방미디어, 2002, 182~183쪽.

9 김순석, 『불멸의 민족혼 되살려 낸 역사가 박은식』, 역사공간, 2013, 119~133쪽.

또 한 가지 살펴보아야 할 것은 지방 만세시위 연구에서 종교계의 연합시위에 관한 연구이다. 과연 교리와 신앙체계가 다른 이교도들과 연합하는 것이 교리상 용납될 수 있느냐 하는 문제이다. 이 문제에 대해서 한규무는 다음과 같은 예시로 답을 제시하였다. "강가를 지나다 보니 누군가 물에 빠져 허우적대고 있다. 그런데 나는 수영을 못한다. 손을 뻗치니 미치지 않는다. 이를 어쩌나 하고 발만 동동 구르는데 마침 스님 한 분이 지나가신다. 도와 달라고 해야 되나 말아야 되나. 한심하다. 이것이 어디 고민이나 논쟁거리가 되겠는가. 죽어가는 사람을 살리자는 데 무슨 종교의 구별이 있는가. 사람이 사람답게 살아가는 세상을 만들자는 데 무슨 종교의 구별이 있는가."[10] 3·1운동은 모든 사람들이 참여한 독립운동이었으나 지역 사회에서 종교 간의 연대시위가 전개된 경우는 흔지 않았다. 그것은 자료가 부족한 것이 가장 큰 원인이지만 연구자들 또한 3·1운동에 있어 지역 종교계의 연합시위에 큰 관심을 갖지 않은 탓이다.

필자는 본고에서 영남 지역 천도교·기독교·불교 3개 종교계에서 전개한 3·1만세시위에 관해서 점검해 보고자 한다. 영남 지역 3·1운동의 전개에서 천도교·기독교·불교 가운데 불교의 비중이 가장 약하지만 본고에서 가장 비중 있게 다루는 것은 필자의 전공 영역과 무관하지 않다. 지방자치제가 실시된 이후로 각 지자체마다 자기 지역의 독립운동사를 조명하는 책들이 많이 발간되었다. 영남 지역 종교계의 3·1운동을 다루면서 필자가 과문한 까닭에 지금까지 살펴보지 못한 자료가 있을 수 있고, 제한된 지면이라 모든 시위를 담을 수도 없었다. 특히 천도교와 기독교의 경우는 필자에게 생소한 영역인 까닭에 많은 가르침을 기대한다.

10 한규무, 앞의 글, 62쪽.

2. 천도교계의 영남 지역 3·1운동

천도교도들이 영남 지역에서 3·1만세시위를 주도한 곳은 경북의 경우 대구·김천·안동·경주 등이며, 부산과 경남 지역은 진주·창녕·영산·함안·군북·창원·고현·합천·고성·언양·함안·삼진 등이다.[11] 이처럼 천도교도들이 많은 곳에서 독립만세운동에 참여할 수 있었던 것은 교회조직과 연원조직을 통해서 조직적으로 독립선언서가 배포될 수 있었기 때문이다. 만세시위 사실은 교구에서 전교실로 전해졌고, 교구장에게서 전교사에게로, 교회 책임자에게서 일반 교인에게로, 전교자에게서 피전교자에게로 전달되었다. 당시 천도교인들은 손병희와 교구장의 명령을 거의 절대적으로 받아들여 위험을 무릅쓰고 시위에 참여하였다.[12] 독립선언서가 다량으로 제작될 수 있었던 내막은 이렇다. 이 무렵 천도교 총부는 3·1운동 이전 30개소 대교구에 등사기를 한 대씩 비치하고 이사원 한 사람씩을 선발해서 우이동 봉황각에서 특별 연성을 시킨 바 있었다. 이것이 독립선언서를 인쇄하고 배포하는 데 크게 도움이 되었다. 천도교 측은 3·1운동으로 손병희 등 15명의 지도자와 각지의 천도교 지도자 1,300여 명이 투옥되었다고 밝혔다.[13]

경북 지역 천도교도들이 주도한 3·1운동 가운데 대표적인 것은 안동의 시위이다. 3월 18일 안동 장날 천도교도들과 기독교도들의 선도로 약 3천 명의 농민들이 봉기하여 독립만세를 전개하였다. 시위대는 이날 밤부터 19일 새벽에 걸쳐 군청·경찰서·지방법원 안동지청을 공격하였고,

---

11 조규태, 「3·1운동과 천도교」, 『유관순연구』 창간호, 유관순연구소, 2002, 200~202쪽.

12 조규태, 위의 논문, 198쪽.

13 조규태, 위의 논문, 203쪽.

일본 경찰의 발포로 수십 명이 부상당하였다. 이어 23일 안동면 장날에도 3천여 명의 장꾼들이 만세시위를 전개하여 독립만세를 불렀고, 구속된 사람들의 석방을 요구하였다. 이들은 경찰서와 지방법원 안동지청을 포위하였는데 일본군이 발포하여 13명이 현장에서 순국하고, 20여 명이 부상당하였다.[14] 임서면(현재 임하면)에서는 3월 21일 3백여 명의 주민들이 신덕리 주재소를 습격하였다. 임동면에서도 3월 21일 편항(鞭巷) 장날에 1천여 명의 농민들이 봉기하여 면사무소와 주재소를 습격하여 파괴하였으며, 이튿날 일직면 농민 2백여 명과 임북면 농민 4백여 명이 만세시위를 전개하였다.[15] 안동의 만세시위는 22일에도 이어졌는데 3백여 명의 농민들이 독립만세를 부르며 시위를 이어 갔다. 경북 지역 3·1만세시위는 3월 8일부터 5월 7일까지 약 60일간 도내 전역에서 전개되었다. 집회 횟수는 93회, 참가자는 63,878명, 사망자는 1,206명, 부상자는 3,276명, 피체포자는 5,073명이었다.[16] 그러면 경남 지역 천도교계 3·1운동 시위 현황은 어떠했는지를 살펴보자.

경남 지역은 일본과 지리적으로 가까워서 일찍부터 침략의 거점이 되었다. 그 결과 1910년대 말 경남 지역에는 경기도 다음으로 일본인이 많이 거주하여 1만 5천 호에 6만여 명이 살았던 것으로 집계된다. 일본인들은 부산·마산 등의 개항장을 중심으로 대거 진출하여 토지·어장·상업 전반에 걸쳐 경제적 침탈을 자행하였다. 일제는 부산에 부청(府廳), 지방법원, 헌병대, 수비대 등과 같은 통치기구와 군대를 배치하였다. 뿐만 아니라 은행과 각종 회사 정미소·양조공장 등을 두어 일본인들이 활동

14 신용하, 『3·1독립운동』, 독립기념관 한국독립운동사연구소, 1989, 146쪽.

15 위와 같음.

16 백암박은식선생전집편찬위원회, 앞의 책, 『한국독립운동지혈사』, 178~180쪽.

하는 데 불편함이 없도록 하였다. 진해에는 진해요항사령부(鎭海要港司令部), 헌병분대를 주둔시켰고, 마산에는 부청, 군청, 지방법원 지청, 진해만 중포병대대(鎭海灣重砲兵大隊) 등을 두었다.[17]

경남 지역의 3·1독립운동은 3월 3일 부산과 마산에 독립선언서가 배포되고 서울의 시위 소식이 전해지면서 시작되었다. 경남 지역 3·1운동 개시일에 대해서는 현재 두 가지 설이 있다. 일반적으로는 3월 11일 부산 기독교계 일신(日新)여학교 학생들이 중심이 된 시위를 시발점으로 보고 있다. 하지만 일부에서는 그보다 이틀 빠른 3월 9일에 함안 연개장터에서 만세시위가 있었다고 주장하는 측도 있다. 하여간 경남 지역 3·1운동은 3월 중순 이후 본격적으로 전개되었다. 3월 13일 동래·창녕·영산·밀양, 3월 14일 통영·의령, 3월 17일 함안, 3월 18일 합천·진주·통영·하동 등으로 시위가 급속히 확산되었다. 경남의 모든 곳이 같은 속도로 시위가 확산된 것은 아니다. 창원·양산·함양·김해에서는 3월 하순, 울산·남해에서는 4월 상순에 가서야 비로소 3·1운동이 전개되었다.[18]

경남 지역 천도교도들이 중심이 되어 전개된 만세시위는 울산군 언양(彦陽) 장날 만세시위를 들 수 있다. 4월 2일 천도교도들의 선도로 1천여 명의 군중들이 독립만세를 외치며 시위를 주도했는데 일경의 발포로 1명이 현장에서 순국하고, 5명이 부상당하였다. 4월 4일에는 하상면에서 청년회 회원들의 주동으로 2백여 명의 농민들이 일신보통학교 부근에 모여 만세시위를 전개하였다. 이튿날인 4월 5일에는 1천여 명의 농민들이 만세시위에 참여하여 구속자 석방을 요구하며 주재소를 둘러싸고

17 도진순·박철규·전갑생, 『군북 3·1독립운동사』, 선인, 2004, 3쪽.

18 도진순·박철규·전갑생, 위의 책, 5쪽.

독립만세운동을 전개하였다. 일경의 발포로 4명이 목숨을 잃었고, 5명이 부상당하였다. 4월 8일에는 온양면(溫陽面) 남창리(南倉里) 장날 청년들의 선도로 수백 명의 장꾼들이 독립만세시위를 전개하였다.[19]

창녕군(昌寧郡)에서는 영산(靈山)읍에서 천도교도 23명이 결사단(決死團)을 조직하고 3월 13일 농민 6백여 명이 함께 격렬한 만세시위를 일으켰으며, 남곡면(南谷面)에서 농민 정호권의 선도로 남지(南旨) 장날인 3월 18일 수백 명의 농민들이 봉기하여 독립만세시위를 전개하였다.[20] 경남 지역의 3·1운동은 3월 3일부터 4월 29일까지 약 55일간 도내 전역에 걸쳐 전개되었다. 박은식의 『한국독립운동지혈사(韓國獨立運動之血史)』에 따르면 집회 횟수는 141회, 참가인원 수는 93,320명, 사망자는 1,264명, 부상자는 2,019명, 피체포자는 5,012명으로 집계되었다.[21] 천도교계에서 전개한 지역의 3·1운동은 해방 이후 교세의 위축으로 연구가 부진하여 자세한 실상을 파악하기 어려워 아쉬운 점이 있다.

3. 기독교계의 영남 지역 3·1운동

서울에서 일어난 3·1운동의 여파가 대구에 밀어닥친 것은 일주일 후인 3월 8일과 10일이었다. 대구의 3·1만세시위는 「파리장서」를 파리강화회의에 전달하였던 김규식(金奎植)의 부인인 김순애(金順愛)에 의해 촉발되었다. 상해에서 잠입한 김순애는 2월 16일 당시 계성학교 교사와 남

19 신용하, 앞의 책, 151쪽.
20 신용하, 앞의 책, 152쪽.
21 백암박은식선생전집편찬위원회, 앞의 책, 『한국독립운동지혈사』, 178~180쪽.

산교회 조사(助師)로 일하고 있던 백남채(白南埰)를 만났다. 백남채는 북경대학 재학 시절 김순애와 만난 적이 있었다고 한다. 그 후 2월 24일 서울에서 내려온 이갑성(李甲成)이 26일 밤 남성정교회(현 제일교회)에서 백남채와 이만집(李萬集)과 조사 김태련을 만나 3·1운동 계획을 전하고 대구에서도 호응해 줄 것을 부탁하였다.[22] 3월 3일 서울에서 내려보낸 「독립선언서」가 이만집 목사에게 전해졌다. 이만집 목사는 3월 3일과 4일에 걸쳐 김영서(金永瑞: 계성학교 교사, 신성교회 장로), 백남채·정재순(鄭在淳: 신정교회 목사)·정광순(鄭光淳: 의사)·최경학(계성학교 교사) 등과 협의하여 3월 8일 대구 큰장날(서문시장 장날) 거사를 일으키기로 합의하였다. 김태련은 3월 6일 계성학교 등사기를 가져다가 남산동 자기 집에서 「독립선언서」 200장을 준비하였다.[23]

이와는 별개로 평양 숭실학교 학생이었던 김무생(金武生)은 3월 6일 평양을 출발하여 다음 날 김천에서 박제원(朴濟元) 전도사를 만나 거사를 협의하고 같은 날 대구에 도착하였다. 이들은 곧 신명학교를 찾아가 임봉선(林鳳善) 등을 만나 거사를 의논하였다. 김무생은 그날 저녁 대남여관에 머물고 있던 대구고보생 허범(許範)을 만나 대구고보의 동참을 권하였고, 허범은 이 사실을 신명학교 교사였던 이재인(李在寅)에게 전하였다. 이 같은 연락망을 통하여 계성학교 5학년생이던 김삼식(金三植)은 최상원(崔相元)의 지시를 받아 동교생 정원조(鄭元祚)·허성도(許聖徒)·이만이(李萬伊)·권영화(權永和)·이창순(李昌淳)·권중윤(權重潤)·이기명(李基明)·김수길(金壽吉)·서복이(徐福伊)·김달윤(金達潤)·이영식(李永植)·신창식(申昌植)·박상동(朴

22 『대구시사』, 대구시, 1973, 386쪽.
23 위와 같음.

尙東)·이규환(李圭煥) 등 35명에게 거사 계획을 전하고 학생들을 동원하도록 하였다.[24]

대구고보 연락책이었던 허범은 동교 3학년생 백기만(白基萬), 2학년생 하윤실(河允實), 1학년생 김수천(金洙千) 등과 논의 끝에 각 동급생들을 동원하기로 합의하였다. 그리고 신명학교에서 는 교사 이재인과 임봉선, 학생 이순애가 학생들을 모으도록 하였다. 이 무렵 의성군 산운면 장로교회 조사였던 이태학(李泰學)은 신학교에 입학하고자 서울로 올라갔는데 여관에 유숙하던 중 독립선언에 참여해 달라는 권고를 받고 3월 7일 대구로 돌아왔다. 일본 경찰은 어떤 낌새를 느꼈는지 7일 백남채와 천도교 경상북도 책임자였던 홍주일(洪宙一)을 예비 구속하였다.[25]

8일 정오가 되자 계성학교 학생 1백여 명이 가슴에 태극기를 품고 장꾼을 가장하여 각기 흩어져 큰장에 잠입하여 대기하고 있었고, 신명학교 여학생 50여 명은 머리와 허리에 흰 수건을 두르고 방마치 골목 부근 인가에 숨어 있었다. 오후 2시 50분경 대구고보 학생 1백50여 명이 태극기를 들고 교문을 뛰쳐나와 기마헌병과 경찰의 저지선을 돌파하여 줄버드나무길 거리에 나타나자 대기하던 학생 모두가 가세하였다. 이들은 쌀가마니를 싣고 있던 마차를 시장 한복판에 끌어다 놓고 이만집과 김태련을 쌀가마 위로 올려 세웠다. 김태련은 마차 위에 올라서서 「독립선언서」를 낭독하기 시작하였다. 그러나 사태는 점점 급박해졌고, 선언서 낭독은 중단되었으며, 군중들은 시위를 계속하며 '대한독립만세'를 소리 높이 외쳤다.[26] 선언서 낭독이 중단되자 학생들은 태극기를 군중들

24 위와 같음.
25 위의 책, 387쪽.
26 위와 같음.

에게 나누어 주면서 만세시위에 돌입하였다. 선두에 선 안경수가 큰 태극기를 들고 대열에 앞장서서 가두로 나서자 여학생들도 합류하였다. 시위 대열과 이를 저지하려는 군경 간의 밀고 밀리는 공방전이 계속되는 가운데 군중들은 어느덧 1천여 명으로 늘어났다. 흥분과 눈물 속에서 시위 대열이 종로통을 지나 달성군청까지 갔을 때 대구 80연대 병력이 출동하여 총기를 난사했고, 부상자가 속출하자 군중들은 일단 해산하였다. 이날 시위 도중 검거된 사람은 157명이고, 이 가운데 재판에 회부된 사람은 65명인데 김천 출신은 다음의 5명이다.[27]

김수길(金壽吉): 계성학교 학생, 18세, 궐석재판, 징역 6월, 김천군 산동 금곡리

박제원(朴濟元): 전도사, 36세, 징역 1년 6월, 김천군 산동

이승욱(李陞旭): 계성학교 5학년, 36세, 징역 6월, 김천군 항면 하대리

박민준(朴萬俊): 성결학교 강습생, 24세, 징역 6월, 김천군 부상동

김봉안(金奉安): 농업, 24세, 징역 6월, 김천군 포면 송천동

다음은 대구의 3·1만세시위와 밀접한 관련이 있는 김천의 만세시위 현황을 살펴보자. 김천에서는 황금동장로교회 조사이자 계성학교 출신인 김충한이 서울에서 3·1운동을 목격하고 김천으로 돌아와 거사를 계획하고 있었다. 3월 8일 대구에서 있었던 만세시위에 참가하였던 김수길이 시위 대열에서 빠져나와 그날 밤 황금동교회로 김충한을 찾아갔다. 그곳에는 때마침 장로 최용수와 조사 한명수도 함께 있었다. 김수길은 대구 학생의거 소식과 세계정세를 설명한 다음 조선독립의 좋은 기회라

---

27 김천시사편찬위원회, 『김천시사』, 1999, 223~229쪽.

며 거사를 단행할 것을 역설하였다. 김수길의 권유가 아니더라도 김천 거사를 계획하고 있던 김충한과 그 자리에 있었던 모든 사람들이 의기투합하여 찬성하였다. 인쇄물 배포는 김수길·박태언이 맡기로 하고, 등사는 최용수의 집에서 하기로 하였다. 거사는 3월 11일 오후 3시에 용두동 감천다리 부근에서 하기로 결정하였다.[28]

김수길은 베(布)로 태극기를 제작하고 주남태와 김원배는 종이로 태극기를 만들기로 하였다. 거사의 진행은 군중이 모여들면 먼저 조선독립에 관한 연설을 시작하여 모인 군중들에게 경고문과 태극기를 나누어 주고 베로 만든 태극기를 선두로 '대한독립만세!'를 고창하면서 시가행진을 하기로 하였다. 거사 계획은 10일부터 본격적으로 진행되었는데, 김충한과 김수길은 황금동교회에서 "금번 만국평화회의의 좋은 기회를 맞아 우리 조선은 독립할 운이 왔음을 고한다. 우리는 타국의 노예에서 벗어나 자유민이 되어 천부의 행복을 누려야 한다.…"라는 요지의 경고문을 기초하였다. 그 전날 밤 남산동 최용수의 집에서 금융기관 저축계에서 빌려 온 등사기로 경고문 3백여 매를 등사하였다. 주남태·김원배는 태극기 50여 본을 만들어 10일 오전에 황금동에 있는 한상태의 집으로 운반하여 김천공립보통학교 학생 한정이·박희철·석동준(김천시 용호동, 어물상, 20세) 등에게 나누어 주면서 다음 날 거사 장소에 많이 모이도록 하였다. 석동준은 11일 이들로부터 받은 태극기 16본을 들고 김천공립보통학교로 가서 김종호 등에게 나누어 주면서 오후 3시에 의거 장소로 오라고 당부하고, 한명수(황금동교회 조사, 27세)는 교동교회로 달려나가 교동

28 위와 같음.

에 사는 김재위와 허학선 등에게 의거에 참여하도록 종용하였다.[29] 그런데 이렇게 거사 준비가 끝나고 11일이 되어 등사기를 저축계 사무실로 돌려보내는 사람을 미행하던 일경에게 등사 원고지가 발각되어 황금동 교회에 모여 있던 주동 인물 4명이 검거되면서 거사는 실패로 돌아가고 말았다. 이 사건에 연루된 사람이 많았는데, 5월 5일 대구 지방법원 김천지원에서 유죄 판결을 받은 사람은 다음과 같다.[30]

김충한: 징역 2년	김원배: 징역 10월
최용수: 징역 1년 6월	한명수: 징역 10월
주남태: 징역 10월	김재위: 징역 6월

김천에서는 기독교와 천주교 신도들이 함께 봉기할 것을 협의하고 3월 20일 밤에 일제히 시위운동을 벌이기로 하였다. 20일 밤 8시를 기하여 황악산에서 봉화를 올리면 시내 곳곳에서 만세시위를 벌이기로 하였다. 약속대로 밤 8시에 봉화가 올랐으나 헌병과 경찰이 거리마다 삼엄한 경계를 펴고 있어서 신도들이 한 장소에 모일 수가 없었다. 자정까지 만세 소리만 산발적으로 계속되었다. 4월 1일 정오에 봉산면 상급동 주민들이 만천봉에 모여 만세를 부르기로 하였다. 동네 사람인 이근욱이 어모면 진목동으로 독립운동가 편강렬을 찾아가 태극기 한 폭을 얻어다가 무명베에 태극기를 그려 놓고 기다리고 있었다. 4월 1일 정오가 되자 동민들이 모이기 시작하였다. 동민 이덕필이 운동의 취지를 말하고, 김병철이 왜적을 성토하였으며, 동학농민전쟁에 가담한 바 있는 조

29 위와 같음.
30 위와 같음.

도봉이 모아 놓은 청솔가지에 불을 붙이니 불기둥이 하늘로 치솟았다. 동민들은 감정이 북받쳐 눈물을 흘리며 만세를 불렀다. 만천봉 시위가 있은 지 3일 만에 주동자는 모두 추풍령 주재소에 연행되어 16명이 머리를 깎였는데, 무지한 소치라 하여 이튿날 방면되었다고 한다. 양천동에서도 시위가 있었으니, 이석동은 자신이 경영하는 서당 하신정에서 시위를 준비하면서 동민들에게 나누어 줄 태극기를 다량으로 제작하였는데, 일경에 밀고되어 좌절되고 말았다.[31]

이 밖에도 김천군 개령면 동부리 주민들은 독립을 열망하는 민족의 함성이 전국에서 들려오자 3월 24일과 4월 3일, 4일, 6일 네 차례에 걸쳐 독립만세시위를 벌였다. 1차 시위가 있었던 3월 24일은 개령보통학교 졸업식이 있었는데, 학부형 은창서의 집에 혼인 잔치로 사람들이 많이 모였다. 피로연 자리에서 김태연의 주동으로 허철·전종수·최영돈 등이 우리 고장에서 거사가 없다는 것은 수치라며 오후 4시경에 만세시위를 선창하니 따르는 사람들이 수백 명에 이르렀다고 한다. 이들은 현장에서 체포되어 김천지원에서 태형 90대의 언도를 받았다. 4월 3일에는 동부동에 사는 문정환이 동료 2명과 함께 마을 뒷산에 올라가 독립만세를 불렀고, 4일에는 문정환·홍득린·문학이 등이 같은 산에 올라가 만세를 고창하였다. 4월 6일 밤에는 동부동에 사는 머슴들이 횃불을 들고 뒷산에 올라 만세를 고창하였다. 여기에 가담하였던 사람 중 김임천·도동영·김명길·최가만·정남준·황도석·이말용··윤광어리·김타관 등 9명이 검거되어 재판에서 90대의 태형 처벌을 받았다.[32]

---

31 위와 같음.
32 위와 같음.

한편, 최근 경북독립운동기념관에서 연구과제를 공모하였는데, 여기에 「경상북도 북부지역 교회관련 3·1만세운동」이라는 과제가 채택되었다. 이 연구에는 경북 북부 지역인 안동·영양·청송·의성·영덕 등지의 각 교회에서 전개한 3·1만세시위 현황이 잘 드러나 있다.[33] 이 논문에 따르면 1919년까지 경상북도 북부 지역에 설립된 교회 수가 93개이며, 이 논문의 필자는 각 교회가 3·1만세운동에 가담한 사실을 전수조사하였다고 한다.[34]

안동 지역의 경우 만세시위를 주도하였던 교회는 풍산 하리·국곡·녹전·방잠·신평리(방하)·예안 만촌·마동·명동·법상동·동교(구룡동)·임동 고천교회 등이었다고 한다.[35] 영양군에서 만세운동이 일어났던 교회는 내당(칠당골)·계동·포산동·서부동 교회였고, 청송은 회목·수락·노래·삼하의 교회였다. 영덕·영해 지역은 낙평·송천·흘무곡(황장)·금호동·원전 교회였다. 영주군은 지곡·연당·내매·대평·풍기 교회 교인들이 만세시위를 주도하였으며, 봉화는 문촌·척곡·압동·구천·내성 교회에서 주도하였고, 예천은 괴당·상곡리·상락·효갈동·신풍리·신전·문곡 교회 교인들이 만세시위에 참여하였다.[36] 영덕의 경우는 1919년까지 12개의 교회가 세워졌는데 모든 교회가 만세운동에 가담하였다. 판결문이 발견되지 않거나, 국가포상 기준인 3개월 수감이나 태 90대에 못 미치는 교회를 제외하더라도 11개의 교회가 만세운동에 참가하였다고 한다.[37]

---

33 강정구, 「경상북도 북부지역 교회관련 3·1만세 운동」, 『연표회 자료집』, 경북독립운동기념관 국민대표회의실, 2018. 11. 17.

34 강정구, 위의 논문, 70~73쪽.

35 위와 같음.

36 강정구, 위의 논문, 73~79쪽.

37 강정구, 위의 논문, 87쪽.

1919년 10월에 개최한 조선예수교장로회총회의 『제8회 조선교장로회총회록』에 따르면, 3·1만세 사건의 피해자가 대략 3백 명인데 그중 사망자가 4명이며, 복역자가 190여 명이고, 구류 당한 자가 90여 명이요, 태형 당한 자가 10여 명이라고 한다.[38] 이들 교회는 어려운 상황에서도 교인의 자녀들을 교육하기 위해 학교를 설립하여 운영하였다고 한다. 이 논문이 주로 인용한 자료는 『고등경찰요사』와 각 교회에서 발간한 교회사, 『독립운동사』 제3권(독립운동사편찬위원회, 서울: 신일, 1971), 『제8회 경북노회록』 등이다. 교회는 기회가 있을 때마다 사숙이나 학교를 설립하여 교인의 자녀들에게 의무교육을 받을 것을 권하였고, 야학을 설립해 노동자와 부인들에게 재교육을 받도록 하였다고 한다.[39] 이러한 교회의 사회참여 활동은 많은 교인들이 3·1운동에 참여할 수 있는 계기를 만들었다.

이제 부산·경남 지역에서 기독교 세력이 주도한 3·1만세시위 현황을 살펴보기로 하자. 부산·경남 지역의 3·1운동은 3월 3일 부산과 마산에 독립선언서가 배포되고 서울의 만세시위 소식이 전해지면서 전역으로 확대되기 시작하여 4월 말까지 계속되었다.[40] 밀양 지역에 기독교가 전래된 것은 1893년 4월 20일 선교사 베어드와 서경조가 밀양에 오면서부터이다. 그로부터 4년 뒤인 1897년 밀양군 부북면 춘화리에 최초의 교회인 춘화리교회가 설립되었다.[41] 춘화리에는 평양에서 이주해 온 김씨들의 집성촌이 있었는데 기독교 장로회 계통이었다. 이들은 3·1운동 이전부터 기독교 장로회 계통의 사립 계성학교를 운영하고 있었다. 춘화

38 조선예수교장로회총회,『제8회 조선교장로회총회록』, 1919. 10. 4., 101쪽.

39 강정구, 앞의 논문 67~69쪽.

40 홍순권·장선화·전성현·하지영·배병욱·이가연, 『부산·울산·경남지역 항일운동과 기억의 현장』, 선인, 2011, 66쪽.

41 강만길 편, 『밀양의 독립운동사』, 밀양문화원, 2003, 241~244쪽.

리교회는 1909년부터 남학생을 위한 경신학교와 여학생을 위한 일신학교를 설립하여 운영하였다.

춘화리교회는 평양의 기독교 측 인사들과 밀접한 관련을 맺고 있었다. 1919년 3월 춘화리 사립계성학교 교장을 맡고 있던 김래봉은 평양에 갔다가 「독립선언서」를 가지고 돌아왔다. 김래봉은 김응삼·김성수·김영환·김응진 등 문중 사람들을 불러 독립만세시위운동을 계획하였다. 김성수는 당시 20세로 거사의 주역이었는데 교장 김래봉의 지시를 받아 4월 6일 거사를 일으키기로 결정하였다. 김래봉은 계성학교 등사판으로 「독립선언서」를 등사하게 하고 학생들에게 태극기를 만들게 하였다. 거사에는 500~600명의 인원이 참가하였고, 53명이 검거되었으나 모두 훈방조치되었다고 한다.[42]

4. 불교계의 영남 지역 3·1운동

불교계 3·1운동의 지역 확산은 그 시작을 한용운에게서부터 시작하지 않을 수 없다. 왜냐하면 한용운은 당시 불교계의 혁신을 주장하는 대표적인 승려였고 일제강점 초기부터 강한 저항의식을 가지고 불교계를 제약하는 악법인 사찰령 철폐를 주장하였다. 뿐만 아니라 그는 3·1운동의 기획단계에서부터 참여하여 전국적으로 확산되는 계기를 만들었기 때문이다.[43] 한용운은 1918년 9월부터 서울 계동에서 잡지 『유심(惟

42 위와 같음.
43 김순석, 『일제시대 조선총독부의 불교정책과 불교계의 대응』, 경인문화사, 2003, 43~51쪽.

心)』을 간행하여 민중들의 의식계몽운동을 전개하였다. 그는 1919년 2월 28일 밤 평소 자신을 따르던 중앙학림의 학생들을 계동 자신의 집으로 모이게 하였다. 이 모임에 참석한 학생들은 신상완(申尙玩)·백성욱(白性郁)·김상헌(金尙憲)·정병헌(鄭秉憲)·김대용(金大鎔)·오택언(吳澤彦)·김봉신(金奉信)·김법린(金法麟)·박민오(朴玟悟) 등이었다.[44] 이 자리에서 한용운은 그동안 독립운동을 준비해 온 사실을 밝혔다. 불교계의 여러 인사들과 접촉하였으나 교통 사정이 여의치 않아 만나지 못하고 백용성 한 사람만 민족대표로 참가시킬 수 있었다고 전했다. 아울러 선언서 작성의 기초위원으로는 최남선(崔南善)·최린(崔麟) 그리고 자신이 선정되었다고 하였다.[45] 이 선언서는 보성사에서 3만 매를 인쇄하였는데 각 교단에서 만 매씩 배부키로 하였다고 전했다. 그는 이 자리에 모인 청년 학생들이 중심이 되어 서울과 지방에 선언서를 배포해 달라고 당부하였다.[46] 한용운으로부터 이러한 지시를 받은 학생들은 인근에 있는 인사동 범어사 포교당으로 자리를 옮겨 구체적인 실행방안을 협의하였다. 이들은 나이가 가장 많은 신상완을 총수 격으로 추대하였고, 백성욱·박민오는 참모 격으로 중앙에 남기기로 하였다. 나머지 학생들은 각기 연고가 있는 지역으로 내려가서 선언식을 거행하고 만세시위를 주도할 것을 결의하였다.[47] 연고가 있는 지역이란 청년 승려들의 출가 본사를 말하는데 오택언은 통도사, 김봉신은 합천 해인사, 김법린·김상헌은 동래 범어사, 김대용은 경북 방면, 정병헌은 전라도 방면으로 각각 파견되었다.[48] 경북 지역 불교

---

44 김법린, 「三一運動과 佛教」, 『新生』 창간호, 新生社, 1946. 3., 15쪽.
45 김법린, 위의 글, 76쪽.
46 김법린, 위의 글, 16쪽.
47 김법린, 위의 글, 16~17쪽.
48 위와 같음.

계 3·1운동은 대구 동화사의 만세시위로 시작할 수밖에 없다. 왜냐하면 대구는 예부터 경북 지역의 중심 도시이기 때문이다.

대구에서는 3월 23일부터 4월 3일까지 동화사의 불교도가 주도한 만세시위가 수차례 벌어졌다. 그 가운데서도 30일 남문시장에서 전개된 시위가 가장 컸는데 3,000여 명이 모여 대대적인 시위를 전개하였다. 이 시위는 중앙학림 학생인 윤학조가 서울에서 3·1운동에 참여한 후 고향인 달성군으로 내려와 동화사 소속 지방학림 학생 권청학·김문옥과 협의하여 전개하였다. 이들은 처음에는 백안장터에서 의거를 할 계획이었으나 보다 넓고 사람들이 많이 모이는 대구로 옮겨 대대적인 민중운동으로 발전시켰다. 이 만세시위는 규모가 크고 기세가 드높아 일본 군경이 출동하여 총검으로 진압하고 지방학림 학생 전원을 검거하였다. 검거된 학생은 이성근·김문옥·이보식·김종만·박창호·김윤섭·허선일·이기윤·권청학 등이었다.[49]

대구에서 가까운 김천군에서도 승려들이 주도한 만세시위가 있었다. 김천군 증산면에 있는 쌍계사의 승려 이봉정(해인사 승려)은 김도운·백성구 등과 협의하여 4월 5일 밤 평촌리 뒷산에서 시위운동을 벌이기로 결의하였다. 이날 낮 군중 동원을 위해 증산면 유정리 동장 최상철을 찾아가 부락민 동원을 부탁하였고, 또 평촌리 동장 김도원을 방문하여 독립선언서를 건네주면서 군중 동원을 부탁하였다. 그러나 거사 계획이 사전에 누설되어 이봉정·김도원 등이 검거되어 징역 10월의 형을 선고받았다.[50] 김천과 성주 지역에서는 청암사에서 김도운·이봉정·남성엽 등의 주

---

49 김순석, 『백년 동안 한국불교에 어떤 일이 있었을까』, 운주사, 2009, 110쪽.

50 김천시사편찬위원회, 앞의 책, 226쪽.

도로 만세시위가 전개되었으나 그 규모는 자세하지 않다.[51] 선산 도리사에서도 김경환 등이 주도하는 만세시위가 있었다.[52] 그뿐만 아니라 문경군 산북면 김용사 소속의 지방학림 학생 18명이 만세시위를 계획하였으나 사전에 기밀이 누설되어 무산되었다고 한다.[53] 이 밖에도 경북 지역 불교계가 주도한 3·1만세시위가 더 있었을 것이나 아쉽게도 전하는 자료가 없어 밝히기 어려운 한계가 있다.

그러면 이제 부산·경남 지역 불교계의 3·1운동 현황을 살펴보도록 하자. 경남 지역에서 불교계 3·1운동이 격렬하게 일어났던 곳은 양산 통도사, 밀양 표충사, 부산 동래 범어사, 합천 해인사 등이다.

통도사의 3·1운동은 중앙학림 학생 가운데 오택언이 3월 5일 독립선언서를 가지고 내려와 비밀리에 승려 및 지방학림 학생들과 모의를 시작하면서 전개되었다. 오택언은 통도사 지방학림의 대표 김상문(金祥文), 통도사 강원 승려 등과 함께 서울 의거의 과정을 설명하고 3월 13일 신평 장날 거사를 감행하기로 하였다. 3월 7일 밀고로 인해 주동자 오택언이 검거되었는데, 그럼에도 불구하고 3월 13일 거사는 차질 없이 진행되었다. 거사 당일 신평장터에서 김상문을 비롯한 지방학림 학생 수십 명과 불교 전수부 학생 10여 명 등이 거사에 앞장섰고 줄다리기 군중과 장꾼 등이 합세하였다.[54] 학생들은 「독립선언서」를 낭독하고, 전단을 배포하면서 대한독립만세를 외치는 시위를 감행하였다. 뒤늦게 사건을 접수한 헌병과 경찰이 현장을 급습하자 군중들은 사방으로 흩어졌다. 그

51 김순석, 앞의 책, 『일제시대 조선총독부의 불교정책과 불교계의 대응』, 78~79쪽.
52 위와 같음.
53 위와 같음.
54 양산군향토사연구회, 『증보판 양산항일독립운동사』, 2009, 80~81쪽.

후 주모자인 김진옥(金鎭玉: 일설에는 金鎭五라고도 함)은 체포되고 김상문은 피신하여 상해 임시정부의 특파원으로 활동하였다.[55] 당시 하북면사무소에 근무하였던 박세문(朴世文)은 거사를 암암리에 돕고 주동자들을 피신시켰다고 한다. 이후 박세문은 면서기직을 사임하고 일본으로 피신하였으나 일경의 추적으로 검거되어 혹독한 고문을 당해 빈사 상태로 석방되어 1개월 후인 1920년 9월 5일 일본 신호(神戶)시 장전(長田)에서 사망하였다. 같은 해 유해만 물금 가촌으로 돌아오자 양산청년회에서 장례를 주관하여 물금면 범어사 뒷산 선영에 안장하였다고 한다. 한편 서울로 압송된 오택언은 1919년 11월 6일 경성 지방법원에서 징역 8월 형을 언도받고, 1920년 2월 27일 경성 복심법원에서 기각돼 1년여 옥고를 치렀다. 1970년 2월 20일 세상을 떠났으며 1990년 건국훈장 애족장을 추서받았다.[56]

통도사 3·1운동의 주역은 지방학림 학생 40~50명과 강원에 머물고 있던 승려 20여 명이었다. 이들 가운데 이름이 확인된 승려는 오택언·양대웅·김상문·김진오·박민오·신구담·신화수·이기주 등 8명뿐이다. 양대웅은 오택언에게서 서울의 3·1운동 소식을 듣고 통도사 만세운동을 계획하였다. 1911년 통도사로 출가한 그는 오택언과는 동갑이었고, 지방학림과 불교 전문 강원 동기이기도 하였다.[57] 통도사의 학승들이 중심이 되어 전개된 신평장터 만세 사건은 이후 양산읍과 신평면에서 전개된 만세시위에 영향을 주었다. 3월 27일 양산 읍내에서 2천여 명의 군중들이

55 독립운동사편찬위원회, 『독립운동사』 제4권, 1983, 305쪽.

56 『불교신문』, 「불교항일운동(7) 통도사 신평장터 3·13 시위」, 2018. 4. 18.

57 한상길, 「통도사와 표충사의 3·1운동」, 『불교계의 3·1운동가 항일운동(3)』, 대한불교조계종 불교사회연구소, 2018, 45쪽.

「독립선언서」를 배포하고 만세시위를 전개하였다. 시위 군중이 해산 명령을 듣지 않자 일경은 무력으로 진압하기에 이르렀다. 이후 30일에는 하북면 신평에서, 이튿날인 31일에는 동면 석계(石溪)에서 만세시위가 있었다. 다음 달 1일에는 읍내에서 시위가 벌어졌는데 처음 시위가 있었던 이후 4회, 3곳에서 만세시위가 전개되었다.[58]

다음은 통도사의 말사로 통도사의 3·1운동과 밀접하게 연관되어 연합시위를 일으킨 밀양 표충사의 만세시위운동을 살펴보자. 표충사는 경남 지역 명찰(名刹)의 하나로, 임진왜란 때 사명대사가 구국의 위훈을 세운 곳이며, 표충이라는 이름은 사명대사 입적 후 나라로부터 받은 시호이다. 사명대사의 구국정신을 이어받은 표충사 승려들은 3·1만세시위에 적극 가담하였다. 근대사회에 표충사의 구국운동으로는 표충사의 국채보상운동 참여를 들 수 있다. 1907년부터 1908년까지 전국적으로 전개된 국채보상운동에 불교계도 동참하였는데 50개 사찰에서 1,277명의 불교도들이 동참하여 총 797원 97전의 모금액을 의연하였다.[59] 표충사의 만세시위는 1919년 3월 20일경 통도사에서 여러 명의 승려 들이 찾아와 비밀회합을 가지고 독립운동을 협의한 데서 비롯되었다.[60] 표충사의 만세시위는 통도사 승려들과 연대해서 전개되었다는 데 큰 의미가 있다. 표충사 시위는 그 절에서 법무 사무를 보던 이장옥(李章玉)이 서기 일을 보던 김종석(金鍾碩)에게 「선서(宣書)」라고 된 격문을 등사시킨 데서 비롯되었다. 격문의 주요 내용은 "우리는 민족대표들의 신탁에 따라 조

---

58 양산군향토사연구회, 앞의 책, 72쪽.

59 이승윤, 「불교계의 국채보상운동 참여와 성격」, 『한국근현대사연구』 83, 한국근현대사학회, 2017, 115~119쪽.

60 강만길 편, 『밀양의 독립운동사』, 밀양문화원, 2003, 239쪽.

선을 위해 생명을 바쳐야 하며, 2천만 민족은 사람마다 만세로써 품고 있는 정의의 군을 길러 민족대표의 최후 신탁을 저버리지 말아야 한다"는 것이었다. 표충사에서는 이장옥·이찰수·오학성·손영식·김성흡·구연운·오응석 등이 중심이 되어 단장 장날인 4월 4일에 거사를 일으키기로 계획하였다. 장날에 승려·학생 등 30여 명은 장꾼들에게 나누어 줄 태극기를 품고 장으로 향했다. 일본 경찰의 집계로 이날 5,000여 명의 군중들이 모였으며, 12시 30분경 이장옥·이찰수·오학성 등이 '조선독립만세'라고 쓴 깃대를 세우고 앞장서서 장터를 돌기 시작하자 군중들이 여기에 호응하여 만세를 따라 불렀다.[61]

이때 학생들은 「독립선언서」를 살포하였으며, 시위 군중들은 헌병주재소로 몰려갔다. 군중들은 돌을 던져 주재소의 유리창·지붕·벽 등을 전부 파괴하였다. 성난 군중들은 일본 헌병 하사관을 때려 눕혀 부상을 입히기도 하였다. 시위 군중들은 출동한 밀양 헌병대에서 급파된 군인들의 발포로 말미암아 해산하지 않을 수 없었다. 일본 헌병들이 시위 군중들을 무자비하게 탄압하자 이에 격분한 군중들은 다음 날 오후 2시까지 일본 군경의 경계 속에도 수차례 주재소를 습격하였다. 이어서 일본군 지원 부대가 도착하자 군중들의 항쟁은 더 이상 계속될 수 없었다. 표충사와 통도사의 승려가 주동이 된 단장장터 만세시위 사건은 불교계 3·1만세시위 가운데서도 규모가 큰 것이었다.[62]

단장장터 만세시위 사건으로 주동자 3백64명이 검거되었는데, 그 가운데 71명이 검찰에 송치되어 이장옥·오학성·손영식 등은 부산 지방

---

61 한상길, 앞의 논문, 59쪽.

62 위와 같음.

법원 마산지청에서 3년 형을 받았고, 이찰수·김성흡 등은 1년 형을 받았다. 이들은 이에 불복하고 항소를 제기하여 대구 복심법원에서 재판을 받았으나 이찰수·김성흡 등은 오히려 형량이 2년으로 가중되었고, 나머지는 원심의 형을 받았다.

다음으로 부산 동래장터에서 범어사의 승려와 학생들이 중심이 되어 진행되었던 범어사 만세시위를 살펴보자. 범어사의 3·1운동은 중앙학림 학생으로 서울에서 시위를 마치고 야간열차를 타고 범어사로 내려온 김법린·김상헌 등이 동래 지역의 만세운동을 주도한 데서 시작되었다.[63] 김법린과 김상헌은 범어사로 들어가서 오성월·이담해·김경산 스님에게 서울의 소식을 전했고, 범어사 강원 학인들과 명정학교 학생들이 중심이 되어 동래장터에서 만세시위를 전개할 것을 의논하였다.[64]

이러한 일이 가능하였던 것은 1919년 2월 하순경 민족대표 33인 가운데 한 사람인 한용운이 내려와서 당시 범어사 원로였던 오성월과 이담해·오리산 스님을 만나 밀담을 나누고 올라갔기 때문이다. 3·1운동 당시 동래 범어사의 교육기관으로는 초등 과정의 명정학교와 중등 과정의 지방학림이 있었다. 앞서 언급한 범어사 세 원로는 서울에서 중앙학림에 다니고 있던 김법린과, 범어사 강원 대표로 차상명·김영규·김봉환, 그리고 명정학교 학생이었던 김한기 등을 불러 서울 탑골공원 만세시위에 참가하도록 하였다. 이들은 상경하여 3월 1일 만세시위에 참가하고 난 다음 제각기 흩어져 범어사에서 다시 모이기로 하였다. 김법린과 김상헌은 2월 28일 밤 한용운의 부름을 받고 계동 유심사(唯心社) 사옥에

63 채상식, 「한말 일제시기 梵魚寺의 항일운동」, 『한국문화연구』 4, 1991, 162쪽.
64 채상식, 위의 논문, 163쪽.

서 민족대표들의 3·1운동 계획에 대한 이야기를 듣고 인사동 범어사 포교당에서 범어사의 만세시위를 주도하기로 하였다.[65] 두 사람은 서울 만세시위에 참가하고 난 다음 기차를 타고 일본 경찰의 감시를 피하기 위해 부산역까지 가지 않고 양산군 물금역에 내렸다. 두 사람은 밤중에 금정산 고당재를 넘어 범어사 말사인 청련암에 도착하였다. 김법린과 김상헌은 3월 4일 유석규·김상호·차상명·김성구 등을 만나 서울 소식을 전하고 동래에서 만세시위를 일으킬 것을 협의하였다. 이들은 절 안에 있는 명정학교 학생들과 논의하여 30여 명의 결사대를 조직하였다. 김법린과 김상헌은 범어사로 가서 오성월·이담해·김경산 에게 서울 소식을 전했다. 이어 범어사 강원 학인들과 명정학교 학생들이 중심이 되어 3월 18일 동래 장날에 만세시위를 벌이기로 하고 태극기를 만들고 선언서를 등사하는 준비 작업에 착수하였다.[66]

이들이 만세시위를 준비하는 동안 동래고보 학생들이 중심이 되어 3월 13일에 만세시위를 전개하는 사건이 벌어졌다. 동래고보 만세 사건은 서울 고등공업학교에 재학 중이던 곽상훈이 독립선언서를 가지고 내려와서 동래고보의 수학 교사 이환과 의논함으로써 시작되었다. 이 모의에 참가한 사람은 이환을 비롯해서 곽상훈·엄진영·김인호·김귀용·손영수·이수열·정호종·백정기 등이었다. 이들은 3월 13일 동래 장날 만세시위를 전개하기로 결의하고 학교 근처 서원에 살고 있던 박달호의 거처에서 학교 등사판을 가져다가 독립선언서를 등사하였다. 장날이 되자 이들은 독립선언서와 태극기를 품에 숨기고 장터 길목에서 믿을 만한

65 김법린, 앞의 글, 18~20쪽.

66 위와 같음.

사람들에게 나누어 주었다. 정오 무렵 엄진영이 당시 군청 정문에 있던 망미루에 올라가서 만세를 선창하자 장터 곳곳에서 순식간에 독립선언서가 뿌려지고 만세 소리가 드높게 울려 퍼졌다. 연락을 듣고 출동한 일본 경찰 20여 명과 수비대 50여 명이 말을 타고 출동하여 총을 쏘자 놀란 군중들은 흩어지기 시작하였고, 일본 경찰은 이들을 체포하였다.[67]

동래고보 학생들이 전개한 만세시위는 범어사의 3·1운동을 한층 고무시키는 계기가 되었다. 다음 장날인 3월 18일의 시위는 서울에서 내려온 중앙학림 학생들이 중심이 되어 전개되었다. 학생들은 독립선언서 5천여 매와 대형 태극기 1개, 그리고 작은 태극기 1천여 개를 준비하였다. 3월 17일 저녁 범어사에서는 명정학교와 지방학림 두 학교의 졸업생 송별회가 열렸다. 이 자리에서 차상명·김영규·김봉환·김상기·김한기 등은 거사 계획을 설명하였고, 졸업생들로부터 만세시위에 동참하겠다는 약속을 받았다. 밤이 깊어지자 학생들은 범어사를 떠나 선리 뒷산을 넘어 동래향교를 지나 복천동에 있는 불교포교당에 도착하였다. 새벽이 되자 이들은 시장기도 달랠 겸 장터의 동정도 살필 겸 해서 김한기가 장터로 나가 곶감 5접을 사 와서 허기진 배를 채우고 있었다.

이때 갑자기 일본 헌병과 군인 20여 명이 들이닥쳐 김한기·차상명·김영규·김상기의 이름을 부르며 이들을 경찰서로 연행하고 나머지는 해산시켰다. 후일 밝혀진 바에 따르면 명정학교 학생이었던 오계운이 중촌(中村)이라는 일본인 교사에게 거사 사실을 몰래 알려 주었다고 한다. 해산당한 학생들은 수십 명씩 떼를 지어 동래로 들어갔다. 18일 밤 이근우·김해관·김재호·박재삼·박영환 등 40여 명의 명정학교와 지방학림의

67 강대민, 앞의 논문.

승려들은 군중들과 함께 동래읍 서문 부근에서 동래시장까지 '조선독립 만세'를 부르면서 만세시위를 전개하였다. 그날 밤 이들은 모임을 가지고 다음 날은 보다 큰 만세시위를 전개하기로 하였다. 19일 오전 허영호·이영우·황학동·윤상은 등은 허영호가 쓴 '한 번 죽음은 자유를 얻는 것만 같지 못하다'는 격문을 수백 장 만들어 군중들에게 나누어 주었다. 오후 5시경에는 동래시장 남문 부근에서 만세시위를 전개하면서 동래경찰서로 돌진하였다. 경찰은 총을 쏘면서 이들을 저지하였고 주동자들을 체포하였다.[68]

만세시위에 참여한 사람들 가운데 체포된 사람은 다음과 같다. 김봉환·김상기·김상환·김영규·김영식·박재호·김충념·김태준·김한기·김해관·박영수·박영환·박재삼·박정국·박창두·손군호·신종기·양수근·양춘도·오병준·오시권·오점술·윤상은·이근우·이달실·이영우·정성언·지용기·차상명·최응관·허영호·황원석·황학동 등이다. 이들 33명은 부산 지방법원에서 재판을 받았는데, 그 가운데 박재삼과 김영식은 집행유예로 풀려났고, 나머지 31명은 6월 내지 2년의 징역형을 받아 옥고를 치러야만 했다. 이들 가운데 김한기 등 15~16명은 대구 복심법원에 항소를 하였다. 동래 지역 3·1운동은 범어사의 청년 승려들과 명정학교의 졸업생 및 재학생들이 중심이 되었고, 여기에 각 학교의 교사와 학생 등을 비롯한 일반 대중들이 참여하였다. 범어사의 3·1운동은 이후에 전개되는 경남 지역 사찰의 만세시위운동에 많은 영향을 미쳤다.

명정학교와 지방학림은 재학생들의 만세시위운동 참여로 인해 일제로부터 1919년 3월 31일 자로 폐교 처분을 받아 문을 닫게 되었다.

---

68 강대민, 「범어사 3·1운동의 재조명」, 『대각사상』 제14집, 2010, 67~68쪽.

1921년에 범어사 사립명정보통학교는 운영난으로 공립청룡보통학교에 병합되어 운영되다가 1926년부터 해방 이전까지 금정불교전문강원으로 전환하게 되었다. 해방 이후 1950년에 금정중학교로 명칭을 바꾸어 오늘에 이르고 있다.[69] 금정중학교는 1919년 범어사 학생들의 3·1운동을 기념하기 위해 1970년 3월 1일 교정에 3·1운동 유적비를 건립하여 당시의 행적을 기념하고 있다. 범어사 만세시위운동에 참여했던 사람들 가운데 지용준과 박정국은 1992년 대통령 표창을 받았고, 김상기·김영규·김한기·차상명·허영호 등은 건국훈장 애족장을 받았으며, 김법린은 독립장이 추서되었다.[70]

다음은 법보사찰인 해인사의 3·1운동을 살펴보기로 하자. 해인사는 팔만대장경이 소장된 법보사찰로서, 일제강점기 30본사 가운데 재적 승려 수와 재정적인 면에서 형편이 나은 거찰(巨刹)이었다. 1906년부터 명립학교를 설립하여 운영하였는데 1908년 해명학교로 이름이 바뀌어 1910년 국권을 상실할 때까지 지속되었다. 1926년에 작성된 '전국 본사에 소속된 말사와 승니의 숫자 및 신도 수'를 보자면 해인사는 말사가 80개, 소속 승려 619명, 신도 22,664명으로 31본사 가운데 손꼽히는 사찰이었다. 해인사는 1924년 재단법인 조선불교중앙교무원이 설립될 때 재단적립금 60만 원 가운데 가장 많은 분담금인 94,800원을 납부하였다. 이것만 보더라도 규모와 재정적인 면에서 본사 가운데서도 여유가 있는 사찰이었다. 일제는 해인사의 팔만대장경을 수호한다는 명분으로 경내에 주재소와 경비 전화를 설치하고, 일본인 순사 부장 1명과 한국

69 강대민, 위의 논문, 60~61쪽.
70 강대민, 위의 논문, 69~70쪽.

인 순사 2명을 배치하여 감시하였다. 당시 해인사에는 승려 350여 명과 지방학림 학생 90여 명, 그리고 해인보통학교 학생 200여 명이 거주하고 있었다.[71] 지방학림과 보통학교의 교사로는 독립운동을 하다가 체포되어 옥사한 백초월과 김포광·백월우·백월주 등이 있었으며 일본인 교사도 두 명 있었다. 당시 주지였던 이회광은 빈번한 친일 행각으로 말미암아 일반 승려들과 해인사 지방학림 및 해인보통학교 생도들로부터 반감을 사고 있었다.[72]

해인사의 지방학림과 보통학교 생도 300여 명은 매주 토요일에 한 번은 토론회, 한 번은 강연회를 개최하여 학생들의 의식 수준을 향상시키는 정기 집회를 개최하였다. 토론회와 강연회는 학생들의 민족의식 고양에 큰 힘이 되었을 것이다. 해인사 3·1만세 사건의 단서를 제공한 독립선언서는 중앙학림 김봉신으로부터 김봉률에게 전달된 것과, 역시 중앙학림 학생이었던 도진호로부터 송복만에게 전달된 것이 있었다. 그리고 최범술의 조카 최원형으로부터 최범술에게 전달된 것도 있었다. 경성으로부터 독립선언서가 당도하자 주모자들은 16세의 어린 나이로 해인사의 3·1운동 전개에 큰 역할을 한 최범술을 대구로 보내어 미농지 1만 5천여 매를 구입해 오도록 하였다. 종이가 마련되자 이들은 해인사 사무실과 지방학림 및 보통학교에서 사용하던 등사판 3개를 가져와서 독립선언서를 만들었다. 교실로 쓰던 해인사 극락전에서 등사를 하고 관음전 큰방의 빈 다락에서 촛불을 밝히고 손으로 독립선언서를 썼다고 한다. 선언서 한 장을 등사하는 데 미농지 석 장이 소요되었는데, 최범

71 최범술, 「청춘은 아름다워라」, 『효당 최범술문집』, 민족사, 2013, 538~563쪽.
72 김순석, 앞의 책, 『백년 동안 한국 불교에 어떤 일이 있었을까』, 97~102쪽.

술의 회고에 따르면 등사된 독립선언서는 3천1백여 매였다고 한다. 등사를 마친 청년 학생 대표들은 장경각 뒤 숲속에 모여 회합을 가지고 향후 거사 계획을 논의하였다. 이들은 세 사람이 한 조가 되어 독립선언서를 가지고 만세시위를 벌이기로 하였다. 만약 일본 경찰에 체포되더라도 거사 계획의 전모와 동지들의 신상에 대해서는 일체 비밀을 지킬 것을 서약하였다. 또한 일본 경찰의 심문을 받을 경우에 대비해, 고춧가루에 모래를 섞어 품에 간직하는 치밀함을 보이기도 했다.[73]

해인사 청년 승려와 학생들이 전개한 구체적인 3·1만세시위의 활동 상황은 다음과 같다. 강재호·김봉률·기상섭 등이 한 조가 되어 경주·양산 통도사, 범어사, 동래, 부산, 김해 방면으로 가기로 하였다. 이들은 체포되어 경주 경찰서에서 취조를 받았으나 다행히 기지를 발휘하여 위기를 모면하고 독립선언서를 배포하고 만세시위를 전개할 수 있었다. 다른 한 조는 송복만·손복용·최범술 등으로, 이들은 합천·삼가·초계·의령·진주·사천·곤양·하동 일대를 돌면서 만세시위를 전개하기로 하였다.[74] 이들은 합천읍에서 박운구·이석순·이정기 등을 만나 독립선언서를 나누어 주고 다시 삼가로 들어와 삼가 면사무소, 삼가 주재소, 삼가 우편국 등을 불태우고 파괴하였다. 만세시위가 격렬하게 전개되자 일제는 거창에 있던 무장수비대 30명을 급파하여 시위 군중들에게 발포를 하여 수십 명의 사상자가 발생하였다. 이후 최범술은 출가 사찰인 다솔사로 가서 동지들을 규합하여 곤양 장날 만세시위를 계획하던 중 사전에 일경에 발각되어 모진 고문을 당해야 했다.[75] 그는 당시 나이가 16세였

73 최범술, 앞의 글, 「청춘은 아름다워라」.
74 위와 같음.
75 최범술, 앞의 글, 「청춘은 아름다워라」.

지만 만으로는 15세가 되지 않았기에 형사 소추 대상이 아니었던 까닭에 수감은 면할 수 있었다. 그는 3·1운동에 참가한 사실과, 이후 만당 사건에서 활약한 공적으로 1986년 독립유공자로 선정되어 대통령 표창을 받았고, 1990년에는 애족장으로 등급이 상향되었다. 또 다른 한 조는 박달준·박덕윤·손덕주·이덕진·김장윤 등으로, 이들은 거창·안의·함양·산청·남원 등으로 내려갔다. 이들은 해인사에서 남쪽으로 삼십 리쯤 떨어진 가조 지방에서 일본 헌병 1인과 조선인 보조원을 만나 박덕윤과 손덕주가 체포되었다. 멀리서 이 광경을 목격한 이덕진은 일본 헌병의 검문에 응하는 척하면서 고춧가루를 섞은 모래를 일본 헌병의 눈에 던졌다. 불시 습격을 당한 헌병은 무기를 이덕진에게 빼앗기고 자신이 차고 있던 군도로 실컷 얻어맞았다. 이덕진은 박덕윤과 손덕주를 구출하여 계획하였던 곳을 돌며 임무를 수행하였다.[76]

그리고 이들 가운데 일부는 해인사에 남아 인근 부락민들과 승려들을 동원하여 독립선언식을 거행하기로 하였다. 황해도 해주군 신광사 출신의 승려였던 홍태현은 백성원·김경환·김성구 등과 함께 만세시위를 계획하였다. 3월 31일 오전 11시에 이들은 해인사 홍하문 밖에서 지방 학림 학생들과 승려 200여 명과 함께 선언식을 거행하고 만세시위를 전개하였다. 이들은 오후 1시경에 해인사 경내에 있는 경찰 주재소로 몰려가서 시위를 벌였으나 일본 경찰의 발포로 해산하였다. 그날 밤 11시경 200여 명의 군중이 다시 만세시위를 전개하였지만 일본 경찰의 출동으로 해산하지 않을 수 없었다. 홍태현은 일경에 체포되어 그해 6월 11일 부산 지방법원 진주지청에서 6월 형을 언도받았다. 만세시위는 4월

76 위와 같음.

16일 야로 면민과 더불어 1만 명이 참가한 가운데 계속되었다. 이 과정에서 주모자였던 박치수·기상섭·송봉우 등은 경내에 주둔하고 있던 주재소 경찰에 체포되어 투옥당하였다. 박달준·김봉률·강재호 등은 만주로 건너가서 봉천성 유하현 고산자에 있던 신흥무관학교에 입학하여 군사훈련을 받고 독립군에 편성되어 항일투쟁을 계속하였다. 김봉률·박덕윤·김장윤 등은 신흥무관학교의 경영이 어려워지자 본국으로 잠입하여 유수한 사찰을 순방하며 군자금을 모집하기도 하였다. 이들이 군자금을 모집하기 위해 문경 김용사에 들렀을 때 김장윤이 경내에 숨어 있던 일본 경찰에 체포되었다. 뒤따라 동정을 살피며 오고 있던 박덕윤·김봉률도 체포되어 2년 형을 받고 서대문 형무소에서 복역하였다. 김장윤은 체포되어 김용사에서 문경읍으로 가던 도중 산기슭의 얼어붙은 험로에서 결박한 포승 끝을 잡고 앞서가던 일본 순사를 뒤에서 쓰러뜨린 후에 산 위로 도망쳐서 탈출하였다고 한다.[77]

해인사의 청년 학생 가운데 애국심이 강하였던 학생들은 온 국민이 일제의 가혹한 탄압에 항거한 3·1운동에 적극적으로 참여하였다. 이들 가운데는 3·1운동 이후 상해·만주 등으로 건너가서 임시정부를 돕는 활동을 하기도 하고 또 군자금 모집운동에 참여하는가 하면, 신흥무관학교에 입학하여 독립운동을 계속한 사람도 있었다. 해인사의 청년 불교도들은 만인이 평등하다는 불법에 의지하여 일제의 잔혹한 통치에서 벗어나기 위하여 3·1운동 당시 평화적인 시위를 전개하였다. 그러나 일제는 무력을 동원하여 이들을 탄압하였고, 이에 고귀한 생명을 희생한 사람도 있고 경찰의 모진 고문으로 반신불수가 된 사람도 있다. 이들이야말로

77 위와 같음.

모든 생명을 귀하게 여기는 불법을 몸소 실천한 사람들이 아니겠는가.[78]

불교계의 3·1운동은 중앙학림과는 별도로 지방의 승려들과 지방학림 학생들이 자발적으로 만세시위를 전개한 경우도 적지 않았다. 불교계가 중심이 되어 전개된 만세시위에서 여타의 종교세력과 연대시위가 진행된 경우는 찾아보기 어렵다. 왜냐하면 사찰은 주로 산속에 있었으므로 시내 중심과 거리가 멀어 연대가 힘들었기 때문이다.[79]

5. 종교계의 3·1운동 참여의 의미

오늘날 3·1운동에 주도적으로 참가하였던 종교의 교인들은 이 사실을 무척 자랑스럽게 생각하며 그 누구도 이 사실을 부정하지 않는다. 그렇다면 만세시위가 격렬하게 진행되고 있었던 그때 당시에도 종교인들은 이 사실을 자랑스럽게 생각하였을까? 종교의 현실 참여 문제를 두고 어느 종교를 막론하고 언제나 말들이 많다. 종교의 현실 참여가 교리에 부합하느냐를 놓고 찬반양론이 팽팽하게 맞선다. 이 문제를 어떻게 풀어낼 것인가는 쉽지 않다. 왜냐하면 많은 종교는 교리에 적이라는 개념이 없고 적마저도 사랑하라고 하기 때문이다. 독립운동가들은 자신의 목숨을 바쳐 조국이 독립될 수 있다면 기꺼이 죽을 수 있다는 신념으로 독립운동에 투신하였고, 많은 분들이 실제로 목숨을 바쳤다.

---

78 김순석, 앞의 책, 『백년 동안 한국 불교에 어떤 일이 있었을까』, 102쪽.

79 이병헌, 『3·1運動祕史』, 時事時報社出版局, 1959, 934쪽. 1919년 4월 3일 경남 부산진에서는 기독교인과 천도교인이 중심이 되어 수천 명이 만세를 부르며 시위행진을 하다가 해산당하고, 지휘자 10여 명은 체포당하였다.

3·1운동에서 종교 간의 연대시위에 관한 문제는 차라리 앞의 문제보다는 쉽게 해결책을 찾을 수 있다. 이 문제는 서두에서 한규무가 제시한 답에서 그 해결책을 찾을 수 있지만 지역의 3·1운동은 서울과는 상황이 달랐다. 서울의 경우는 세 종교계의 지도자들이 함께 독립선언을 하던 그 순간 탑골공원에 모인 사람들은 종교를 초월하여 오로지 조국의 독립을 얻기 위하여 그곳에 모였다. 그런 까닭에 그 자리에서 조선의 모든 종교인들은 하나의 목적을 위하여 결집된 힘을 발휘할 수 있었다.

일제강점기 민족 최대의 과제는 민족해방이었다. 천도교·기독교·불교계뿐만 아니라 유교·대종교계도 해방을 얻기 위해 종교 간의 벽을 허물고 역할을 분담하여 3·1운동이 전국적으로 확산되는 데 기여하였다. 이들 종교는 세력 간의 주도권 다툼을 벌이지 않았고, 연합전선을 구축하는 등 독립을 얻기 위해 갖은 노력을 기울였다. 그 결과 3·1운동의 진상이 세계 여러 나라에 알려지게 되었고, 3·1운동의 참상을 알게 된 세계 각국은 한민족이 독립국이 되어야 한다는 인식을 가지게 되었다.

지역의 3·1운동은 대체로 서울에서 내려온 독립선언서를 비밀리에 인쇄하여 사전에 연락이 닿은 교도들과 함께 사람들이 많이 모이는 장날에 사람들에게 나눠 주고 시위 참여를 독려하는 식으로 진행되었다. 장터에 사람이 많이 모이는 시간에 교도들을 통하여 선언서를 배포하고 만세시위를 전개하였다. 이 과정에서 같은 교인들과 연계하여 만세운동이 전개되기도 하였고, 다른 종교 세력과 연대시위가 진행되기도 하였다. 이것은 독립투쟁에 있어 종교보다 민족해방이 우선이라는 인식이 강하였기 때문이다. 군중들은 식민통치기구인 주재소와 관할 군청 등으로 몰려가서 시위를 하였고, 그 과정에서 출동한 일경과 기마대에 의해 주동자가 검거되고 군중들은 해산당하였다. 검거된 주동자들은 일경의 모진 고문을 받았으며 재판에 회부되어 사안의 경중에 따라 방면되거나 실형을 선고받았다.

3·1운동 당시 이러한 일들이 전국에서 일어났으며 남녀노소를 가리지 않고, 직업을 묻지 않았으며, 종교를 구별하지 않았다. 그런 까닭에 3·1운동의 영향력은 오랫동안 이어질 수 있었으며 끝내 독립의 길을 열어 주는 계기가 되었다. 3·1운동은 종교계가 주동이 되어 일어나서 모든 국민들이 하나 되어 '독립만세'를 외쳤고, 나라를 위해 기꺼이 목숨을 내놓을 수 있었기에 위대하였다.

제1부

영남의
3·1운동

파리장서운동의 전개와 영남 지역의 숨은 협력자들

제4장

서동일

제4장

파리장서운동의 전개와 영남 지역의 숨은 협력자들

*****

파리장서운동은 처음 이 활동을 기획한 인물과 파리장서에 서명한 인물, 그리고 실무를 맡은 인물들의 유기적인 연계활동 속에 가능했다. 협력자의 활동은 일부 서명자의 활동과 중복되었으나, 협력자들은 서명자들이 미처 감당하지 못하는 영역까지 파고들어 다양한 역할을 수행했다.

1. 파리장서운동의 '숨은 그림' 찾기

복수의 인물이 참여하는 독립운동에는 그 활동을 지도하는 중심인물과 그 지시를 충실히 이행하는 주변인물이 있다. 주변인물들은 사료에서 대개 피동적인 인물로 묘사되지만, 활동의 성패를 가르는 활약을 보이기도 하고, 일정한 시간이 경과한 뒤 독립운동 조직의 지도자로 성장하기도 한다. 따라서 독립운동의 운영 원리와 이후 추이를 거시적인

* 이 글은 서동일, 「파리장서운동의 전개와 영남지역의 숨은 협력자들」, 『대동문화연구』 89, 대동문화연구원, 2015, 506~546쪽을 수정·보완한 것이다.

차원에서 살펴보려 한다면 활동의 구심점인 중심인물뿐만 아니라 숨은 주역인 주변인물에 대한 깊은 이해가 필요하다.

파리장서운동[1]은 한국 근대 유림의 세계관과 독립운동 방식에 획기적인 변화를 가져온 독립운동으로 평가된다.[2] 그런데 앞서 제기한 문제는 파리장서운동 연구에도 적용된다. 파리장서운동의 중심인물인 곽종석(郭鍾錫, 1846~1919), 김복한(金福漢, 1860~1924), 장석영(張錫英, 1851~1926), 송준필(宋浚弼, 1869~1943) 등은 1919년 당시 고령의 나이와 건강 악화 그리고 개인 사정으로 역동적인 활동을 수행하기 어려운 상황이었다. 그 공백은 주변인물을 통해 메워졌다.

기존 연구에서 이런 문제의식이 전혀 없었던 것은 아니다. 1960년대 선구적 연구에서는 '연서인(連署人)에는 들지 않았지만 경향 각지에서 모의·연락·추진에 중추적 역할로써 진력한' 인물로 성태영(成泰英), 이중업(李中業), 곽윤(郭奫), 김우림(金佑林), 유진태(俞鎭泰), 윤중수(尹中洙), 조중헌(趙重憲), 임경호(林敬鎬), 이득년(李得年), 김창택[탁](金昌澤[鐸]), 이교인(李敎仁), 이필호(李弼鎬), 배석하(裵錫夏), 안종묵(安鍾默), 이윤(李潤), 최해윤(崔海潤) 등 16명이 언급되었다.[3]

또한 1972년 서울 장충단공원에 일명 '파리장서비'를 건립하는 과

---

1 본 연구에서 필자는 1919년 곽종석이 주도한 유교계 독립청원운동을 '파리장서운동' 또는 '독립청원운동'으로 표기했다. 1919년 2~3월 유교계 독립청원운동은 김창숙, 곽종석뿐만 아니라 윤충하, 맹보순, 김복한 등에 의해 동시다발적으로 추진되었다. 이 중 윤충하와 맹보순의 시도는 좌절되고, 곽종석과 김복한의 시도는 독립적으로 추진되다 3월 말 '파리장서운동'이라고 불리는 활동으로 통합되어 결실을 보았다. 본 연구에서는 유교계의 일반적인 독립청원운동의 움직임을 언급할 때에는 '독립청원운동', 곽종석과 김복한의 활동을 특히 강조할 때에는 '파리장서운동'이라고 표기했음을 밝혀 둔다.

2 조동걸, 「파리장서의 성격과 역사적 의의」, 『한국근현대사의 이해와 논리』, 지식산업사, 1998, 96, 99쪽; 권오영, 『조선 후기 유림의 사상과 활동』, 돌베개, 2003, 436쪽.

3 허선도, 「삼일운동과 유교계」, 『삼일운동50주년기념논집』, 동아일보사, 1969, 298쪽.

정에서 간행된 『한국유림독립운동(韓國儒林獨立運動) 파리장서약사(巴里長書略史)』(1973)를 보면 '서명자 이외의 활동자'로 김창숙 등 22명이 보인다.[4] 1960년대 독립운동사 연구성과를 압축 정리한 것으로 평가받는 『독립운동사』 제8권(1976)에는 '서명자 이외의 인물들'로 김창숙 등 22명이 소개되었다.[5] 그런데 『한국유림독립운동 파리장서약사』와 『독립운동사』 제8권에 소개된 20여 명은 1960년대 연구에서 언급된 인물에, 충청도 출신의 황일성(黃佾性), 이영규(李永珪), 전용학(田溶彧) 등 3명을 추가한 것이다. 한편 2000년 이후 연구에서는 김황뿐만 아니라 김진상(金震相), 박응종(朴膺鍾), 윤정수(尹正洙) 등이 새롭게 추가되었다.[6]

그럼에도 불구하고 파리장서운동의 주변인물들에 대한 학계의 관심은 여전히 부족하다. 관심이 있더라도 파리장서운동을 기획한 인물(김창숙, 김정호, 성태영, 윤충하, 이중업)[7]이나 이들을 도운 소수 인물(김황, 곽윤)[8]에 국한되어 있다. 최근에는 이 인물들을 세분화하여 파리장서운동의 '추진세력'(11명)과 '협력자'(52명)로 분류한 시도가 있었지만,[9] 이름을 확인하는 수

---

4 김창숙, 성태영, 유진태, 임경호, 이중업, 곽윤, 윤충하, 윤중수, 조중헌, 이득년, 김창택, 이교인, 이필호, 배석하, 안종묵, 이윤, 최해윤, 황일성, 이영규, 전용학, 김정호, 김호연 등이다(한국유림독립운동 파리장서비 건립위원회, 『한국유림독립운동 파리장서약사』, 1973, 44쪽).

5 김창숙, 성태영, 유진태, 임경호, 이중업, 곽윤, 김황, 윤충하, 윤중수, 조중헌, 이득년, 김창택, 이교인, 이필호, 배석하, 안종묵, 이윤, 최해윤, 황일성, 이영규, 전용학, 김정호 등이다(독립운동사편찬위원회, 『독립운동사』 8, 1976, 930쪽).

6 임경석, 「파리장서 서명자 연구」, 『대동문화연구』 38, 대동문화연구원, 2001, 448~450쪽.

7 서동일, 「파리장서운동의 기원과 재경유림」, 『한국독립운동사연구』 30, 한국독립운동사연구소, 2008.

8 김용기, 「삼일독립운동과 파리장서사건에 대하여」, 『문리대학보』, 부산대 문리과대학, 1959; 허선도, 「삼일운동과 유교계」, 『삼일운동50주년기념논집』, 동아일보사, 1969; 남부희, 「유교계의 파리장서운동과 3·1운동」, 『한국의 철학』 12, 1984.

9 서동일, 「1919년 파리장서운동의 전개와 역사적 성격」, 한국학중앙연구원 박사학위논문, 2009, 102쪽.

준에 그쳤다.

이처럼 파리장서운동의 주변부에서 활동한 인물에 대해 관심이 부족했던 것은 이들의 역할을 과소평가하는 시각과 무관치 않아 보인다. 또한 연구의 흐름상 파리장서운동에 대한 연구가 '한국유교대표'를 자처한 파리장서 서명자에 대한 연구로 귀결된 것은 어찌 보면 당연한 일이었다. 관련 사료가 부족한 것도 아쉬운 점이다. 실제로 사료에서는 이들의 이름만 간략히 언급된 경우가 많다. 그러나 이런 한계는 차츰 개선될 조짐을 보이고 있다.

이제 파리장서운동에 관한 연구는 운동의 경과와 중심인물의 행적을 밝히는 수준을 넘어 파리장서 문안의 수정과정,[10] 파리장서운동 추진세력의 형성 배경,[11] 파리장서운동의 지역적 전개[12] 등 보다 미시적인 분야로 확장되고 있다. 더욱이 새로운 사료의 발굴로 특정 시점과 사건에 대한 다면적 이해가 가능해졌다.

본 연구는 기존 연구성과를 충분히 활용하면서 그동안 무관심의 영역에 남아 있던 파리장서운동의 주변인물, 특히 영남 지역의 파리장서운동에서 '손'과 '발'의 역할을 한 '협력자'[13]의 구성과 활동에 대해 살펴보

10 임경석, 「유교지식인의 독립운동—1919년 파리장서의 작성 경위와 문안 변동」, 『대동문화연구』 37, 대동문화연구원, 2000.

11 서동일, 「파리장서운동의 기원과 재경유림」, 2008.

12 오세창, 「파리장서와 송준필」, 『한국근현대사연구』 15, 한국근현대사학회, 2000; 김상기, 「김복한의 홍주의병과 파리장서운동」, 『대동문화연구』 39, 대동문화연구원, 2001; 권영배, 「성주지역의 3·1운동과 파리장서운동」, 『계명사학』 23, 계명사학회, 2012; 권영배, 「경북지역의 파리장서운동」, 『경북독립운동사』 Ⅲ(3·1운동), 경상북도, 2013; 김희곤, 「성주지역의 독립운동과 성격」, 『한국독립운동사연구』 46, 한국독립운동사연구소, 2013; 김상기, 「임한주의 사상과 독립운동」, 『한국독립운동사연구』 47, 한국독립운동사연구소, 2014.

13 '협력자'라는 용어는 사전적으로 두 가지 의미를 내포한다. 하나는 일반적인 맥락에서 어떤 활동을 주도한 인물과 동등한 자격으로 협조한 인물(cooperator)이라는 뜻이고,

고자 한다. 독립청원운동에 대한 연구는 단순히 서명 행위나 독립청원서 문안에만 집중할 경우 실질적 추진원리와 역동적 전개과정을 포착하기 어렵다. 따라서 본 연구에서는 이런 점에 유의하며 협력자들의 활동에 주목하고자 한다.

2. 영남 지역 협력자의 구성과 특징

1) '협력자'의 개념과 범위

파리장서운동에 참여한 인물들은 활동 시기와 내용에 따라 대체로 추진세력, 파리장서 서명자, 협력자 등 세 집단으로 구분할 수 있다. 그들의 역할은 다음과 같았다. 첫째, 추진세력은 파리장서운동을 기획한 인물들로, 10여 명이다.[14] 이들 중 한 부류는 1919년 2월 하순~3월 초순[15] 경성[16]에서 유교계의 독립청원운동을 기획하고 지방 유교지도자의 참여를 유도했으며(윤충하·김창숙 등), 다른 한 부류는 3월 하순 곽종석 중

다른 하나는 정치적인 맥락에서 전시체제 또는 식민지하에서 침략세력에 자발적으로 협조한 인물(collaborator)이라는 의미이다. 이 글에서는 전자의 의미를 취했는데, 식민지기 독립운동을 주제로 한 연구에서 '협력자'라는 용어를 선택하는 것은 자칫 독자로 하여금 친일세력을 의미하는 것으로 오독하게 할 우려가 있다. 그럼에도 불구하고 이 용어를 사용한 것은 이들 중 일부는 단지 '심부름꾼'의 역할에 그친 것이 아니라 '기대 이상'의 적극적인 활동을 펼쳐 파리장서운동의 추진세력이나 파리장서 서명자 이상의 활약을 보였다고 판단되기 때문이다. 협조자, 조력자, 보조자 등 부수적인 역할을 한 인물을 의미하는 용어로는 이런 맥락을 제대로 담아내기 어렵다는 점도 고려되었다.

14 윤충하, 김정호, 김창숙, 성태영, 유준근, 이중업, 임경호, 윤중수, 이정수, 유진태, 이득년, 조중헌 등이다.

15 이하 날짜는 양력을 사용했다. 사료에 음력으로 기재된 경우에는 양력으로 환산했다.

16 이하 지명은 식민지기의 지명을 그대로 사용했다.

심의 독립청원운동과 김복한 중심의 독립청원운동의 통합을 유도했다(유진태·이득년 등). 둘째, 파리장서 서명자는 훗날 '파리장서'로 불린 독립청원서에 서명한 인물들로, 총 137명[17]이다. 셋째, 협력자는 파리장서운동의 기획자나 파리장서 서명자의 지시에 따라 실무를 맡은 인물들로, 70여 명이다. 기존 연구에서는 대개 '연락책', '자금 모집책'으로 표현되었다. 이들은 대외적인 명망도가 서명자에 비해 낮았으나, 파리장서운동의 확산에 크게 기여하였다.

위의 세 집단 중 '협력자'에 해당되는 인물들의 행적은 사료에서 단편적으로 발견된다. 박은식은 『한국독립운동지혈사』에서 파리장서운동의 '초기 모의자'인 곽대연(郭大淵), 즉 곽윤을 언급했다.[18] 이 책은 대한민국 임시정부 사료편찬위원회가 편찬한 『한일관계사료집』과 사료편찬위원회 특별위원인 김병조의 『한국독립운동사략』을 참고한 것이다.[19] 즉 상해에 도착한 김창숙이 임시의정원과 임시정부 인사들에게 파리장서운동을 선전하고 유교계 대표자로서 자신의 위상을 부각시켰음을 알 수 있다.

1934년 경상북도경찰부가 편찬한 『고등경찰요사』에는 파리장서운동이 '유림대표의 독립청원 사건'으로 명명되어 있고, 체포된 '사건관계자' 20명의 성명이 언급되었다.[20] 이 중 협력자로 분류되는 인물은 김희봉(金熙琫), 송규선(宋圭善), 이기정(李基定), 장진홍(張鎭洪), 이병철(李柄喆), 여상윤(呂相胤), 이정기(李定基) 등 7명이다. 경찰서·검사국의 조사기록이나 법원의 재판기록이 파리장서운동의 실체를 정확히 보여 준다고 할 수는

17 137명의 성명은 『면우집』 4, 부록, 「면우선생연보」 권3, 아세아문화사, 1984, 762~763쪽 참조.

18 박은식, 『박은식전서』 상, 「한국독립운동지혈사」, 단국대학교출판부, 1975, 602쪽.

19 김희곤, 「해제」, 『대한민국임시정부자료집』 7, 국사편찬위원회, 2005, ⅶ~ⅹⅵ쪽.

20 경상북도경찰부, 『고등경찰요사』, 1934, 252쪽.

없지만, 총독부 사법기관이 베일에 가려져 있는 협력자들을 어느 선까지 파악했는지 그 대략적인 윤곽을 보여 준다.

그렇다면 파리장서운동을 주도한 김창숙은 어떤 인물들을 언급했을까. 이에 대해선 김창숙 사후에 간행된 『벽옹일대기(躄翁一代記)』(1968)를 참고할 필요가 있다. 이 책은 김창숙이 남긴 회고기[21]를 토대로 서술된 것으로 보이는데, '137인 이외에도 음으로 양으로 독립운동을 도왔든지 혹은 독립운동의 주동자로 가담하여 활약하다가 대옥사 사건에 관련되어 많은 고생을 한 사람'으로 16명이 언급되었다.[22] 이 중 협력자로 분류될 만한 인물은 곽대연[곽윤], 최해윤, 이교인, 이필호, 배석하, 김창택[탁], 안종묵, 이윤, 김우림[김황] 등 9명이다. 대체로 『한국유림독립운동 파리장서약사』(1973)와 『독립운동사』(1976)에 언급된 인물들과 중복된다. 달리 말하면, 『한국유림독립운동 파리장서약사』 등은 김창숙의 회고를 토대로 기술된 것으로 보인다.

그런데 이처럼 파리장서운동에 참여한 인물들을 유형별로 세분하는 데 있어서 정확히 어느 유형에 있다고 보기 어려운 인물들이 있다. 곽윤과 김황이 바로 그런 경우에 해당한다. 이들은 3월 초 김창숙으로부터 독립청원운동에 관한 계획을 전해 듣고, 즉시 거창으로 내려가 곽종석에게 유교계 독립청원운동 대표 선임 사실과 독립청원서 작성 의뢰에 관한 요청을 전달하도록 부탁받았다.

이들을 파리장서운동의 추진세력으로 볼 것인가, 아니면 협력자로

---

21 『벽옹일대기』 및 「벽옹칠십삼년회상기(躄翁七十三年回想記)」(『심산유고』)의 저본이 되었을 김창숙 회고기 원본은 아직까지 행방이 묘연한 상태이다.

22 심산기념사업준비위원회 편역, 『(심산김창숙선생투쟁사) 벽옹일대기』, 태을출판사, 1965, 108쪽.

볼 것인가. 필자는 일단 협력자로 분류하였다. 이들은 기획의 주체라기보다는 선배 김창숙이나 스승 곽종석의 지시를 충실히 이행한 인물에 가깝다고 여겨지기 때문이다. 그런 까닭에 이들은 때때로 독립운동에 소극적이었고 부정적인 태도를 보이기도 했다. 즉 협력자 중 비중이 높은 인물에 속했지만, 그렇다고 해서 이 운동을 기획하고 운동의 방향까지 설정한 인물은 아니었다.

한편 협력자의 범주에는 흔히 '연락책', '자금 모집책'이라고 불리는 인물뿐만 아니라 다양한 인물들이 포함되어 있다. 우선, 서명 의사를 밝혔지만 최종 서명자 명단에는 포함되지 못한 인물들이 있다. 이들은 송준필(宋浚弼)가(家)에 전해지는 서명자 명단(143인), 「기파리소서사(記巴里愬書事)」(김황), 「파리장서명첩(巴里長書名帖)」(김창숙?), 판결문 등에서 서명 의사를 밝힌 정황이 확인된다.

이들이 최종 명단에 포함되지 못한 이유는 다양했다. 하영두(河泳斗)는 나이가 어렸고,[23] 이정기(조부 이덕후李德厚가 서명)·이현덕(李鉉德)(부친 이수안李壽安이 서명)은 1가(家) 1인(人) 서명 원칙에 따라 제외되었다.[24] 류원중(柳遠重)은

23 김황, 『중재선생문집』 13, 부록, 「己未日記」, 음력 2월 24일, 천자족보사, 1998, 41쪽.

24 이정기는 이진상(李震相)의 문인인 외조부 이두훈(李斗勳)에게 배웠다고 하나(『벽진이씨감무공파세보』, 보전출판사, 1983, 203쪽) 이후 상경하여 중동중을 다니며 신식학문을 습득했기 때문에 유림으로 분류하기 어려운 인물이다. 1919년 당시 나이가 22세였는데, 파리장서운동의 지도부는 대개 40세 이상의 인물을 서명자로 선정했으므로, 서명자에 선정되는 것이 쉽지 않았을 것이다. 다만 김창숙의 며느리인 손응교(孫應喬, 1917년생)가 할아버지(孫晋仁)에게서 들은 바에 따르면, 김창숙이 서명을 권유하기 위해 '이씨(李氏)' 12명을 성주 사도실의 자택 사랑방으로 불렀는데 모두 선뜻 나서지 않았으나 나이가 가장 어린 24세의 '이정기'가 유일하게 서명 의사를 밝히는 도장을 찍었다고 한다(손응교 구술(2012. 4. 20., 경북 성주군 대가면 칠봉리 김창숙 생가)). 이정기가 1919년 당시 22세였으므로 손응교의 기억과도 큰 차이가 없다. 더욱이 『고등경찰요사』에 수록된 서명자 명단 및 체포자 명단에도 그의 이름이 보인다(경상북도경찰부, 『고등경찰요사』, 248, 252쪽). 따라서 이정기는 최종 서명자 명단에 포

가정형편으로 스스로 서명 의사를 철회했다.[25] 이 밖에 하영규(河泳奎)·하재국(河載國),[26] 김양모(金瀁模)·송회근(宋晦根)·여보회(呂輔會)·여상윤(呂相胤)·정종호(鄭宗鎬),[27] 김태진(金泰鎭)·송홍래(宋鴻來)·류달영(柳達永)·류연구(柳淵龜)·이정기(李貞基)·임필희(林苾熙)·정재성(鄭載星)·하경락(河經洛)[28] 등도 서명 의사를 밝혔지만 최종 명단에 포함되지 못한 것으로 전해진다.

외부 조직에서 협력한 인물들도 있다. 김응섭(金應燮)은 김창숙의 중국 상해 도착 직후 김창숙이 가지고 온 파리장서와 동일한 문건을 소지하고 상해에 도착했다. 조선국권회복단 소속이었던 김응섭은 "김창숙의 신변에 어떠한 위험이 닥칠지 몰라" 이 문건을 가지고 왔다고 하였다.[29] 또한 손진형(孫晋衡)은 이중업과 장석영의 요청에 따라 조카 손후익(孫厚翼)을 보내 파리장서운동에 도움을 주고자 했으나 실패했다고 전해진다.[30]

구체적인 행적은 확인되지 않으나 파리장서운동에 관여했을 것으로 추정되는 인물도 있다. 『고등경찰요사』의 137명 명단에 성명·나이·본적·주소가 정확히 기재된 이명균(李明均),[31] 김창숙이 영주를 방문했을 당시

함되지 않았지만 일정한 역할을 한 인물로 추측된다.

25 김황, 『중재선생문집』 13, 부록, 「기파리소서사」, 음력 2월 25일, 80쪽.

26 「기미일기」, 음력 2월 24일, 41쪽.

27 유림단독립운동실기편찬위원회, 『국역 유림단독립운동실기(심중일기)』, 대보사, 2001, 원문, 21쪽.

28 「파리장서명첩」.

29 『벽옹일대기』, 103쪽. 김응섭이 상해에 도착한 것은 음력 3월 15일, 즉 양력 4월 15일이었다. 그런데 김응섭의 회고기를 보면, 이 시기의 기록에 김창숙이나 파리장서운동에 대한 언급이 전혀 없다(김응섭, 『칠십칠년회고록』, 1954, 8~21쪽). 이는 아마도 1920년대 이후 김응섭과 김창숙의 이념적 분화와 갈등에서 비롯된 것이 아닌가 생각된다. 두 인물은 해방공간에서 유교권력의 헤게모니를 놓고 각각 유도회(김창숙)와 유교동맹(김응섭)을 설립해 심각한 갈등을 보였다.

30 손후익, 『문암선생문집』 권22, 「중부호봉부군유사」, 35a~b쪽.

31 경상북도경찰부, 『고등경찰요사』, 250쪽. 가까운 친족인 이석균(李鉐均), 이경균(李璟均)은 서명자이다(『면우집』 4, 「면우선생연보」 권3, 762쪽).

영주 지역의 운동 확산 방안을 논의한 이교인(李敎仁),[32] 파리장서운동 진행기간 김황이 자주 접촉한 김진상(金震相)·윤정수(尹正洙),[33] 김창숙이 성주를 떠난 뒤 만날 예정이었던 이길호(李吉浩)[34] 등이다.

이처럼 협력자로 분류되는 인물은 매우 많았을 것이다. 1차 사료에 기술되지 않은 단순 참여자까지 포함하면 숫자는 수백 명에 달했을 것으로 짐작된다. 파리장서운동 관련 체포자가 '수백 명'이라는 설[35]이 사실이라면, 137명의 서명자 이외에 대부분은 협력자로 분류될 만한 인물이었을 것이다. 다만 현재까지 1차 사료에서 확인되는 인물은 68명이다.[36] 이들의 인적사항과 주요 활동을 이 장 말미의 [별표 1]에 정리해 두었다.

2) 영남 지역 협력자의 특징

파리장서운동의 협력자는 현재까지 총 68명이 확인된다. 이 중 영남 출신은 64명이다. 그런데 아쉽게도 김복한 계열의 인사(주로 호서 지역 출신)는 4명[37]을 제외하면 사료에서 행적을 확인하기 어렵다. 하지만 파리장서운동 참여자 중 영남 지역 출신이 월등히 많았고, 협력자도 마찬가지였다는 점을 감안하면 아쉬움은 다소 줄어든다. 따라서 영남 지역 협력자들의 활동을 정밀하게 분석하면, 파리장서운동의 실체를 파악하는

---

32 『벽옹일대기』, 74쪽.

33 「기파리소서사」, 78~79쪽.

34 『국역 유림단독립운동실기(심중일기)』, 원문, 28쪽.

35 김창숙, 『심산유고』 권5, 「벽옹칠십삼년회상기」(상편), 316쪽.

36 '68명'이라는 숫자에 연연할 필요는 없다. 이 인원은 현재까지 1차 사료를 통해 확인된 인물에 불과하다. 차후 사료가 추가 발굴되면 인원은 더욱 늘어날 것이다.

37 김복한이 파리평화회의 측에 독립청원서를 제출하기 위해 경성에 파견한 황일성(黃佾性), 이영규(李永珪), 전용학(田溶學) 등을 가리킨다. 이들 중 황일성은 자금을 제공했다고 한다(김상기, 「김복한의 홍주의병과 파리장서운동」, 362쪽). 이 밖에 김복한의 아들 김노동도 포함된다.

데 큰 어려움이 없을 것이다.

영남 지역 협력자들은 대개 다음의 특징이 확인된다. 우선, 연령상 20·30대가 많았는데, 전체의 57%를 차지했다.[38] 파리장서 서명자 대부분이 40대 이상이었던 것[39]과 비교가 된다. 이명균·최해윤 등 40대 이상의 인물도 적지 않았지만 전체 비율은 43%에 그쳤다. 당연한 결과이겠지만, 협력자들은 대부분 지시를 내린 인물들의 자제, 젊은 친족, 제자, 후배였기 때문이다.

사상(교육) 및 사회적 배경을 살펴보면, 역시 유교적 소양을 지닌 지방 명문 사족의 후예가 많았다. 김창백(金昌百, 봉화 의성김씨), 이명균(김천 연안이씨), 이기원(李基元)·이기철(李基轍, 성주 성산이씨), 하익진(河益鎭, 진주 진양하씨)이 그들이다. 반면 예외도 있었다. 주로 김창숙의 국외 파견 및 재중활동을 도운 인물들이다. 윤현진(尹顯振)은 일본 메이지대학, 김응섭은 법관양성소를 졸업했고, 이정기는 중동중에서 수학했으며, 박광(朴洸)은 중국 안동에서 곡물상점을 운영했다. 이처럼 신학문을 학습했거나 실무경험이 풍부했던 협력자들은 외부세계에 대한 이해와 식견이 부족한 김창숙 등의 출국 및 재중활동에 큰 도움을 주었을 것이다.

한편, 파리장서운동에 참여하게 된 계기는 혈연을 매개로 한 권유가 압도적으로 많았다. 이런 경향은 특히 유림의 독립운동에서 자주 발견되는 현상이다. 파리장서운동 참가자들의 인적 연결망을 살펴보면, 가족과 가까운 친족은 물론이고 외가와 사돈 등 모든 혈연이 총동원되었음을 알 수 있다.

---

38 영남 지역 협력자 64명 중 나이가 확인되는 인물은 49명이다. 이들은 20·30대가 57%(28명. 20대 14명, 30대 14명), 40대 이상이 43%(21명. 40대 10명, 50·60대 11명)로, 청년인 20·30대의 비중이 상대적으로 컸다.

39 임경석,「파리장서 서명자 연구」, 435쪽.

예를 들어, 곽윤은 경성에서 김창숙으로부터 독립청원운동에 관한 설명을 듣고 거창으로 내려가 이 소식을 곽종석에게 전한 인물로, 곽종석의 조카였다. 장시원(張始遠)은 장석영이 작성한 독립청원서 초안을 곽종석에게 전달한 인물로, 장석영의 조카였다. 이 밖에 하익진은 서명자 하재화(河載華)의 1남, 문존호(文存浩)는 서명자 문용(文鏞)의 1남, 송수근(宋壽根)은 서명자 송준필의 3남이고, 김창백은 김창숙의 종제(從弟), 송규선은 송준필의 족숙(族叔), 김진상(金震相)은 김황의 종형(從兄)이었다.

이들은 주로 단순하지만 신속성을 요하는 일들을 맡았다. 특정 인물의 의사를 확인하거나 문건을 전달하는 일이었는데, 운동 참여를 권유하는 편지를 전달하고(곽윤), 특정 지역 또는 문중에서 수합된 서명자 명단을 전달하였으며(하익진·송규선), 독립청원서 초안과 완성본을 정서(淨書)·보관·전달하고(곽윤·장시원), 자금을 제공·전달하는 역할을 맡았다(여보회). 물론 송규선처럼 이런 수준을 훨씬 뛰어넘는 경우도 있었다.

한편, 학연도 중요한 참가 계기였다. 혈연이 지역적으로 제한되어 있었다면, 학연은 광범위한 지역을 포괄하는 경우가 많아 동지 규합에 유용했다. 예를 들어, 김황은 3월 초 경성에서 곽윤과 함께 윤충하·김창숙 등을 접촉하고, 귀향하여 경남 일대에서 동지를 규합하고 서명을 독려하는 임무를 맡았는데, 곽종석의 제자였다. 유사한 활동을 한 김수(金銖), 문존호, 박응종, 배문창(裵文昶), 이기원, 이명균, 이현덕, 최해윤, 하영규, 하익진, 하재국 등도 곽종석의 제자였다. 이 밖에 이기윤(李基允)은 장석영, 송규선·송수근·이달필(李達馝)·장진영은 송준필, 배석하는 이만도(李晩燾)의 제자였다. 이들은 스승의 지시에 따라 상대적으로 복합적인 사무를 맡고 장거리 파견도 마다치 않았다.

한편 협력자의 학맥을 살펴보면 곽종석 제자의 비율이 압도적으로 높았다. 곽종석의 제자인 김창숙이 파리장서운동을 실질적으로 주도했고, 곽종석이 파리장서운동의 대표로 추대되어 김창숙의 역량이 미치지 않는 범위까지 세세히 신경을 썼다는 점을 감안하면 당연한 귀결이라고 하겠다.

3. 영남 지역 협력자의 시기별 역할

1) 제1기: 주요 인물 접촉과 독립청원서 집필 요청

김창숙 등 파리장서운동의 추진세력은 이 독립운동을 지도할 인물을 선정·추대한 뒤 지역별로 동지 규합에 나섰다. 사안이 중대하고 비밀을 요하는 만큼 접촉 대상을 직접 만나 의사를 타진해야 했지만, 시간은 부족하고 접촉 대상은 많았다. 만세시위가 지방 각지로 급속히 확산됨에 따라 일본 경찰은 주요 도로에 대한 통제를 강화했다. 더욱이 김창숙처럼 반일운동 이력이 있고 저명한 인물은 장거리 이동이 부담될 수밖에 없었다. 접촉 대상이 먼 지역에 있다면 문제는 더욱 심각했다.

이로 인해 파리장서운동의 추진세력을 대신할 인물들을 필요로 하게 되었다. 그들의 첫 번째 임무는 김창숙 등이 기획한 독립청원운동의 개요를 숙지해 지방 유교지도자에게 전달하고 참가를 종용하는 일이었다.

이런 임무를 수행한 대표적 인물은 곽윤(1881~1927)과 김황(1896~1978)이었다. 이들의 동선을 자세히 살펴보자. 곽윤 일행은 스승 곽종석의 지시에 따라 기차를 타고 2월 27일 경성에 도착했다.[40] 고종 인산이 3월 3

40 「기파리소서사」, 79쪽.

일로 확정되자 병석의 곽종석이 자신을 대신해 이들을 경성에 파견한 것이다.[41] 그런데 곽윤 일행에게는 인산 참관과 더불어 또 하나의 중요한 임무가 부여되었다. 윤충하(尹忠夏)를 만나 유교계의 독립청원운동을 구체화하는 것이었다.[42]

2월 말 상경한 곽윤 일행은 예정대로 3월 4일 경성에서 윤충하를 만났다. 그러나 기대했던 것과 달리 협상은 별 소득이 없었다. 곽윤이 상경 전의 예상과 크게 다르다며 "감히 내 숙부(叔父)를 이들과 함께하도록 하지 못하겠다"고 난색을 표명한 것이다. 윤충하도 소통의 어려움을 인정했다.[43] 한편 이때 한 인물이 곽윤 일행의 움직임을 주시하고 있었다. 바로 김창숙이었다. 김창숙은 곽윤 일행에게 윤충하와 마찬가지로 독립청원운동에 관한 제안을 했다. 이들의 대화는 순조롭게 진행되었다.[44] 이들은 의성김씨 문정공파(文貞公派)의 친족(숙질)이자 곽종석의 제자들이었다.

결과적으로 곽윤 일행은 경성에서 외부 세력의 독립운동 제안에 극도로 경계했지만, 김창숙의 제안에는 매우 호의적인 반응을 보였다. 이로써 김창숙의 독립운동 계획, 즉 곽종석과 전우를 전면에 내세워 유교계의

---

41 곽종석은 표면적으로는 병을 이유로 상경하지 않았으나, 제자들에게는 몇 가지 이유를 들어 상경과 인산 참관을 포기했다. 즉, 고종의 장례식에 일본식이 가미되고, 고종이 대한제국의 황제였음에도 불구하고 명정(銘旌)에 '이태왕(李太王)'으로 격하되며, 나라를 멸망시킨 역적들이 장례식에 참석한다는 소문이 파다하다는 점이었다(서동일, 「1919년 파리장서운동의 전개와 역사적 성격」, 144쪽, 주13).

42 「면우선생연보」 권3, 1919년 음력 2월, 763쪽; 「기미일기」, 음력 1월 20일, 18쪽.

43 「기미일기」, 음력 2월 3일, 35쪽.

44 윤충하 역시 곽종석의 초기 제자였지만(곽종석, 『면우집』 4, 부록, 「면문승교록」, 804쪽) 장기간 고향(거창)을 떠나 경성에서 활동했고, 주로 기호유림과 어울리며 태극교(太極敎)라는 유교 계열의 신흥종교단체를 지도하는 등 '정치적인' 성향을 보였던 까닭에 스승과 동문들은 그를 경계했던 것 같다. 윤충하의 1900~1920년대 대외활동에 대해서는, 서동일, 「한말~일제하 개신유림 윤충하의 계몽운동과 태극교운동」, 『한국민족운동사연구』 44, 한국민족운동사학회, 2005 참조.

명망가를 총동원한 독립청원운동을 추진하겠다는 계획이 표면화되었다. 곽종석의 합류가 기정사실화되자 3월 4일 김창숙은 곽윤 일행에게 몇 가지 요구사항을 전달했다. 『벽옹일대기』의 해당 내용을 보자.

> 선생(김창숙-이하 괄호 안 인용자)은 다음 날 … 오후에는 같은 동지인 이현덕·김황 아저씨를 선생의 처소로 불러 일일이 거사 계획을 설명한 다음 급히 남으로 내려가 곽면우(郭俛宇: 곽종석)를 찾아 그의 지도를 받을 것과 곽면우에게 파리강화회의에 보낼 서한을 미리 작성하여 줄 것까지 부탁을 한 뒤 각 방면으로 유림을 동원하는 등 일은 착착 신속한 진전을 보였다.[45]

즉 김창숙의 요구사항은 세 가지였다. 사안이 급하니 얼른 거창으로 내려가 곽종석에게 자신들의 계획을 알리고, 독립청원운동의 지도와 독립청원서 집필 요청에 관한 말을 전하라는 것이었다. 곽윤 일행은 3월 9일 거창에 도착해 곽종석에게 이 같은 사실을 보고했고, 곽종석은 김창숙의 제안을 흔쾌히 수락했다.

그런데 곽윤 일행의 활동을 살펴보면, 2월 말 상경할 때부터 3월 초 거창으로 돌아가 복명할 때까지 곽윤의 비중이 컸던 반면, 그 이후에는 김황의 역할이 점차 커졌다. 곽윤은 숙부 곽종석이 신임하는 인물이었지만 병석의 곽종석을 간호하고 보좌해야 하는 처지여서 운신의 폭이 좁았다. 반면, 김황은 평소 곽종석의 의중을 잘 이해하고 있고 거처가 곽종석의 제자들이 많이 거주하는 경남 서남부(산청)에 위치하고 있어 원거리 왕래가 매우 자연스럽고 다양한 역할을 수행하기에 적합했다. 실제로 김황

45 『벽옹일대기』, 72쪽.

은 곽종석의 지시에 따라 독립청원서를 '시초(試草: 시험 삼아 문안을 기초함)'했을 뿐만 아니라,[46] 경남 산청·진주 일대를 돌며 서명자를 규합했다.[47]

한편 영남 지역에서 김창숙·곽종석과 더불어 파리장서운동을 이끈 중심인물은 장석영과 송준필이었다. 장석영 계열에서는 조카 장시원(張始遠)[48]이 확인된다. 일명 '장박사(張博士)'로 불리던 장시원은 3월 14일경[49] 숙부(장석영)가 작성한 독립청원서 초안을 곽종석에게 전달하고, 곽종석의 답장과 함께 곽종석이 작성한 독립청원서 초안을 숙부에게 전달했다.[50]

또 다른 인물은 송준필 계열의 송규선(1887~1948)과 송수근이었다. 이들은 영남 일대를 순방하고 있는 김창숙의 사무를 분담했다. 김창숙이 경성을 떠나 처음 도착한 곳은 자신의 집이 있는 성주였다. 그런데 성주로 돌아온 이후 김창숙의 3일간의 행적은 집에서 병석의 모친을 간호한 것을 제외하면 대체로 베일에 가려져 있었다. 이 부분은 김창숙 자신의 회고기인 『벽옹일대기』에도 빠져 있어 궁금증을 자아낸다. 『벽옹일대기』에는 김창숙의 3일간 행적이 귀가(성주)→모친 간호→3일 뒤 봉화 방

46 「기미일기」, 음력 2월 9일, 38쪽.

47 손후익은 파리장서운동을 주도한 인물로 곽종석, 김황, 김창숙, 이중업을 들었다(경상북도경찰부, 「손후익 경찰 신문조서」(제1회), 1926. 5. 14.(남부희 편역, 『제2차 유림단 사건-독립운동사 자료집』, 불휘, 1992, 77쪽 수록)).

48 장석영은 3형제 가운데 막내로, 위로 형 장석신(張錫藎)과 장석훈(張錫薰)이 있는데, 장시원은 비서원 승(秘書院丞)을 지낸 장석신의 2남이다(『인동장씨대동보』 3, 회상사, 1998, 245쪽).

49 이 글에서는 날짜를 정확히 밝힌 곳도 있지만, '3월 5일경'처럼 추정치를 적은 경우도 적지 않다. 이는 일기의 작성자인 김창숙, 장석영, 송인근이 날짜를 정확히 쓰지 않고 '다음날', '이튿날' 등과 같이 상대적인 시간 개념을 사용한 경우가 많았기 때문이다. 연대기를 기술한 사람의 입장에선 정확한 날짜보다 중요한 날을 기점으로 한 전후의 시간 개념이 비교적 잘 기억되었을 것이다. 필자는 여러 사료를 교차 검토해 가급적 정확한 날짜를 밝히려고 노력하였지만, 확실치 않은 경우에는 '경'이란 표현을 썼다.

50 장석영, 『선문별집』 지, 「흑산일록」, 필사본, 간행연대 미상, 장세민 소장, 7a쪽.

문 등으로 압축 기술되어 있을 뿐이다.[51]

그런데 이와 관련해서는 송준필 측(송인근宋仁根)의 기록인 「심중실기(瀋中實記)」와 장석영의 기록인 「흑산일록(黑山日錄)」을 주목할 필요가 있다. 송준필은 3월 9일경 야성송씨(冶城宋氏) 충숙공파(忠肅公派) 종택인 백세각(百世閣)에서 문중의 청장년들을 모아 놓고 회의를 연 자리에서 독립청원운동에 참여할 의사를 밝혔다.[52] 이때 족숙인 송규선이 가장 먼저 동참 의사를 밝혔다. 그리고 다음 날인 3월 10일경 김창숙이 백세각을 방문했다. 「심중실기」와 「흑산일록」의 해당 내용을 살펴보자.

> ① 다음 날(3월 10일경-이하 괄호 안 인용자) 오후 김창숙 어른이 백세각을 방문했다. … 대인(大人: 송준필)께서 말씀하시기를 "… 내일 응당 (송)규선과 함께 (곽종석의 거처가 있는) 다전(茶田)에 가서 의견을 수렴한다면 이 어른(곽종석)도 기꺼이 전모(前矛)가 될 것이다. 이 어른으로 하여금 '파리장서(巴里章書)'를 작성하게 한 후 각처를 분담해 가서 유명인사의 명첩을 거두되 반달 이내로 한다면 성취가 어떨까?"라고 하자, 김 어른(김창숙)은 "네" 하고는 규선 어른과 함께 다전을 향해 떠났다. —「심중실기」[53]

---

51 『벽옹일대기』, 75쪽.

52 「심중실기」에 따르면, 송준필은 곽종석 측의 요청으로 독립청원운동에 참여한 것이 아니라 3월 5, 6일경 자택을 방문한 이달필(李達泌)로부터 경성에서 독립청원운동이 진행되고 있다는 소식을 듣고, 3월 9일경 문중회의를 통해 독자적으로 독립청원운동을 펼칠 의사를 밝힌 뒤 곽종석·장석영 등에게 협조를 당부한 것으로 기술되어 있다(『국역 유림단독립운동실기(심중일기)』, 원문, 25~28쪽). 독립청원운동의 발의 주체를 오히려 송준필로 본 것이다.

53 『국역 유림단독립운동실기(심중일기)』, 원문, 27쪽, "明日午後, 金昌淑丈, 來訪于百世閣. … 大人曰: … 明當與圭善, 同往茶田收議, 則此丈亦樂爲之前矛矣. 使作巴里章書, 然後分往各處, 收有名人士, 限半月, 成就如何? 金丈曰: 諾. 同圭善丈, 向茶田去."
다만, 필자가 확인한 원본 「심중실기」(송재소 소장)에는 송준필이 송규선으로 하여금 김창숙에게 가서 독립청원운동에 관해 협의하라고 지시했다는 내용과, 송규선·김창숙이 그로부터 10여 일이 지난 후 각지에서 수합한 서명자 명단을 가져왔다는 내용만

② (3월 14일경) 면우(俛宇: 곽종석)가 보낸 편지를 회견(回見)하니, '이 문장이 과격하여 사용하기에 적합지 않으므로 부득이 자신이 작성한 문서 1통을 사용하게 되었다'며 내(장석영)게 점화(點化)를 요청하였다. … 이 서한(곽종석이 보낸 독립청원서 초안)을 보고 내가 첨삭을 가하여 고산(高山)의 송규선을 시켜 다전으로 보냈다. —「흑산일록」[54]

위 인용문을 보면, 「심중실기」와 「흑산일록」 모두 김창숙이 송규선의 도움을 받아 일을 진행한 것으로 기술하고 있다. 즉, 송규선은 송준필의 지시로 김창숙과 함께 다전에 가서 곽종석에게 독립청원서 집필을 요청하고 서명자 명단을 수합하는 임무를 부여받았을 뿐 아니라 곽종석이 '작성'하고 장석영이 '첨삭'한 독립청원서 초안을 다시 곽종석에게 전달했다. 이것이 바로 『벽옹일대기』에 기록되지 않은 김창숙과 송규선의 행적이다. 두 기록 모두 김창숙과 더불어 송규선의 행적을 자세히 서술한 점이 주목된다. 그만큼 성주에서는 송규선이 비중 있는 역할을 맡았음을 보여 준다.

한편 이달필은 고종의 인산을 참관하기 위해 상경했다가 성주로 돌아와 송준필에게 경성에서 진행되고 있는 독립청원운동에 관한 소식을 전달했다.[55] 또한 송준필의 3남인 송수근은 3월 9일경 송준필이 문중회의 직후 장석영에게 운동 동참을 요청하기 위해 작성한 편지를 장석영에게 전달했다.[56]

기술되어 있고, 다른 내용은 전혀 보이지 않는다. 이처럼 「심중실기」 원본과 간행본 사이에서 발견되는 내용의 미세한 차이에 대해서는 좀 더 주의가 필요하다.

54 「흑산일록」, 7a~11a면, "其回見俛書曰, 此文過激, 不合於用, 不得已用自己所作文書一本以來, 而要我點化之. 其文曰, … 旣見此書, 余略加筆削, 而使高山宋奎善, 送于茶田."

55 『국역 유림단독립운동실기(심중일기)』, 원문, 24쪽.

56 『국역 유림단독립운동실기(심중일기)』, 원문, 26쪽.

다만 이 과정에서 이해되지 않는 부분이 있다. 김창숙의 거처가 있는 성주 사도실(현재의 경북 성주군 대가면 칠봉리에 소재) 의성김씨들의 반응이다. 사도실은 600년 전통의 의성김씨 동족마을이다. 김창숙은 문정공파(김우옹金宇顒 계열)의 14세 종손으로, 이 마을의 중년지도자(1919년 당시 41세)였다. 그러나 파리장서운동에 대한 사도실마을의 반응은 확인되지 않는다. 그가 봉화의 바래미[해저(海底)]를 방문했을 때 의성김씨 친족들이 환대한 것과는 크게 대비된다.[57]

이는 아마도 동강 김우옹의 종손으로 사도실에 입양된 김창숙의 아버지 김호림(金頀林)과 김창숙 부자의 성주 정착 기간이 짧았던 점에서 기인하는 것이 아닌가 추측된다. 김창숙은 성주 사도실에서 태어났지만, 부친 김호림은 원래 봉화의 바래미에서 태어난 개암공파(開巖公派)(김우굉金宇宏 계열)의 후손이었다. 김창숙의 부친은 당시 관행과 달리 혈통이 다른 성주 사도실의 문정공파에 종손으로 입양되었다.[58] 이런 사도실 의성김씨들의 비협조적인 태도로 인해 김창숙은 성주에서 입지가 굳건한 문중 인사인 송규선(야성송씨)과 정종호(鄭宗鎬, 청주정씨)의 도움이 더욱 필요했을 것이다.

---

57 김창숙의 파리장서운동에 대한 봉화 바래미와 성주 사도실 친족의 대비되는 반응은 김창숙이 1925~1926년 독립운동기지 건설 자금을 모집하기 위해 입국했던 시기나 1940년 총독부의 창씨정책에 반대했던 시기에도 마찬가지였다. 1925~1926년 김창숙의 독립운동기지 건설운동에 참가했다가 유죄를 받은 인물 중 의성김씨는 대부분 봉화 바래미 출신이었다. 또한 최근 연구에 따르면, 1940년 사도실의 의성김씨들이 종손인 김창숙의 격렬한 반대에도 불구하고 80% 이상이 창씨를 했고, 이로 인해 김창숙이 실의하며 창씨를 한 친족들과 관계를 단절한 것으로 확인되는데(서동일, 「성주 사도실마을의 창씨 실태와 유림 김창숙의 반대 논리」, 『한국근현대사연구』 70, 2014), 이미 1919년 파리장서운동 단계에서부터 김창숙과 사도실 의성김씨 문중 간에 이상기류가 있었음을 짐작할 수 있다.

58 최미정, 「경북 봉화 의성김씨 문중의 유림단 의거 참여」, 『한국독립운동사연구』 49, 한국독립운동사연구소, 2014, 94쪽.

2) 제2기: 동지 규합과 자금 모집

독립청원운동의 세부계획이 수립되었다면, 이제 독립청원서에 서명할 인사들을 물색하고 이들을 만나 서명을 권유해야 했다. 동지를 규합하는 일이었다. 이 일은 언뜻 간단해 보이지만 생각처럼 쉽지 않았다. 3월 초 만세시위가 지방으로 급속히 확산되자 일본 경찰은 주요 도로를 통제하고 낯선 외지인의 왕래를 차단했기 때문이다.

독립청원서 서명자들이 서명 의사를 밝힌 방법은 다양했다. 이능학(李能學)의 경우 본인이 독립청원운동 소식을 듣고 직접 곽종석·장석영 등 지도자를 찾아와 서명 의사를 밝혔지만,[59] 대개는 김창숙 등이 지방을 순방하며 주요 인물들에게 서명을 권유했다. 그런데 접촉대상이 먼 곳에 거주하고 있어 서명 참여 의사를 확인하기 어려운 경우에는 별도의 인물들이 김창숙의 '손'과 '발'의 역할을 하였다.

이런 측면에서 김창숙의 지방 방문→동지 규합→이동 준비→경찰 추적 감지→임무 분담으로 이어지는 과정을 잘 보여 주는 사례가 있다. 다음은 『벽옹일대기』에 실린 3월 16일~3월 19일경 봉화 바래미에서의 김창숙의 행적이다.

> 그날(3월 16일경-이하 괄호 안 인용자) 선생(김창숙)은 봉화군 해저리(海底里)에 도착해 사종질(四從姪) 김홍기(金鴻基) 집에 들어가 (김)창백(昌百)과 문중 친척 여러 명이 모두 모여 밤이 늦도록 촛불을 돋우어가며 심충을 풀으니 여기서도 동지로서 제휴한 문중 친척 중 (김)한식(漢植)·상식(賞植)·창순(昌洵)·창도(昌道)·홍기 등 7, 8인과 밀실에서 회합하여 선생이 여기 온 뜻을

59 「흑산일록」, 11a쪽.

전하니, 모두가 오히려 먼저 나서지 못한 것을 서운해 하며 크게 동의하며 각자 힘 있는 대로 일을 분담하니 …

다음날(3월 17일경) 창백·홍기 두 사람과 선생이 문중에 어른을 찾아뵙고 거사에 관하여 말씀드린 후 이튿날(3월 18일경) 창도의 집에서 일가 30여 명이 한 자리에 둘러앉아 술자리가 벌어져 이야기에 꽃을 피우는 중 갑자기 나온 일경 한 명이 선생을 불러내어 맹렬한 기세로 무엇인가 의혹의 실마리를 끄집어내려고 하였으나 거사의 내용은 추호도 알지 못하고 한 시간 반 동안 취조한 끝에 술자리를 해산시키고 돌아갔다. 이러한 광경을 목격한 여러 사람들은 두려움이 생겨 선생의 여행을 중지하라고 만류하였다.

다음날(3월 19일경) 선생은 정오가 되자 권상원(權相元)·권명섭(權命燮)과 만나 의논한 후 전날의 형사의 동태를 묻고 (선생의) 안동·예안행을 극력 반대하여 安·禮·奉·榮(안동·예안·봉화·영주) 등 각 곳의 연락은 자기들이 할 것을 약속한 뒤 한시 바삐 선생이 성주로 해서 상경할 것을 종용했다.[60]

위 인용문을 보면, 김창숙은 성주를 거쳐 봉화 바래미에 도착했다. 김창숙을 반갑게 맞이한 것은 앞서 언급했듯이 의성김씨 친족들이었다. 이들은 할아버지 대(代)로 거슬러 올라가면 피를 나눈 친족이었고, 그런 만큼 김창숙을 환대했다. 김창숙은 평소 가까이 지내던 김창백(1879~1942), 김홍기(1884~1954)와 김한식, 김상식, 김창순, 김창도 등을 따로 불러 독립청원운동에 관한 계획을 솔직히 털어놓았다. 김창백 등은 흔쾌히 협조 의사를 밝혔고 적극적으로 역할을 분담했다.

그런데 낯선 외지인의 오랜 체류와 문중의 부산한 움직임을 수상히 여긴 일본 경찰이 마을을 급습해 김창숙을 취조했다. 김창숙은 유연한

60 『벽옹일대기』, 75쪽.

대응으로 위기를 넘겼지만, 친족들은 김창숙의 다음 순방을 만류했다. 바로 옆 마을인 닭실[유곡(酉谷)]에서도 같은 반응이 나왔다. 안동권씨들은 김창숙의 순방을 만류하며 안동, 예안, 봉화, 영주 일대의 연락은 자신들이 맡겠다고 하였다. 김창숙은 이들의 조언을 받아들였다.

그 결과 『벽옹일대기』에는 경북 중북부 일대에서의 동지 규합에 관한 구체적인 언급이 없지만, 나중에 다수의 서명자가 나왔다. 안동의 김병식(金秉植)·김익모(金翊模)·류연박(柳淵博)·류필영(柳必永), 예안의 이만규(李晩煃), 봉화의 권명섭(權命燮)·권병섭(權昺燮)·권상도(權相道)·권상원(權相元)·권상익(權相翊)·김건영(金建永)·김순영(金順永)·김창우(金昌禹), 영주의 김동진(金東鎭)·김택진(金澤鎭)·정태진(丁泰鎭) 등이다. 봉화의 의성김씨 친족과 안동권씨들의 적극적인 협조가 있었음을 미루어 짐작할 수 있다.

그런데 김창숙이 지방순방 일정을 성주에 이어 봉화로 정한 점은 운동의 흐름상 매우 중요한 의미를 지닌다. 사실 김창숙은 경성에서 성주로 돌아오는 동안 영남을 포함한 지방 유림의 협력을 확신할 수 없었을 것이다. 그러나 고향이나 다름없는 봉화에서 문중의 전폭적인 지지를 얻음으로써 다음 행보를 자신 있게 이어 갈 수 있었다. 즉 경북 중북부 일대에서 동지 규합에 나설 '인력'과 활동에 필요한 '자금'을 충분히 확보함으로써 운동에 필요한 최소한의 동력을 확보한 것이다.

이 밖에 김창숙과 마찬가지로 문중 단위로 파리장서운동에 협력한 인물로는 진주의 하익진(1878~1947)이 있다. 그는 서명자인 하재화(河載華)의 아들로, 3월 25일 하재화·하재국·하겸진(河謙鎭)·하영규·하봉수(河鳳壽)·하영두(河泳斗) 등 진양하씨(晉陽河氏)의 서명자 명단을 김황에게 전달했다.[61]

---

61 「기미일기」, 음력 2월 24일, 41쪽.

한편, 파리장서운동을 지도한 인물들은 젊은 제자들을 각지에 파견해 서명을 권유하기도 했다. 이런 상황을 잘 보여 주는 것이 3월 14일 곽종석이 제자들에게 지시하는 모습이다. 김황의 「기미일기(己未日記)」의 해당 내용을 살펴보자.

> (음력 2월－이하 괄호 안 인용자) 13일 을축(乙丑). 문좌공(文佐公: 김창숙)을 기다렸으나 오지 않았다. 또 허송세월을 보낼 수가 없기에 드디어 귀갓길을 출발하였다. 면우옹(俛宇翁: 곽종석)께서 진주 서부[진서(晉西)]에 가도록 명하시고 장서(長書) 일을 수처에 알리라고 하셨다. 또 사문(士文: 김수金銖)은 의령, 이자강(李子剛: 이태식李泰植)은 칠원, 배문창(배병한裵炳翰)은 수처에 가도록 명하셨다. 명을 받들고 나갔다.[62]

위의 기록은 김황이 1919년 작성한 일기의 일부로, 주로 경남권의 진행 상황을 보여 준다. 내용을 보면, 곽종석은 진주, 의령, 칠원 등 경남 서부 일대에 20·30대의 젊은 제자들을 파견했다. 이들은 각지를 분주히 오가는 '현장 일꾼'의 역할을 맡았는데, 이들이 만난 사람은 주로 이진상의 초전(初傳), 재전(再傳) 제자였다. 그 대표적인 인물이 진주 사곡(士谷)의 하겸진(서명자)이었다.[63] 제자들의 파견 시기(3월 중순)와 지역(경남 진주·의령·칠원), 이들 제자에 대한 곽종석의 신뢰, 최종 확정된 서명자 명단을 보면, 김황·김수·배문창 등의 주요 임무가 서명자 명단의 규합이었음을 알 수 있다.

그러나 이들도 짧은 시간 내에 많은 서명자를 규합할 수 없었다. 따라서 이들은 더 많은 서명자를 규합하기 위해 또 다른 동조자를 동원했

---

62 「기미일기」, 음력 2월 13일, 39쪽, "待文佐公, 不至. 又不可曠日, 遂發還. 俛翁命往晉西, 以長書事, 告于數處. 又命士文往宜寧, 李子剛漆原, 裵文昶數處. 奉命而出."
63 임경석, 「파리장서 서명자 연구」, 449~450쪽.

다. 그 대표적인 예가 경남 산청에 사는 박응종(1893~1919)이었다.[64] 김황은 3월 20일 박응종의 집에 머물다 다음 날 박응종과 함께 진주에 가서 소남(召南)의 조현규(趙顯珪)(서명자), 사곡의 하재화·하겸진을 만났다. 이어 3월 22일 김황은 이수안(서명자)을 만나기 위해 하동으로 가려고 했으나, 그곳으로 통하는 대로는 연일 이어진 시위로 경계가 삼엄하여 통행하기 어려웠다. 이에 박응종은 홀로 사잇길로 가겠다며 역할 분담을 자청했다. 김황은 박응종의 제안을 받아들여, 대로를 피해 산청의 자택으로 돌아왔다.[65]

한편 영남 일대를 순방하고 있던 김창숙에게는 각지의 활동 상황이 신속히 보고될 필요가 있었다. 이런 임무를 맡은 인물이 일부 확인된다. 김창숙이 성주를 떠나 봉화로 향할 때 성주의 연락 사무를 부탁한 이기철(3월 11일경)[66]과 김창숙이 경남[영우(嶺右)] 일대의 연락 사무를 부탁한 송규선(3월 18일)[67] 등이다.

3월 하순이 되면 독립청원서 집필과 서명자 명단은 어느 정도 준비가 마무리되고, 독립청원서를 프랑스(국제평화회의)에 발송할 일만 남겨 놓게 되었다. 여기에는 막대한 자금이 소요될 것으로 예상되었다. 자금 모집에 관한 내용은 사료를 통해 파악하기 어려운 부분인데, 출국을 앞둔 시점인 3월 20일경 송회근(1877~1949)과 여보회(1861~1942)가 김창숙에게 자금을 제공한 사실이 확인된다. 다음은 「심중실기」의 일부이다.

---

64 임경석, 「파리장서 서명자 연구」, 449쪽.
65 「기미일기」, 41쪽; 「기파리소서사」, 79쪽.
66 김창숙, 「기미유림단사건에 관한 추억의 감상」, 독립기념관 소장.
67 김창숙, 「기미유림단사건에 관한 추억의 감상」.

> 그 후 10여 일 만에(3월 20일경–이하 괄호 안 인용자) … 곽종석이 지은 파리 장서가 갖추어지고 모든 명첩(名帖) 준비가 끝나니 김 심산(金心山: 김창숙) 어른이 파리(巴里)에 가겠다고 자원하였다. 그의 의기는 이미 목숨을 버릴 각오가 되어 있었으므로 사람들이 감복하였다. 종형(從兄) (송)회근이 말하기를 "산하가 만 리인데 어찌 자금 없이 도달할 수 있겠습니까?"라고 하며, 노자 1,000원을 내어 (송)수근을 시켜 전달하였다. 출발할 무렵에 이르러 대인(大人: 송준필)께서 수근에게 말씀하기를 "내가 알기로 복명동(復明洞) 여보회는 뜻있는 사람이다. 네가 즉시 찾아가서 말씀드려 보라"고 하여, 수근이 밤을 이용하여 여씨(呂氏) 어른께 찾아가서 그 사실을 모두 이야기하니, 여씨 어른이 잘 듣고 흔쾌히 따르며 2,000원을 도와주셨다. 다음 날 새벽에 심산을 찾아가 전해 주니, 심산이 전대에 넣고, 진주 이길호의 처소로 향하여 갔다.[68]

송회근은 어떻게 김창숙에게 자금을 제공하게 되었을까. 전후 상황을 이해하기 위해서는 먼저 송회근과 송준필의 관계에 대한 이해가 필요하다. 송회근은 야성송씨 충숙공 송희규(宋希奎)의 14세 종손으로, 송준필의 조카였다. 그는 18세(1905)의 어린 나이에 부친을 여의고 모든 개인사와 문중 일을 숙부 송준필에게 의지하였다. 이처럼 송회근이 의지하는 큰어른인 송준필이 독립청원운동에 나섰으므로, 송회근은 송준필의 활동을 돕는 김창숙에게 선뜻 많은 자금을 제공할 수 있었던 것이다.

그렇다면 여보회는 어떤 계기로 김창숙에게 자금을 제공했을까. 여

68 『국역 유림단독립운동실기(심중일기)』, 원문, 27~28쪽, "厥後十餘日, 昌淑圭善二丈, 各收國內諸某某名帖而至. … 郭鍾錫所作巴里書, 具諸名帖旣畢, 金丈自願赴巴里, 其義氣已覺捨生, 令人感服. 從兄晦根曰: '山河萬里, 豈無資金而可達者耶?' 乃捐所帑金壹仟圓, 使壽根傳達. 臨發大人魚壽根曰: '吾知復明洞呂輔會有志人, 汝直往探聽焉' 壽根乘夜訪呂丈, 具言其實, 呂丈欣然聽從, 以二仟圓金助之. 翌曉, 赴金丈收□, 而向晋州李吉浩處去."

보회 역시 먼저 송준필과의 관계를 살펴볼 필요가 있다. 우선 여보회는 서명 의사를 밝힌 인물이다.[69] 즉 독립청원운동 동참에 적극적이었다. 이는 송준필의 처가가 성산여씨라는 점과 무관하지 않을 것이다.[70] 또한 송준필의 처남은 여상무(呂相武)인데, 그의 동생 여상윤(1856~1942) 역시 서명 의사를 밝힌 인물이다.[71] 비록 사료에서 구체적으로 기술되지는 않지만, 성주의 성산여씨들은 이런 인척관계를 매개로 송준필로부터 도움을 요청받았을 것이다. 이처럼 「심중실기」에 나타난 자금 제공자(송회근·여보회)는 송준필과 혈연이라는 연결고리가 있었던 것이다.

3) 제3기: 대표 파견 지원과 독립청원서 발송

독립청원운동의 최종단계는 준비된 독립청원서를 국제평화회의에 전달하는 일이었다. 우선 해외파견대표는 운동의 기획은 물론 서명자 규합과 자금 모집, 독립청원서 문안 확정 등을 주도한 김창숙이 자천·타천으로 임명되었다. 그런데 아쉽게도 그는 프랑스는 물론이고 중국을 여행한 경험도 전혀 없었다. 김복한 계열의 독립청원운동에 참여하여 출국을 준비하고 있던 임경호가 1910년대 초·중반 중국을 왕래한 경험을 가진 것과 크게 대비되었다. 따라서 출국 문제에 관한 한 김창숙은 곽종석의 조언에 절대적으로 의존하게 되었다.

---

69 『국역 유림단독립운동실기(심중일기)』, 원문, 21쪽.

70 송준필은 종손 송기선(宋祺善)의 2남으로, 후사가 없는 송대선(宋大善)에게 입양되었다. 송준필과 송회근·성산여씨(여보회)의 혈연관계에 대해서는 『야성송씨충숙공파보』 권상, 대보사, 1995, 64~65, 71, 77~79쪽 참조.

71 여상무(呂相武, 1874~1946)는 여상윤의 형으로, 성주 수촌백파(樹村伯派) 종손인 여영주(呂永胄)에게 입양되었다. 그런데 여영주의 첫째 사위가 바로 송준필이었다(『성산여씨대동보』 권2, 보문사, 2006, 333~337, 814~821쪽).

김창숙은 3월 21일경 상경을 앞두고 거창의 곽종석을 찾아갔다. 지방 순방의 마지막 일정이었다. 이 자리에서 김창숙은 곽종석과 함께 파리장서 문안을 확정했다. 곽종석은 김창숙에게 국외에 파견할 대표단의 구성, 소지품 준비, 재중 조선·중국 인사와의 협력 방안, 출국 후 비밀연락 방안 등에 관해 구체적으로 조언했다. 김창숙을 도울 인물로는 이현덕(1887~1964)을 지목했다. 『벽옹일대기』의 해당 내용을 보자.

> (김창숙과 독립청원서의 문안 수정을 끝낸 뒤-이하 괄호 안 인용자) 면우는 … 선생(김창숙)을 친히 불러 … "이후로 유림운동의 모든 책임이 군의 양 어깨에 내려졌으니 군은 모름지기 천만자중(千萬自重)하여 매사를 어린싹을 보호하듯 하라. 그리고 운동방책에 관해서는 해외에 파견할 책임자로는 이현덕 군을 보내겠으니 현덕 군과 더불어 불일 출발하여야 한다." 특명을 받은 선생은 모기 등에 태산을 진 듯한 느낌이여서 …[72]

위의 인용문에 따르면, 곽종석은 국외에 파견할 대표로 김창숙, 부대표로 이현덕을 지목했다. 논란이 되는 것은 이현덕의 협조 여부이다. 결과적으로 이현덕은 3월 말까지 김창숙 등과 만나기로 한 약속장소(경성)에 나타나지 않았다. 그러자 이현덕의 합류를 기다리던 유진태·이득년 등은 계획 차질을 우려해 김창숙에게 박돈서(朴敦緖)만 대동한 채 떠날 것을 권유했다.[73] 이현덕의 약속 불이행은 자칫 독립청원운동 전체에 악영향을 끼칠 수 있었다.

이현덕은 김창숙의 출국을 돕는 데 소극적이었을까. 일설에는 그

---

72 『벽옹일대기』, 77쪽.
73 『벽옹일대기』, 100쪽.

가 상경을 준비하던 중 치한을 만나 금품을 빼앗겼고, 이로 인해 상경할 수 없었다고 전한다. 그러나 '치한' 운운하는 말은 그것이 실제로 벌어진 일이었든 경찰의 감시로 인해 이동이 불가능한 상황을 설명하기 위한 것이었든 이현덕이 약속을 어긴 사정을 설명하기에는 부족해 보인다.

그러나 이현덕이 자신에게 주어진 임무를 회피했다고 보기는 어려울 것 같다. 우선 이현덕은 이승희(李承熙)·곽종석의 제자로,[74] 한주(寒洲) 학맥 내에서도 전도가 유망한 인물이었다. 이승희는 1910년대 초 한흥동 경영의 실패를 거울 삼아 서간도에 새로운 한인촌을 건설하는 일에 몰두하면서 곽종석에게 망명을 재촉했다. 이때 국내와 중국을 오가며 비밀서신을 전달한 인물이 바로 이현덕이었다.[75]

한편 이현덕은 파리장서운동에 적극 참여해 다양한 역할을 수행했다. 그는 3월 초 곽윤 일행과 마찬가지로 경성에 체류했다. 이때 김창숙은 곽윤 일행과 독립청원운동의 추진에 관해 협의했고, 김황과 이현덕에게 급히 거창으로 내려가 곽종석에게 자신의 계획을 전달해 줄 것을 요청했다.[76] 3월 말에는 부친 이수안을 포함해 박규호(朴圭浩)·하용제(河龍濟)(경남 산청)의 서명 의사를 김황에게 전달했다.[77] 더욱이 자신도 서명 의사를 밝혔다.[78] 따라서 이현덕은 김창숙의 중국행에 합류하지 못했지만, 처음부터 김창숙의 출국을 지원하는 일에 소극적이었다고 보기는 어려울 것이다.

---

74 이현덕이 이승희와 곽종석의 문하에서 수학한 사실이 확인된다(김병호 편, 『유학연원록』, 대한공보사, 1982, 708쪽; 「면문승교록」, 830쪽).

75 서동일, 「1910년대 한중유림의 교류와 공교운동」, 『한국민족운동사연구』 77, 한국민족운동사학회, 2013, 175쪽.

76 『벽옹일대기』, 72쪽.

77 「기미일기」, 음력 2월 24일, 41쪽.

78 「기파리소서사」, 음력 2월 25일, 35쪽. 그런데 1가(家) 1인(人) 서명 원칙에 따라 최종 명단에는 포함되지 못했다.

이 밖에 김창숙의 출국과 재중활동을 도운 인물들이 있었다. 경남 마산의 항구상인인 김창탁(金昌鐸)은 친족 김창숙이 국경까지 이동하는 데 편의를 제공했고,[79] 중국어에 능통한 박돈서는 김창숙이 경성에서 중국으로 출발할 때 동행했으며,[80] 중국 안동현(安東縣)에서 곡물상점을 운영하던 박광(朴洸, 1882~?)은 김창숙과 헤어지며 국내외 간 연락을 약속했다.[81] 상해에서는 윤현진(1892~1921)이 독립청원서(한문본)를 영문으로 번역했다고 전해진다.[82]

4. 유교독립운동의 연속성과 단절성

파리장서운동은 처음 이 활동을 기획한 인물과 파리장서에 서명한 인물, 그리고 실무를 맡은 인물들의 유기적인 연계활동 속에 가능했다. 협력자의 활동은 일부 서명자의 활동과 중복되었으나, 협력자들은 서명자들이 미처 감당하지 못하는 영역까지 파고들어 다양한 역할을 수행했다. 파리장서운동이 짧은 시간에 많은 인력을 동원했음에도 불구하고 경찰의 체포망을 피해 김창숙을 국외에 파견하는 단계까지 성공할 수 있었던 것도 협력자들의 조력이 있었기 때문이었다.[83]

---

79 김황, 『중재선생문집』 13, 부록, 「수기」, 94쪽.

80 「벽옹칠십삼년회상기」(상편), 313쪽. 김창숙의 회고와 달리 김황은 박돈서가 중국 봉천에서 합류했다고 하였다(「기파리소서사」, 81쪽).

81 『벽옹일대기』, 101쪽.

82 『벽옹일대기』, 107쪽.

83 조선총독부는 1919년 협력자들의 역량과 조직을 과소평가했다가 1925년 김창숙의 자금 모집활동이 독립운동기지 건설 시도와 나석주 의거로 이어진 점을 파악하고 아연실색했다. 당시 신문은 "경찰당국자들이 이들 학자나 유림을 업신여긴 것으로 별로

그런데 협력자들이 파리장서운동에 대한 신념을 잃지 않았던 것은 곽종석과 김창숙 등 중심인물들의 지속적인 설명 때문이었다는 점을 거론하지 않을 수 없다. 예를 들어 협력자들은 문중 어른 또는 스승의 지시에 따라 파리장서운동에 참여했으나, 유림이 '오랑캐'에게 독립을 호소하는 행위가 적절한 것인지에 대해서는 선뜻 확신하지 못했다. 이에 곽종석은 파리장서운동이 '유자(儒者)의 본색'은 아니지만 "국가를 위한 의무일 뿐만 아니라 실로 역시 유림의 지위를 위해 부득불 그렇게 한 것"이라고 설명하여[84] 협력자들의 의혹을 누그러뜨렸다. 이후 협력자들은 파리장서운동의 명분과 가치에 대해 더욱 확신을 갖게 되었고, 1920년대 중반까지 스승이 제시한 독립운동 노선을 충실히 계승했다.

그 대표적인 사례가 1921년 '제3차 독립청원운동'[85]이었다. 1919년 제1차 독립청원운동(파리장서운동)이 파리평화회의 측의 무반응으로 실패하고 1920년 중국 남경정부 대통령 손문(孫文)과 군벌 오패부(吳佩孚)에게 독립청원서를 보내려던 제2차 독립청원운동이 파견대표 이중업(李中業)의 병사로 좌절되었다. 이어 1921년 가을 손문에게 독립청원서를 보내려는 시도가 기획되었다. 김황은 제1차 독립청원운동, 즉 파리장서운동에 이어 다시 한 번 독립청원서를 기초하는 역할을 맡았다. 결과적으로 세 차례의 독립청원운동은 모두 실패로 끝났지만, 파리장서운동을 통해 공고

조사도 하지 않고 미심스러워도 생각지 않는 관계인바 여덟 해 동안이나 되는 사건은 이번이 처음이라더라"라고 하여, 오랫동안 비밀이 유지된 사실을 놀라워했다(『朝鮮日報』 1927년 2월 12일, 「前後 8年 동안 쥐도 새도 몰라」).

84 곽정, 『면우선생연보』 권6, 1956, 22b~23a쪽. "方議長書, 門人金銖金榥侍坐, 先生曰: 今日之挺身出名而冒禍患, 殆非儒者本色, 然顧今事體, 實有異於古昔者, 安可固守常節而不一聲明哉? 吾所以爲此者, 非但爲國家義務, 實亦所以爲儒林地, 不得不然"

85 제2, 3차 독립청원운동의 용어 사용과 운동 개요에 대해서는, 김희곤 외, 『봉화의 독립운동사』, 봉화군, 2007, 195~198쪽 참조.

해진 인적 연결망은 1920년대 중반까지 존속하였다. 이런 점은 1923년 김창백, 김창탁이 김창숙의 지시에 따라 자금 모집을 시도한 사실에서 잘 나타난다.[86]

파리장서운동의 협력자들은 1925년 독립운동기지 건설을 위한 자금 모집[87]의 주역으로 다시 부상했다. 이 활동을 기획한 김창숙은 자금 모집을 위해 입국하면서 파리장서 서명자(137명)를 주요 접촉대상으로 상정했다. 그러나 옛 서명자들의 반응은 냉담했다. 파리장서운동의 실패와 서명자들의 옥고, 태평양회의 종료를 계기로 나타난 독립청원운동의 좌절은 유림과 부호들로 하여금 독립운동 지원을 주저하게 만들었다. 이런 상황에서 김창숙은 친족·인척[88]과 파리장서운동의 협력자들에게 다시 한 번 기대를 걸었다.

1925년 독립운동기지 건설운동의 진행 과정에서는 파리장서운동 협력자의 활동이 파리장서 서명자에 비해 확실히 두드러졌다. 이들은 김창숙을 대신해 전국 곳곳을 누비며 자금을 모집했다. 대표적 인물은 김황, 곽윤, 김창백이었다. 김창숙은 비밀입국 후 경성에 숙소를 정하고 옛 동지들과 접촉을 시도했는데, 이때 처음 만난 인물이 김황과 곽윤이었다.[89] 두 사람은 1925년 10월 김창숙이 자금 모집을 위해 결성한 조직

---

86 경상북도경찰부, 「손후익 경찰 신문조서」(제1회)(1926. 5. 14.)(『제2차 유림단 사건-독립운동사 자료집』, 80~81쪽 수록).

87 김창숙의 독립운동기지 건설운동의 경과에 대해선, 김희곤, 「제2차 유림단의거 연구-심산 김창숙의 활동을 중심으로」, 『대동문화연구』 38, 대동문화연구원, 2001을 참고하였다.

88 김창숙의 매부 이영로(李泳魯), 사돈 손후익(孫厚翼, 둘째 아들의 장인)·이재락(李在洛, 둘째 딸의 시아버지), 사돈의 처남 정수기(鄭守基)가 그 대표적인 예이다.

89 김희곤, 「제2차 유림단의거 연구-심산 김창숙의 활동을 중심으로」, 472쪽.

인 신건동맹단(新建同盟團)에 가입하여[90] 곽종석 지지자들이 다수 거주하는 경남 진주, 거창 등지에서 부호들에게 자금을 요구했다. 특히 곽윤은 대구의 최해윤을, 김황은 진주의 하재화(서명자)를 만났는데,[91] 모두 이진상-곽종석 학맥의 인물들이었다. 즉 김황 등은 옛 파리장서 서명자들의 협조가 예상보다 미진하자 학연을 최대한 활용해 스승(곽종석)의 문집 간행과 독립운동 동참 사이에서 갈등하고 있는 동문들을 포섭하고자 한 것이다.

김창숙이 가장 신뢰하는 친족(사촌동생)인 김창백[92]은 파리장서운동에 이어 이번에도 김창숙을 적극 도왔다. 그는 영주의 김동진(서명자)에게 자금 모집원이 될 것을 요구하고, 김창숙이 자금 모집 독려차 마련한 1925년 12월 대구 회합과 1926년 부산 범어사 회합에 참석했다.[93] 또한 김창숙으로부터 '왜정기관의 파괴와 친일파 부호 박멸'에 관한 비밀계획을 듣기도 했다.[94] 한편 파리장서운동 당시 김창숙을 국경 부근까지 안내한 김창탁이 이번에도 김창숙의 출국을 도왔다. 그는 김창숙이 모집한 자금 3,550원을 휴대하고 삼랑진역(현 창원 마산)에서 김창숙을 만난 뒤 기차를 타고 경성을 거쳐 중국 봉천(奉天)까지 동행했다.[95] 이 밖에 배석하, 이기원, 이길호도 김창숙의 활동에 협조했다.

---

90 김희곤, 「제2차 유림단의거 연구-심산 김창숙의 활동을 중심으로」, 474쪽.

91 경상북도경찰부, 「송영우 경찰 신문조서」(제2회)(1926. 5. 20.)(『제2차 유림단 사건-독립운동사 자료집』, 42~43쪽 수록).

92 경상북도경찰부는 김창숙이 입국할 경우 만날 가능성이 높은 친족으로 김성림(金聖林), 이길호, 이재락과 더불어 김창백을 지목했다(경상북도경찰부, 「김창숙 소재 수사 보고서」(1926. 4. 8.)(『제2차 유림단 사건-독립운동사 자료집』, 13쪽 수록)).

93 김희곤, 「제2차 유림단의거 연구-심산 김창숙의 활동을 중심으로」, 475쪽.

94 『벽옹일대기』, 187쪽.

95 김희곤, 「제2차 유림단의거 연구-심산 김창숙의 활동을 중심으로」, 477~478쪽; 『벽옹일대기』, 186~189쪽.

이들은 1919년 파리장서 운동 당시 서명자에 포함되지 않아 '법적 처벌'을 면했지만, 1925년 독립운동기지 건설운동에서는 권총을 이용해 자금 제공을 요구한 사실이 나중에 밝혀져 처벌을 피하지 못했다. 이 활동으로 인해 11명이 유죄(벌금형 포함)를 받았는데, 이 중 파리장서 운동 협력자인 김창백은 징역 2년, 김창탁은 징역 10월 집행유예 2년을 받았다.[96] 김창백에게 언도된 징역 2년은 김창숙(징역 15년), 김화식(金華植)·송영우(宋永祐)(징역 3년)에 이어 가장 높은 형량이었다. 한편 김황은 체포되어 면소되었고,[97] 이기원은 7개월 옥고를 치렀으며,[98] 곽윤은 체포되었으나 지인의 도움으로 간신히 도망하여 한동안 도피생활을 했다고 전한다.[99]

협력자들은 1925년 독립운동기지 건설운동 이외에도 몇 가지 독립운동에 참여했다. 경북 영주의 부호인 김교림은 1920년 장병일(張炳一)에게 독립운동자금 400원을 제공했고,[100] 김천의 재력가인 이명균은 1920년 김찬규(金燦奎) 등과 함께 의용단(義勇團)을 결성한 뒤 재무총장에 선임되어 활동하다 체포되어 면소되었다.[101]

이 밖에도 협력자들은 1920년대를 풍미한 교육운동·언론운동·노동운동·청년운동·사회주의운동·민족통일전선운동 등 민족운동에 폭넓게 참여했다. 그것은 이들이 파리장서 서명자에 비해 상대적으로 젊었을 뿐

---

96 송영우 등 12인 판결문(대구지방법원, 1927. 3. 29.); 김창백 판결문(대구지방법원, 1929. 9. 30.).
97 송영우 등 29인 예심종결결정서(대구지방법원 예심계, 1927. 1. 21.).
98 「수기」, 90쪽.
99 「수기」, 92쪽.
100 국사편찬위원회, 『한민족독립운동사자료집』 42, 「김교림 신문조서」, 2000.
101 이응수 등 24인 예심종결결정서(대구지방법원 예심계, 1923. 9. 30.).

만 아니라 새로운 사상의 수용과 사회 참여 활동에 적극적인 인물들도 다수 포함되어 있었기 때문이다.

우선 언론·교육·노동운동 방면에서는, 이현덕이 1920년 협성상회(진주) 중역을 지내고 1928년 중외일보에 관여했으며,[102] 김창희(金昌禧)가 1923년 조선민립대학설립기성회 봉화지부 집행위원,[103] 박돈서가 1921년 조선노동공제회 대표자(총 61명), 독립운동사편찬위원회,[104] 이상훈(李相勳)이 1922년 조선노동공제회 대구지회 간사 및 1925년 경북청년연맹 기성위원으로 활동했다.[105]

노동운동에 참여한 인물들 중 일부는 사회주의 정당에 참여했다. 김응섭은 1924년 한족노동당에서 활동하고 1926년 조선공산당 만주총국 당위원을 지냈으며,[106] 이상훈은 1925년 조선공산당 입당 후 1928년 조선공산당 사건으로 징역 1년이 언도되었고,[107] 박돈서는 1934년 국제공산당 사건으로 체포되어 검사국에 송치되었다.[108]

이런 민족주의·사회주의 계열 민족운동은 1920년대 후반에 좌우합작 민족운동단체인 신간회의 결성을 계기로 합류되었다. 박돈서는 1927년 경성지회에서 활동했고,[109] 김창희는 1929년 봉화지회 대의원

---

102 『조선은행회사요록』, 1921; 『사상문제에 관한 조사서류』 5, 「주식회사 중외일보사 창립총회의 건」(경성 종로경찰서장, 1928. 11. 24.).

103 『조선일보』 1923년 6월 14일, 「민대 지방부, 봉화군과 개천군에서, 봉화지방부」.

104 『독립운동사자료집』 14, 1978, 114쪽.

105 강만길·성대경 엮음, 『한국사회주의운동인명사전』, 창작과비평사, 1996, 341쪽.

106 한시준, 『의회정치의 기틀을 마련한 홍진』, 탐구당, 2006, 38쪽; 신주백, 『만주지역 한인의 민족운동사(1920~45)』, 아세아문화사, 1999, 132쪽.

107 강만길·성대경 엮음, 『한국사회주의운동인명사전』, 창작과비평사, 1996, 341쪽.

108 『동아일보』 1934년 1월 17일, 「국제공산당사건 취조반세 만에 송국」.

109 『사상문제에 관한 조사서류』 3, 「신간회 경성지회 제2회 정기대회 개최의 건」(경성 종로경찰서장, 1927. 12. 11.).

에 선임되었으며,[110] 송규선은 칠곡지회 간사로 활동하고,[111] 송수근은 1927년 성주지회를 조직했다고 전한다.[112]

한편 파리장서운동 이후 연이은 체포와 옥고의 경험이 파리장서 서명자들에게 식민권력에 대한 두려움의 기억을 각인시켰듯이 1925년 김창숙의 독립운동기지 건설운동에 참여한 협력자들 역시 이런 집단적 공포를 간접 체험했던 것으로 보인다. 또한 태평양회의가 별 소득 없이 종료되자 독립에 대한 기대는 크게 위축되었다. 이런 조짐은 이미 자금 모집기간 동안 일부 인사들의 비협조적 태도에서 나타났다.

김창숙은 애초에 자금 모집 목표를 20만 원으로 삼고, 이길호에게 6만 원, 김교림에게 1만 원을 받기로 계획했다. 그러나 예상은 크게 빗나갔다. 이들은 '여비' 수준의 돈을 제공하거나 아예 거부하는 태도를 보였다. 김창숙은 가까운 친족과 동문마저 자금 제공에 소극적인 태도를 보이자, 폭탄 4개를 구입해 봉화와 진주에 폭탄을 던지지 않고는 못 참겠다며 분을 삭이지 못했다.[113] 경북 봉화는 의성김씨 친족들이 거주하는 곳이고, 경남 진주는 동문들(곽종석 학맥)과 인척이 거주하는 곳이었다.

옛 파리장서운동의 협력자들은 1925년 독립운동기지 건설을 위한 자금 모집활동 이후 점차 독립운동에 소극적인 태도를 보였다. 더욱 심각한 것은 협력자 중 유림으로 분류할 수 있는 인물들은 극소수를 제외하면 1920년대 중반 이후 독립운동과 사회운동 방면에서 별다른 활동

---

110 『동아일보』 1927년 8월 31일, 「신간봉화회 설립」; 『조선일보』 1929년 1월 8일, 「신간봉화지회 3회 정기대회」.

111 『중외일보』 1928년 7월 16일, 「칠곡 신지 간사회 개최」.

112 윤보현, 『경북판 독립운동실록』, 1974, 197~198쪽.

113 경상북도경찰부, 「송영우 경찰 신문조서」(제1회, 1926. 5. 14.)(『제2차 유림단 사건-독립운동사 자료집』, 86쪽 수록).

을 보이지 않았다는 점이다. 김창숙이 1919년과 1920년대 정세 변동에 따라 국내와 중국에서 독립청원운동, 독립운동기지 건설운동, 의열투쟁 등 다양한 독립운동을 이끌었던 것과 달리, 협력자들은 1920년대 초까지 여전히 독립청원운동에 기대를 걸고 있었다.[114]

이러한 전조는 시간을 거슬러 올라가 이미 1919년부터 관찰되었다. 1919년 3·1운동을 계기로 고조된 유림의 항일의식과 독립의 열망은 근대적 민족주의와 맥락을 달리했고, 고종의 갑작스런 죽음에 대한 복수(復讐)의식과 왕조시대의 회복에 대한 기대가 복합적으로 작용하여 발생한 것이었다. 이런 유림의 한계를 단적으로 보여 주는 것이 3·1독립선언 전야인 2월 28일 경성에서 김황과 임유동[115](林有棟, 1900~1950) 사이의 대화 내용이다. 두 인물 모두 곽종석의 제자였으나, 한 명(김황)은 구학문의 충실한 계승자가 되고, 다른 한 명(임유동)은 신학문의 수용자로 변신했다. 2월 28일 이들은 국권상실의 원인, 군권(君權)과 민권의 관계를 놓고 열띤 논쟁을 벌였다.

김황이 경성에 도착하여 가장 먼저 수소문한 인물은 동문 후배인 임유동이었다. 그만큼 이들의 평소 관계는 매우 친밀했다. 하지만 김황을 만난 임유동은 심기가 불편했다. 임유동의 눈에 비친 김황은 민족의 생존이 절체절명의 위기에 놓인 시점에 한가롭게 인산 구경차 상경한 시골 서생에 불과했다. 임유동은 김황에게 국권상실의 원인을 묻고, 그 근본 원인은 다름 아닌 유림의 뿌리 깊은 사대주의와 자국문화 경시 풍조에

114 김희곤, 「제2차 유림단의거 연구−심산 김창숙의 활동을 중심으로」, 465, 483쪽. 김희곤은 '제2차 유림단 의거'를 한국독립운동사에서 유림이 집단적으로 벌인 마지막 활동이라고 평가했다.

115 임유동의 형 임유량(林有樑)은 곽종석의 사위였고, 임유량·임유동 형제는 곽종석 문하에서 수학했다(「면문승교록」, 839, 841쪽).

있다고 지적했다. 나아가 중국사와 중국문화에 정통한 유림은 많지만 자국사와 자국문화에 정통한 유림이 있느냐고 지적했다.

이에 김황은 “만방에 법으로 삼을 만한 것이 하나라도 있다면 그것을 취한들 무슨 해가 되”겠느냐고 반문하면서, 오히려 “그대들의 내장에는 서국정신(西國精神)이 있어 조국정신(祖國精神)에 병통이 되지 않을까 걱정이다”고 지적했다. 또한 “우리나라 500년이 공고하다가 개화가 되어 과연 어떻게 됐느냐”며 국권상실의 원인을 개항과 개화에 두었다. 이에 임유동이 임금도 제 역할을 하지 못하면 바꿔야 한다고 발언하자 김황은 분노가 극에 달하여 대화를 중단하였다.[116]

곽종석 학맥은 유교계 내에서 서양과 근대문명에 가장 개방적인 학맥이었지만, 근대문명과 식민지 현실을 바라보는 눈은 여전히 보수적이었다. 김황과 임유동은 모두 어려서부터 유교의 세례를 받았고 3·1운동의 흐름에 적극 동참했지만, 3·1운동에 깊이 관여한 뒤 중국 망명을 앞두고 있던 임유동의 눈에 김황은 수구세력의 잔영에 불과했던 것이다.

한편 1920년대 후반부터 일부 인사들이 지역 유력자로서 식민지체제에 협조하는 자세를 보인 점은 눈여겨볼 필요가 있다. 송규선은 1927년 성주 초전면 면협의회원, 1930년 도평의회 후보, 1940년 초전금융조

---

116 「기미일기」, 음력 1월 28일, 26~28쪽. “榥曰: 君輩出去日久, 必有所見, 爲我言學校之裏許. … 棟曰: … 吾輩曩時有國, 而今無國, 頃也揚揚, 固萬國之一, 今則蹙蹙然, 爲人下之不免, 是何故? … 吾國自有聖人, 吾國自有史册, 吾國自有制度, 何之不足而必事支那也? 一箇事大字, 其禍至於今日, 則子輩之罪也. 榥曰: 事大者, 豈本心安乎? 抑勢之然也. … 豈獨支那萬邦, 有一可法, 則取之何害? 棟曰: … 吾邦則本無不足 … 其取之也, 不過大冠長袖, 褎然終日, 使之執一繩, 則已失之矣. 取之何爲? … 曾有儒者, 識本國史者乎? 曰: 奚爲不知也? … 榥曰: 君輩言吾人學華之非, 以要不失祖國精神也, 却恐君輩肚裏, 有西國精神, 其爲病於祖國精神 … 棟曰: 君爲民族之代表, 如車火甬上人一般代表不善, 則自當易之, 何有於尊重而世守之? 榥曰: 君言至此, 尙復奈何? 遂謝罷二人, 離目送之曰: 眞突兀漢也.”

합 감사,[117] 하익진은 진주 수곡면 면협의회원,[118] 이길호는 1942년 미곡 통제조합 창립총회 평의원[119]으로 활동했다. 또한 전시체제기의 개막과 함께 창립된 유림단체인 조선유교회[120]에 참여한 인물도 보인다. 김교림과 이기인은 발기인,[121] 김홍기는 학정(學正),[122] 김황은 경학사(經學士)[123]로 참여했다.

5. 앞으로의 연구과제

본 연구는 파리장서운동에 참여한 인물들을 중심인물과 주변인물로 구분하고, 곽종석·김창숙·장석영·송준필 등 영남 지역 중심인물의 활동에 협력한 주변인물들을 '협력자'로 명명해 인적 구성과 활동 내용을 살펴보고자 하였다. 이는 파리장서운동의 이념과 성격을 파리장서 서명자를 중심으로 이해하는 기존의 태도에서 벗어나 파리장서운동의 실질

117 『조선공직자명감』, 1927, 204쪽; 『중외일보』 1930년 2월 28일, 「각군 도평 쟁탈」; 『조선총독부관보』 1940년 5월 27일.

118 『소화2년 조선전도면직원록』, 문진당, 1927, 4쪽.

119 『동아일보』 1940년 2월 24일, 「진주미곡통제조합 창립총회를 개최」.

120 조선유교회의 성격에 대해서는, 학계에서도 친일단체로 보아야 한다는 주장(민족문제연구소 편, 『일제협력단체사전』, 2004, 572쪽)과 강사진의 구성에서 보이듯 민족주의적 단체로 보아야 한다는 주장(황영례, 「안순환의 유교 종교화 운동과 녹동서원」, 영남대 박사학위논문)이 엇갈리고 있다. 다만 조선유교회가 만주사변 직후 설립되고, 주요 간부가 친일유림으로 구성되었다는 점을 염두에 둘 필요가 있다. 이들 간부는 1930년대 친일유림단체인 조선유도연합회(1939)에 대거 참여했다.

121 조선유교회, 『조선유교회창립선언서급헌장』, 「조선유교회창립동지대표자씨명부」, 1933, 50쪽; 조선유교회, 『조선유교회창립선언서급헌장』, 「조선유교회교직명록」, 1933, 23쪽.

122 조선유교회, 『조선유교회창립선언서급헌장』, 「조선유교회교직명록」, 1933, 23쪽.

123 민족문제연구소 편, 『일제협력단체사전－국내 중앙편』, 574쪽.

적인 추진동력을 살펴보고, 이를 통해 1920년대 중반 이후에 나타난 유교독립운동의 연속과 단절을 파악하고자 한 것이었다.

현재까지 사료에서 확인된 파리장서운동 협력자는 68명이고, 영남 지역 인물은 64명으로 확인된다. 이 중 곽윤과 김황은 잘 알려져 있으나, 송규선과 정종호 등은 기존 연구에서 제대로 언급되지 않은 인물이다. 이들은 파리장서운동을 이끈 지도자나 파리장서 주요 서명자와의 혈연과 학연을 매개로 파리장서운동에 참여했다. 곽윤은 곽종석의 조카이고, 김황은 곽종석의 제자였으며, 송규선은 송준필의 족숙이었다. 특히 영남 지역 협력자 중 사승관계가 정확히 파악되는 인물의 50%에 해당하는 17명이 곽종석의 제자로 파악된다.

이들은 중심인물과의 관계에 따라 맡은 역할이 조금씩 달랐다. 혈연을 매개로 투입된 인물들은 좁은 지역에서 단순하지만 신속한 처리가 요구되는 사안을 맡았다. 서신 전달, 파리장서(초안·수정안·최종 완성본) 전달·정서(淨書)·보관, 동지 규합(서명 의사 확인), 자금 전달 등과 같은 사무였다. 반면 학연을 매개로 투입된 인물들은 상대적으로 복합적인 사무를 맡았다. 다양한 인사들과 접촉하면서 파리장서 서명을 독려하고 자금을 확보하는 일이었다.

이들의 활동은 파리장서운동의 흐름에 따라 3단계로 진행되었다. 먼저, 스승 또는 지방의 유교지도자들에게 운동의 개요를 설명하고 참여를 권유하며, 파리장서 집필을 요청했다(곽윤·김황·장시원·송규선·송수근). 이어, 파리장서 서명자를 규합하고 자금을 모집하며 운동의 진행상황을 지도부에 전달했다(김황·송규선·정종호·하익진·이기철). 마지막으로, 김창숙의 국외파견을 지원했다(이현덕·박돈서·박광). 특히 송규선·정종호가 김창숙의 영향력이 미치지 않는 지역에서 서명자를 규합한 사실은 김창숙의 회고기에 기술되지 않은 사실로, 더욱 주목해야 하고 앞으로 좀 더 규명해야 할 부분이다.

파리장서운동의 협력자들은 운동 당시 2선 활동을 이유로 파리장서 서명에 참여하지 않았다. 그런 까닭에 일본 경찰의 체포를 피해 1920년대 독립운동의 주역으로 성장하였다. 특히 1925년 김창숙이 독립운동기지 건설을 위한 자금 모집을 목적으로 비밀리에 입국하자 옛 파리장서 서명자와 김창숙의 친족·동문들은 협조를 꺼려했던 반면, 협력자인 김황 등은 파리장서운동의 풍부한 경험과 독립운동에 대한 확고한 신념을 바탕으로 김창숙의 활동에 적극 협력했다.

그러나 이들도 1920년대 중반을 기점으로 민족운동과 독립운동의 대오에서 이탈해 갔다. 이들은 1920년대 전반 파리장서운동의 중심인물인 곽종석·장석영·송준필 등이 내건 독립운동 목표와 운동 노선을 충실히 계승했으나, 국내외 정세 변동에 맞춰 새로운 사상을 수용하고 독립운동 노선을 보완하는 데에는 소극적이었다. 특히 1927년 이들의 구심점인 김창숙이 체포되면서 협력자들의 활동은 크게 위축되었고, 일부 인사는 식민지체제에 순응하는 지방유력자의 면모를 보이기 시작했다. 그 구체적인 내용에 대해서는 앞으로 별도의 연구가 필요할 것으로 보인다.

별표 1 파리장서운동 협력자의 인적사항과 주요 활동

	성명	출생연도	나이(1919년 기준)	주거지	학맥	주요 활동	근거
1	곽윤(郭奫)	1881	39	경남 거창	곽종석	곽종석의 조카. 김창숙의 운동 제안 수락, 김창숙의 계획을 곽종석에게 전달, 파리장서 최종본 정서(淨書)	벽옹 108쪽
2	김교림(金敎林)	1865	55	경북 영주		김창숙과 영주 지역 협조방안 모색	감상
3	김노동*(金魯東)	1899	21	충남 홍성	김복한	김복한의 아들. 유호근에게 서명 권유	사가 5a쪽
4	김수(金銖)	1890	30	경남 합천	곽종석	곽종석에게 파리장서 기초를 요청받았으나 사양. 곽종석 지시로 의령 방문	기미 38, 39쪽
5	김양모(金瀁模)				김흥락	서명 의사 표명(탈락)	실기 21쪽
6	김우식(金愚植)					김창숙이 출국 직전 차후 운동방향 논의	벽옹 91쪽
7	김응섭(金應燮)	1878	42	경북 안동		조선국권회복단 대표로 파리장서를 휴대하고 상해 도착, 김창숙과 상봉	벽옹 103쪽
8	김진상(金震相)	1890	30	경남 산청		윤정수를 김황의 집으로 데려옴	중재 79쪽
9	김창백(金昌百)	1879	41	경북 봉화		김창숙의 사촌동생. 봉화 바래미를 방문한 김창숙과 회동	벽옹 75쪽
10	김창탁(金昌鐸)	1881	39	경남 진주		상인. 김창숙 출국 시 국경까지 인도	중재 94쪽
11	김창희(金昌禧)	1897	23	경북 봉화	곽종석	부친 김뇌식은 부호	
12	김태진(金泰鎭)					서명 의사 표명?	명첩
13	김홍기(金鴻基)	1884	36	경북 봉화		봉화 바래미를 방문한 김창숙과 회동	벽옹 75쪽
14	김황(金榥)	1896	24	경남 산청	곽종석	김창숙의 운동 계획을 곽종석에게 전달, 산청·진주 일대에서 동지 규합	벽옹 72쪽
15	김희봉(金熙琫)	1874	46	경북 창녕		경찰에 체포된 '사건관계자'	요사 252쪽
16	류달영(柳達永)					서명 의사 표명?	명첩
17	류연구(柳淵龜)					서명 의사 표명?	명첩
18	류원중(柳遠重)	1861	59		정재규	서명 의사 표명(철회)	중재 80쪽

19	문존호(文存浩)	1884	36	경남 산청	곽종석	부친 문용(서명자)과 함께 체포	심산 280쪽
20	박광(朴洸)	1882	38	중국 안동		상인. 중국 안동현에서 김창숙으로부터 국내연락 부탁받음	벽옹 101쪽
21	박돈서(朴敦緖)			경북 성주?		경성에서 김창숙의 중국행에 동행	벽옹 101쪽
22	박응종(朴膺鍾)	1893	27	경남 산청	곽종석	진주에서 동지 규합	기미 41쪽
23	배문창(裵文昶)	1864	56	경남 함안	곽종석	동지 규합	기미 39쪽
24	배석하(裵錫夏)	1857?	63?	경북 칠곡	이만도	관련자	벽옹 108쪽
25	손진형(孫晋衡)	1870	50			이중업·장석영의 요청에 따라 조카 손후익을 보내 돕게 하려 했으나 실패	문암 35a~b쪽
26	송규선(宋圭善)	1887	33	경북 성주	송준필	송준필의 운동 계획에 동조, 김창숙을 백세각으로 초치, 김창숙과 함께 다전 곽종석 방문. 서명 의사 표명(탈락)	실기 27, 51~52쪽, 판결(1919. 5. 20.), 감상
27	송상익(宋象翼)					관련자	형사사건부(1919)
28	송수근(宋壽根)	1896	24	경북 성주	송준필	장석영에게 부친(송준필)의 운동 동참 요청 편지 전달, 동지 규합, 김창숙에게 여비 전달	실기 26~28, 52~53쪽
29	송인건(宋寅建)	1892	28	경북 성주		송준필에게 서명자 명단 규합 의사 표명	겸헌
30	송인집(宋寅輯)	1886	34	경북 성주	송준필	이기정에게 서명 권유	실기 52쪽
31	송홍래(宋鴻來)	1866	54	경북 성주		서명 의사 표명?	명첩
32	송회근(宋晦根)	1877	43	경북 성주		송준필의 조카. 서명 의사 표명(탈락), 김창숙에게 여비 1천 원 제공	실기 21, 28, 51쪽
33	안종묵(安鍾默)	1887	33	경북 영천		관련자	벽옹 108쪽
34	여보회(呂輔會)	1861	59	경북 성주	장복추	서명 의사 표명(탈락), 김창숙에게 여비 2천 원 제공	실기 21, 28쪽
35	여상윤(呂相胤)	1855	65	경북 성주		서명 의사 표명(탈락)	판결(1919. 5. 20.), 실기 21쪽
36	윤정수(尹正洙)					김황·김진상 접촉	중재 79쪽
37	윤현진(尹顯振)	1892	28	경남 양산		파리장서를 영문으로 번역	벽옹 107쪽
38	이교인(李敎仁)	1887	33	경북 영주	김동진	김창숙과 함께 영주 지역 운동 확대 방안 논의	벽옹 74쪽

39	이기원 (李基元)	1885	35	경북 성주	곽종석	경찰에 체포된 '사건관계자'?	요사 252쪽
40	이기윤 (李基允)	1891	29	경북 성주	장석영	경찰에 체포된 '사건관계자'	요사 252쪽
41	이기철 (李基轍)			경북 거창?		김창숙으로부터 연락사무 부탁받음	단상
42	이길호 (李吉浩)	1893	27	경남 진주		김창숙의 매형. 성주 순방을 마친 김창숙이 다음 면담 대상자로 선정	실기 28쪽
43	이달필 (李達馝)			경남 산청	송준필	송준필에게 독립청원운동 권유	실기 24쪽
44	이명균 (李明均)	1864	56	경북 김천	곽종석	관련자	요사 250쪽
45	이병철 (李炳喆)	1883	37	경북 성주		경찰에 체포된 '사건관계자'	요사 252쪽
46	이상훈 (李相薰)	1894	26	대구		부친(이윤)이 김창숙에 대한 협력 지시	벽옹 108쪽
47	이영규* (李永珪)				김복한	김복한 지시에 따라 경성에 파견되어 임경호와 접촉	지산 6a쪽
48	이윤 (李潤)			대구		아들 이상훈에게 김창숙 협력 지시	벽옹 108쪽
49	이재락 (李在洛)	1886	34	경북 울산		김창숙의 매제. 모의 가담	2차 130쪽
50	이정기 (李貞基)					서명 의사 표명?	명첩
51	이정기 (李定基)	1898	22	경북 성주	이두훈	서명 의사 표명? 경찰에 체포된 '사건관계자'	요사 248, 250쪽
52	이필호 (李弼鎬)					관련자	벽옹 108쪽
53	이현덕 (李鉉德)	1887	33	경남 하동	곽종석	서명자 이수안의 아들. 경성에서 김창숙으로부터 협조 요청받음. 서명 의사 표명(탈락). 김황에게 서명자 명단 전달	벽옹 72쪽, 중재 41, 80쪽
54	임필희 (林苾熙)			경남 거창	곽종석	서명 의사 표명?	명첩
55	장시원 (張始遠)	1870	50			장석영의 조카. 장석영의 파리장서 초안을 곽종석에게 전달	선문 7a쪽
56	장진영 (張鎭永)	1886	34		송준필	송준필 지시에 따라 김창숙에게 협력	동산 3a쪽
57	장진호 (張鎭浩)					이봉희로부터 서명 권유받음	판결문(1919. 5. 20.)
58	장진홍 (張鎭洪)	1873	47	경북 성주		경찰에 체포된 '사건관계자'	요사 252쪽

59	전용욱*(田溶彧)	1899	21	충남 홍성	김복한	김복한 지시로 경성에 파견되어 임경호와 접촉	지산 6a쪽
60	정재성(鄭載星)	1863	57	경남 거창	곽종석	서명 의사 표명?	명첩
61	정종호(鄭宗鎬)	1875	45	경북 성주	노상직	노상직의 형인 노상익의 사위. 장석영으로부터 파리장서를 받아 윤상태에게 전달, 서명 의사 표명(탈락)	실기 21쪽
62	최해윤(崔海潤)	1873	47	대구	곽종석	부호, 관련자	벽옹 108쪽
63	하경락(河經洛)	1876	44	경남 진주	곽종석	서명 의사 표명?	명첩
64	하영규(河泳奎)	1871	49	경남 진주	곽종석	서명 의사 표명(탈락)	중재 41쪽
65	하영두(河泳斗)					서명 의사 표명(탈락)	중재 41쪽
66	하익진(河益鎭)	1878	42	경남 진주	곽종석	서명자 하재화의 아들. 진양하씨 문중 서명자 명단 수합·전달	중재 41쪽
67	하재국(河載國)	1867	53	경남 진주	곽종석	서명 의사 표명(탈락)	중재 41쪽
68	황일성*(黃佾性)			충남 홍성?	김복한	서명자 황택성의 재종제. 부호. 김복한 지시로 경성에 파견되어 임경호와 접촉	지산 6a쪽

* 김복한 계열의 협력자

※ 전거

감상: 김창숙, 「기미유림단사건에 관한 추억의 감상」(독립기념관 소장 복제본)
겸헌: 송인건, 『겸헌문집』 권4, 「행장」
동산: 장진영, 『동산유집』, 권4, 「행장」
명첩: 김창숙?, 「파리장서명첩」
문암: 손후익, 『문암선생문집』 권22, 「중부호봉부군유사」(홍익대 소장본)
벽옹: 심산기념사업준비위원회 편역, 『(심산김창숙선생투쟁사) 벽옹일대기』, 태을출판사, 1965
사가: 유호근, 『사가집』 권1, 「여김원오」(신유), 경인문화사, 1993
심산: 김창숙, 『심산유고』, 국사편찬위원회, 1973
실기: 유림단독립운동실기편찬위원회 편, 『국역 유림단독립운동실기(심중일기)』, 원문, 대보사, 2001
요사: 경상북도경찰부, 『고등경찰요사』, 1935
중재: 김황, 『중재선생문집』 13, 천자족보사, 1998
지산: 김노동, 『지산선생연보』 권2, 1952
선문: 장석영, 『선문별집』 지, 「흑산일록」(장세민 소장본)
2차: 남부희 편역, 『제2차 유림단 사건－독립운동사 자료집』, 불휘, 1992

제2부

만주의 꿈

제5장 20세기 초 영남 유림의 만주 이주와 초기 정착과정

이은영

제5장

20세기 초 영남 유림의 만주 이주와 초기 정착과정

*****

일제는 만주로 이주한 영남 유림을 그냥 두지 않았다. 걸핏하면 찾아와서 일본 경축일에는 일장기를 꽂도록 강요하였다. 한인들에게 고유의 한복도 입지 못하게 하였다. 이에 더해 일본인으로 입적하도록 강요했다. 생활이 어려운 만주의 영남 유림들을 상대로 세금납부책자를 갖고 와서 때론 회유하고, 때론 협박을 일삼았다. 이에 노상익은 번거롭게 자주 찾아오지 말고 총칼로 한 번에 죽이라며 강력히 저항했다.

1. 시대 상황

19세기 말 국운(國運)이 다해 가던 조선은 내부적으로 누적된 관료들의 부패와 권력 다툼 속에 상당히 어지러웠다. 외부적으로는 중국 중심의 세계가 해체되고 서세동점(西勢東漸)의 세계정세 속에서 준비 없이 급작스럽게 밀려드는 외세와 열강 앞에 조선은 속수무책이었다. 이렇게 조선이 내외적으로 혼란을 겪는 동안 청나라는 종주국으로 군림하던 행태를 버리지 못하고 조선을 자국의 속국으로 규정하며 조선의 독자적 외교활동을 방해하였다. 한편 동아시아 지역의 패권을 노리던 일본은 조선을 병탄하기 위해서는 청나라로부터 조선을 분리시키는 일이 급선무라고 판단했다. 그에 따라 일본은 자신들의 야욕을 실현하기 위해 1875년에 발생한 운양호(雲揚號) 사건을 빌미로 1876년 조선과 불평등한 강화도 조약을 강제 체결하였다. 이어서 일본은 조선에 통리기무아문을 설치하고, 신사유람단과 영선사 등을 파견하는 등 조선 병탄을 위한 계획을 하나하나 착수해 나갔다. 그러던 1894년 전라도 고부군수 조병갑의 가혹한 착취에 대한 반발로 동학농민전쟁이 일어났다. 그와 함께 갑오개혁이 시작되면서 조선의 봉건사회는 붕괴되고 말았다. 밖에서는 조선의 지배권을 두고 청일전쟁이 벌어졌는데 일본이 승리했다. 자신감에 찬 일본은 1895년 조선 병탄의 장애물로 여기던 민황후를 살해한 후 친일내각을 사주하여 민황후를 폐위하고 단발령 실시와 노비제도 폐지 등 개혁적 법령을 공포하였다. 그러자 전국의 유림(儒林)은 그동안 살아오던 생활방식을 강제적으로 탈바꿈해야 하는 현실에 직면하였다. 그러나 뚜렷한 대응 방법을 모색하지 못한 채 우왕좌왕했다. 그 틈에 일제에 의해 민황후 폐위 조칙이 내려졌다. 이에 전국 유림은 분노하기에 이르렀고, 친일내각을 포함한 일본세력 축출을 위한 의병운동이 전국적으로 일어났다. 그러자 1896년 고종은 러시아 공사관으로 옮겨가 1년여간 생활하면서 친러내각을 수립하였고, 고종의 의병 해산 명령에 따라 전국 의병은 해산하였다. 그 후 1897년 조선은 중국의 종주국에서 완전히 탈피하였다. 그리고 국가의 면모를 새롭게 하고자 국호를 대한제국으로 바꾸었다. 그런데 1904년 러일전쟁에서 승리한 일본이 1905년 을사늑약을 체결하고 외교권을 박탈해 가면서 대한제국은 실질적으로 국권의 일부를 상실하게 되었다.

이러한 일련의 사건을 지켜본 유림은 을사늑약 체결로 나라가 망했다고 인식했다. 그리고 의병 투쟁이 다시 시작되었다. 유림 가운데 일부는 직접 의병 투쟁에 나섰다. 그러자 일제는 점점 더 거세지는 의병 투쟁을 막기 위해 1909년 9월부터 약 2개월에 걸쳐 조선 의병 토벌을 위한 남한대토벌작전(南韓大討伐作戰)을 전개했다. 이에 의병들은 일제의 탄압을 피하고 국권 회복을 도모하기 위해 대거 해외로 떠났다. 그들의 종착지는 대부분 만주 지역이었다. 이후 의병들은 만주에서 무장 항일 독립운동에 전념했다. 그사이 유림의 해외 이주도 간간이 이어졌다. 그리고 1910년 경술국치 후 일제강점기가 본격적으로 시작되면서부터 해외로 이주하는 유림이 줄을 이었다. 이들 유림들 또한 의병들처럼 만주로의 이주가 주를 이루었다. 그 만주로 이주한 유림의 중심에 바로 영남 유림이 있었다.

영남 유림은 단순히 개인적 핍박을 피해서 만주로 이주한 것이 아니었다. 그들은 평생 익힌 학문대로, 망국(亡國)에 대한 절개를 지킴과 동시에 잃어버린 국권을 회복하겠다는 역사적 사명감을 갖고 떠났다. 이는 현재 독립유공자로 지정된 만주 이주 영남 유림의 수가 적지 않다는 사실을 통해서 확인된다.

그럼에도 불구하고 오늘날 영남 유림이 만주로 왜 이주를 했는지, 그곳에서 어떻게 생활했으며, 무슨 활동을 했는지에 대해 영남 지역 사람들조차 제대로 알고 있는 사람을 만나기 어렵다.

일제강점 시기 내내 영남 유림의 만주 이주는 계속되었지만 그들의 만주 이주는 기본적으로 외교권을 상실한 1905년 을사늑약 직후부터 일부 시작되었고, 일제강점 시기를 크게 구분할 때 기준점이 되는 3·1운동 직전까지 집중적으로 이어졌다.

따라서 3·1만세운동 100주년을 맞이하여 20세기 초 영남 유림이 해외 이주를 결심하게 된 원인과 만주 지역을 이주지로 선택한 이유는 무엇이었으며, 그들의 이주 규모 및 경로는 어떠했는지, 그들이 만주에 정착하는 중에 겪었던 다양한 어려움에는 어떤 것들이 있었는지, 나아가 그들이 만주에서 독립을 위해 활동한 면모에 대해 살펴보는 것은 충분히 의미 있는 일이다.

이를 통해 영남 유림이 만주 이주 초기 정착 과정에서 겪은 온갖 고난이 명확히 드러날 것이며, 그들이 만주 정착 과정에서 겪은 시행착오는 후에 만주로 이주해 온 영남 유림의 만주생활 적응에 길라잡이 역할을 했음이 밝혀질 것이다. 아울러 이들이 온갖 고난 속에서 벌인 독립운동의 면모가 드러날 것이며, 이는 후에 만주로 이주해 온 영남 유림이 벌인 독립운동의 초석이 되었음이 밝혀질 것이다. 나아가 이를 토대로 해외에서 활약하던 독립운동가들의 생활상도 일부 엿볼 수 있을 것으로 기대한다.

2. 이주 원인과 이주지 선택 이유

1) 이주 원인

1910년 한일합방조약이 체결된 날, 일명 경술국치일부터 일제는 더 이상 침략야욕을 감출 필요도 없이 노골적으로 한반도를 짓밟아 댔다. 조선이라는 국호가 사라진 현실 앞에서 조선의 백성이었던 사람들은 제대로 저항도 해 보지 못한 채 하루아침에 일제의 지배를 받게 된 것이다.

이에 앞서 의식이 깨어 있는 유림은 일제에게 외교권을 박탈당한 을사늑약 때 이미 나라가 망했음을 인식하고 해외로 떠났다. 곳곳의 수많은 유림이 해외로 이주를 했지만 특히 영남 지역 유림의 줄지은 해외 이주가 시작되었다.

해외 이주라는 행동은 동일했지만 영남 유림의 해외 이주는 제각각의 이유를 갖고 있다. 이들 영남 유림이 해외로 이주한 이유를 큰 틀에서 나눠 보면 다음과 같다.

(1) 관료로서의 지조

유림은 기본적으로 관료란 나라와 운명을 함께해야 한다고 배웠다. 따라서 관료 출신들은 나라가 망했을 때 그에 맞춰 자결을 해야 마땅했다. 그래서 일부 관료 출신들은 자결을 택했다. 그러나 또 다른 관료 출신들은 당장의 죽음으로는 국가에 아무런 도움이 되지 못한다고 판단하고, 자신들이 할 일을 찾기 위해 해외로의 이주를 택했다.

경상남도 의령(宜寧) 출신으로 흥해군수(興海郡守) 등을 역임한 수파 안효제(守坡 安孝濟, 1850~1916), 경상남도 김해(金海) 출신으로 밀양(密陽)에 거주하고 홍문관시강(弘文館侍講) 등을 역임한 대눌 노상익(大訥 盧相益, 1849~1941) 등이 그들이다. 실제로 안효제의 경우 경술국치 직후 죽으려고 7일 동안 금식을 하기도 했다.[1]

안효제는 1910년 11월 일제가 주는 은사금을 거부하여 두 차례 구금되었던 인물이다. 노상익 또한 1906년 2월 이등박문이 부산에 올 때 요주의 인물로 지목되어 영남루(嶺南樓)에 구금된 일이 있고, 은사금을 거부한 일로 태룡동파견소(泰龍洞派遣所)에 구금되었다 풀려났다가 다시 영남루에 압송되었다 풀려난 후 일제의 감시를 받으며 살았던 인물이다.[2]

1 이은영, 『요동의 학이 되어—일제강점기 서간도 망명 우국지사 이건승·안효제·노상익·노상직·예대희·조정규와 안창제를 중심으로』, 학자원, 2016, 44쪽 참조.

2 이은영, 위의 책, 84쪽 참조.

은사금을 거부한 관료 출신의 행보가 앞으로 어떠할 것인지 명약관화했으므로 일제는 그들의 일거수일투족을 삼엄하게 감시할 수밖에 없었다. 일제는 존망받던 관료 출신의 언행 하나하나가 일반 조선인들에게 끼치는 영향력이 막대하다는 것을 인식했기 때문이다. 이러한 사실은 아래 안효제의 글을 통해서 확인된다.

> 나라가 없어진 후로부터 국가를 구원할 계책이 없이, 다만 서산(西山)과 율리(栗里)의 절개를 고수하면서 도리를 지키며 살기를 도모했다. 그런데 은사금을 받지 않는다는 이유로 두 차례나 옥살이를 치른 후로는 하는 일마다 조사를 해대서, 죽으려고 해도 죽지 못하고, 동작 하나조차 자유로이 할 수가 없었다.[3]

이처럼 관료 출신들은 관료로서의 지조를 지키기 위해 은사금을 거부하며 일제에 저항했다. 그리고 자결 대신 국권회복운동을 하고자 했으나 일제의 삼엄한 감시 속에서는 활동이 큰 제약을 받을 수밖에 없다고 판단했기 때문에 해외 이주를 결심하고 떠났던 것이다.

(2) 평생 익힌 학문 추구

유림은 대대로 절개를 중시하는 가문에서 태어나고 자랐다. 따라서 이들에게 불사이군(不事二君)이란 있을 수 없는 일이다. 그리고 이들은 언행일치의 삶을 살아야 한다고 배웠다. 평생 익힌 것을 실천하는 언행일치의 삶이야말로 유림이 종국적으로 추구하는 삶이었기 때문에 영남 유림은 일제와 한 하늘 아래 살 수 없어 해외로 떠났다.

---

3 이은영, 위의 책, 78쪽 참조.

1908년 블라디보스토크로 망명한 후 중국 각지를 떠돌다 만주 지역에서 생을 마감한 경상북도 성주(星州) 출신의 한계 이승희(韓溪 李承熙, 1847~1916), 경상남도 김해(金海) 출신으로 밀양에 거주하던 소눌 노상직(小訥 盧相稷, 1855~1931), 경상북도 청도(淸道) 출신의 이산 예대희(伊山 芮大僖, 1868~1939), 경상남도 의령(宜寧) 출신의 송은 안창제(松隱 安昌濟, 1866~1931), 경상북도 안동 출신의 석주 이상룡(石洲 李相龍, 1858~1932), 경상북도 경주 출신의 상경헌 이능호(常敬軒 李能灝, 1854~1919) 등이 그들이다.

안창제의 시를 한 편 살펴보도록 하자. 아래는 안창제가 중국인과 필담을 나누며 자신의 마음을 드러낸 시 「여중국인필담시지(2수)(與中國人筆談示志(二首))」 중 제2수이다.

胡乃殊方自苦辛	어찌하여 다른 나라에서 자처하여 고생을 하는가
青邱無地托斯身	우리나라[청구(青邱)]엔 이 몸 의탁할 땅이 없어서라네
寧隨魯子蹈東海	차라리 노중련(魯仲連)을 따라 동해(東海)를 밟을지언정
肯服讐夷作僕臣	원수 같은 오랑캐에게 복종하여 복신(僕臣)되기를 기꺼워하랴[4]

안창제는 차라리 동해에 빠져 죽을지언정 원수 같은 일제의 복신(僕臣)으로 사는 일은 의리상 있을 수 없는 일이기 때문에 경술국치 직후 만주로 이주했다. 이처럼 학자 출신들은 일제가 지배하는 땅에서 일제와 한 하늘 아래 사는 일은 의리상 있을 수 없다는 이유로 해외 이주를 택했다.

4 이은영, 「松隱 安昌濟의 西間島 亡命詩 硏究」, 『대동한문학』 제41집, 대동한문학회, 2014, 508쪽 재인용.

(3) 경작지 개척

영남 유림 가운데에는 농사 목적으로 해외로 이주한 인물도 있다. 서천 조정규(西川 趙貞奎, 1853~1920) 등이 그들이다. 조정규는 해외 이주에 앞서 조카 조용돈(趙鏞惇)을 시켜서 요하(遼河) 지역을 돌아보게 하였고, 1913년에는 자신이 직접 만주 지역을 돌아보고 왔다. 이때 조정규는 그곳에서 이승희·안효제·노상익 등을 만나 만주 지역에서 농사지을 것을 약속하고 돌아온 후 가산을 정리해서 만주로 이주했다.

조정규가 만주로 이주할 때 표면적으로 내세운 것은 농사였다. 그러나 조정규가 만주에서 만난 인물들의 면모를 살펴보면 그렇지 않다는 것을 알 수 있다. 이에 더해 조정규는 스스로 "차마 선왕의 백성들로 하여금 다른 나라 땅강아지나 개미의 먹이가 되게 할 수는 없었기 때문"[5] 이라고 자신의 해외 이주 목적을 이야기하고 있다.

실제로 1914년 만주로 이주한 조정규는 고국을 떠나올 때 마련해 온 거금을 만주를 떠도는 유민들의 경작자금으로 쓰기 위해 이승희에게 내놓았다. 이에 이승희는 자신의 돈과 조정규의 돈을 합쳐서 덕흥보(德興堡)에 280일경(日耕), 곧 50,400평이나 되는 토지를 마련해서 유민들의 정착지로 삼고자 했다. 그런데 봄이 되면서 자신들이 구입한 토지가 바닷물이 유입되어 농사에 부적합한 땅으로 판명 나면서 두 사람 모두 실망하였다. 그로 인해 시름을 이기지 못한 이승희는 숨을 거두었고, 조정규는 풍토병을 이기지 못하고 귀국한 후 2년 뒤에 숨을 거두었다.

---

5 이은영, 앞의 책, 96쪽 참조.

(4) 일본 정부로부터의 시달림

관료 출신 영남 유림은 일본 정부로부터 은사금을 받지 않는다는 이유, 또는 소요를 일으킬 것에 대한 염려 등을 이유로 다양하게 시달림을 받았다. 그런데 당사자가 사망을 했다고 해서 끝이 아니었다. 당사자가 사망한 후에는 그 시달림이 당사자의 가족이나 친인척들에게까지 이어졌다.

비서원 승(秘書院丞) 등을 역임한 관료로, 을미사변 직후부터 의병장으로 왕성하게 활약하며 항일투쟁에 전념하던 경상북도 구미 출신 왕산 허위(旺山 許蔿, 1855~1908)는 1908년 일본 헌병대에 잡혀 교수형에 처해졌다. 그런데 허위 일가(一家) 사람들은 허위 사후에도 일제에게 엄청난 시달림을 당했다. 이를 견디지 못한 허위 일가는 1915년 만주로 이주를 했는데, 그들은 이주에 앞서 서로 집을 바꿔 살기도 했다. 일제의 감시를 피하고, 자신들을 감시하는 일본 순사들을 혼란시키기 위해 꾸며 낸 계책이었다.[6] 그런데 일제에게서만 시달림을 당한 것이 아니다. 일제의 사주를 받은 조선인 밀정들이 허위 일가의 동정(動靜)을 일제에 보고하곤 했다. 밀정의 밀고로 동정에 의심을 받던 사람들은 경무청에 감금되었다니오기도 하고, 경찰서에 잡혀가 한 달 이상 있다 나오기도 했다.[7]

(5) 독립운동에 직간접 참여

영남 유림은 관료로서의 지조를 지키기 위해서, 평생 익힌 학문 추

6 허은 구술, 변창애 기록, 『아직도 내 귀엔 서간도 바람소리가—독립투사 이상룡 선생 손부 허은 회고록』, 민족문제연구소, 2018, 24쪽 참조.

7 허은 구술, 변창애 기록, 위의 책, 45쪽 참조.

구를 위해서, 경작지를 개척하기 위해서, 일본 정부로부터의 시달림을 피하기 위해서 등 다양한 이유로 해외로 이주했다. 그러나 이들 대부분은 일제가 강점한 나라를 구하겠다는 간절한 마음이 있었고, 열혈지사(熱血志士)들이 강토(疆土)를 회복하겠다는 일념으로 적극적 또는 직간접적인 항일운동을 전개하기 위해 만주로 이주했다[8]는 것은 부정할 수 없는 사실이다.

따라서 영남 유림의 해외 이주는 함경도 지역에서 척박한 토지와 잇따른 기근(饑饉)을 피해 생존을 위한 농경지 개척을 목적으로 해외로 이주한 것과는 다르다. 또 범죄자가 도피 목적으로 해외로 도주한 것과도 다르다. 이에 더해 일제가 1931년 9·18 만주사변 때부터 1945년 사이 자신들의 만주 침략 도구로 삼기 위해 한인들을 정책상(政策上) 해외로 이주시킨 것과도 다르다.

이들 영남 유림의 해외 이주가 가치를 지니는 이유는 국내에 머물면서 일제와의 관계를 최소한의 비타협적 방식을 택하고, 일제가 하는 일마다 비협조적인 자세를 취하거나 은둔한 유림들보다 적극적으로 항일정신을 드러냈다는 것이다. 특히 현실에 타협하고 일제에 순응한 유림 대부분이 국민을 선동하는 일제의 도구로 쓰인 것과 엄연히 차별된다는 점에서 가치를 더한다.

2) 이주지 선택 이유

영남 유림 대부분이 드넓은 세상 가운데 만주를 이주지로 선택한 이

---

8 국사편찬위원회, 『한국독립운동사(자료 27 임정편 XII)』, 국사편찬위원회, 1994, 65쪽 참조.

유는 무엇일까?

첫째, 만주는 역사적으로 고조선과 고구려의 한민족 고대문화가 형성된 민족고토(民族故土)였기 때문이다.

다음 예대희의 글을 보도록 하자.

> 압록강을 건너 북쪽 옛 부여와 고구려의 옛 터전에서 거처한 지 이미 오래였다.

안효제가 만주를 이주지로 선택한 이유는 아래 안효제가 쓴 「요하일기(遼河日記)」를 통해서도 확인된다.

> 서간도 한 구역은 실로 수천 년 전에 단군(檀君)과 기자(箕子)가 다스리던 옛 땅으로, 땅은 중국 관할이지만 전쟁의 우려가 드문 곳이라 저곳은 이곳보다 좋은 점이 있고, 한인(韓人) 중 세상을 피해 간 사람들이 많이 살고 있습니다.[9]

이처럼 영남 유림은 지금은 중국 관할이 되어 버렸지만 만주 지역은 본래 부여와 고구려의 옛 터전이라고 인식했기 때문에 만주 지역으로의 이주를 택했다.

둘째, 압록강이나 두만강만 건너면 국내 진입이 용이한 지리적 근접성 때문이다. 이러한 이점은 국내와의 소통이 상해나 북경 등지에 비해 수월하다는 점까지 이어진다.

셋째, 1909년 9월 4일 '간도협약' 체결 이후 만주는 더 이상 조선 땅

---

9 이은영, 앞의 책, 104쪽 재인용.

은 아니었지만, 봉금지대(封禁地帶) 후에는 물론 1875년 봉금령 폐지 후에도 지속적으로 늘어난 이주 한인들로 인해 기왕에 대규모 한인사회가 형성되어 있었기 때문이다.

넷째, 교통의 편리성 때문이다. 중국으로 통하는 중심선에 평양과 신의주가 있다. 그리고 중국 진출을 꾀하던 일제는 1905년 경부선에 이어 1906년 경의선을 완전히 개통시켰다. 더욱이 1911년 11월에는 압록강 철교까지 놓여졌다. 또 1912년 6월에는 부산에서 길림성 장춘(長春) 간 직통열차 운행이 개시되었으며, 1917년 11월부터는 부산에서 안동(安東, 현 단동丹東) 간 운행되던 직통열차가 봉천(奉天, 현 심양沈陽)까지 연장운행하게 되었다.[10] 그에 따라 영남 유림이 만주로 이주하기가 훨씬 용이해졌다. 그 밖에 영남 유림은 부산에서 배를 타고 함경남도 원산항으로 가서 그곳에서부터 다른 교통수단을 이용해 만주로 들어갔다. 그렇지 않으면 원산항에서 다시 배를 이용해 블라디보스토크로 건너갔다가 만주로 들어갔다.

다섯째, 만주 지역은 1840년대에 유민(流民) 온 한인들에 의해 수전농(水田農)이 성공을 거둔 후 벼농사가 가능한 지역으로 변모해 갔기 때문이다.

여섯째, 초기 이주 한인들에게 토지 소유권을 인정해 주고, 치발역복(薙髮易服), 입적(入籍) 등을 강요하지 않던 청나라와의 관계 때문이다.[11]

그러나 이러한 이유들은 영남 유림이 만주로 이주하는 데 그리 큰 영향을 끼치지는 못했다. 그들은 일제와 한 하늘을 이고 살 수 없고, 국

---

10 부산광역시 홈페이지(http://www.busan.go.kr/) <부산의 역사>–<일제강점기 연표> 참조.

11 이은영, 앞의 책, 101~102쪽 참조.

권 회복을 위해 자신들이 할 수 있는 역할을 찾을 만한 곳으로 하루빨리 떠나기 위해 만주로의 이주를 택한 것이기 때문이다.

3. 이주 규모 및 이주 경로

1) 이주 규모

안창제는 1910년 경술국치 직후 가솔들만 이끌고 만주로 이주했다.[12] 안창제의 형 안효제는 1911년 11월 겹겹이 둘러쳐진 일본 경찰의 감시망을 뚫고 이주를 했던 만큼 안창제와 마찬가지로 소규모의 가솔들만 움직였을 것으로 파악된다. 노상익 또한 1911년 11월 일제의 감시를 피해 만주로 이주하면서 헤진 이불 한 채에 잔편(殘編) 두서너 편만을 가지고 갔던 만큼 극소수의 인원만 움직였음을 알 수 있다. 형 노상익이 떠난 지 1개월 뒤에 만주로 이주한 노상직 또한 형과 별 차이 없는 규모로 이주했을 것임에 틀림없다. 그에 반해 예대희는 1912년 5월 족당과 문하생 십여 가구와 함께 이주를 했고, 조정규는 1914년 이주에 앞서 모은 소작인 30여 명과 함께 쟁기와 따비 등의 농기구는 물론 나귀와 송아지까지 기차에 싣고 이주했다.[13]

간도 방면 이주자가 점점 증가하던 1915년 일제 문건에 따르면, 만주로 이주한 불평분자 조정규 등의 권유로 그해 3월 하순 경상남도 함안군에서는 31명이 서간도 봉천 부근으로 이주를 했고, 또 경상남도

12 이은영, 앞의 논문, 2014, 501쪽 참조.
13 이은영, 앞의 책, 147쪽 참조.

거창군(居昌郡) 내에서는 남녀 19명이 서간도로 이주를 했으며, 김해 창원군(昌原郡)에서도 만주로 이주하는 사람들이 늘어난 것[14]으로 확인되고 있다.

그런데 1944년 7월 만주 지역의 한인 숫자는 총 2백31만 명에 달했다. 그중 해방 후에 귀국한 사람이 약 80만 명이고, 그 가운데 안동(현 단동)을 거쳐 귀국한 사람이 약 60만 명에 달한다.[15] 이는 당시 만주 지역에 있던 한인 대부분이 서간도 지역에 거주했음을 의미한다. 그중 영남 유림의 규모가 얼마인지는 확인되지 않고 있으나, 영남 유림 대다수 또한 서간도 지역에 거주했음을 유추해 볼 수 있다.

2) 이주 경로

영남 유림의 광활한 만주 이주지까지의 경로는 도착지에 따라 달라질 수밖에 없다. 그러나 만주까지의 이주 경로는 최종적으로 압록강과 두만강을 사이에 두고 달라졌다.

만주로 이주한 영남 유림은 신의주까지는 기차를 이용했다. 만주로 이주할 영남 유림은 1905년에 개통된 경부선을 타고 서울로 올라왔다. 노상익과 노상직은 거주지 근처의 밀양역에서, 허위 일가는 김천의 부상역(扶桑驛)에서 기차를 탔다. 이처럼 영남 유림은 각자 거주지 근처의 경부선 역에서 출발했다.

영남 유림 대부분은 만주로 이주하면서 처음 기차를 탔다. 기차에는 칸마다 일본인들이 다니면서 조선인들을 감시했고, 승객으로 가장한 독

---

14 국사편찬위원회, 『不逞團關係雜件－朝鮮人의 部－在滿洲의 部(4)』, 「地方民情彙報」(警高機發 제721호)(1915. 4. 15.) 참조.

15 국사편찬위원회, 위의 책, 70~71쪽 참조.

립운동가를 잡아내기 위해 열차 수색원들은 수시로 기차 안을 오갔다.[16]

당시 기차 속도는 하룻밤 사이에 국경 지역인 신의주까지 도달할 정도로 빠르지 못했다. 그래서 경부선 기차를 타고 서울에 도착한 영남 유림은 남대문역에 내려 최소 하룻밤을 서울에서 지내야 했다. 남대문역은 오늘날 서울역의 옛 이름이다. 경인선이 개통되던 1900년 7월 숭례문 밖에 있던 남대문역은 1923년 경성역으로, 해방 후에 서울역으로 이름이 바뀌었다.[17] 서울에서 하룻밤 이상을 묵은 영남 유림은 1906년에 개통된 경의선 기차로 갈아타고 신의주까지 갔다.

이처럼 영남 유림의 만주 이주가 줄을 이을 즈음에는 신의주까지 철도가 놓여 있었기 때문에 만주로 이주하는 영남 유림의 신의주까지의 경로는 서로 다를 바가 없었다. 신의주에 도착한 영남 유림은 그곳에서 하차하여 최소 하룻밤을 묵었다. 영남 유림 일행 대부분은 밀양 갑부로 소문난 손일민(孫逸民, 1884~1939)이 만주로 가는 사람들의 뒤를 보살펴 주기 위해 신의주에서 경영하고 있는 여관에서 묵었다.[18]

그러나 국경의 강을 사이에 두고 영남 유림의 이주 경로는 확연히 달라졌다. 그중 서간도 방향으로 들어가는 영남 유림은 이곳에서 배를 타고 건널 것인가, 아니면 안동까지 기차를 타고 건널 것인가 선택의 갈림길에 놓이게 된다. 다만 기차로 압록강을 건너는 일은 일제가 만주 진출을 위해 1911년 11월 1일에 개통시킨 압록강 철교가 놓인 이후에나 가능했다. 그로 인해 1911년 11월 이후부터 영남 유림의 만주 진입은 훨씬 용이해졌다. 특히 예전에 영남 유림이 만주로 들어가기 위해서

---

16 허은 구술, 변창애 기록, 앞의 책, 48쪽 참조.

17 이은영·이채경 등,『철로 위에 선 근대 지식인』, 민속원, 2015, 121쪽 참조.

18 허은 구술, 변창애 기록, 앞의 책, 49쪽 참조.

는 남대문역에서 최소한 하룻밤을 묵어 가야 했던 것과는 달리 1917년 11월부터는 부산에서 안동까지 운행되던 직통열차가 봉천까지 연장 운행하게[19] 되면서 더 이상 남대문에서 하룻밤 이상을 묵어 갈 필요가 없어졌다.

그럼에도 불구하고 영남 유림 가운데에는 고국을 떠나기 싫은 마음에 일부러 신의주역에서 내려 이성계가 회군을 했던 위화도(威化島) 등을 돌아보며 며칠씩 묵어 간 것도 사실이다.

그렇다면 1911년 11월 1일 이전에 만주 지역으로 들어간 영남 유림은 어떻게 압록강을 건넜을까?

안창제의 경우 압록강 철교가 놓이기 1년 전인 1910년 11월 만주로 이주했던 만큼 철로를 이용해서 압록강을 건널 수는 없었다. 현재 안창제가 정확히 어떤 경로로 압록강을 건넜는지는 확인되지 않고 있다. 그러나 안창제와 비슷한 시기인 같은 해 9월 강화(江華)를 출발해서 만주로 이주한 경재 이건승(耕齋 李建昇, 1858~1924)은 압록강이 얼 때까지 기다렸다가 얼음 썰매를 이용해서 강을 건넜다. 따라서 이건승이 압록강을 건널 때보다 추위가 더 심해진 때에 강을 건넌 안창제의 경우 이건승이 압록강을 건넌 것과 유사한 과정을 거쳐 고국을 떠났을 것임을 짐작할 수 있다.[20]

이처럼 압록강 철교 개통 전 겨울에는 압록강이 얼기를 기다렸다가 빙판길을 건넜다. 그리고 여름에는 배를 이용해서 건넜다. 그런데 압록강 철교 개통 후라고 모든 영남의 유림이 철도를 이용했느냐 하면 그것

19 각주 10 참조.
20 이은영, 앞의 논문, 2014, 509쪽 참조.

도 아니다.

허위 일가의 경우 1915년 만주로 이주했음에도 불구하고 배를 이용해서 강을 건넜다. 당시 허위 일가가 배를 이용한 이유는 국경선을 넘는 기차 안에서 있을 불심검문을 피하기 위해서였다. 배를 타고 있는 동안에는 일본 순사들과 마주칠 일이 없고, 배를 타고 압록강을 거슬러 올라가는 것이 육로보다 안전하고 수월하다는 판단 때문이었다. 허위 일가는 신의주에서 묵는 동안 중국인 사공이 노를 젓는 돛단배를 구했다. 바람이 순조로우면 돛단배는 순항을 했지만 바람이 없거나 3, 4월 가물어서 강물이 줄어들면 제대로 나아갈 수가 없었다. 이럴 경우 사람들은 배에서 내렸고, 일행 중 젊은 청년들이 배에다 줄을 매어 끌고 가야 했다. 당시 허위 일가는 보름 동안 강을 거슬러 올라가면서 물이 얕은 곳을 만나면 배에서 내려 쉬거나 밥을 해 먹기도 했다. 그러나 아이들은 멀미 때문에 배 안의 좁은 방에 누워 있거나 굴뚝에 기대앉아 있기 일쑤였다.[21]

이처럼 서간도로 이주한 영남 유림 가운데 대다수는 신의주역 또는 안동역 또는 봉천역 또는 장춘역 등에 도착하는 것으로써 기차를 이용한 만주 지역으로의 이주를 끝냈다.

북간도로의 이주는 상황이 조금 달랐다. 첫째, 1912년 6월 부산에서 길림성 장춘까지 연장 운행된 직통열차를 타고 북간도로 가는 방법,[22] 둘째, 부산항에서 배를 타고 원산항으로 이동한 후, 그곳에서 다시 배를 타고 블라디보스토크로 가서 북간도로 들어가는 방법, 셋째, 부산

21 허은 구술, 변창애 기록, 앞의 책, 50쪽 참조.
22 각주 10 참조.

항에서 배를 타고 도착한 원산항에서부터는 다른 교통수단을 이용해서 북간도로 들어가는 방법 등을 이용했다. 그 밖에는 서간도 지역으로 들어간 영남 유림처럼 안동이나 봉천까지 기차를 타고 가서 다시 우마차나 말[馬] 등을 이용해서 북간도로 이동하기도 했다.

기차나 배 등을 이용해서 만주로 들어간 영남 유림은 자신들이 거주할 최종 목적지까지 다시 이동을 해야 했다. 압록강을 거슬러 올라간 허위 일가는 우리나라 말보다 몸집이 큰 만주 말 20필의 등에 짐을 싣고, 그 위에 노인과 아주 어린 아이들만 앉히고, 여덟아홉 살 되는 어린 아이들까지도 걸려서 최종 목적지에 도착했다. 가는 동안 중국인 마부들은 비가 오나 눈이 오나 첫닭이 울면 어김없이 길을 떠났고, 날이 저물면 무덤 속같이 기다랗고 더러운 이부자리가 있는 여관에서 묵었다.[23]

안효제 또한 압록강을 건넌 후 마차로 달려간 최(崔) 아무개 집에서 이틀 밤을 묵었다. 그 후 다시 마차를 타고 육백 리 길을 달려 통화현을 지났다. 그곳에서 하루를 묵은 안효제는 눈길과 빙판길을 걸어 유하현 양지(陽知)의 청인점(淸人店)에 도착하였다. 당시 안효제는 천여 리의 눈길을 달리고 빙판길을 걸으면서 정강이 털이 다 빠질 정도로 고생을 하였다.[24]

영남 유림이 만주로 이주한 때는 오늘날과 달리 도로도 잘 닦여 있지 않고, 교통수단도 발달되지 못했다. 그러한 만큼 영남 유림의 만주 이주는 많은 시간과 고생이 따랐다. 그런데 여기서 잠시 상기할 것은 일제를 피해 만주로 떠나는 영남 유림이 만주로 이주하기 위해 일제에 의

---

23 허은 구술, 변창애 기록, 앞의 책, 54~55쪽 참조.
24 이은영, 앞의 책, 143쪽 참조.

해 놓여진 철로를 이용해야 했고, 철로를 따라 빠르게 달리는 기차를 보며 경이로움까지 느끼는 아이러니한 일이 벌어졌다는 것이다. 그로 인해 만주로 이주하는 영남 유림의 착잡한 심정은 말로 다 형용하기 어려웠을 것이다.

4. 이주 초기 정착과정

영남 유림이 만주 이주를 결심하기까지 가장 힘든 일은 무엇이었을까? 효를 백행의 근원으로 생각하고 실천하던 유림이다. 그들에게 있어 조상 산소를 두고 언제 돌아올지 기약도 없이 만주로 이주하는 일은 참을 수 없는 고통이었다. 누가 내 대신 조상 산소를 돌봐 줄지, 만주로 이주한 후 조상 산소를 일제가 파헤치지는 않을지 수많은 고민이 따랐다. 그러나 이들은 조상 산소를 돌보는 일보다 망국에 대해 의리를 지키는 것과 국권회복에 더 큰 의미를 부여하고 만주로의 이주를 택했다.

조상 산소를 두고 떠날 만큼의 울분을 품고 만주 이주를 결심한 영남 유림은 먼저 자신들이 정착할 곳에 대한 정보를 수집했다. 영남 유림은 다양한 경로를 통해 수집한 자료를 바탕으로 정착지를 정하고 처음 계획한 지역에 도착했다. 그러나 처음 도착지가 그들의 최종 정착지는 아니었다. 이들은 보다 안정된 생활을 위한 정착지를 찾느라 이리저리 떠돌아야 했다. 그런데 이들이 정착지 선택을 위해 떠돌면서 마주한 만주생활은 상상 그 이상이었다. 각오는 하고 떠나왔지만 현지인과의 언어소통이 제대로 되지 않는 것부터 시작해서 빈곤과 질병으로 인한 고통, 음식 문화 차이에서 오는 괴로움, 이국풍토에 대한 적응의 어려움,

비적(匪賊)의 습격으로 인한 두려움, 형제 지인들과의 이별과 사별로 인한 고통에 더해 처음과 달리 변해 버린 중국 민심 등 온갖 고난이 곳곳에 산재해 있었다. 살아남아야 이주한 만주에서 자신들이 할 일을 찾을 수 있다는 생각에 그들은 치열하게 삶과의 전쟁을 벌여 나갔다.

1) 정착지 선택

만주로 이주해 오기에 앞서 영남 유림은 책 또는 먼저 만주로 이주한 지인 등을 통해서 만주에 대한 사전 정보를 입수했다.

정보 중에는 강만 건너면 광활한 신천지가 펼쳐지는데, 거기에는 빼앗긴 조국을 찾으려는 조선 젊은이들의 홍길동처럼 신출귀몰한 활약이 대단하다는 정보도 있었다. 또 만주는 땅이 기름지고 좋아서 구덩이만 크게 파 놓으면 팔뚝만 한 기장과 조 등의 곡식이 저절로 자란다는 소문도 있었다. 주로 희망적인 이야기와 용감한 활약상에 대한 내용들이었다.[25]

조정규는 조카를 시켜서 이주할 곳을 돌아보고 오게 한 후, 자신이 직접 이주할 곳을 돌아보고 와서 이주를 결심했다.

이처럼 영남 유림은 자신들이 수집한 정보를 바탕으로 최종 정착지를 정했다. 그러나 자신들이 가진 이주지의 정보와 실제 도착해서 체감한 현실은 사뭇 달랐다. 만주 지역은 너무 광활했고, 만주생활은 결코 녹록지 않았다. 결국 만주에서 생을 마감할 결심으로 이주해 온 영남 유림은 오랜 기간 생활하기에 알맞은 거주지를 찾기 위해 이리저리 떠돌 수밖에 없었다.

---

25 허은 구술, 변창애 기록, 앞의 책, 47쪽 참조.

1915년 음력 3월 허위 일가는 만주로 이주하기 위해 경상북도 구미 출신의 성산 허겸(性山 許蒹, 1851~1939)을 따라 길을 나섰다. 허겸은 허위 일가보다 앞서 만주로 이주해서 자리를 잡았던 사람이다. 따라서 허위 일가는 자신들의 만주생활이 그리 험난하지는 않을 것이라 생각했다. 그런데 허위 일가는 처음 정착지인 통화현 다황거우에 머물다 그곳에서 50리가량 떨어진 진두허로 거주지를 옮겼다. 이유는 만주 사람의 논을 소작 부칠 수 있다는 소문 때문이었다. 그런데 토질이 푸석푸석해서 식물이 제대로 뿌리를 내리지 못했다. 결국 농사가 안 되는 곳에서 오래 거주할 수 없다는 판단에 따라 허위 일가는 다시 만리거우로 이사를 했다가 또다시 유하현 우두거우로 거주지를 옮겼다.[26] 30호 정도의 한인들이 살고 있던 우두거우 또한 밭농사만 가능한 곳이었기 때문에 허위 일가는 다시 논농사가 가능한 유하현의 고산자와 삼원포 쪽으로 이사를 했다. 그곳에는 한인들이 많이 거주하고 있는 데다 당시만 해도 중국인 지주가 영농비용 일체를 부담하고 추후에 갚도록 했기 때문이었다.[27] 이처럼 영남 유림은 논농사에 적합한 곳을 찾기 위해 거주지를 옮겨 다녔다.

안효제는 1911년 11월 압록강을 건너 유하현에 도착했다가 1912년에는 임강현으로 옮겼다. 그 후 안동현에 고국을 등진 사대부들이 많이 살고 있다는 노상익의 편지를 받고, 그곳으로 거주지를 옮겼다.[28] 이처럼 지인의 편지를 받고 거주지를 옮긴 경우도 있다. 그런데 노상익의 편지를 받기에 앞서 안효제는 자신을 문안하러 오던 외아들 안철상(安喆

26 허은 구술, 변창애 기록, 위의 책, 63, 65, 68쪽 참조.
27 허은 구술, 변창애 기록, 위의 책, 69쪽 참조.
28 이은영, 앞의 책, 150쪽 참조.

相)이 비적(匪賊)의 습격을 받은 후, 혹여 부친이 비적에게 해를 당할까 염려하여 거주지를 옮길 것을 간청한 일로 이주를 고민하고 있었다. 따라서 안효제는 고국을 등진 사대부들이 많이 살고 있는 곳에서 그들과 함께 살고 싶은 마음과, 비적 떼의 습격으로부터 안전한 곳을 찾아 거주지를 옮겼음을 알 수 있다.

이승희는 1908년 블라디보스토크로 망명을 떠났으나 독립운동을 위해 북간도로 서간도로 종횡무진 거주지를 옮겨 다녔다. 이처럼 만주로 이주한 영남 유림은 여러 가지 복합적인 이유로 거주지를 자주 옮겼다.

2) 언어소통

만주생활 가운데 가장 먼저 부딪치는 문제는 언어불통의 문제였다. 언어만 제대로 소통이 되면 살다 불거지는 여러 가지 문제는 해결할 기회를 찾을 수 있기 때문이다. 그러나 언어소통이 단절되면 음식물 하나 구입하는 것조차 쉬운 일이 아니다. 영남 유림 또한 결코 이로부터 자유로울 수는 없었다.

만주로 이주한 영남 유림은 평생 한학(漢學)을 공부한 인사들이었던 만큼 만주에서 비록 언어가 달라 대화는 불가능해도 필담으로는 의사소통이 가능할 것으로 생각했다. 그런데 만주에 사는 중국인 가운데에는 글을 아는 사람이 거의 없었다. 영남 유림은 만주에서 자신들과 필담으로 의사소통할 정도로 글을 익힌 중국인을 만나기가 매우 어렵다는 것을 깨달았다.

만주로 이주한 영남 유림은 한인들끼리의 대화만으로는 만주생활에 한계가 있을 것이라 생각하고, 필담이 불가능한 중국인과의 소통을 위해 최소한의 생활 중국어를 습득하기로 했다.[29] 오늘날 젊은이들이 어학연수를 떠나 그 나라 언어를 익히는 일도 쉬운 일은 아니다. 하물며 만주로 이주한 영남 유림 대다수가 환갑 전후의 나이였음을 상기한다면 그들이 중국어를 익히는 데 얼마나 어려움이 있었을지 충분히 가늠해 볼 수 있다.

그런데 노상익은 환갑이 넘은 나이에 만주에서 중국어를 익혔다. 이러한 사실은 노상익이 만주에서 쓴 『견문쇄록(見聞瑣錄)』의 〈수견록(隨見錄)〉을 통해서 확인된다.

당시 노상익은 아래와 같이 중국어 발음법을 「화음언해(華音諺解)」에 실어 두었다.

표 1 「화음언해(華音諺解)」[30]

ᄫᅮ: 부우兩字音ᄒᆞᆫ게예ᄉᆞ로부치ᄂᆞᆫ음	ᄫᅡ: 바아兩字音ᄒᆞᆫ게되게부치ᄂᆞᆫ음
ㅗ: 아모바침에ᄉᆞ오	ㅜ: 아모바침에ᄉᆞ우
ᄉᆑ: 쒸	ᄋᆑ: 위로동니이되게부치ᄂᆞᆫ음
ᄌᆄ: 좌ᄌᆞ음과 갓트되되게부치ᄂᆞᆫ음	ᄎᆄ: ᄎᆄᄌᆞ음과갓트되되게부치ᄂᆞᆫ음
ᄒᆑ: 훠로동니이되게부치ᄂᆞᆫ음	ᄌᆑ: 줘로동니이되게부치ᄂᆞᆫ음

또 다음과 같이 실생활에 필요한 중국어 120개를 기록해 두고 수시로 익혔다.

---

29 이은영, 위의 책, 184쪽 참조.

30 이은영, 위의 책, 185쪽 〈표 1〉「화음언해(華音諺解)」 재인용.

표 2 노상익이 만주에서 익힌 중국어[31]

	壯쫭田텬:조흔밧	薄박田텬: 사오나온밧	一이晌샹地디: ᄒᆞᆫ나잘가리
현	좋은 밭(기름진 밭)	사나운 밭(메마른 밭)	한나절 갈이
	犁리兒얼: 보	鏵화子즈: 보십날	犁리欒쟝: 보부츨나모
현	보(보습)	보습 날	보(보습)에 붙이는 나무
	鋤추頭특: 호믜	鏟찬子즈: 셔셔기음ᄆᆡᄂᆞᆫ호믜	木므把바子즈: 나모소시랑
현	호미	서서 김매는 호미	나무 쇠스랑
	鉄텨把바子즈: 쇠소시랑	鐵텨鍬챠: 삷	鎌련刀단: 낫
현	철 쇠스랑	삽	낫
	大다鍋궈兒얼: 가마	銅퉁匙츠: 놋수가락	快쾌子즈: 져가락
현	가마솥	놋숟가락	젓가락
	秤핑子즈: 큰져울	等등子즈: 져근저울	秤핑錘취: 져울추
현	큰 저울	작은 저울	저울추
	毫한星싱: 저울눈	等등盤판星싱: 져울다림보다	鋼쌍刀단: 조흔칼
현	저울눈	저울 다림을 보다	좋은 칼(강철 칼)
	鍘지刀닾: 삭노	推뒤鉋반: ᄃᆡᄑᆡ	斧부子즈: 독긔
현	작두	대패(연장의 일종)	도끼
	鉅쥬子즈: 톱	豎슈桅위: 돗ᄃᆡ세우다	遭잔風봉: 바람만나다
현	톱	돛대를 세우다	바람을 만나다
	錐쥐子즈: 송곳	撑창舡촨: ᄇᆡ젓다	擺배渡두: ᄇᆡ건너ᄂᆞᆫ목
현	송곳	배를 젓다	나루터
	火호鎌련: 부쇠	柁타: 치	櫓루: ᄇᆡ밋틔젓ᄂᆞᆫ나무
현	부쇠(부싯쇠)	키	배 밑에 젓는 나무
	火호石시: 부쇳돌	猫맏繩싱: 닷줄	划화子즈: ᄇᆡ젓ᄂᆞᆫ가ᄅᆡ
현	부싯돌	닻줄	배 젓는 가래

31 이은영, 위의 책, 186~187쪽 〈표 2〉「대눌이 익힌 생활 한어(漢語)」에 현대어 풀이를 추가했다.

	火호絨융: 부쇳깃	鉄텨猫맏: 닷	掛과篷펑: ᄇᆡ돗다다
현	부싯깃	닻	배에 돛을 달다
	圍위屛핑: 병퓽	鑽찬弓궁: 비븨활	卸셔篷펑: ᄇᆡ돗지으다
현	병풍	비비활(구멍 뚫을 때 쓰는 활)	배 돛을 내리다
	夜여壺후: 요강	浩호鑽찬: 활비븨	水쉬手식: 사공 或 舵도工궁
현	요강	활비비(송곳의 일종)	사공
	篦비子즈: 참빗	梳수子즈: 얼에빗	裝쟝舡촨: ᄇᆡ의싯다
현	참빗	얼레빗	배에 싣다
	開캐舡촨: □□	停팅泊뱌: ᄇᆡ셕셰드다	抛펴猫맏: 닷쥬다
현	출항하다(舡=航)	정박하다	닻을 내리다
	拔바猫맏: 다것다	攏룽岸안: ᄇᆡ뭇틔ᄃᆡ히다	卸셔舡촨: ᄇᆡ짐부리다
현	닻을 올리다	배를 뭍에 대다	배의 짐을 내리다
	稻닾子즈: 벼	粳징子즈: 조흔살	大다麥매: 보리
현	벼	좋은 쌀(멥쌀)	보리
	小쌷麥매: 밀	(穈/心)미子즈: 기장	大다黃황米미: 기장살
현	밀	기장	기장쌀
	小쌷米미: 좁살	小쌷黃황米미: ᄎᆞ조살	穀구子즈: 것조
현	좁쌀	차조	겉조
	稗배子즈: 피살	高갇粱량: 수수	黃황豆드: 누른콩
현	돌피	수수	누런 콩
	小쌷豆드	菉뤼豆드: 녹두	芝즈麻마: 참ᄭᆡ
현	소두	녹두	참깨
	蘇수子즈: 들ᄭᆡ	麩 부 子즈: 밀기올	穀구草챂: 조집
현	들깨	밀기울	조짚
	玉위米미: 강낭이	包반米미: 강낭이	薥수楷졔: 슈슈ᄃᆡ
현	옥수수	옥수수	수숫대
	豆듀楷졔: 콩각지	麻마楷졔: 참ᄀᆡᄃᆡ	粘년的디: 통칭찰것
현	콩깍지	(깨를 털고 난) 참깨대	찰진 것

	白빅菜치: 빅치	蘿로葍부: 무우	芹친菜치: 미나리
현	배추	무	미나리
	同퉁蒿화: 쑥갓	粹라葱충: 파	蒜쏸頭투:마날
현	쑥갓	파	마늘
	芋위頭투: 토란	莧현菜치: 비름	冬둥苽과: 동화
현	토란	비름	동아
	黃황苽과: 물외	甛뎐苽과: 참외	苽과瓤양: 읫속
현	오이	참외	박속
	倭워瓜과: 호박	葫후蘆루: 박	茄쳐子즈: 가지
현	호박	박	가지
	木무耳얼: 남긔버셧	苦지莄긍: 도릭	沙싸蔘쓴: 더덕
현	목이버섯	도라지	더덕
	山싼藥야: 마	拳퀀頭투菜치: 고사리	搖야頭투菜치: 둘읍
현	마	고사리	두릅
	師파米미: 쌀쓸타	打다水쉬: 물깃다	舀얀水쉬: 물뜨다
현	쌀을 방이 찧다	물을 긷다	물을 푸다
	淘탄水쉬: 물이다	做주飯반: 밥짓다	蒸징飯반: 찐밥
현	물에 일다	밥을 짓다	찐밥
	爛today飯반: 무른밥	餿수飯반: 쉰밥	燋챂飯반: 누른밥
현	진밥	쉰밥	눌은밥(누룽지)
	湯탕飯반: 물이만밥	飯반粒리兒얼: 밥플	空쿵飯반: 민밥
현	물에 만 밥	밥풀	맨밥
	晌샹飯반: 낫밥	熬안粥주: 쥭쑤다	稀시粥주: 물근쥭
현	점심	죽을 쑤다	묽은 죽
	乾깐酒쟉: 소주	麴취子즈: 누룩	酒직糟챂: 지강
현	소주	누룩	술지게미(재강)
	牛닉肉유: 쇠고기	牛닉肚두子즈: 쇠양	牛닉心신: 쇠염통
현	쇠고기	소양(소의 위胃)	소염통(소의 심장)

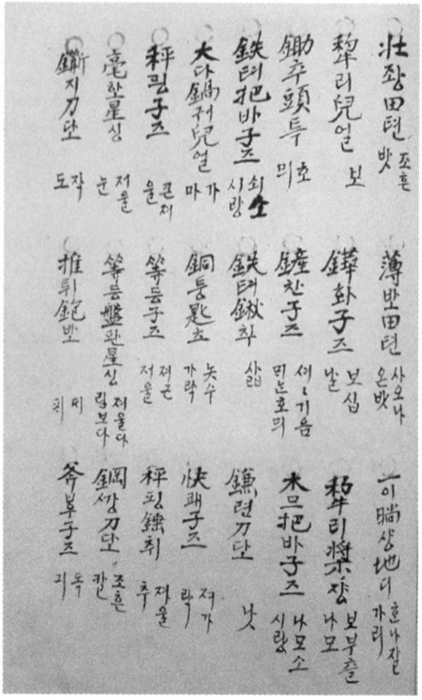

그림 1 노상익의 『견문쇄록(見聞瑣錄)』에 수록된 중국어

앞의 [표 2]를 살펴보면 대부분이 농기구, 곡식 등 실생활에 필요한 단어임을 알 수 있다. 만주에서 직접 농사를 짓지 않았던 노상익이 이렇게 농사에 필요한 중국어를 기록해 놓고 때때로 익힌 이유는 농사를 짓는 한인들에게 도움을 주기 위해서였다.

그런데 기초적인 생활 중국어만으로는 만주생활에 일부 도움은 될 수 있을지언정 영남 유림이 이주한 만주에서 하고자 했던 목적을 이루기에는 역부족이었다. 그에 따라 이들은 필담을 적극 활용하지 않을 수 없었다.

노상익과 노상직은 만주생활 중에 어려운 일이 생기면 거경(居京) 서병두(徐丙斗)·산동인(山東人) 송환문(宋煥文)·등거례(滕居禮) 등으로부터 도움을 받았다. 또 노상익은 자신의 집 앞에 점포를 열고 문구류를 판매하던 청주부(靑州府) 제성현(諸城縣)의 유성삼(劉聖三)과도 소통한 사실이 있다. 그 밖에 노상익은 재종제(再從弟) 노상건(盧相乾)이 중국어를 배우기 위해서 만난 중국인 장경용(莊慶鎔)과 대화를 나눈 사실이 있고, 창화시(唱和詩)를 쓴 제성인(諸城人) 온차금(溫次琴) 등과도 소통한 사실이 확인된다. 예대희 또한 노상익이 만났던 장경용을 안동객관에서 만나 필담으로 소통한 사실이 있다.[32]

조정규 또한 1913년 만주 이주에 앞서 북경을 방문하였을 때 중국 공교회 인사 왕학년(王鶴年)·이종예(李鍾豫)·양만청(楊蔓靑) 등과 필담을 나누었다. 천진에서는 유채년(劉寀年)과 시를 주고받기도 하고, 해서(楷書)에 뛰어난 이종예와는 중국의 정세뿐 아니라 문장에 대해서도 필담으로 의사소통을 했다.[33] 안창제 역시 영봉 하진무(靈峯 夏震武, 1854~1930)의 추천으로 전국유교연맹의 동삼성 학회분장(東三省學會分長)을 지내는 동안 편지를 주고받으며 업무를 진행했는데, 당시 언어가 통하지 않는 현지인들과는 필담으로 의사소통을 했다.[34] 만주 지역을 포함해 종횡무진 다니던 이승희 또한 많은 중국 인사들과 필담으로 대화를 나눴음은 익히 알려진 사실이다.

이처럼 영남 유림은 이주한 만주에서 삶을 지속하기 위해 실생활에 필요한 중국어를 익히기도 하고, 자신들이 평생 갈고 닦아 온 한문 실력을 바탕으로 중국인 학자와 정계 인사는 물론 공교회 인사들과 필담을 통해 소통을 했다.

32 이은영, 위의 책, 185쪽, 241쪽 참조.
33 이은영, 위의 책, 251쪽 참조.
34 이은영, 앞의 논문, 2014, 521쪽 참조.

3) 빈곤과 질병

만주로 이주한 영남 유림은 대대손손 양반으로 살아온 가문의 후손이다. 대부분 큰 기와집에서 많은 종을 거느리며 살던 사람들이다. 따라서 그들이 국내에서 단순 자정(自靜)만 하고 만주로 이주하지 않았다면 빈곤 때문에 힘들게 살지는 않았을 것이다. 그러나 그들은 자발적으로 떠난 만주에서 생활하는 동안 겪지 않아도 될 빈곤과 줄기차게 마주했다.

일제를 피해 자의적으로 떠나온 만주 이주이기는 했지만 만주에서의 빈곤한 생활은 생각보다 더 심각했다. 방 한 칸에 몇 집 식구들이 우글거리며 지내기도 했다. 산비탈에 겨우 마련한 토굴 같은 두 칸짜리 집에다 차양 같은 것을 치고 많은 식구들이 시루 속 콩나물처럼 살아야 했다. 농사일은 해 본 적도 없는 유림은 책 대신 농기구를 들고 손수 산전을 개간해야 했다.[35]

안효제 또한 만주에 도착한 뒤, 비만 오면 천장에서 물이 줄줄 새고 추운 날이면 칼바람이 집 안까지 파고들 정도로 낡은 데다 무릎도 제대로 펼 수 없을 정도의 좁은 집에서 말로 형용할 수 없는 상태로 더부살이를 했다.[36]

결국 처음 만주로 이주한 영남 유림은 경제적 어려움을 견디다 못해, 만주로 이주해 올 때 일부 챙겨 온 옷감이며 치마저고리, 비녀, 은가락지 등을 내다 판 돈으로 좁쌀을 사다 죽을 쑤어 끼니를 잇곤 했다.[37]

---

35 허은 구술, 변창애 기록, 앞의 책, 58~59쪽 참조.
36 이은영, 앞의 책, 152쪽 참조.
37 허은 구술, 변창애 기록, 앞의 책, 62~63쪽 참조.

그러나 만주도 사람 사는 곳이다. 그에 따라 영남 유림의 후손이나 친인척들은 만주에서 결혼도 하고, 자식도 낳았다. 허겸의 손자는 만주에서 충청도 천안 출신의 백우 이장녕(白于 李長寧, 1881~1932)의 외동딸과 혼례를 올렸다. 그런데 집안 형편이 어려웠던 허겸 집안에서는 신부를 데려다 먹여 살릴 여력이 없었다. 신부 집 또한 입 하나를 덜어야 할 형편이었다. 신부 집에서 수차례 딸을 데려가라는 독촉을 받았음에도 불구하고 허겸의 손자는 혼례를 올린 지 1년 만에야 신부를 데려왔다.[38]

1912년 대구에서 만주로 이주한 추담 채희동(秋潭 蔡熙東, 1857~?)은 동복(童僕)도 없이 손수 의식주를 해결했다. 이는 아래 안효제가 채희동과 수창하며 지은 시 「수채춘가(희동)(酬蔡春可(熙東))」을 통해서 확인된다.

憶昔杜門多逸民	생각해 보니, 옛날 두문동에 은자들 많았다던데
今看檀樹不孤隣	지금 단수(檀樹)를 보니 이웃 있어 외롭지 않네
衣弊縕袍不恥貉	해진 솜옷을 입고서도 담비 옷에 부끄러워 않고
家無僮僕自爲薪	집안엔 동복(僮僕)이 없어 땔감을 손수 장만하네[39]

영남 유림 채희동은 만주에서 손수 땔감을 장만하고 해진 솜옷을 입고 살 정도로 궁핍하게 생활했다. 채희동뿐 아니라 만주로 이주한 대다수 영남 유림의 현실이 그러했다. 평생 해 보지도 않던 농사일을 하며 빈곤한 생활을 이어 가던 만주 이주 영남 유림은 나날이 여위어 갔다.

빈곤과 떼려야 뗄 수 없는 것이 바로 질병이다. 빈곤에 시달리던 연로한 만주 이주 영남 유림은 필연적으로 질병에서 벗어나기 어려웠다.

38 허은 구술, 변창애 기록, 위의 책, 89~90쪽 참조.
39 이은영, 앞의 책, 160쪽 번역 재인용.

그림 2 만주 시절 노상익의 초상화[40]

그런 데다 만주는 영남에서 이주한 유림이 적응하고 살기에는 너무 추웠다. 젊고 건강한 사람도 날씨가 추워지면 소화기능이 약해진다. 쌀밥을 주식으로 먹고 살던 영남 유림은 만주에서 수수를 주식으로 끼니를 이어 갔다. 당연히 소화가 제대로 될 리가 없었다. 아래 안효제가 고국의 전두진(田斗鎭)에게 자신의 처지를 고백하며 지어 보낸 시 「요증전치형(두진)(遙贈田致衡(斗鎭))」을 살펴보도록 하자.

海東無地一身安	해동에 이 한 몸 편히 쉴 곳 없어
非鬼非人在此間	귀신도 사람도 아닌 모습으로 여기 있네

40 필자가 소장하고 있는 노상익의 초상화 복사본. 장동열(張東說)이 1918년 봄에 그린 것으로 추정된다.

霜威逼骨頹牕薄　　찬 서리에 뼛속까지 시리고 창문은 해져서 얇고
蜀飯違腸上匙艱　　수수밥은 배 속에서 받지 않아 수저 들기 어렵네

고국에선 먹지도 않던 수수밥을 주식으로 먹어야 했던 영남 유림의 소화에 장애가 생기는 것은 필연이었다. 그에 따라 영남 유림 가운데에는 위장병으로 고생한 인물들이 많았다. 수수밥으로 인한 문제는 어린아이들도 예외가 아니었다. 끼니를 수수밥으로 때우던 아이들은 자주 배탈이 났고, 결국 몸이 허약해지면서 다른 중병(重病)까지 얻어 사망하기도 했다. 외아들을 이런 식으로 잃으면서 대가 끊기는 경우도 있었다.[41]

만주로 이주한 영남 유림은 대부분 식수로 도랑물을 먹었는데, 오뉴월이 되면 '수토병', 일명 '만주열'이라고 하는 전염병이 돌았다. 허겸의 처조카도 수토병으로 사망했다.[42] 노상익은 〈서구결사록(西溝結社錄)〉의 마을 그림에 우물이 표시되어 있는 것으로 보아 도랑물이 아닌 우물물을 길어 먹었다는 것을 알 수 있다.[43] 노상익처럼 우물물을 마신 영남 유림은 도랑물을 먹고 살던 영남 유림에 비해 상당한 행운이라고 하겠다.

무슨 전염병인지도 모른 채 목숨을 잃는 사람들도 많았다.[44] 메마른 황무지에 기후까지 나빴기 때문에 비명횡사하는 일도 많았다. 홍역, 천연두, 장티푸스 같은 전염병 때문에 특히 아이들의 희생이 컸다.[45]

더욱이 만주 벌판에서 병이 나면 여간 난처한 것이 아니었다. 만주 벌판에 약이 있을 리 만무했기 때문이다. 당시 만주에서는 자식이 백일

41 이규창, 『운명의 餘燼』, 클레버, 2004, 41쪽 참조.
42 허은 구술, 변창애 기록, 앞의 책, 60~61쪽 참조.
43 서동일, 「100년 전 중국 안동현에 세워진 한인촌의 모습, '중국 남만주 안동현 접리수도'」, 『한국근현대사연구』 제74집, 한국근현대사학회, 2015, 294쪽 참조.
44 이규창, 앞의 책, 37쪽 참조.
45 허은 구술, 변창애 기록, 앞의 책, 71쪽 참조.

해를 앓으면 민간비법으로 당나귀와 아이의 입을 맞추게 하면 백일해가 치료된다는 속설을 믿고 병을 앓고 있는 아이를 당나귀와 입을 맞추게 하기도 했다. 약을 구하지 못해 민간비법에 의지한 것이지만 아이들은 무서워서 진저리를 쳤다.[46] 조정규는 만주 지역의 풍토병을 견디지 못해 결국 환국했다.

만주 지역 가운데 북간도는 북위 41.5~43도, 서간도는 북위 40~41.5도이다.[47] 연평균 기온은 2~6도이고, 한겨울 평균 기온은 영하 30도에서 40도 내외이다.[48] 만주 지역은 한겨울에는 대소변을 보면 바로 얼어붙을 정도로 대단히 추웠다. 음력 3월에도 꽃이 피지 않고, 초여름이 되어야 겨우 버드나무에 잎이 돋았다. 음력 4월이나 되어야 제비가 와서 둥지를 틀었고, 그제야 개구리 소리를 들을 수 있었다. 여름에도 베옷을 입을 수 없을 정도였고, 겨울에는 짐승의 털가죽 옷을 입어야만 했다. 땅을 깊게 파면 한여름에도 얼음이 나올 정도로 추웠다.[49] 그러나 따뜻한 영남 지역에서 만주로 이주한 영남 유림들로서는 북간도나 서간도나 춥기는 매한가지였다.

만주 지역의 낮은 기온은 늙고 쇠한 유림들에게 기침, 감기 등의 질병을 덤으로 안겨 주었다. 1918년 만주 지역에 독감이 굉장히 유행했는데 당시 한 마을에서 하루에 독감으로 두 사람이 죽는 경우도 있었다.[50]

영남 유림은 고국에서처럼 만주에서도 짚신을 신고 다녔다. 한겨울에는 짚신 위로 눈이 하얗게 뭉쳐 올라와 걸핏하면 넘어졌고, 발은 퉁퉁

46 이규창, 앞의 책, 40쪽 참조.
47 이은영, 앞의 책, 102쪽 참조.
48 이규창, 앞의 책, 31~32쪽 참조.
49 이은영, 앞의 책, 183쪽의 각주 257 참조.
50 허은 구술, 변창애 기록, 앞의 책, 70~71쪽 참조.

부었고, 동상에 걸리기 일쑤였다. 외출했다 돌아와 언 몸을 좀 녹이면 바로 귀에서 진물이 줄줄 흘렀다. 마땅한 약을 구할 수 없어 진물이 흐르는 귀가 낫기까지는 1개월 넘는 시간이 걸렸다.[51]

수십 명의 비적(匪賊)들이 집 안으로 뛰어들어 재물 찾기에 혈안이 되면 사람을 향해 총을 쏘기도 했다. 그로 인해 죽거나 다치는 사람이 발생했다. 비적 떼가 분탕질을 치고 지나갔다는 소식을 들은 이웃들이 와서 다친 사람을 병원에 데려가곤 했다. 그러나 우마차 편으로 3일이나 걸려야 도착할 정도로 병원이 멀었기 때문에[52] 제때 치료받는 일은 거의 불가능했다.

이렇듯 만주로 이주한 영남의 유림은 만주생활 내내 빈곤과 다양한 질병으로 고생스러운 나날을 보냈다. 그러나 이들 영남 유림은 만주에서의 빈곤이나 질병을 당연한 것으로 받아들였다. 망국민(亡國民)으로서 자발적으로 떠나온 이주였기 때문이다.

4) 음식 문화

만주에서 겪는 모든 일들이 하나하나 고생이었지만 음식 문화 차이에서 오는 고통이 가장 심했다. 만주에 사는 중국인은 쌀을 주식으로 삼지 않았기 때문에 밥 자체를 몰랐다. 만주의 중국인들은 영남 유림 가족에게 기장과 조를 죽으로 끓인 음식이나 강냉이떡을 주곤 했는데, 기장과 조는 너무 오래 묵어 죽 색깔이 벌건 데다 냄새 또한 역겨웠다. 이에 더해 중국인들은 주로 돼지기름으로 요리를 했는데, 수차례 재사용

51 허은 구술, 변창애 기록, 위의 책, 65~66쪽 참조.

52 이규창, 앞의 책, 34쪽 참조.

하면서 부패된 돼지기름 찌든 냄새에 적응하기란 여간 어려운 게 아니었다.[53] 또 대부분의 중국 음식은 양과 돼지고기를 주재료로 썼다. 그래서 가는 식당마다 양을 삶거나 돼지고기 굽는 누린내 때문에 역겨웠다.[54] 연로한 영남 유림이 만주 음식에 적응하기란 결코 쉬운 일이 아니었다.

중국 내륙에서는 소금을 구하기도 어려웠다. 처음 만주로 이주해 오는 사람들은 압록강을 건너기 전 신의주에서 소금에 절인 갈치를 구입했다. 만주에 도착한 그들은 소금을 구할 때까지 몇 달 동안 소금에 절인 갈치를 아껴 먹으면서 지내야 했다. 소금을 구해도 먹을 것이 없었기 때문에 좁쌀죽에 소금만 쳐서 먹을 때도 있었다.[55] 영남 유림은 만주에서 간장, 된장, 고추장을 구경조차 할 수 없었다. 그럴 때면 먼저 와서 자리 잡은 한인들이 고생스럽게 농사지어 만든 간장, 된장, 고추장을 나눠 주어서 얻어먹곤 했다.[56]

영남 지방과 기후도 다른 만주에서 음식 섭취까지 제대로 하지 못하면서, 만주로 이주한 영남 유림들은 건강에 문제가 생길 수밖에 없었다. 그에 따라 영남 유림은 벼농사에 힘쓰고자 했다. 그런데 만주 지역의 논은 대부분 1년 정도만 경작을 하지 않고 내버려 두면 바로 황무지로 변할 정도로 토질이 나빴다.[57]

만주에는 울로초(일명 울로덩이)라는 풀뿌리가 둥근 상 같은 모양으로 단단히 엉켜 있는데 그 뿌리를 캐내기가 여간 힘든 일이 아니었다. 벼농사를 짓기 위해서는 버드나무 뿌리까지 함께 얽히고설킨 울로초 뿌리를

53 허은 구술, 변창애 기록, 앞의 책, 55쪽 참조.
54 이은영, 앞의 책, 141쪽 참조.
55 허은 구술, 변창애 기록, 앞의 책, 62쪽 참조.
56 허은 구술, 변창애 기록, 위의 책, 83쪽 참조.
57 국사편찬위원회, 앞의 책, 68쪽 참조.

제거하고 땅을 고른 후 물을 대어 논을 만들어야 했다. 제대로 된 연장도 없고, 농사일을 해 본 적도 없고, 겨우 잡곡 한 공기 정도밖에 못 먹는 처지라 배는 항상 고팠고, 그에 따라 기운도 없는 연로한 유림에겐 참으로 고생스러운 작업이 아닐 수 없었다. 그러나 영남 유림은 특유의 부지런함과 지혜로 토질이 나쁜 땅을 개간해서 낸 약간의 소출로 쌀죽이나마 끓여 먹을 수 있게 되었다. 죽에 쌀이 조금이라도 들어가면 소화도 잘될뿐더러 맛도 한결 좋았다.[58]

중국인의 땅을 얻어 소작이 시작되면 남녀노소 할 것 없이 온 가족이 농사일에 매달렸다. 평생 책만 보던 영남 유림도 소를 몰아 땅을 갈았다. 그러나 소를 다룰 줄 모르던 영남 유림은 보통 사람이 두 시간이면 끝낼 일을 하루 종일 하기도 했다.[59] 사실 본업이 농부인 사람에게도 황무지를 개간하는 일은 여간 힘든 일이 아니다. 더욱이 토질이 나쁜 상황에서는 농사일을 경험해 보지 못한 영남 유림이 아무리 노력해도 수확에 한계가 있을 수밖에 없었다. 그래서 영남 유림 가운데는 토질이 좀 나은 곳으로 거주지를 옮기고 싶어 하는 사람들이 많았다. 그러나 다시 논을 개간해야 한다는 두려움 때문에 대부분 이주를 포기했다.

고생을 모르고 살던 영남 유림의 부녀자들 또한 남편들을 따라 만주로 와서 손수 황무지를 개척해서 길러 낸 옥수수와 조 등으로 밥을 지어 먹는 등 온갖 고초를 겪었다.[60]

만주로 이주한 영남 유림은 만주에서 1, 2년 정도 지내면 그곳 날씨나 환경에 어느 정도 적응을 했다. 농사일도 추수 때 수확이 있을 정도

58 허은 구술, 변창애 기록, 앞의 책, 64~65쪽 참조.
59 허은 구술, 변창애 기록, 위의 책, 64~65쪽 참조.
60 이규창, 앞의 책, 31쪽 참조.

가 되었다. 그러나 여전히 주식은 옥수수였고, 소량 수확한 쌀로 지은 하얀 쌀밥은 집안 어른들 식사에만 제공되었다. 추수한 옥수수는 조선의 쥐와는 비교도 안 될 정도로 큰 만주 쥐로부터의 피해를 차단하기 위해 높은 누각(樓閣)처럼 지은 창고에 저장해 두었다. 창고에서 가져온 마른 옥수수 알은 며칠씩 물에 불려야 간신히 끼니를 지을 수 있었다.[61]

힘든 와중에도 어른들 식사는 별도로 준비했다. 덜 여문 옥수수를 씻어서 그릇에 대고 숟가락으로 긁으면 툭툭 터지면서 노란 물이 나온다. 서너 차례 긁어서 모은 노란 물에 소금 간을 해서 뚝배기에 찌면 계란찜처럼 되는데 맛이 좋았다. 그러나 완전히 여문 옥수수는 딱딱해서 겨우 옥수수밥이나 지을 수 있었다. 간을 맞출 소금이나 간장이 귀했기 때문에 반찬은 어찌해 볼 도리가 없었다.[62]

망한 나라를 떠나 만주까지 이주한 영남 유림에게 음식으로 인한 괴로움은 그리 큰 문제가 아니었을 수도 있다. 그러나 먹고 기력을 찾아야 국권회복을 위해 무엇이라도 할 수 있을 것임을 생각한다면 이들이 이국에서 마주한 음식 문화 때문에 겪은 괴로움은 결코 가볍게 여길 수 없다.

5) 이국풍토 적응

만주의 중국인들은 상상 이상으로 더럽고 미개했다. 씻지를 않아서 얼굴과 목에는 땟자국이 역력한데도 여자들은 얼굴에 하얀 분가루를 뒤집어쓴 것처럼 화장을 진하게 했다. 남자들 또한 어른 아이 할 것 없이

61 이규창, 위의 책, 37~38쪽 참조.

62 허은 구술, 변창애 기록, 앞의 책, 127쪽 참조.

모두 변발(辮髮)을 했다.[63] 영남 유림은 그들의 더러운 생활방식을 비롯해 이상한 화장법과 두발 등에도 적응해야 했다.

중국 풍속에 딸이 태어나자마자 헝겊으로 발을 칭칭 동여매서 발육을 억제하는 전족(纏足)이란 것이 있다. 여자의 발은 크기가 3촌(寸)밖에 안 되는 소족(小足)이라야 최고의 발로 평가받기 때문이었다. 그런데 문제는 인위적으로 발을 작게 만들면서 모양이 기형적으로 변할뿐더러 동여맨 헝겊을 거의 풀지 않아 발을 씻을 기회가 없어서 매우 비위행적이라는 것이다.[64] 이 또한 영남 유림으로서는 이해할 수 없는 풍속이었다.

중국인들은 재물로 아내를 취했다. 따라서 재물이 없는 남자들은 결혼을 할 수가 없었다. 딸과 아들이 있는 집에서는 사위가 될 사람 집에서 받은 재물로 며느리를 얻기도 했다.[65] 결혼할 때 재물을 논하는 것은 오랑캐라고 생각하던 영남 유림 입장에서는 이러한 중국의 결혼 문화 또한 이해할 수 없는 문화 중 한 가지였다.

만주의 중국인들은 죽은 자가 저세상에서 살려면 생활용구와 용품이 필요하다고 생각해 장례를 치를 때 산소 앞에 생활용구와 용품을 같이 묻어 주는 풍습이 있었다. 이를 보고 한인들 또한 놋그릇, 쟁반, 접시 등의 생활용품을 죽은 한인들의 산소 앞에 묻어 주곤 했다.[66]

먹을 수 있는 식물에 대한 인식도 달랐다. 더덕을 캐 온 한인들을 보고 중국인들은 먹으면 죽는다면서 못 먹게 막았다. 그러나 한인들은 더덕에 소금을 뿌려 맛있게 먹었다. 풍토가 다른 만큼 풍물도 달랐던 것이다.[67]

---

63 허은 구술, 변창애 기록, 위의 책, 52쪽 참조.
64 이규창, 앞의 책, 60~61쪽 참조.
65 盧相益, 『大訥手卷續編』 卷之三, 「滿洲婚禮」 참조.
66 허은 구술, 변창애 기록, 앞의 책, 177쪽 참조.
67 허은 구술, 변창애 기록, 위의 책, 56쪽 참조.

만주의 우거진 숲에 있는 울로초로 지붕을 이으면 30, 40년도 더 갔다. 마부들은 추위에 견딜 수 있도록 소가죽으로 신을 만들었는데 울로초 풀을 두드려서 솜같이 부풀린 뒤 신 속에 넣었다. 이렇게 만든 신을 신으면 발이 잘 얼지 않았기 때문이다.[68] 만주 여자들은 여러 겹의 헌 헝겊에다 풀을 발라서 겨울용 신발을 만들었다. 영남 유림의 아녀자들은 그녀들에게 신발 만드는 법을 배웠다. 그리하여 한겨울에 더 이상 짚신을 신고 다니면서 넘어지거나 동상에 걸리는 일이 없었다.[69]

만주는 워낙 추운 곳이어서 여름부터 월동준비에 들어가야 했다. 그런데 처음 만주로 이주한 영남 유림은 사전 정보가 부족해서 첫 겨울을 엄청 고생스럽게 보냈다. 첫해 겨울을 보낸 경험을 통해 영남 유림 일가 남자들은 틈만 나면 산에서 나무를 해다가 쌓아 놓았고, 여자들은 봄여름 동안 산에 가서 나물을 캐다가 말렸다.[70] 이처럼 만주로 이주한 영남 유림 일가에서는 이국 풍토 가운데 받아들일 만한 것은 받아들였다.

그런데 이런 일상적 문화의 차이를 넘어 받아들이기 힘든 충격적인 문화도 있었다. 노상익은 만주에서 자신이 경험한 괴이한 풍속 세 가지를 「만주삼괴속(滿洲三怪俗)」이라는 글로 남겨 두었다. 아래는 그중 하나이다.

> 죽음이라는 것은 삶의 끝이다. 그 목숨이 끊어지는 것은 애통한 정이니, 어찌 어른과 아이를 가리겠는가. (그런데) 만주 풍속에 아이가 죽으면 밭두둑에 버려둔다. 심한 경우에는 불로 반쯤 태우는데, 개와 까마귀·솔개 등이 씹어 먹기 쉽게 하기 위해서이니, 짐승과 뭐가 다르겠는가.[71]

68 허은 구술, 변창애 기록, 위의 책, 73쪽 참조.
69 허은 구술, 변창애 기록, 위의 책, 65~66쪽 참조.
70 이규창, 앞의 책, 36~37쪽 참조.
71 이은영, 앞의 책, 193쪽 인용문 번역 재인용.

죽음의 애통함은 애 어른 할 것 없이 동일함에도 불구하고 만주의 중국인들은 아이가 죽으면 밭두둑에 내다 버렸다. 더 심한 경우에는 금수들이 먹기 쉽도록 불로 반쯤 태워서 버리기까지 했다. 평생 듣도 보도 못한 이런 풍속에 노상익뿐 아니라 영남 유림 모두 아연실색했음에 틀림없다.

또 하나 이해 못 할 만주의 풍속 중에 염소를 길들여 도살장을 드나들게 하는 것도 있었다.

> 안동현에 도살장이 있는데, 염소·양·소·돼지를 하루에 삼사십 두를 소비한다. 어떤 염소가 아침마다 앞에서 인도하면 양 떼가 뒤를 따라 도살장으로 들어간다. 그런 뒤에 인도하던 염소는 혼자서(보호하면서 따라가는 사람이 없다) 집으로 돌아간다. 어찌 그것이 염소의 본성이겠는가? 조련사의 훈련에 순치되어 제 무리를 사지에 빠뜨리고도 깨닫지 못하는 것이다.[72]

도살장에는 원래 도축할 가축을 사람이 몰고 들어간다. 그런데 만주에서는 염소가 가축들을 이끌고 도살장으로 들어갔다가 다른 가축들은 죽게 두고, 앞에서 이끌고 들어갔던 염소만 혼자 살아 나와서 집으로 가는 것이었다. 이것은 염소의 본성이 본래 그런 것이 아니고, 중국인이 동료들을 죽을 장소에 데려다 놓고 혼자만 살아 나오는 염소가 되도록 길들였기 때문이었다. 노상익은 염소의 본성을 거스르게 길들이는 그들의 문화에 놀랐던 것이다.

이해 못 할 풍속 가운데에는 종자가 우수한 암퇘지를 제외한 나머

72 이은영, 위의 책, 265쪽 인용문 번역 일부 재인용.

지 암퇘지의 자궁을 빼내는 문화도 있다.[73] 이처럼 너무 이질감을 느끼게 만드는 문화적 충격은 쉽게 받아들일 수 있는 것이 아니었다.

그래서 만주로 이주한 영남 유림은 만주 풍속 가운데 실생활에 적용할 수 있는 것은 적용했으나, 이해할 수 없는 풍속에 대해서는 외면하고 동요치 않았다.

6) 비적(匪賊)의 습격

영남 유림이 많이 거주하던 곳 중의 하나인 통화현 합니하는 산악지대였기 때문에 중국 정부의 치안의 손길이 미치지 못했다. 합니하뿐 아니라 만주 곳곳에서 날뛰는 비적 떼들로 인해 만주로 이주한 영남 유림은 늘 불안한 상태에서 생활했다.[74]

안효제의 아들 안철상은 부친을 문안 오던 길에 비적의 습격을 받은 후 기력이 약해진 나머지 스스로 마음을 다잡을 수 없을 지경에 이르렀다. 그래서 그는 비적에 대한 두려움으로 부친에게 지금 거주하고 있는 곳을 떠나 안전한 곳으로 이주할 것을 간곡히 요청했던 것이다.[75]

비적 떼에 의해 사람이 다치는 경우도 많았다. 비적 떼는 수십 명씩 몰려다니면서 사람을 보면 총으로 쏘아 죽이기까지 했다.[76] 예대희 또한 집 안에 뛰어든 비적에 의해 사람까지 희생을 당했다. 그 후 비적으로부터 부친을 안전하게 지킬 수 없겠다고 생각한 예대희는 부친을 모시고 환국하였다.[77]

---

73 盧相益, 앞의 책, 「滿洲三恠俗」 참조.
74 이규창, 앞의 책, 33쪽 참조.
75 이은영, 앞의 책, 195쪽 참조.
76 이규창, 앞의 책, 33쪽 참조.
77 이은영, 앞의 책, 196쪽 참조.

비적들은 종종 사람을 납치해 가기도 했는데, 납치당한 사람 가운데 더러 풀려나기도 했으나, 대부분 시신으로 돌아왔다. 국내에서는 경험하지 못한 비적 떼의 출현은 직접 겪어 보지 않고 말로만 전해 들어도 심신이 지친 만주 이주 영남 유림의 삶을 더욱 피폐하게 만들었다.

7) 이별과 사별의 고통

경상북도 구미 출신의 박경 허학(博卿 許壆, 1887~1940)은 스물이 갓 넘은 나이에 자신의 부인은 처가에다 맡긴 채, 노모와 누이, 생질 남매와 넷째 동생만 데리고 만주로 이주했다.[78] 고국에 두고 온 부인에 대한 그리움이 없을 리 만무하다.

만주로 이주한 영남 유림 가운데에는 만주에서 가족들과 생이별을 하기도 했다. 이러한 사실은 아래 예대희가 채희동에게 바치는 시 「봉증추담채장(奉贈秋潭蔡丈)」의 자주(自註)를 통해서 확인된다.

> 추담(秋潭)은 달성인(達城人)으로, 요동에서 3년간 나그네 생활을 했다. 처자(妻子) 때문에 몸이 얽매인다고 스스로 생각하여 오늘 안동역에서 처자는 되돌려 귀국시키고, 자신은 절새(絕塞)에서 성명을 숨기고자 하였다. 나와 동전(東田) 맹형(孟兄: 맹보순(孟輔淳, 1862~1933))이 송별하러 기차역에 도착하였는데, 기차가 기적을 울리며 막 출발하려고 하였다. 그의 아내와 어린 아들은 애끓게 울어 목소리마저 나오지 않았는데, 추담은 한 번 손짓만 하고서 내리고는 몸을 돌려 뒤돌아보지 않았으니, 참으로 세상에서 굳은 심장을 가진 자이다. 곁에서 보는 것만으로도 서글퍼지니, 저물녘 강관(江館)에 들어와 율시 한 수를 지어 훗날의 고사로 삼는다.[79]

---

78 허은 구술, 변창애 기록, 앞의 책, 59쪽 참조.

79 이은영, 앞의 책, 283쪽 참조.

1912년 처자식과 함께 만주로 이주한 채희동은 만주에서 3년을 처자식과 같이 지냈다. 그런데 자신이 하고자 하는 일에 방해가 된다고 생각하여 처자식을 고국으로 돌려보내면서 생이별을 했다. 안효제와 안창제 형제 또한 둘 다 만주로 이주했지만 한곳에 모여 살지 못하고 멀리 떨어져 살았다.

만주에서 자식과 사별한 사람도 있다. 노상직은 자신의 아들을 형 노상익에게 양자 보냈는데, 만주로 이주한 지 1년도 안 되어 죽었다. 노상직은 친자식과, 노상익은 양자와 사별하게 된 것이다. 노상익은 친아들을 잃은 동생에게 환국할 것을 권했고, 노상직은 형 말에 따라 1913년 1월 환국을 하면서 자식과의 사별에 이어 형과도 이별을 하게 되었다.[80]

만주에서 동고동락했던 영남 유림이 풍토병 또는 여러 가지 이유로 거주지를 옮겨 가면서 이별하는 일은 수도 없이 많았다. 동고동락한 유림의 죽음을 지켜보는 고통 또한 적지 않았다. 특히 믿고 의지하던 영남 유림의 죽음이 주는 고통은 더했다. 안효제와 이승희의 죽음을 지켜본 예대희와 조정규의 소회가 그랬다.

조정규는 만주로 이주한 후 줄곧 의지하던 이승희와 안효제를 1916년에 차례로 잃었다. 아래는 조정규가 안효제의 죽음을 애도하며 지은 만사(挽詞) 「만안교리순중(효제)(挽安郊理舜仲(孝濟))」이다.

玉堂學士安老子	옥당의 학사 안(安) 노인
忠義堂堂古人風	충의(忠義)당당한 옛사람의 기풍을 지녔네
大韓天日何時覿	대한의 하늘 어느 때나 보려나

80 이은영, 위의 책, 285쪽 참조.

鴨水滔滔淚不窮	압수는 넘실거리고 눈물은 하염없이 흐르네
一臥遼東魂上天	요동에 누운 혼은 하늘에 올라
應隨赤日照吾東	응당 붉은 해를 따라가 우리나라 비추리라

예대희처럼 집 안으로 뛰어든 비적에 의해 집안사람이 목숨을 잃으면서 사별하는 경우도 있었다.[81] 비적 떼로부터 습격을 받은 영남 유림은 걷잡을 수 없는 불안감에 휩싸였다. 결국 이들은 또 다른 거주지를 찾아 떠나거나 고국으로 환국을 하면서 이별을 하기도 했다. 이런 유의 이별과 사별은 만주에서 부지기수로 많았다.

이역만리 땅에서 겪는 이별과 사별의 고통은 국내에서보다 배나 더 했다. 사별도 사별이지만 이별 또한 한 번의 이별이 영원한 이별에서 사별로까지 이어지게 마련이었다. 그래서 이들이 이별할 때 느낀 착잡한 심정은 말로 다 토해 내지 못할 아픔이었던 것이 사실이다.

8) 변해 버린 중국 민심

기본적으로 중국은 조선을 동종동문(同種同文)의 동포(同胞)로 여겼다. 중국은 지리적으로 국경을 접하고 있는 조선과의 관계를 순망치한(脣亡齒寒)의 관계로 생각했다.[82] 그에 따라 중국인들은 평소 한인들을 후하게 대했다. 만주로 이주한 영남 유림이 중국인 지주의 땅을 소작하게 되면, 중국인 지주는 가진 것 없는 영남 유림 일행에게 거처할 집과 1년 농사지을 동안 먹을 식량, 약간의 돈, 그리고 채소를 길러 먹을 수 있는 채마밭 일부를 주었다. 1913년만 해도 중국인들의 인심이 좋았기 때문에

81 이은영, 위의 책, 60쪽 참조.

82 국사편찬위원회, 앞의 책, 67쪽 참조.

만주로 이주한 영남 유림은 낯설고 추운 땅에서 살아 낼 수 있었다.[83]

그런데 만주 지역에 한인들이 점차 늘어가자 일제는 1913년 만주로 이주한 한인들을 통제하기 위한 수단으로 조선인친목회를 설립한 후, 이주 한인 '보호기관'으로 선전하였다. 그러자 중국은 일제의 영향 아래 설립된 조선인조합에 대해 매우 민감한 반응을 보였다. 그에 따라 중국은 일제에 대한 불신과 함께 한인들을 더 이상 우호적이 아닌 배타적으로 대하기 시작했다.[84]

이렇게 변화된 중국 내의 기류 속에서 중국인 지주들 또한 처음에는 적게 받던 소작료를 갈수록 올리더니 급기야 적게는 3~4할, 많게는 5할 정도까지 착취해 가는 게 일상이 되어 버렸다.[85] 이에 더해 한인들로부터 벼농사를 배운 중국인 지주들이 직접 농사를 짓게 되면서 한인들은 더 이상 소작을 부쳐 먹지 못하는 지경에 이르렀다.

중국 정부 또한 초기 이주 한인들에게는 토지 소유권을 인정해 주는 등 비교적 호의적이었다. 그러나 자국민 권익 보호를 우선시하는 방향으로 정책을 바꾸면서 중국 정부는 한인에 대해 대놓고 차별하기 시작했다. 결국 한인들 가운데에는 중국인과의 차별을 견디지 못하고 치발역복(薙髮易服)을 하거나 귀화(歸化) 또는 입적 등을 통해 중국 정부 정책에 발맞추는 사람들까지 생겨났다. 그러나 한인들에 대한 중국의 입적 강요는 나날이 거세졌다. 그와 함께 중국 정부에서는 한인들에게 민족차별성 잡세까지 부과했다. 논농사를 지으면 '수리세', 소를 사육하면

---

83 허은 구술, 변창애 기록, 앞의 책, 63쪽 참조.

84 김주용, 「만주지역 도시화와 한인인주 실태: 봉천과 안동을 중심으로」, 『韓國史學報』 제35호, 고려사학회, 2009, 335쪽 참조.

85 이은영, 앞의 책, 194~195쪽 참조.

'소사양세', 관청에 드나들면 '문턱세', 남에게 고용된 사람에게는 '고용세', 기타 '인두세', '굴뚝세', '소금세', '입적료' 등 총 30여 종에 달하는 명목으로 세금을 거두었다.[86]

이런 피해를 영남 유림이라고 피할 수는 없었다. 한인들의 생활이 점점 더 열악해져 가는 모습을 지켜보는 것 또한 영남 유림을 고통스럽게 만들었다. 따라서 영남 유림은 갈수록 나빠지는 만주생활을 유지하기 위해 물심양면으로 고통을 감내해야 했다.

이처럼 20세기 초 만주로 이주한 영남 유림의 정착과정은 고난의 연속이었다. 그러나 이들은 온갖 시행착오 끝에 나름대로 만주에서 지혜롭게 생활하는 방법을 터득했다. 이렇게 터득한 지혜는 후에 만주로 이주한 영남 유림의 정착에 많은 도움을 주었다. 대표적인 예로 조정규를 들 수 있다. 그는 1913년에 미리 중국을 다녀오기도 했지만 앞서 만주로 이주한 노상익·노상직 등 영남 유림이 닦아 놓은 인맥과 환경 때문에 만주생활에 비교적 쉽게 적응할 수 있었다.[87]

5. 독립운동의 면모

1) 일제의 감시와 핍박

만주 가운데 서간도 지역은 일제가 안동영사관과 영사관경찰서를 개설하면서부터 독립운동세력이 자유롭게 활동할 수 없게 되었다.[88] 북

86 이은영, 위의 책, 194~195쪽 참조.
87 이은영, 위의 책, 218쪽 참조.
88 서동일, 앞의 논문, 288쪽 참조.

간도 지역은 일제가 용정촌(龍井村)에 조선통감부 용정파출소 등을 개설한 1907년부터 한인들에 대한 통제가 시작되었다. 서간도 지역보다 더 일찍 통제가 시작된 것이다.[89] 결국 만주 지역 어느 한 곳도 독립운동세력이 자유롭게 활동할 곳은 없었다. 그에 따라 국권회복을 위해 자신들이 할 수 있는 역할을 찾던 만주 이주 영남 유림에 대한 일제의 감시와 핍박은 나날이 심해졌다.

기본적으로 안효제와 노상익은 국내에서 은사금을 거부하고 만주로 이주한 관료 출신이다. 이승희와 노상직 등은 국내에서 존망받는 유림의 대가들이다. 따라서 일제는 이러한 영남 유림에 대한 감시를 한시도 늦출 수 없었다.

일제의 감시가 끊임없었던 사실은 일제 문건을 통해서도 확인된다. 만주에 있던 안효제와 노상익은 1914년 군자금(軍資金)과 관련해서 요주의 인물로 한인 명부(名簿)에 이름이 실려 있다. 예대희 또한 부족한 군자금 충당을 위해 만주로 이주한 사람들과 함께 중국 화폐를 위조한 주모자로 지목된 사실이 일제 문건을 통해 확인된다. 그러나 당시 이들이 옥고를 치르거나 특별한 조치를 받은 사실은 확인되지 않고 있다.[90] 이는 만주 이주 영남 유림들이 만주에서 일제의 삼엄한 감시를 피해 힘들게 독립운동을 했음을 뜻한다. 그에 따라 일제의 감시와 핍박은 더욱 심해졌고, 그에 발맞춰 감시를 피하기 위한 영남 유림의 노력은 끊임없이 이어졌다.

당시 만주로 이주한 영남 유림은 일본 경찰이 들이닥쳤을 때 문제

89 이은영, 앞의 책, 102쪽 참조.

90 이은영, 위의 책, 197~198쪽 참조.

가 될 만한 문서는 받아 본 즉시 태워 버렸고, 좀 더 필요한 중요 문서는 담배 재떨이 밑에 풀로 붙여 두기도 했다.[91]

다음은 일제의 감시와 핍박이 어느 정도였는지를 알 수 있는 노상익의 글 「자지(自誌)」의 일부이다.

> (일본 순사는) 경축일에 일장기를 꽂게 시키고, 간혹 조선옷을 입었다고 따지기도 하였다. … 서구(西溝)에 있을 때 저들은 한인(韓人)들을 협박하여 입적시켰는데 온 동네가 거부하자, 저들은 말하기를 "노 아무개(노상익—필자 주)가 시킨 것이다."라고 하였다. 하루는 삼도랑두(三道浪頭)의 주재소 소장이 세금[戶錢] 납부책자를 가지고 (대눌의 집) 모헌(某軒)에 와서 회유하면서 장차 협박하려 하였다. … (이에 대눌은) 자주 찾아오는 것도 번거로우니, 한 번에 총칼로 나를 죽이면 네 마음이 통쾌하지 않겠느냐."라고 하였다. … 그 후 총 두 자루를 샀다. … 이웃 마을에 사는 정선달(鄭先達)이라는 자(밀양密陽 감물리인甘勿里人)가 급히 와서 하소연하기를, "안동현 경관 두 사람이 와서 '노 아무개가 꾸미는 일을 너는 알고 있겠지?'라고 하기에 그게 무슨 일인지 알지 못한다고 답을 하자 손으로 뺨을 때리면서 '무기를 준비하고 사람들을 모으는데 너는 모른다고 말하느냐?'라고 하였습니다. 나는 그 연유를 알지 못하기에 와서 고하는 것입니다."라고 하였다.[92]

일제는 만주로 이주한 영남 유림을 그냥 두지 않았다. 걸핏하면 찾아와서 일본 경축일에는 일장기를 꽂도록 강요하였다. 한인들에게 고유의 한복도 입지 못하게 하였다. 이에 더해 일본인으로 입적하도록 강요

91 이규창, 앞의 책, 42쪽 참조.
92 이은영, 앞의 책, 200쪽 번역 일부 재인용.

했다. 생활이 어려운 만주의 영남 유림들을 상대로 세금납부책자를 갖고 와서 때론 회유하고, 때론 협박을 일삼았다. 이에 노상익은 번거롭게 자주 찾아오지 말고 총칼로 한 번에 죽이라며 강력히 저항했다. 일제의 삼엄한 감시 속에서도 노상익은 총 두 자루를 샀다. 일제는 노상익이 무기를 구입한 정황을 파악하고 이웃들을 협박하여 자백을 받아 내려다가 실패했다. 노상익이 무슨 이유로 무기를 구입했는지 정확히 확인되지 않으나 그가 무기를 구입한 이유는 충분히 짐작이 가는 부분이다.

위의 글을 이어 좀 더 살펴보도록 하자.

> 하루는 복장을 갖춘 세 사람과 총을 멘 네 사람이 갑자기 대문으로 들어오더니, 세 사람이 방으로 들어왔다. (아들) 우용(右容) 역시 따라와서 다만 절만 하고 말없이 밖에 서 있었으니 연유를 알 바가 없었다. … 저들이 말하기를 "뭣 때문에 왔나?"라고 하기에, 노인이 "일본인을 피해서다."라고 하자, 저들은 미간을 찌푸리더니 더 이상 묻지 않았다. 장차 일어나 가려고 하면서 말하기를 "군자로구나." 하였다. 결국 아무 일 없이 돌아갔다. 우용이 말하기를 "어제 해질 무렵 저들이 급작스레 방 안으로 들어오더니 책자와 편지글 등을 뒤진 후에 유숙(留宿)을 하고, 오늘 아침이 되자 서구(西溝)로 향하기에 따라왔습니다. 저들의 본의는 역시나 문자를 찾기 위함인데, 어찌하셨기에 무사했습니까?"라고 하였다.[93]

일본 경관 7명이 노상익이 살고 있던 집에 들이닥쳤다. 이에 앞서 전날 해질 무렵 일본 경관들은 노상익의 아들 노우용이 사는 집에 들이닥쳐서 책자와 편지글 등을 뒤졌다. 당시 일본 경관은 노우용의 집에서 아

93 이은영, 위의 책, 201쪽 번역 일부 재인용.

무런 자료도 찾지 못했다. 그러자 다음 날 아침 일찍 노상익의 집에 들이닥친 것이다. 그런데 그들은 노상익의 집 안을 뒤지지 못했다. 존망받는 노상익의 집을 뒤졌다가 자신들이 찾는 단서가 나오지 않는다면 일본 경관 입장에서는 여간 낭패가 아닐 수 없기 때문이었다. 이처럼 일제는 만주로 이주한 영남 유림이 독립운동 관련 편지글이나 쪽지 등을 주고받지 않는지 수시로 염탐하고, 불시에 집으로 찾아와 수색까지 해 댔다.

그러나 영남 유림은 일본이 싫어서 떠나온 만주에서 일제의 이런 감시와 핍박은 애당초 예견했던 일이었기 때문에 놀라지도 않았을뿐더러 그에 대한 대처를 잘했다. 이들이 이렇게 일제의 수색에 철저하게 대비한 이유는 개인의 안위뿐 아니라, 서로 연락을 주고받던 인물들까지 위험해질 수 있었기 때문이다.

일제가 총칼로 협박해도 주눅 들지 않고, 오히려 더 당당하게 맞서며 대처하는 영남 유림의 모습은 함께 만주에서 생활하던 다른 영남의 유림은 물론, 타 지역에서 이주해 온 유림, 주변에 영남 유림을 해바라기처럼 바라보며 살던 조선 유민들에게 많은 영향을 끼쳤을 것임이 자명하다. 노상익 등이 일제의 위협에 굴하지 않는 모습은 본디 평생 배운 바를 실천하는 유림의 양심적 행동이었다. 이는 일제의 선동 무기로 활용되던 친일파들의 비양심적 행동과 크게 대비된다.

그렇다면 일제가 싫어서 만주로 이주한 영남 유림이 만주에서 나날이 심해지는 일제의 감시와 핍박을 견딘 원동력은 무엇이었을까? 그것은 국권을 회복하기 전에는 돌아가지 않겠다는 일념, 그리고 만주에서 자신이 할 수 있는 역할을 찾겠다는 일념이 있어서였다. 이들 영남 유림이 만주에서 무수한 일제의 감시와 핍박을 견뎌 낸 것은 국권회복이 이루어지는 날 모두 보상받을 수 있을 것이라는 생각 때문이었다. 이러한 생각으로 영남 유림은 이주한 만주에서 국권회복을 위해 자신이 할 수 있는 역할을 다양한 방식으로 찾았다.

2) 교육 및 저술

만주로 이주한 영남 유림은 생활이 아무리 궁핍해도 후손에 대한 교육을 잠시도 중단하지 않았다. 후손 교육이야말로 개인과 가문을 위해서도 필요하지만 국권을 회복하는 데 반드시 필요한 선행 조건이라고 믿었기 때문이다. 그래서 예대희는 14살 손자를 집에서 90리 길 되는 곳의 한인(韓人)에게 공부하러 보내기도 했다.[94]

그러나 아무리 영남 유림이라고 해도 힘겨운 만주생활 중에 모든 자식을 공부시키는 일은 현실적으로 불가능했다. 그래서 대부분 첫째만 공부를 시켰다. 농사일 때문에 둘째 아들부터는 공부를 시킬 여력이 없었기 때문이다.[95] 가문 대대로 학문하는 것을 업으로 삼아 온 영남 유림이 자손들을 제대로 공부시킬 수 없게 된 것이다. 이것이 만주로 이주한 영남 유림의 현실이었다.

만주로 이주한 영남 유림 가운데에는 후학 양성을 위해 힘쓴 인물들도 있다. 노상익은 박지영(朴址永)·김천직(金天稷)·이장선(李章善)·이재기(李在基)·최학술(崔學述)·한봉수(韓鳳壽) 등 젊은 사람들을 가르쳤는데, 강학을 통해 후학들에게 국권회복에 대한 의지를 심어 주었음은 물론이다.[96] 이능호는 1912년 자정(自靖)만을 위해서 봉천으로 이주했지만 관전현(寬甸

94 이은영, 위의 책, 319쪽 참조.
95 허은 구술, 변창애 기록, 앞의 책, 79쪽 참조.
96 이은영, 앞의 책, 181쪽 참조.

縣)과 통화현(通化縣) 등에서 유민들을 가르치며 살다 생을 마감하였다.[97]

이처럼 만주로 이주한 영남 유림은 후학이나 유민들에게 국권회복에 대한 의지를 심어 주면서 만주생활을 이어 갔다. 그러나 개인이 가르치는 것에 한계를 느낀 영남 유림은 학교를 통해 더 많은 후학들을 양성해야 한다는 데 공감했다.

만주로 이주한 영남 유림을 주축으로 만주 곳곳에는 소학교가 세워졌고, 드물게 중학교도 세워졌다. 그에 따라 서간도에만 200여 개 학교가 세워졌고, 북간도 또한 서간도 못지않게 많은 학교들이 세워졌다. 북간도에는 서간도보다 진보적인 동흥중학교, 대성중학교 등이 세워졌다. 그중 합니하에 세워진 신흥강습소를 거쳐 신흥중학에서 발전한 신흥무관학교는 우당 이회영(友黨 李會榮, 1867~1932), 성재 이시영(省齋 李始榮, 1869~1953) 형제와 안동 출신의 이상룡이 주축이 되어 세운 학교이다. 처음 학교를 세우는 데 든 비용은 이회영 형제가 내놓은 돈과 이상룡이 만주로 이주할 때 문중에서 이상룡이 매각하려던 임청각 매각 대신 마련해 준 돈으로 충당했다. 당시 신흥무관학교 창설자 중에는 경상남도 울산 출신인 고헌 박상진(固軒 朴尙鎭, 188[illegible]~1921)도 포함되어 있다. 이들은 집이 학교에서 제법 멀거나 타 지역에서 공부하러 온 학생들을 나누어 맡아서 하숙을 시키기도 했다.[98]

그러나 만주로 이주한 영남 유림 가운데에는 신식 학교 교육에 대해 내심 마뜩지 않게 생각하는 사람도 있었다. 예대희 등이 바로 그들이다.

아래는 예대희가 지은 「호상문답(湖上問答)」의 일부이다.

---

97 배종석, 「상경헌 이능호의 경의(敬義)[illegible]상과 망명」, 『한문학보』 제37집, 우리한문학회, 2017, 332~333쪽 참조.

98 허은 구술, 변창애 기록, 앞[illegible], 74~78쪽 참조.

> 객이 말하기를, "… 어찌하여 손자들에게 신학교에 들어가서 왜(倭)나라 것을 배우게 하는 것입니까?"라고 하였다.
> (예대희가) 말하기를, "이것은 내 뜻이 아닙니다. 아이들이 어리석어 강제로 그만두게 할 수 없어 머리가 지끈거리고 마음이 아프지만 어쩔 수 없어서였습니다."라고 하였다.
> 객이 말하기를, "지금 세상에 살면서 자손들로 하여금 신학문을 배우지 못하게 한다면, 장차 생활을 할 수도 없고 세상에서 사람 축에 낄 수도 없을 것이니, 어찌 자손들에게 우환을 남겨주는 것이 아니겠습니까?"라고 하였다.
> 내(예대희—필자 주)가 말하기를, "내가 자손들에게 신학문을 배우지 못하게 할 수는 없었으나, 내 자손들로 하여금 내 뜻과 같게 할 수는 있습니다. 차라리 이 세상에서 곤궁하고 주렬지언정 저기(일제—필자 주)에 빌붙어 고기 먹고 비단옷 입는 것은 원치 않습니다."라고 하였다.
> 객이 더는 말하지 않았다.[99]

위의 글을 통해 만주로 이주한 영남 유림 가운데에는 후손이나 후학들이 더 이상 유학을 숭상하지 않게 된 상황을 안타깝게 여기는 사람들이 있었다는 것을 알 수 있다. 그러면서도 그들은 시대가 변하고 있기 때문에 후손이나 후학들이 신학교 신교육을 통해 새로운 문화를 익히는 것은 거스를 수 없는 대세임을 인식하고 받아들였다.[100]

한편 교육에 힘쓴 만주의 영남 유림 가운데에는 집필에 힘쓴 인물들도 있다. 대표 인물로 노상익을 들 수 있다. 그는 조선의 융성했던 문물이 이대로 사라질 것을 두려워하여 선현들의 문집과 『문헌비고』의 고

---

99 이은영, 앞의 책, 321쪽 인용문 일부 재인용.
100 이은영, 위의 책, 321~322쪽 참조.

증을 통해 후인들이 훗날 참고자료로 이용하게 할 생각으로 저술에 힘썼다. 그는 『사례유선(四禮類選)』, 『견문쇄록(見聞瑣錄)』, 『역대통언(歷代統言)』, 『유년수지(幼年須知)』, 『고본록(顧本錄)』, 『소학고의(小學考疑)』, 『동례편람(東禮便覽)』, 『동역고(東域考)[동방국계고(東方國界考)]』, 『동제고략(東制考略)』, 『통언초략(痛言抄略)』, 『장질기목(藏袠記目)』, 『수문차록(隨聞劄錄)』을 저술하고 제생강의(諸生講儀) 십삼책(十三册)을 편집하였으며, 서간도 곳곳을 유람하며 지은 작품과 만시(輓詩) 등 100여 편을 합쳐서 『도강록(渡江錄)』을 편찬하였다.[101] 이에 더해 그는 만주에서 망국의 시점에 대처한 다양한 한인들의 모습을 『통사절요(痛史節要)』 뒤에 「대한망국사열전(大韓亡國史列傳)」으로 수록해 두었다. 현재 노상익이 만주에서 집필한 글들은 모두 필사본으로 전해지고 있다.

당시 만주로 이주한 영남 유림은 한곳에 정착하지 못하고 떠돌았다. 부재 이상설(溥齋 李相卨, 1871~1917)의 실록(實錄)이 전부 유실(流失)되어 하나도 남아 있는 것이 없고, 이상설과 이회영 두 사람 간에 주고받은 편지글이 많았다고 전해지나 이회영 일가 또한 떠도는 바람에 하나도 보전된 것이 없다는 것은 익히 알려진 사실이다.[102] 따라서 만주로 이주한 영남 유림의 글 가운데서도 곳곳을 떠도느라 유실된 글이 상당할 것으로 추정된다. 그나마 전해지던 것도 노상익의 글처럼 대부분 필사본으로 남아 있었기 때문에 6·25전쟁 때 유실 또는 소실된 것이 적지 않다. 각지를 떠돌던 이승희처럼 일부 전해지는 글들이 문집으로 간행되기까지 한 예는 흔치 않다. 만주로 이주한 영남 유림의 저술이 노상익처럼

---

101 이은영, 위의 책, 182쪽 참조.
102 이규창, 앞의 책, 47쪽 참조.

필사본으로라도 전해져서 오늘날 당시 영남 유림의 만주에서의 삶을 일부나마 엿볼 수 있음은 그나마 다행이라 하겠다.

이처럼 영남 유림은 후학들의 독립의지를 고취하기 위해 교육에 힘썼다. 이에 더해 그들이 저술에 힘쓴 이유는 교육을 통한 국권회복의 염원을 반영한 것이요, 왕성했던 조선의 문물을 국권회복 후 다시 부활시킬 자료로 삼기 위해서요, 훗날 후손들로 하여금 나라를 잃었던 아픔을 상기시켜 경계로 삼게 하기 위해서였다.

3) 자치단체 구성과 단속

만주에는 앞서 이주해 온 한인들끼리 한인 자치구역을 만들었고, 자치구역 한인들 중에 중국어 통역이 가능한 인물들로 동포 대책반을 만들었다.[103] 동포 대책반의 주요 역할 중 하나는 독립운동 임무를 띠고 오는 사람들을 그들이 원하는 목적지까지 안전하게 안내해 주는 것이었다.[104] 또 하나는 매년 봄가을 만주 방방곡곡의 한인부락으로 수십 호씩 쏟아져 들어오는 이주자들이 개척지를 정하는 일부터 만주생활에 적응하는 일까지, 이주자들을 돕는 것이었다. 한인 자치구역 동포 대책반 사람들은 이주해 온 사람들을 관리하고 통솔하는 일이 곧 애국활동이라고 믿었다.[105]

동포 대책반은 고국에서 이주해 오는 영남 유림 일행이 만주 지역 어디에 도착했다는 연락을 받으면 바로 동네 회의를 열어 그들을 맞이할 준비에 들어갔다. 그리고 한인 부락촌에 지금 어느 지역까지 몇 가

103 허은 구술, 변창애 기록, 앞의 책, 65쪽, 53~54쪽 참조.
104 허은 구술, 변창애 기록, 위의 책, 57~58쪽 참조.
105 허은 구술, 변창애 기록, 위의 책, 74쪽 참조.

구, 몇 명이 왔다는 연락을 취했다. 그 후 동포 대책반 몇 사람이 이주자들이 도착하기에 앞서 중국인 지주와 만나 농경지와 토지 개간 조건 등을 미리 교섭해 두었다. 대부분의 중국인 지주들은 개간 첫해에는 토질과 관계없이 모두 무료로 땅을 내주고, 다음 해부터는 토질에 따라 1:9, 2:8, 3:7, 4:6 또는 5:5 등으로 경작물을 나누기로 했다.[106] 경작물 배분 비율은 토지의 비옥도에 따라 달라졌지만 아주 험한 땅을 개간했을 때는 처음 3년 동안 중국인 지주에게 아무것도 주지 않아도 되었다.[107]

동포 대책반이 특별한 임무를 띠고 활약하는 동안 먼저 정착해서 한인 자치구 구성원이 된 사람들은 당번을 정해 놓고 있다가 자치구에 일이 생기면 돌아가면서 책임을 다하도록 조직되어 있었다. 자치구 당번들은 이주자들이 오고 있다는 소식을 접하면 누구네 몇 가구, 또 누구네 몇 가구를 배당해 주었다. 그러면 배당받은 자치구 한인들은 새로 이주해 온 한인들이 살아갈 주택과 토지가 완전히 결정되어 정착할 때까지 그들을 먹여 주고 보살펴 주었다. 이처럼 동포 대책반과 한인 자치구 당번들의 조직적인 활동을 통해 새로 이주한 한인들은 낯선 만주에서 보다 쉽게 정착할 수 있었다. 이런 식으로 단체의 도움을 받으면서 한인 이주자들은 서로 도우며 살았다.[108]

안동 출신의 배영진(裵永進, 1864~1919)은 1912년 통화현으로 이주하였는데, 그곳에서 같은 안동 출신의 백하 김대락(白下 金大洛, 1845~1914), 이상룡, 일송 김동삼(一松 金東三, 1878~1937)과 함께 한족회(韓族會)를 조직

106 허은 구술, 변창애 기록, 위의 책, 74쪽 참조.
107 허은 구술, 변창애 기록, 위의 책, 65쪽, 53~54쪽 참조.
108 허은 구술, 변창애 기록, 위의 책, 75쪽 참조.

하고 동포 연락책으로 활약하였다.[109]

유림과는 달리 농사만 짓다가 온 대부분의 유민은 한글조차 몰랐다. 이에 한인 자치회에서는 야학을 열어 글을 모르는 남녀노소에게 한글을 가르치는 것은 물론 정신교육까지 시켰다. 한마디로 농촌계몽운동이 만주 벌판에서 활발히 전개된 것인데, 가르치는 기쁨과 배우는 기쁨 때문에 야학은 점점 더 활성화되었다.[110]

한인 자치구에서는 매년 10월 3일 개천절 날이면 떡도 하고 운동장에 모여 기념행사를 크게 치렀다. 이런 행사 때마다 이상룡이 지은 "화려강산 동반도는 우리 본국이요, 품질 좋은 단군자손 우리 국민일세. 무궁화 삼천리 화려강산, 우리나라 우리글로 길이 보전하세."라는 애국가를 옛날 애국가 곡조인 "Auld Lang Syne"에 맞춰서 불렀다.[111] 한인 자치구에서는 이러한 행사를 통해 한인들 간의 화합을 유도했다.

한인 자치단체의 규범은 매우 엄했다. 허겸이 환갑이 넘은 나이에 20대 여자를 다섯째 부인으로 얻자 부인을 억지로 다른 곳으로 보내 버렸다. 또 과부가 유부남과의 사이에 아이를 낳고 사는 것도 그냥 두지 않았다. 부모에게 불효하는 사람을 비롯해 풍기를 문란하게 하는 사람은 남녀노소, 지위고하를 막론하고 자치단체에서 혼을 냈다. 이처럼 법도에 맞게 행동을 하고, 도덕적으로 올바르게 처신하도록 자치단체에서 단속을 엄하게 한 이유는 중국인들로부터 손가락질 받지 않고 살 수 있도록 하기 위해서였다. 치안 또한 이런 식으로 자치적으로 해결해 나갔다.[112]

---

109 디지털 안동문화대전(http://andong.grandculture.net/)의 백서농장(白西農場) 참조.
110 허은 구술, 변창애 기록, 앞의 책, 80~81쪽 참조.
111 허은 구술, 변창애 기록, 위의 책, 90쪽 참조.
112 허은 구술, 변창애 기록, 위의 책, 63쪽 참조.

한인 자치구는 이처럼 엄한 규율이 있었기에 순조롭게 운영될 수 있었다.

한인 자치단체는 재난을 당한 한인들을 구조하는 역할도 담당했다. 홍수가 나면 중국인들은 중국 정부가 구제에 나섰다. 그러나 중국 정부로부터 외면당한 한인들은 생명을 잃는 일이 종종 발생했다. 이에 한인 자치단체에서는 홍수가 나면 청년들을 동원해서 뗏목을 만들어 인명구조에 나섰다. 그 후, 물이 빠지면 한인 자치단체가 나서서 수해 복구에 힘썼고, 수재민들이 안정을 찾은 뒤에야 각자 일자리로 돌아갔다.[113]

이러한 한인 자치단체를 운영하기 위해서는 지도자가 필요했는데, 대부분 영남 유림이 그 역할을 했을 것임은 자명한 일이다.

만주에는 여자들로 구성된 부인회(婦人會)도 있었다. 1918년 부인회는 평안도 출신 양기탁(梁起鐸)의 부인이 맡아서 운영했다. 그런데 양기탁이 만주에서 독립운동을 벌이는 데 동참한 영남 유림들이 있다. 안동 출신의 김동삼은 만주로 이주하기 전인 1909년부터 신민회(新民會) 일로 양기탁의 집에서 간부 회의를 열고 독립투사 양성책 등을 협의한 사실이 있다.[114] 이상룡은 1911년 2월 서간도 회인현(懷仁縣) 항도천(恒道川)에 가서 김대락 등과 함께 약 2개월간 머무르면서 『한만관계사(韓滿關係史)』를 집필한 사실이 있는데, 이것이 1911년 1월 양기탁과의 협의를 거친 후 이루어진 일[115]이라는 것은 익히 알려진 사실이다. 이러한 일련의 인간관계 등을 통해 양기탁의 부인이 운영하던 만주 부인회 또한 영남 유림의 입김이 작용하지 않았다고 단언할 수 없다.

만주로 이주한 영남 유림이 지도자로서 활약한 한인 자치단체는 만

113 허은 구술, 변창애 기록, 위의 책, 126쪽 참조.
114 한국민족대백과사전(http://encykorea.aks.ac.kr)의 <김동삼(金東三)> 참조.
115 한국민족대백과사전(http://encykorea.aks.ac.kr)의 <이상룡(李相龍)> 참조.

주를 방문한 독립운동가를 돕고 만주로 이주한 이주자들을 물심양면으로 도왔다. 따라서 만주의 영남 유림이 한인 자치단체 운영에 가담한 것은 국권회복을 위한 행동의 일환임에 틀림없다.

4) 교유와 소통

(1) 언론 접하기

아무리 학식이 높은 영남의 유림이라고 해도 만주에서 독불장군으로 살아갈 수는 없는 일이다. 노상익은 세상과 소통하기 위해 만주에서 『동아일보』를 구입해서 보았고, 동삼성(東三省)에서 발간되던 공보(公報) 등을 통해 국내외 소식을 접했다. 이처럼 영남 유림은 만주에서 여러 언론을 통해서 국내 소식은 물론 국외 소식까지 접했다. 그 이유는 언론을 통해 수집한 정보와 지식을 주변의 유림들과 공유하기 위해서였다.[116]

참상이 실린 국내 사정 등에 대한 정보도 공유했다. 또 세계정세의 흐름과 그동안 알지 못했던 발달된 서양 학문에 대한 지식도 공유했다. 이처럼 만주로 이주한 영남 유림이 언론을 통해 수집한 정보와 지식은 지역 사회 유림들과의 교유와 소통에 매우 중요한 수단이 되었다.

(2) 서구결사(西溝結社)

만주로 이주한 영남 유림이 독립운동에 기여한 면모는 서구결사(西溝結社) 등을 통해 일부 드러난다. 이러한 사실은 노상익이 만든 것으로 확인되는 〈서구결사록(西溝結社錄)〉[117]을 통해 확인된다.

116 이은영, 앞의 책, 179~180쪽 참조.

117 노상익, 〈서구결사록(西溝結社錄)〉. 〈서구결사록〉에 대한 내용은 서동일, 「100년 전

서구결사에 이름이 오른 13명의 인적사항을 살펴보면 다음과 같다.

* **시강(侍講) 노상익(盧相益)**: 자(字)는 치삼(致三), 을묘생(己酉生), 본관은 광주(光州), 호는 대눌(大訥). 밀양에서 신해(辛亥)년 겨울에 압록강을 건너왔다. 임자(壬子)년에 집과 경작지 5일 갈이를 구매하고, 접리수(接梨樹) 서구(西溝)에 동지(同志)들로 하여금 집을 짓도록 하였다.
* **교리(校理) 안효제(安孝濟)**: 자는 순중(舜仲), 경술생(庚戌生), 본관은 탐진(耽津), 호는 수파(守坡). 의령(宜寧)에서 신해년에 압록강을 건너왔으며, 임자년에 임강현(臨江縣)으로부터 왔다.
* **이경일(李慶一)**: 자는 덕선(德善), 임자생, 본관은 벽진(碧珍). 밀양에서 임자년에 압록강을 건너와 집을 지었다.
* **채희동(蔡熙東)**: 자는 춘가(春可), 정사생(丁巳生), 본관은 인천(仁川), 호는 추담(秋潭). 대구(大邱)에서 임자년에 압록강을 건너와 집을 지었다.
* **주사(主事) 이건승**(李建昇): 자는 보경(保卿), 무오생(戊午生), 본관은 전주(全州), 호는 경재(耕齋). 강화(江華)에서 경술년에 압록강을 건너왔으며, 갑인(甲寅)년에 회인현(懷仁縣)으로부터 왔다.
* **황규현(黃圭顯)**: 자는 순명(舜明), 신유생(辛酉生), 본관은 장수(長水), 호는 서은(西隱). 밀양에서 임자년에 압록강을 건너와 집을 지었다.
* **박상림(朴尙林)**: 자는 가현(可見), 기사생(己巳生), 본관은 밀양, 호는 인와(忍窩). 밀양에서 임자년에 압록강을 건너와 집을 지었다.
* **안형원(安衡遠)**: 자는 석모(錫謨), 병자생(丙子生), 본관은 광주(廣州), 호는 효봉(曉峰). 김해에서 임자년에 압록강을 건너와 집을 지었다.

추가로 서구에 머물면서 함께 고생한 사람은 다음과 같다.

중국 안동현에 세워진 한인촌의 모습, '중국 남만주 안동현 접리수도'」, 『한국근현대사연구』 제74집, 한국근현대사학회, 2015를 통해서 자세히 알 수 있다.

* **참봉(參奉) 이승희(李承熙)**: 자는 계도(繼道), 정미생(丁未生), 본관은 성주(星州), 호는 강재(剛齋). 성주(星州)에서 신해년에 압록강을 건너와 길림(吉林) 봉밀산(蜂蜜山)으로 들어갔다가 계축(癸丑)년에 서구에 머물렀다.
* **참판(參判) 정원하(鄭元夏)**: 자는 성조(聖肇), 갑인생(甲寅生), 본관은 연일(延日), 호는 기당(綺堂). 강화에서 경술년에 압록강을 건너와서 갑인년에 회인현으로부터 와서 서구에 머물렀다.
* **직각(直閣) 박동흠(朴東欽)**: 자는 훈녀(勳汝), 갑인생, 본관은 밀양, 호는 해산(海山). 태천(泰川)에서 을묘(乙卯)년에 압록강을 건너와 서구에 살았다.
* **친동생 상직(相稷)**: 자는 치팔(致八)이고 을묘생, 호는 소눌(小訥). 신해년 12월에 압록강을 건너와서 나(노상익—필자 주)와 함께 현 내에 머물며 서구에 장옥(庄屋)을 지었다. 그런데 임자년 겨울 집안에 우환이 닥치자 뜻에 어긋나게 다시 건너가서는 해마다 형을 만나러 왔다.
* **이민응(李敏應)**: 본관은 전주, 호는 수춘(壽春). 동지들과 함께 자금을 합쳐서 많은 농토를 구입해서 압록강을 건너온 농민들이 살아갈 밑천으로 삼게 해 주었다.

위의 서구결사를 통해 일제강점 시기 초부터 서간도 안동 일대에는 독립운동세력을 뒤에서 지원하는 단체가 있었음을 알 수 있다. 이는 지금까지 신민회, 대동청년단 계열 인사들의 독립운동 지원활동이 일부 확인된 것에서 나아가 노상익·안효제 등 반일 성향의 유림이 주축이 되어 접리수에 만든 한인촌에서 독립운동 배후 지원을 했음을 확인시켜 주는 것이다. 그에 따라 1913년 봉밀산 한흥동을 떠나 북경으로 향하던 이승희 또한 접리수 한인촌에 들러 북경 및 봉천성 일대의 정치동향과 각종 정보를 접했던 것으로 파악된다.[118]

118 서동일, 앞의 논문, 299쪽 참조.

이러한 서구 결사의 중심에는 영남의 유림 노상익·안효제·이경일·채희동·황규현·박상림·안형원을 비롯해 이승희·노상직이 있었다.

(3) 동삼성한인공교회(東三省韓人孔教會)

공교회는 19세기 말에서 20세기 초 중국과 우리나라에서 발생한 유교개혁운동의 일파이다. 이승희는 1913년 여름 봉천성 안동에 이르러 당시 중국에서 성행하던 공교운동에 착안하여 안효제 등과 함께 한인 공교단체를 조직하고자 했다. 이른바 동삼성한인공교회이다.[119]

이승희 주도로 조직된 동삼성한인공교회 발기인(發起人)으로 참여한 인물은 총 19명으로 이승희·안효제·맹보순·예대희·성종호·김종(金鍾)·서세충·정원하·성낙희(成樂熙)·정태호(鄭泰鎬)·권식(權湜)·김천민(金天民)·노직현(盧直鉉)·임방(任滂)·노상익·채희동·공재주(孔在周)·이원일(李沅一)·장인근(蔣仁根)이다.[120] 이 중 영남 유림으로 분명히 확인되는 인물은 이승희·안효제·예대희·노상익·채희동, 경상남도 창녕 출신의 잠재 성종호(潛齋 成鍾護, 1850~1927), 경상남도 출신인 것만 확인되는 장인근 등 7명이다. 그리고 경기도의 용인 출신 맹보순, 고양 출신 춘강 서세충(春江 徐世忠, 1888~1957), 그 밖에 경기도 출신으로 확인되는 정원하(1855~1925)를 제외한 김종·성낙희·정태호·권식·김천민·노직현·임방·공재주·이원일은 현재 명확한 출신지가 확인되지 않고 있다. 그러나 동삼성한인공교회의 주축은 최소 7명 이상이 동참한 영남 유림임에 틀림없다.

〈동삼성한인공교회 취지서(東三省韓人孔教會趣旨書)〉를 살펴보면 이들

119 서동일, 「일제 초기 동삼성한인공교회의 설립과 활동」, 『역사와 현실』 제99호, 한국역사연구회, 2016, 236쪽 참조.

120 이은영, 앞의 책, 213쪽 각주 97 참조.

영남 유림이 주축이 된 동삼성한인공교회 인사들이 추구했던 방향을 알 수 있다. 절목 총 10개 가운데 몇 가지를 살펴보면 다음과 같다.

입회자는 반드시 종전의 부패하고 허례허식하는 습관을 끊어 버리고, 오직 성심으로 공자의 가르침에 복종하기로 했다. 크게는 부자유친(父子有親), 군신유의(君臣有義), 장유유서(長幼有序), 부부유별(夫婦有別), 붕우유신(朋友有信) 등의 오륜, 작게는 신체부터 몸가짐, 언동의 모든 법칙을 준수하고 위배해서는 안 되며, 이를 어기는 자는 입회를 불허하기로 했다.

입회자는 모두 같은 동문(同門)의 친호(親好)가 있으니 당연히 형제처럼 대해야 하는 데다 현재 타국에서 사느라 뜻하지 않은 근심이 많으므로, 남전여씨향약(藍田呂氏鄕約) 네 개 조항인 덕업상권(德業相勸), 과실상규(過失相規), 예속상교(禮俗相交), 환난상휼(患難相恤)을 마음에 새기고 서로 화목하게 지내는 데 힘쓰기로 했다. 그렇지 않은 자는 역시 입회를 불허하기로 했다.

주(周)나라 관제(官制)의 여덟 가지 형벌(불효不孝·불목不睦·불인不婣·부제不弟·불임不任·불휼不恤·조언造言·난민亂民) 가운데에 있는 조언과 난민 두 개 조, 곧 근거 없는 사실을 지어서 꾸며 내는 자[造言], 무리 지어 다니면서 사회 구성원들의 생명이나 재산을 위협하고 사회 질서를 어지럽히는 자[亂民]를 공자(孔子)가 매우 징계한 것에 따라 의(義)에 어긋나거나 법을 어기거나, 기세를 믿고 억지를 쓰거나 권세를 맘대로 휘두르거나, 간사하고 교활하게 두 가지 말을 하거나, 들락날락하는 뿌리 없는 자 또한 입회를 불허하기로 했다.

동삼성한인공교회에서는 '입교(立敎)'로 주(主)를 삼으므로, 의로운 마음으로 자본을 내서 공부할 건물을 세우고, 책을 만들어 후진을 가르치고 새로운 지혜를 개발하기로 했다.

이에 더해 입회자가 내는 회비 1원을 모아 운영 자금으로 사용하기로 했다. 또 특별히 의연금(義捐金)을 내는 자는 별도 회계 장부를 두고 처리하기로 했다.

그 밖에 이들 동삼성한인공교회에 입회하는 사람은 성씨의 본관, 이름과 자(字), 나이, 본국의 거주지 및 현재 살고 있는 곳의 주소를 상세히 기록하여 하나의 문서로 만들어 열람하기 편리하도록 하고, 추가로 들어오려는 자는 청원서를 작성한 후 회원들의 회의를 거쳐 인증을 받은 뒤에 함께할 수 있도록 하였다.

이처럼 동삼성한인공교회는 자신들이 이주한 만주에서 공자의 가르침에 따라 사는 것을 목표로 활동하였다. 그리고 살펴본 바와 같이 동삼성한인공교회 발기인으로 참여한 사람은 19명이었지만, 동삼성한인공교회 회원 전체 숫자는 19명에 그치지 않았다.

동삼성한인공교회 발기인 가운데 예대희는 만주에서 처음 만난 이승희를 도와 공교회 활동에 적극적으로 동참하였다. 예대희는 1913년 겨울 이승희가 공교회 일로 연경에 갈 때 동행해서 중국인 공교회 인사 진환장(陳煥章, 1881~1933)을 비롯해 송백로(宋伯魯)·용담후(龍澤厚)·이문치(李文治)·황계서(黃啓瑞) 등을 만났다. 이들은 양계초(梁啓超, 1873~1929)와 함께 변법자강(變法自疆)을 목표로 개혁운동을 일으킨 강유의(康有爲, 1858~1927)의 제자들이다.[121] 변법자강이란 법을 고쳐 스스로 강하게 한다는 뜻으로, 중국 청(淸)나라 말기 양계초, 강유의 등의 혁신파가 내세웠던 개혁운동의 표어이다.

조정규 또한 만주로 이주하기에 앞선 1913년 북경을 방문했는데,

121 이은영, 위의 책, 249쪽 참조.

東三省韓人孔教會趣旨書

孔子誕降二千四百六十四年癸丑十一月 日

그림 3 동삼성한인공교회 취지서(필자 소장 복사본)

그때 중국 공교회 인사 왕학년·이종예·양만청 등을 만나 필담을 나누었다.[122] 이에 더해 조정규는 공자의 후손이자 공교회 인사인 공상림(孔祥霖)에게 편지를 보내 소통하려고 노력하였다.[123]

각고의 노력 끝에 이승희의 동삼성한인공교회는 중국 공교회의 실질적 책임자인 진환장으로부터 공교지회로 공식 승인을 받았다. 그러나 이승희가 발족한 동삼성한인공교회는 설립 초기부터 연길 정부의 적극적인 협조 속에 발전을 거듭해 회원이 6,000명에 달했던 북간도 지역의 간도공교회(공교연길지회의 전신)[124]와는 달리 동삼성총독이나 봉천

122 이은영, 위의 책, 251쪽 참조.
123 이은영, 위의 책, 254쪽 참조.
124 서동일, 앞의 논문, 240~241쪽 참조.

도독에게 도움을 요청하는 등 이승희의 적극적인 노력[125]에도 불구하고 중국 지방정부의 도움을 받지 못했다. 당시 봉천도독은 중국에서 한인들이 별도의 조직을 만든다는 것 자체가 의심스럽고 봉천성에 이미 존공회(尊孔會)라는 공교단체가 있는데 별도로 공교단체를 만든다는 것이 사리에 맞지 않는다는 생각으로 비협조적이었다.[126] 중국 지방정부의 비협조로 동삼성한인공교회의 정상적인 활동은 저지되었다.[127] 이에 더해 조직기반이 취약하고, 이승희 개인에 대한 의존도가 지나치게 높았던 점 등은 동삼성한인공교회 활동이 제대로 펼쳐지는 데 있어 한계로 작용했다.[128]

그러나 동삼성한인공교회 활동은 크게 두 가지 점에서 의의를 찾을 수 있다. 첫째, 한국 공교운동의 지역적 확산에 기여했다는 것이다. 공교운동의 불모지였던 서간도와 남만주 한인사회에 공교에 대한 관심을 환기·확산시키는 계기가 되었기 때문이다. 아울러 국내 특히 영남 유림에게는 공교운동의 이론과 실상이 전달되는 통로가 되었다. 둘째, 기호·영남유림의 오랜 갈등을 해소하는 계기를 제공했다는 것이다. 이들은 중국 안동에서 동삼성한인공교회의 발기인으로 협력하고, 접리수 한인촌 및 성신태(誠信泰)를 기반으로 독립운동세력을 배후 지원했다. 이런 경험은 1919년 유교계가 독립운동의 연대를 모색하는 데까지 영향을 미쳤다.[129]

---

125 서동일, 위의 논문, 254쪽 참조.
126 서동일, 위의 논문, 261쪽 참조.
127 서동일, 위의 논문, 260쪽 참조.
128 서동일, 위의 논문, 262쪽 참조.
129 서동일, 위의 논문, 266쪽 참조.

한마디로 20세기 초 만주에서 진행된 동삼성한인공교회는 단순히 수구적 문화운동이나 교육활동에 그친 것이 아니라 한인사회의 역량을 강화하고 독립운동의 토대를 구축하는 기제가 되었다.[130]

(4) 중국 관료들과의 소통 노력

예대희는 중국 관료들과도 소통하기 위해 애썼다. 이러한 사실은 아래 예대희의 글 「자지(自誌)」를 통해서 확인된다.

> 계축(1913)년 … 겨울에 강재 어른과 함께 심양(瀋陽)에 들러 삼학사(三學士) 유적을 조문하고, 길을 돌려 연경(燕京)으로 들어가니, 당시 중국은 만청(滿淸)을 개혁하고 원세개(袁世凱)가 바야흐로 총통이 되어 있었다. 편지를 보내 삼성(三省)에 거주하는 대한 교민들로 전주(田疇)의 고사를 모방하고자 하였으나, 이룰 수 없었다.[131]

예대희는 직접 만날 수 없는 중국 관료들과 편지로 소통하기 위해 애썼다. 예대희가 편지를 보낸 중국 관료로는 총통 원세개(袁世凱)를 비롯해 환인현 지사와 봉천부 총독 장석란(張錫鑾)과 회인현 감독 비광국(費光國) 등이 있다. 당시 예대희가 원세개에서 보낸 편지에는 시무(時務)에 우선해야 할 일들을 논한 글과 10만이 넘는 한인(韓人) 입적(入籍) 문제에 관심을 갖고 도와달라는 청탁의 편지였다. 그러나 예대희는 원세개로부터 아무런 답장도 받지 못했다.[132]

예대희가 1913년 봉천부 총독 장석란과 회인현 감독 비광국에게 보

130 서동일, 위의 논문, 234쪽 참조.
131 이은영, 앞의 책, 242쪽 인용문 재인용.
132 이은영, 위의 책, 242~243쪽 참조.

낸 편지에는 일제가 만주, 곧 동북삼성(東北三省)인 요녕성(遼寧省)·길림성(吉林省)·흑룡강성(黑龍江省)을 삼키기 위해 공법(公法)을 들먹이며 영사(領事)를 두고 한인들을 관리하려는 것에 대해 매우 우려하는 내용이 실려 있다. 당시 예대희는 국가의 기본이 되는 백성, 그것도 일제의 만행을 피해 온 한인들의 안녕을 지키는 일이야말로 절조를 지키기 위해 만주까지 이주해 온 자신이 할 수 있는 또 하나의 일이라는 막중한 책임감으로 편지를 썼던 것이다. 그러나 오래지 않아 동북삼성은 결국 예대희가 우려했던 대로 일제의 손에 넘어가고 말았다.[133]

이승희 또한 동삼성한인공교회 일로 북경에 갔을 때 원세개에게 한인 입적 문제에 대한 일로 수차례 편지를 보냈지만 예대희처럼 아무런 답변도 받지 못했다.

만주로 이주한 영남 유림의 이러한 노력은 비록 대답 없는 일방적 외침으로 끝났지만 한인 입적 문제 등 한인 구제의 절실함 속에서 한목소리를 내었다는 점에서 의의를 가진다.

(5) 기타 교유

영남 유림은 국내에서 잠시 만주를 다녀가는 사람들과도 교유를 가졌다. 그들의 교유는 국내에서부터 인연이 있던 사람들이 주를 이루었다. 그들을 통해 만주로 이주한 영남 유림은 고향 소식과 고국에 두고 온 친인척들의 소식을 일부나마 전해 들을 수 있었다. 그러나 만주를 방문한 생면부지의 한인들과도 교유를 가졌다. 만주로 이주한 영남 유림의 이러한 교유는 만주생활의 외로움을 달래는 방편이기도 했지만 무

133 이은영, 위의 책, 245쪽 참조.

엇보다 국내 사정을 생생히 전해 들을 수 있는 통로였기 때문에 그들은 교유에 적극적이었다.

그런데 1911년 이후 안봉선(安奉線)의 출발점·종착점인 안동·봉천의 한인세력이 국내에서 온 활동가들에게 숙식은 물론 각종 편의와 정보를 제공했던 모습이 자주 포착된다. 이는 처음 만주 내륙으로 들어가는 독립운동가들이 철도의 출발점인 안동에서 만주 내륙에 관한 지리·교통지식과 독립운동에 관한 정보를 얻었음을 의미한다.[134] 이러한 역할의 중심에는 안동의 서구결사 등을 주도했던 영남 유림이 있었다. 이처럼 만주에 거주하는 영남 유림은 만주 지역을 오가는 독립운동가를 비롯한 한인들로부터 일방적으로 소식을 전해 듣는 데서 그치지 않고, 자신들이 갖고 있는 정보를 전해 주는 역할도 했다.

경상북도 영주 출신으로 비서원 승 등을 역임한 전직 관료 석연 김찬규(石然 金燦奎, 1866~1929)는 경술국치 후 이주한 봉천성 서탑가(西塔街)에서 독립운동을 하던 동지들의 숙박 편의를 위해 여관을 경영하기도 했다.[135] 평생 글을 읽던 영남 유림이 관직에서 물러나면 글을 읽는 것으로 업을 삼아야 하는데 여관을 경영했던 것이다. 이는 독립운동가들의 편의를 도모하기 위한 것으로, 이 또한 독립운동의 일환이었다. 그러나 김찬규가 경영하던 여관이 단순히 독립운동가들에게 숙박 편의를 제공하는 데서 그치지 않고, 독립운동가들의 소식을 전해 주는 중간 역할을 했을 것임은 충분히 짐작할 수 있다.

안효제·노상익 등은 맹보순이 거주하고 있던 안동현 구시가(舊市街)

---

134 서동일, 「100년 전 중국 안동현에 세워진 한인촌의 모습, '중국 남만주 안동현 접리수도'」, 『한국근현대사연구』 제74집, 한국근현대사학회, 2015, 288~289쪽 참조.

135 이은영, 『한국 독립운동과 암호』, 민속원, 2017, 207쪽 참조.

에 있는 성신태에서 접리수에 거주하던 이정영(李正永)·권식(權湜)·백세빈(白世彬) 등과 회합을 가지면서 배일사상(排日思想)을 키웠다.[136]

만주로 이주한 영남 유림은 함께 이주한 친인척들뿐 아니라, 타 지역에서 온 유림들과도 내 것 네 것 없이 서로 도우며 살았다. 당시 이들은 서로를 독립운동 선상(線上)에서 유일무이한 동지이자 지우(知友)로 여겼다. 그래서 이들은 따로 약속하지 않아도 독립운동의 동지(同志)로 맹약(盟約)이 된 것이었다.[137]

이처럼 만주로 이주한 영남 유림은 많은 사람들과 다양한 방법으로 교유와 소통을 하고자 힘썼다. 이는 영남 유림이 만주에서 가진 역할을 밝히는 데 중요한 단서가 된다.

5) 독립운동 전개

영남 유림이 수많은 고통을 인내하며 만주에 계속 머문 이유는 무엇이었을까? 만주로 이주한 이유는 다양했지만 연로한 나이에 만주로 이주한 영남 유림이 온갖 고난을 견뎌 내며 계속 만주에서 살았던 이유는 오직 하나, 바로 조국의 독립에 미약하나마 도움이 되고자 해서였다.

그에 따라 만주 지역에서는 여러 가지 독립운동 사업이 벌어졌다. 처음 봉천성 회인현에서 시작된 독립운동 사업은 통화현으로, 유하현으로 확장되다가 나중에는 길림성까지 확장되었다.[138]

---

136 국사편찬위원회, 『不逞團關係雜件－朝鮮人의 部－在滿洲의 部(3)』, 「排日朝鮮人의 狀況에 관한 건」(機密公信 제51호)(1914. 7. 28.) 참조.
137 이규창, 앞의 책, 45~46쪽 참조.
138 허은 구술, 변창애 기록, 앞의 책, 126쪽 참조.

(1) 독립운동기지 건설과 독립운동단체 설립

만주로 이주한 안동 출신의 유림 배영진·김대락·이상룡·김동삼이 주축이 되어 조성한 백서농장(白西農場)을 이들은 독립운동기지로 삼고자 노력했다. 비록 4년간에 걸친 노력에도 불구하고 불편한 교통과 부족한 물자 등으로 성공적이지는 못했다. 그러나 당시 경험한 산악지대에서의 열악한 생활은 독립운동가들의 심신을 더욱 강하게 단련시켰다. 백서농장은 1919년 3·1운동 이후 한족회(韓族會)의 지시로 없어졌다. 그리고 백서농장에 소속되었던 사람들은 상해임시정부 산하의 군사기관으로 확대 개편된 서로군정서(西路軍政署) 소속으로 활약하였다.[139]

박상진은 스승 허위가 1908년에 사망하자 만주로 이주해서 경상북도 상주 출신의 소몽 채기중(素夢 蔡基中, 1873~1921)과 함께 국내에서 조직했던 광복단(光復團)의 만주 지부를 조직했다. 그 후 이들 광복단 지부는 이보전진을 위한 발전적 해체를 한 후 신흥무관학교 설립에 동참했다. 이들은 일본을 이기는 길은 오직 군사력이라는 인식하에 군사력 증강에 온 힘을 쏟았다.[140]

이승희는 1908년 블라디보스토크로 망명한 후 거주지를 옮겨 다녔다. 그는 1909년 만주 길림성 봉밀산 아래 권업회(勸業會)의 지원을 받아 황무지를 구입한 후, 100여 가구를 정착시켜 대규모 한인촌인 한흥동을 건설하였다. 그리고 그곳 청년들의 민족교육을 위한 한민학교(韓民學校)를 세우면서[141] 자신의 호를 한계(韓溪)로 바꾸기까지 하였다. 이승희

139 디지털 안동문화대전(http://andong.grandculture.net/)의 백서농장(白西農場) 참조.
140 허은 구술, 변창애 기록, 앞의 책, 77쪽 참조.
141 서동일, 「일제 초기 동삼성한인공교회의 설립과 활동」, 『역사와 현실』 제99호, 한국역사연구회, 2016, 235쪽 참조.

역시 한흥동을 만든 표면적 이유는 한인촌 건설이었지만, 내면적 이유는 한인들을 집단으로 살게 하면서 독립운동기지로 만들고자 한 것이다.

조정규는 1914년 만주로 이주할 때 이승희와 함께 서간도 덕흥보에서 경작을 하기로 했다. 당시 조정규는 이승희에게 거금을 내놓았고, 두 사람은 돈을 합쳐 50,400평이나 되는 토지를 마련했다. 비록 바닷물이 드는 곳이라 경작에는 실패했지만 당시 조정규와 이승희가 공동으로 마련한 덕흥보 또한 유민들을 모아 독립운동기지로 활용하기 위한 것이었음은 부정할 수 없는 사실이다.

김대락은 만주로 이주한 후 1913년 유하현 삼원포(三源浦)에서 조직된 단체 경학사(經學社)가 흐지부지되자 이를 대체할 요량으로 한인 자치단체인 공리회(共理會)를 조직하였다. 공리회가 만주의 한인 청년들에게 민족의식을 고취하고, 독립군 기지 건설의 텃밭이 되도록 지도하기 위해 조직된 단체[142]임은 익히 알려진 사실이다.

살펴본 바와 같이 만주로 이주한 영남 유림은 한인들이 집단으로 거주하는 곳에 독립기지를 건설하고자 했다. 이에 더해 본격적인 독립운동을 벌이기 위해 여러 독립단체를 조직했다. 이처럼 만주 이주 영남 유림은 독립운동 전개를 위한 초석 다지기에 힘썼다.

(2) 독립운동자금 마련

예대희는 이주한 만주에서 부족한 군자금(軍資金), 일명 독립운동자금 충당을 위해 중국화폐인 마제은(馬蹄銀)을 위조한 주모자로 일제의 극

142 강윤정, 「만주망명 일기, 『백하일기(白下日記)』(1911~1913)」, 『기록인』 통권18호, 국가기록원, 2012, 89쪽 참조.

비 문건에 이름이 거론된 인물이다. 당시 예대희와 함께 위조화폐를 만든 인물 가운데에는 경상북도 칠곡군(漆谷郡) 출신의 양건태(梁建泰)가 혐의자로 포함되어 있다.[143]

노상익과 안효제는 1914년 만주에서 군자금 모금 활동을 했다. 그래서 이들의 이름 또한 일제 문건에 군자금 관련 요주의 인물로 지정되었다. 이에 더해 노상익은 1922년에 또 다시 군자금 관련 인물로 거론되면서 급히 환국하였다.[144] 당시 만주로 이주한 유림 중에는 국내로 직접 잠입하거나 타인을 국내로 보내 독립운동자금을 조성하는 일도 있었다.[145]

그런가 하면 국내에 있는 사람이 독립운동자금을 조성해서 만주로 이주한 영남 유림에게 가져다주는 일도 있었다. 노상익의 동생 노상직은 1913년 형의 명으로 환국한 후 해마다 형을 보러 만주에 다녀왔다. 노상직이 형을 문안하러 간다는 것은 표면적 이유였고, 실제로는 독립자금 전달이 목적이었다는 이야기가 노상직 집안에 전해 오고 있다. 만주로 향하는 노상직의 몸에는 돈이 감겨 있었는데, 일본 경찰이 수많은 제자들을 양성하고 있는 존망받는 학자 노상직의 몸을 수색하기 꺼려했기 때문에 그가 독립자금을 몸에 감고 갈 수 있었다고 한다.

---

143 국사편찬위원회, 『不逞團關係雜件－朝鮮人의 部－在滿洲의 部(4)』, 「排日朝鮮人의 狀況에 관한 건」(朝憲機 제616호)(1914. 9. 15.) 참조.

144 이은영, 『요동의 학이 되어－일제강점기 서간도 망명 우국지사 이건승·안효제·노상익·노상직·예대희·조정규와 안창제를 중심으로』, 학자원, 2016, 197쪽 참조.

145 이규창, 앞의 책, 50쪽 참조.

146 국사편찬위원회, 『不逞團關係雜件－朝鮮人의 部－在滿洲의 部(4)』, 「排日朝鮮人의 狀況에 관한 건」(朝憲機 제616호)(1914. 9. 15.).
* 문서에는 인명이 芮大囍로 되어 있는데, 이는 芮大僖의 오류이다.

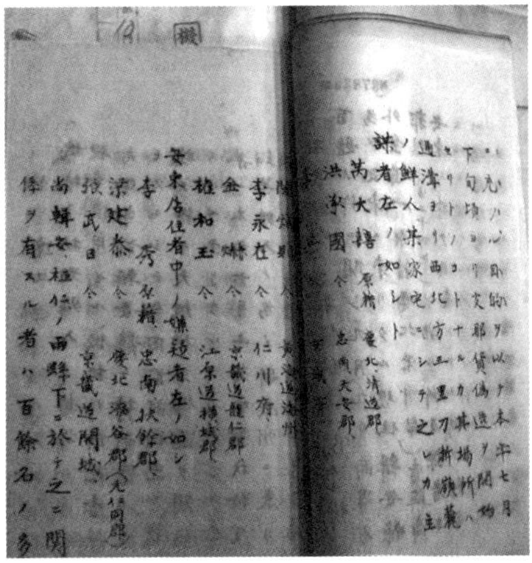

그림 4 군자금 충당 위조지폐 주모자 예대희와 협의자 양건태[146]

(3) 대화합

영님 유림이 이주한 만주에서 드러낸 가장 큰 성과는 무엇보다도 학문과 당파 간의 갈등 봉합이라고 하겠다.

만주의 영남 유림 인사들은 국내에서부터 깊은 교유를 하고 있던 사람들의 경우에는 더더욱 돈독히 지낼 수밖에 없었다. 이에 더해 안면만 있거나 학파가 달라 명성만 들었던 인사들 간에도 깊은 교유를 가질 수밖에 없었다. 이는 다름이 아니라 일제가 다스리는 땅에서 살 수 없다는 마음으로 절개를 지키기 위해 만주로 이주를 한 만큼 동병상련의 처지에서 서로를 헤아리고자 하는 마음이 있었기 때문이다. 그래서 이들은 골육지친과도 같은 깊은 교유를 가지면서 힘겨운 만주생활을 견뎌 낼 수 있었다.

국외 이주라는 불가피한 상황이 있었지만, 만주에서 지역·당색·학맥이 다른 유림이 한데 모여서 자유롭게 토론하고 공동 방안을 모색하는 교류장이 형성되었다는 것은 조선 500년간 이어진 당색과 학파의 장애를 극복한 것이다. 이처럼 이주한 만주에서 맺은 유대관계는 이들이 귀국한 뒤에도 학술적으로나 시국상황의 대처방안에 있어 상호 긴밀한 관계를 유지하는 계기가 되었다.[147]

동삼성한인공교회에 참여한 인사들만 보더라고 이승희·예대희·채희동은 경상북도, 안효제·성종호·노상익·장인근은 경상남도, 맹보순·서세충·정원하·공재주는 경기 출신이다. 학통을 보면, 이승희는 이진상(李震相) 학맥, 노상익·안효제는 허전(許傳) 학맥, 임방은 이승희 학맥, 장인근은 노상직 학맥으로 이황학파(李滉學派), 맹보순은 서정순(徐政淳) 학맥, 예대희는 송병선(宋秉璿) 학맥으로 이이학파(李珥學派)에 속했다. 이처럼 조선 500년간 갈등과 반목을 했던 영남의 이황학파와 기호의 이이학파 구성원들이 만주에서 단일한 조직에 동참했다는 것은 한국유교운동사에서 특기할 만한 사실로 평가받고 있다.[148] 이들의 출신 지역을 살펴보면 영남 유림이 주축이 되어 갈등이 봉합되었음을 알 수 있다. 많은 숫자의 영남 유림끼리만 뭉칠 수도 있었는데 이들은 다른 당파와 다른 학파 사람들을 끌어안았던 것이다.

같은 영남 출신의 유림이라고 해도 영남 각지에서 이주를 해 온 만큼, 평생 추구해 온 학문의 방향도 차이가 있고, 가문의 소속 당파 또한 편차가 있었다. 그런데 각자의 학문과 당파 간의 갈등을 넘어선 교유가

147 서동일, 「100년 전 중국 안동현에 세워진 한인촌의 모습, '중국 남만주 안동현 접리수도'」, 『한국근현대사연구』 제74집, 한국근현대사학회, 2015, 298~299쪽 참조.
148 서동일, 「일제 초기 동삼성한인공교회의 설립과 활동」, 『역사와 현실』 제99호, 한국역사연구회, 2016, 243~244쪽 참조.

만주에서 이루어졌다. 사실상 국내에서라면 각자가 추구해 온 학문과 가문이 속한 당파 간의 갈등 등의 문제로 실현되기 어려웠던 교유가 만주에서 서서히 봉합되어 갔던 것이다. 이와 같은 교유를 가질 수 있었던 것은 국권회복이라는 거시적 명제 앞에서 영남 유림을 중심으로 대화합이 이루어졌기 때문이다. 그래서 이들이 만주에서 가진 교유는 시사하는 바가 크다.[149]

(4) 3·1만세운동

만주에는 여자들을 주축으로 구성된 부인회가 있었다. 일찍부터 영남의 유림인 김동삼·이상룡 등과 교유를 가진 평안도 출신 양기탁의 부인이 맡아서 운영했던 단체이다.

1919년 양력 1월 21일(음력 1918년 12월 20일) 고종이 붕어하였다는 소식이 만주에 전해지자 양기탁의 부인은 온 동네를 다니면서 고국에서 국상(國喪)이 난 사실을 알리고 한인들을 학교 운동장에 모이도록 하였다. 부인회에서는 운동장에 모인 사람들에게 남녀노소 할 것 없이 검은색 완장을 나눠 주고 왼쪽 팔에 두르도록 하였다. 이날 애국지사들은 비분강개한 목소리로 연설과 독립선언문을 낭독했다.[150] 1919년은 기미년이지만 음력으로 1918년 12월 20일에 독립선언문을 낭독했기 때문에 이를 '무오독립선언서', 일명 '대한독립선언서'라고 한다.

당시 낭독된 무오독립선언서는 만주 지역 한인사회를 기반으로 설립된 민족교육단체 237개와 독립운동단체 약 50개 가운데 중광단(重

149 이은영, 앞의 책, 230쪽 참조.
150 허은 구술, 변창애 기록, 앞의 책, 84쪽 참조.

光團) 등 대종교인(大倧敎人)이 중심이 되고 대한독립의군부(大韓獨立義軍府)가 주관하였다. 그리고 중국 동북부의 노령(露領)을 비롯해 상해와 미주(美洲)에 있던 독립운동 지도자들을 포함한 39명의 이름으로 발표되었다.[151] 그중에는 경상남도 밀양 출신으로 1918년 길림성으로 이주한 백민 황상규(白民 黃尙奎, 1890~1930)가 있다.[152]

무오독립선언서는 제1차 세계대전 종결 후 국제정세의 변동을 포착해서 만주 지역에서 발표한 독립선언서이다. 이는 일본 동경에서 유학하고 있던 조선청년독립단의 2·8독립선언서를 비롯해 국내의 3·1독립선언서와 대판(大板)에서 작성된 선언서, 노령 연해주에서 작성된 대한국민의회 선언서, 그리고 3·1운동이 일어난 후 국내 각 지역에서 작성된 선언서와 격문보다 앞선 것이다.[153] 무오독립선언서에 "우리 대한(大韓)은 완전한 자주독립과 우리들의 평등복리(平等福利)를 우리 자손 여민(黎民)에게 대대로 전하기 위하여 여기 이민족(異民族) 전제(專制)의 학대와 압박을 벗어나서 대한민국의 자립(自立)을 선포한다."라고 분명하게 명시된 정신은 이후 작성된 국내외 독립선언서에 그대로 계승 반영되었다.[154]

만주에서의 무오독립선언서가 낭독된 후 국내에서는 그해 양력 3월 3일 고종의 장례식이 거행되는 인산일(因山日)에 앞서 3월 1일 대대적인 만세운동이 펼쳐졌다.[155] 그 후 국내에서의 만세운동은 다시 역으로 만

---

151 조항래, 「戊午獨立宣言의 民族獨立運動史的 意義」, 『三均主義硏究論集』 제10호, 三均學會, 1988, 296쪽 참조.

152 박은식 지음, 김도형 옮김, 『한국독립운동지혈사』, 소명출판, 2008, 588쪽 <황상규(黃尙奎)> 참조.

153 조항래, 앞의 논문, 297쪽 참조.

154 조항래, 위의 논문, 296~297쪽 참조.

155 허은 구술, 변창애 기록, 앞의 책, 84~85쪽 참조.

주 지역의 만세운동으로 퍼졌다.

만주 지역 가운데 북간도에서는 1919년 3·1운동이 일어나기 전인 1918년부터 서울에서 전해 오는 소식을 받았다. 당시 수상한 움직임을 포착한 일제의 감시와 검열은 점점 더 삼엄해졌고, 그에 따라 소식을 주고받던 한인들은 국내로 들어간 연락책들과 암호를 이용한 전보(電報)를 주고받았다. 예를 들면 '포목(布木) 시세 한 필 삼십(일—필자 주) 원'이라는 내용으로 전보를 치면 3월 1일에 독립선언식을 하는 줄 알라는 식이었다. 이것은 전보를 통해 은어로 암호를 전달한 것이다.[156] 정확히 확인되지는 않지만 이런 전보가 한 사람에게 전달되면, 만주 곳곳에서 지도자로 활약하던 영남 유림을 통해 곳곳의 한인촌에 비밀리에 내용이 전해졌을 것임에 틀림없다.

이렇게 전달된 국내의 3·1만세운동 소식을 접한 서간도 봉천성 환인현에서는 3월 6일, 7,210여 명의 군중이 모여 독립운동을 거행했다.[157] 국내 각지에서 이주해 온 유림이 조직한 경학사가 있던 유하현 삼원포에서는 3월 12일 200여 명이 모여 독립선언 축하집회 및 만세 시위행진을 하였고, 통화현 금투화락(金鬪伙洛)에서도 400여 명이 모여 만세 시위행진을 하였다.[158]

한편 북간도에서는 서울에서 전해 오는 소식을 발판으로 1919년 2월부터 북간도 명동촌(明東村) 대표 김약연(金躍淵)을 중심으로, 평강(平崗) 대표 박상훈(朴尙薰), 용정 대표 정재면(鄭載冕, 본명은 정병태鄭秉泰)과 강봉우(姜鳳羽), 모아산(帽兒山) 대표 강백규(姜百奎)가 국내에서 만세운동이 일어나

156 이은영, 『한국 독립운동과 암호』, 민속원, 2017, 121쪽 참조.
157 박은식 지음, 김도형 옮김, 앞의 책, 214쪽 참조.
158 박은식 지음, 김도형 옮김, 위의 책, 214쪽 각주 47 참조.

는 것에 발맞추어 만세운동을 일으킬 것을 결의하였다. 당시 이들은 일제의 감시를 피해 지하공작을 펼치면서 일본에 대한 경고서(警告書)와 함께 독립선언서를 작성했다. 그 독립선언서는 도립중학과 사범학교 학생들의 원조로 영어, 불어, 러시아어, 중국어로 번역한 후, 프린트와 필사를 해서 각국으로 보내고 만세운동을 할 날을 기다리고 있었다.[159]

마침내 북간도에서는 3월 13일 길림성 연길현(현 용정龍井) 새말에서 독립선언 경축식을 개최하였다.[160] 그날 한인 회장 김영학(金永學)의 독립선언서 낭독을 시작으로 시작된 만세운동에는 3만여 명이 참여하였다. 대규모 만세운동이 펼쳐지자 놀란 일제는 성난 군중이 일본 영사관으로 쳐들어올 것이 겁났다. 그래서 일제는 중국의 지방군벌(地方軍閥)인 맹부덕(孟富德)으로 하여금 만세 시위 군중을 향해 발포하도록 하였다. 그로 인해 19명의 사망자와 45명의 부상자가 발생하면서 군중은 해산되고 말았다.[161]

당시 북간도에서 만세운동을 주도한 사람은 대부분 함경도 출신 유림이다. 그러나 영남 유림이 많이 이주해 있던 서간도 지역에서의 만세운동은 영남 유림이 주를 이루었을 것임에 틀림없다. 그런데 평안도 출신 유림 양기탁과 영남 출신 유림 김동삼·이상룡 등이 교유를 했던 것처럼 북간도 지역으로 이주한 유림 대다수가 함경도 출신이기는 하지만 같은 유림으로서 서간도 지역의 영남 유림과 편지나 인편 등을 통해 만세운동 내용을 공유했을 가능성은 충분히 있다. 그러한 만큼 북간도에서 벌어진 만세운동 또한 만주로 이주한 영남 유림의 목소리가 일부 반

---

159 이은영, 앞의 책, 214~215쪽 참조.
160 박은식 지음, 김도형 옮김, 앞의 책, 214쪽 참조.
161 이은영, 앞의 책, 215~216쪽 참조.

영되었을 것임을 유추해 볼 수 있다.

이처럼 만주 지역에서의 만세운동은 20세기 초 만주로 이주해 온 영남 유림이 온갖 고난 속에서 뿌리내린 정신이 성과를 거둔 것이기에 가치를 더한다.

6. 의의

오늘날 해외 이민자들이 나름대로 고국의 비호를 받는 것과는 달리, 20세기 초 만주로 이주한 이들 영남 유림은 자력으로 모든 것을 헤쳐나가야 했다. 그들은 이주해 간 만주에서 한곳에 정착하지 못해 떠돌고 온갖 빈곤과 질병에 시달렸다. 연로한 나이에 만주생활에 적응하기 위해 중국어를 익히기도 했고, 다른 음식 문화와 이국풍토에 적응하는 일 또한 쉽지 않았다. 비적 떼의 습격은 전해 듣는 것만으로도 공포 그 자체였다. 만주에서 끊임없이 이어지던 지인들과의 이별과 사별의 고통 또한 적지 않았다. 처음과 다르게 변해 버린 중국의 민심 등 어느 것 하나 만주로 이주한 영남 유림에게 쉬운 일이 없었다.

그러나 영남 유림은 이주한 만주에서 겪는 수많은 고난과 역경을 힘들다고 여기지 않고 당연한 것으로 받아들였다. 그들은 국권회복을 위해 자신들이 할 수 있는 역할을 찾고자 자발적으로 만주로 이주한 것이기에 자신들이 겪는 고난에 대해 그리 큰 의미를 부여하지 않았기 때문이다. 그리고 그들이 만주 이주 초기 정착과정에서 겪은 다양한 경험으로 마련한 생활터전과 맺어 놓은 인맥 등은 후에 만주로 이주해 온 영남 유림의 만주생활 적응에 큰 기여를 했다.

수많은 어려움에도 불구하고 만주로 이주한 이들 영남 유림은 기근을 견디지 못해 떠나온 한인들의 만주생활에 도움을 주기 위해 노력했다. 일제의 세력이 만주 지역까지 뻗어 있는 상황에서 그들은 일제의 감시와 핍박을 견뎌 내면서도 교육을 통해 후학들에게 독립정신을 불어넣어 주었다. 저술활동을 통해 훗날 국권이 회복되었을 때 다시 세울 문물의 바탕 자료로 삼고자 했으며, 후손들에게 망국의 현실에 대한 경각심을 일깨워 주고자 했다. 그들은 한인들이 만주의 중국인들로부터 무시당하지 않도록 생활규범에도 신경을 쓰는 등 한인 자치단체의 지도자로서의 역할에 충실했다. 또 중국의 저명한 인사를 비롯해 공교회 인사들과 소통하면서 한인들의 현실적인 문제를 타결해 보고자 노력하는 등 한인 보호에 앞장섰다. 그러나 그들은 이에 만족하지 않고 국권회복운동 차원에서 집단 한인 거주지를 만들어 독립운동기지로 발전시키기도 하고, 독립운동단체를 조성하기도 했다. 그리고 그들은 노쇠한 몸으로 직접 독립운동에 나서지는 못했지만 뒤에서 군자금을 모금하거나 위조지폐 등을 만들어 독립자금에 보태는 등의 노력을 기울였다. 아울러 국권회복이라는 거시적 명제 앞에서 학파와 당파 간의 갈등을 넘어서 대화합을 이루는 데 중심적 역할을 했다. 이에 더해 그들은 한인들을 대상으로 독립정신을 고취시키는 등 국권회복을 위해 다양한 유무형의 일들을 했다. 이를 바탕으로 그들의 간절함은 국내에서 벌어진 3·1만세운동 전후에 만주 지역 곳곳에서 만세함성으로 울려 퍼지는 성과를 거두었다.

이처럼 20세기 초 만주로 이주한 영남 유림이 온갖 고난 속에서 만주에 뿌리내린 독립정신은 후에 만주로 이주해 온 또 다른 영남 유림에 의해 활발히 전개된 독립운동의 든든한 초석이 되었다는 점에서 큰 의의가 있다.

제2부

만주의 꿈

『요좌기행』을 통해 본 장석영의 만주 체험과 그 의의

제6장

정우락

제6장

『요좌기행』을 통해 본 장석영의 만주 체험과 그 의의

*****

장석영은 1912년 1월 19일 석전진(石田津)에서 출발하여 다시 그곳으로 돌아오기까지 100일이라는 기간 동안 만주를 중심으로 러시아 일대를 두루 살펴보았다. 그러나 이 지역은 그가 염원하였던 곳, 즉 공맹서를 읽으며 중화문명(中華文明)을 펼칠 수 있는 곳이 아니었을 뿐만 아니라 생명 자체를 위협받는 매우 위험한 곳이었다.

1. 근대전환기와 장석영

근대전환기는 우리 역사상 가장 험난한 시기였다고 할 수 있다. 이러한 험난한 경험을 바탕으로 근대가 도래하게 된다. 근대는 내재적 발전에 의해 이루어진 부분도 없지 않지만, 많은 부분이 외부적 충격에 의해 타율적으로 이루어졌다. 이 때문에 근대의 시점은 다양하게 논의될 수밖에 없었고, 또 그렇게 되어 왔다. 19세기 말과 20세기 초에 이르는 근대전환기에 양반사회는 급격하게 해체되어 간다. 그리고 여기에 대한 새로운 대안을 어떻게 마련할 것인가 하는 것은 지식인으로서는 여간 고민이 아니었다. 본 논의는 이러한 고민에 휩싸여 있었던 한 지식인의 일기를 통해 그의 생각을 심층적으로 추적해 나간다.

본고에서 다루고자 하는 회당 장석영(晦堂 張錫英, 1851~1926)은 근대전환기를 무척이나 힘겹게 살아간 인물이다. 그는 이 시기를 일제의 침략과 함께 유가적 강상(綱常)이 무너지는 시기로 보고, 이를 극복하기 위하여 자신의 역량을 다하였다. 병으로 나가지는 못했지만 1907년에 칠곡 지역의 국채보상회 회장으로 추대된 바 있고, 1910년에는 일본의 은사금(恩賜金)을 거부하였으며, 1925년에는 제2차 유림단 운동이 있을 때 영남 지역 대표로 활동하였다. 여기서 우리는 그의 실천정신을 읽을 수 있는데, 무너진 유가적 강상을 우려하면서 『구례홀기(九禮笏記)』(1916), 『의례집전(儀禮集傳)』(1917)과 『사례태기(四禮汰記)』(1926) 등을 저술한 것도 그 연장선상에서 이해된다.

장석영은 민족운동 및 신문명에 대한 견해를 밝힌 글도 남겼다. 을사오적의 목을 베라고 격렬하게 주장한 「청참오적소(請斬五賊疏)」(1905), 은사금 거부의 이유를 밝히며 쓴 「자정록(自靖錄)」(1910), 파리평화회의에 조선의 독립을 탄원하기 위해 작성한 회당본 「파리장서(巴里長書)」(1919), 대구감옥에 수감된 후 그 체험을 적은 옥중일기 「흑산일록(黑山日錄)」을 비롯해서 「변사교설(辨邪教說)」, 「변지구원전설(辨地球圓轉說)」 등이 바로 그것이다. 여기에는 격동의 시대를 살아가야 하는 지식인의 고뇌와 함께 독립을 위한 강개한 마음이 담겨 있다. 이뿐만 아니라, 새롭게 접하는 신문명에 대한 비판과 우려도 적실하게 노출되어 있다.

한편, 근대전환기에는 많은 한문학 작가들이 만주를 여행하고 체험한 바를 기록으로 남겼다.[1] 『요좌기행』도 그 가운데 하나이다. 이 글

---

1 이에 대한 자료와 구체적인 정보는 鄭羽洛, 「近代轉換期韓國漢文學作家的中國體驗研

은 장석영이 1912년(62세) 그의 이름을 장지영(張之榮)으로 바꾸고, 40년 도의지교(道義之交)이자 사돈인 한계 이승희(韓溪 李承熙, 1847~1916)가 있는 만주 지역으로 가서 체험한 것을 일기 형식으로 적은 것이다. 여기에는 만주 및 러시아에 이주한 한인들의 생활상이 가감 없이 제시되어 있을 뿐만 아니라, 당대 그 지역의 문화풍토나 산물, 그리고 풍속 등이 포괄적으로 나타나 있다. 이 때문에 『요좌기행』은 근대전환기 한민족의 이주사 연구에도 중요한 자료를 제공한다고 할 수 있다.

장석영의 문집 『회당집』은 그의 아들 현와 장우원(弦窩 張右遠, 1875~1955)과 문인 문암 손후익(文巖 孫厚翼, 1888~1953)이 1930년 후반 무렵까지 편성·교정하였다. 교정본은 조선총독부 경무국도서과의 검열을 통해 1930년 11월 7일에 출판 허가를 받은 것으로, 도합 45권으로 이루어져 있다.[2] 이 밖에 『선문별집(先文別集)』 4책이 따로 전한다.[3] 본고에서 다루고자 하는 『요좌기행』은 세 종류인데, 모두 1책으로 된 필사본이다. 원본으로 보이는 것은 회당가에 전해지다가 최근 한국국학진흥원에 기증되었으며, 18.8×12.3cm의 크기에 1면이 9행, 1행은 25자 내외로 되어 있다. 다른 한 본은 부산대 중앙도서관 소장본으로, 총 53장으로 구성되어 있

究－以滿洲地域爲中心」(『當代韓國』 78, 中國社會科學院 社會科學文獻出版社, 2013)에 제시해 두었다.

2 우진웅, 「『회당집』의 간행과정과 간역의 특징」, 『국학연구』 27, 한국국학진흥원, 2015 참조.

3 장석영의 저서인 『晦堂集』의 규모는 대체로 目錄 2권, 詩(304) 2권, 書(663) 16권, 雜著(44) 4권, 序(110) 3권, 記(136) 3권, 跋(57)·箴(9)·銘(27)·贊(13) 2권, 上樑文(24)·祝文(23) 1권, 哀祭文(45) 1권, 碑銘(21)·墓誌(32)·墓碣(189)·墓表(35) 9권, 行狀(30) 2권 등 도합 45권으로 구성되어 있다. 또한 『先文別集』 4책이 별도로 전해지고 있는데, 여기에 이른바 회당본 「巴里長書」 초안을 비롯해서, 대구감옥의 투옥 과정과 그 수감생활을 기록한 「黑山錄」, 만주 일대를 여행하고 쓴 「遼左紀行」 등이 실려 있다.

으며, 28.8×18.0cm의 크기에 1면 9행, 1행 22자이다.[4] 또 다른 한 본은 『선문별집(先文別集)』 예(禮)에 실려 있는데, 총 52장으로 되어 있으며 가장 마지막으로 필사한 것이다. 판심 형태를 갖추어 '요좌기행(遼左紀行)'이라 표시하였고, 29.3×20.8cm의 크기에 1면 10행, 1행 24자이다. 본고의 텍스트는 마지막의 것으로 한다.

장석영은 만주와 러시아 일부 지역을 여행하면서 중국인들과 나눈 필담 자료 등을 버리지 않고 정리해 둔다. 예컨대 장춘(長春)에서 관우(關羽)의 후예인 관복겸(關福謙)을 만나 시정(時政)에 대하여 이야기를 나누다가, 관복겸이 "오늘 우리들이 이야기한 것을 바깥사람들이 보면 좋지 않으니 불을 사르도록 합시다."라고 했을 때, 장석영이 "마땅히 쓴 것을 신중히 간직하여 훗날 만나는 것으로 대신하고자 합니다."[5]라고 한 데서 이러한 사정을 알 수 있다. 즉 장석영은 여행을 통해 견문한 것을 필사하거나 중국인들과 나눈 필담 자료를 꼼꼼하게 간직하여 『요좌기행』을 쓰는 자료로 삼았던 것이다.

『요좌기행』의 글쓰기 방식은 시간적인 순서로 쓴 일기체이다. 그러나 특별한 일이 있는 날을 중심으로 기록한 것이기 때문에 빠진 날짜도 많다. 산문을 중심으로 하였으되, 그 가운데는 타인의 작품을 포함한 38수의 한시가 있다. 한시는 7언 절구와 율시뿐만 아니라, 장편 고시도 한 수 있다. 3월 1일 조 뒤에는 만주와 러시아를 비롯해서 서양에 이르기까지 각 지역의 풍토와 민속을 적은 문헌을 읽고 요약해 실어 두기도 하였

4 부산대 도서관 소장본에는 장석신의 발문이 실려 있지 않고, 편제도 약간 다르다. 예컨대, 「程里」가 『선문별집』본에는 2월 29일 뒤에 실려 있는 데 비해, 여기에는 일기의 마지막 장에 메모 형식으로 실려 있다.

5 장석영, 『요좌기행』 장12, 2월 11일 조. "今日, 吾輩所言, 外人觀之, 不好, 請付火化, 日當愼藏之, 作他日體面."

으며, 김정묵(金正默)에게 보낸 편지도 한 통 실려 있다. 그리고 백화문도 간혹 섞여 있으며, 한자로 표기하기 어려운 러시아어는 한글로 주석을 달아 놓기도 했다. 이처럼 『요좌기행』은 글쓰기 방면에서 어떤 고정된 틀을 갖추고 있는 것이 아니라 하겠다.

『요좌기행』은 장석영이 직접 쓴 글이라도, 한결같이 시간적인 순서에 따라 배치된 것은 아니다. 글 마지막에 원세개(袁世凱, 1859~1916)에게 보낸 편지가 실려 있기 때문이다. 원래 이 편지는 밀산(蜜山)에서 이승희와 연명하여 우편으로 보낸 것이다. 그러나 장춘에서 그 초본이 적인에게 빼앗겨 소실된다. 현재 우리가 『요좌기행』을 통해 볼 수 있는 것은 장석영이 집으로 돌아와 앞의 글을 첨삭(添刪)한 후, 1912년 8월 15일쯤에 안동현(安東縣)에서 다시 부친 것이다. 지난번에 보낸 것을 원세개가 보지 못했을 가능성이 있기 때문이다. 장석영은 자신이 펼친 대의가 원세개에게 반드시 전달되기를 바랐던 것이다.

장석영은 『요좌기행』을 쓴 후 주위 사람들에게 보이기도 한다. 이에 여러 사람들은 이와 관련된 글을 남긴다.[6] 백형 일범 장석신(一帆 張錫藎, 1841~1923)이 쓴 「귀후갱제(歸後更題)」를 비롯하여, 조카 장희원(張憙遠)의 「복차요좌기행중제작시(伏次遼左紀行中諸作詩)」 15제 26수, 서홍열(徐鴻烈)의 「독요좌기행유감(讀遼左紀行有感)」 7수, 이만창(李萬暢)의 「차정기행중한양회고운(次呈紀行中漢陽懷古韻)」 2수, 이만성(李萬成)의 「경차기행중흥강공상수운(敬次紀行中與剛公相酬韻)」 2수, 정진소(鄭鎭韶)의 「독기행복감(讀紀行伏感)」 2수, 이호섭(李顥燮)의 「독기행복감(讀紀行伏感)」 2수 등의 시편이 그것

---

6 여기에는 장석영이 만주로 여행을 떠나기 전 그의 백형인 張錫藎(一帆, 1841~1923)이 동생(장석영)과 이별하며 지은 「送家弟舜華西游」 7수가 포함되어 있다.

이다. 그리고 마지막으로 「서요좌기행후(書遼左紀行後)」 두 편이 있는데, 하나는 곽종석(郭鍾錫)이 1912년에 쓴 것이고 다른 하나는 장석신(張錫藎)이 1917년에 쓴 것이다.

장석영에 대한 연구는 그의 현실에 대한 안목과 시문의 몇 국면을 다룬 이택동의 연구[7]와, 이른바 회당본 「파리장서」를 처음 소개하면서 그의 독립운동으로 인한 체포와 투옥, 그리고 석방 과정을 다룬 정우락의 연구,[8] 그리고 최근 『회당집』의 간행 과정과 간역의 특징을 다룬 우진웅의 연구,[9] 장석영의 외부 세계 경험과 유교 인식의 변화를 다룬 서동일의 연구[10]가 있다. 45권으로 구성된 『회당집』과 『선문별집(先文別集)』 4책이 별도로 전해지고 있는 사정을 감안할 때, 장석영 연구는 아직 출발선상에 있다고 해도 과언이 아니다. 이는 장석영의 학자 내지 작가적 위상으로 볼 때 개탄할 만한 일이다. 그가 동시대 영남 지역에서 활동한 어떤 인물보다 왕성한 문필 활동을 하였음을 고려하면 더욱 그러하다.

본고는 장석영의 수많은 글 가운데 『요좌기행』을 처음 본격적으로 다룬 것이다.[11] 이를 위하여 먼저 무엇 때문에 장석영이 만주를 여행[12]하게 되었으며, 그의 노정은 대체로 어떠했던가를 다룬다. 본 논의의 기반을 마련하기 위함이다. 여기에 바탕하여 장석영의 만주 체험을 몇 가지

---

7 이택동, 「晦堂 張錫英論」, 『한국고전연구』 19, 한국고전연구학회, 2009.

8 정우락, 「晦堂 張錫英이 쓴 『黑山錄』의 서술방식과 가치」, 『영남학』 23, 경북대학교 영남문화연구원, 2013.

9 우진웅, 앞의 논문.

10 서동일, 「1910년대 전반기 張錫英의 외부세계 경험과 유교 인식」, 『한국인물사연구』 22, 한국인물사연구회, 2014.

11 이에 앞서 윤병석이 『요좌기행』을 소개하면서, 「요좌기행 해설」(『사학지』 8, 단국사학회, 1974)을 써서 이 자료의 중요성을 언급한 바 있다.

12 장석영은 만주뿐만 아니라 러시아 일부도 여행하여 그가 체험한 바를 『요좌기행』에 실어 놓았다. 본고에서는 편의상 만주 체험으로 포괄해 다루기로 한다.

로 나누어 살펴보고, 나아가 이러한 체험들이 어떤 의의를 갖는지도 탐구한다. 이를 통해 우리는 공맹(孔孟)의 도를 숭상하는 한 유가 지식인이 근대전환기라는 문명사적 전환과 일제의 억압이라는 민족사적 시련 속에서 무엇을 고뇌하며 해외를 떠돌았고, 그것이 지닌 의의는 또한 무엇인지를 구체적으로 이해하게 될 것이다.

2. 만주 여행의 동인과 노정

조선조 선비들이 대체로 그러하듯, 장석영 역시 여행을 즐겼다. 30세(1880)에 북청부사(北靑府使)로 부임하는 부친 운고 장시표(雲皐 張時杓, 1819~1894)를 따라가며 지역의 산천과 풍속을 기록한 「북정록(北征錄)」을 남겼고, 42세(1892) 여름에는 동래 일대를 유람하면서 「남유기행(南遊紀行)」을 지었으며, 51세(1901)에는 서울에 있는 백형 장석신을 문후하고 유람하며 「서유록(西遊錄)」을 남긴 바 있다. 만주로의 여행은 다양한 요인에 의해 진행되었지만, 기본적으로 그의 여행은 선비 장석영이 지니고 있었던 여행의식과 관련되어 있다. 『요좌기행』을 마무리하며 그는 다음과 같이 말한다.

> 이 여행은 두루 돌아다닌 것이 1만 5천여 리였다. 60년 동안 단지 속에 갇혀 있어 보는 것이 역내(域內) 수천 리의 땅에 불과하였는데, 매번 한 번은 패강(浿江)을 건너 중국의 산수를 보고자 하였다. 이처럼 늘그막에 이르러 우연히 패강을 건너게 되었고, 패강으로부터 다시 5~6천 리를 지나 황량한 사막 북쪽 끝까지 다 가게 되었다. 이는 대개 내 평생에 있어 바

야흐로 나르는 기차를 타고 광야를 달려 천 리의 눈을 다하여, 볼 수 없었던 것을 본 것이라 하겠다.[13]

여기서 볼 수 있듯이 장석영은 패강, 즉 대동강을 넘어 중국의 산수를 보고자 하는 꿈을 항상 지녀 왔다. 자신의 좁은 시야를 극복해 보고 싶었던 것이다. 그러던 차에 만년에 이르러 그에게 기회가 왔고, 기차를 타고 중국의 만주 일대를 유람하며 여태껏 보지 못한 것을 두루 볼 수 있게 되었다. 이로써 그는 명도(名都)와 거읍(鉅邑)뿐만 아니라 만국의 여러 사람들을 두루 만날 수 있었고, 궁벽한 산과 거리 등에서 다양한 지역 민풍을 들을 수 있었다. 이렇게 하여 견문한 바를 적어 놓은 것이 바로 『요좌기행』이다. 장석영이 지닌 만주 여행의 기본태도를 생각하면서 이제 그가 만주로 여행하게 된 동인과 노정을 살펴보기로 하자.

먼저 장석영이 만주로의 여행을 단행하게 된 동인에 대해서다. 장석영은 위의 인용문에서 보았듯이 '우연히' 패강을 건니게 되었다고 적고 있지만, 그것은 단순하지가 않다. 그의 시대가 일제 강점기라는 험난한 시대적 상황하에 놓여 있었기 때문이다. 이러한 시대적 시련을 안고 만주를 다녀가거나 만주에서 장기간 체류했던 문인들이 나타나게 되었고, 많은 유학자 그룹이 여기에 동참한다. 본 논의에서 주목하는 장석영을 비롯해서, 의암 류인석(毅菴 柳麟錫, 1842~1915), 백하 김대락(白下 金大洛, 1845~1914), 대눌 노상익(大訥 盧相益, 1849~1941), 수파 안효제(守坡 安孝濟, 1850~1916), 소눌 노상직(小訥 盧相稷, 1854~1931), 석주 이상룡(石洲 李相龍, 1858~1932) 등

13 장석영, 『요좌기행』 장34, 4월 27일 조. "是行也, 周行凡一萬五千餘里, 六十年, 局於甕牖, 所見不過域內數千里之地, 每願一渡浿江, 得見中州山水, 及此衰暮, 偶渡浿江, 自浿江更過五六千里, 以窮荒沙漠北之外, 此可以盖我平生, 而方其乘飛車, 而馳曠野, 窮千里之目, 而得見其所不見."

허다한 인물이 바로 그들이다. 이들의 만주 여행은 대동소이한 이유에서 이루어지는데, 장석영은 여기에 대하여 다음과 같이 적고 있다.

① 평양의 북쪽, 압록강의 동쪽에 서간도라고 하는 곳이 있다. 지방 수천 리는 우리 단군의 옛 강토로 오랫동안 폐군(廢郡)이 되었으나 만주인이 웅거하여 살게 되었다. 수십 년 동안 한인들은 가혹한 정치에 곤궁을 당하여 떠돌아다니다가 거기에 머물러 사는 자가 매우 많았다. 망국 이후에는 뜻있는 선비들이 왕왕 길이 가서 돌아오지 않는 자가 있었다. 세상에 전하기로는 산천이 아주 깊고 토양이 대단히 비옥하여 살 만한 곳이라 한다.[14]

② "귀국 안중근(安重根)의 충의는 고금에서 견줄 곳이 없는데, 요즈음 귀국의 상황은 어떠합니까? 저는 동기연지(同氣連枝)의 측은한 마음이 있어 감히 각하에게 묻는 것입니다." "이것은 마음속으로만 이해할 뿐 모름지기 말할 수는 없는 것입니다." "귀국의 일은 참으로 애통하다 하겠습니다. 공의 이 행차를 보니 더욱 한숨이 나옵니다." "나의 행차는 다만 중국을 유람하는 것일 뿐 다른 일은 없습니다. 단지 노쇠한 사람이 이렇게 사랑을 받게 되었으니, 청컨대 공과 벗이 되고자 합니다."[15]

위의 자료에서 장석영은 만주로의 여행 동기를 다양하게 제시하고

---

14 장석영, 『요좌기행』 장1, 1월 19일 조. "平壤之北, 鴨江之東, 有曰西間島, 地方數千里, 是我檀君故疆, 而久爲廢郡, 滿人據而有之. 數十年間, 韓人困於苛政, 流寓者甚衆, 亡國以後, 有志之士, 往往有長往而不返者. 世傳, 山川深邃, 土壤甚肥, 可居也."

15 장석영, 『요좌기행』 장9, 1월 11일 조. "貴國, 安重根忠義, 古今無雙, 時下, 貴國景況, 如何? 愚是同氣連枝, 所不忍也, 敢問閣下. 曰, 此可意會, 不須說. 曰, 貴國事, 可哀可哭, 見公此行, 尤可太息. 曰, 吾行, 只爲游覽中州, 更無他事, 但衰朽之物, 見愛至此, 請與公爲友."

있다. ①에서는 그 동기를 셋으로 나누어 말했다. 단군의 고토, 한말의 가혹한 정치적 상황, 만주가 살기에 좋다는 점 등이 그것이다. 만주로의 여행을 시작하면서 대체적 상황을 적은 것이지만, 그의 생각 역시 여기에 깊게 맞닿아 있다고 하겠다. 한말의 세도정치와 이에 따른 관리들의 가렴주구, 경술국치 이후 지사들의 망명, 만주가 단군의 고토라고 하는 민족의식과 그 논리[16]를 우선적으로 거론하였다. 그리고 여기서 더욱 나아가, 서간도와 북간도 쪽은 토질이 비옥하여 사람이 살 만한 '가거지(可居地)'라고 생각하고 있었다.[17] 이렇게 보면 장석영의 만주 여행은 가거지를 찾는다는 점에서 그 이유를 충분히 갖추고 있다고 하겠다.

그런데 ②에서 보여 준 인식은 약간 다르다. 이것은 장석영이 심양으로 가는 기차간에서 관복겸(關福謙)과 나눈 대화의 일부인데, 여기서 그는 중국을 유람하기 위함이라고 하고 있기 때문이다. 즉 장석영은 안중근의 의거 등 정치적이고 민족적인 일보다, 중국 유람이라는 일상적이고 개인적인 것에 그 초점을 맞추고 있었던 것이다. 봉천에서 장춘으로 가는 기차에서 악수원(岳修元)과 대화를 나누며, "나는 중국을 유람하며 산수가 명려하고 풍토가 좋은 곳에서 늙고 싶소."라고 한 데서도 이러한 사정을 확인할 수 있다. 이처럼 장석영의 만주 여행은 정치적이면서도 일

---

16 이러한 생각은 자주 보이는데, 『요좌기행』 장21, 3월 1일 조에서 "淸之地東三省, 曰吉林·黑龍·盛京, 我檀君之始, 是皆我地, 而今之南北滿, 卽其地也."라 한 것도 그 일례가 된다. 기실 만주는 과거 고조선, 부여, 고구려, 발해가 활동한 무대이며, 이후 중국의 요, 금, 청, 중화민국의 지배를 받았다. 1931년 9월에는 일본 관동군이 만주사변을 일으켜 만주 지역을 점령하였고, 이후 일본은 1932년 3월 괴뢰정부인 만주국을 세워 이곳을 1945년까지 지배하였다.

17 장석영, 『요좌기행』 장7, 2월 6일 조에서 "우리의 여행은 이미 서북 두 길을 두루 돌아보고자 하는 것인데, 먼저 서간도를 살피고 다시 북쪽을 보는 것이 좋을 것이다."라고 하였다.

상적이며, 민족적이면서도 개인적인 것이라 하겠다.

다음은 장석영 만주 여행의 노정에 대해서다. 1912년 초에 장석영은 서홍열(徐鴻烈), 하용제(河龍濟), 이두훈(李斗勳), 감기현(甘麒鉉), 이기충(李基忠) 등과 함께 만주로 가서 살 만한 곳이 있는지를 살피기로 했다. 이 계획은 1월 19일에 실행으로 옮겨졌는데, 5명 가운데 하용제는 아무런 소식이 없었고, 감기현은 아버지의 병으로 여행을 포기하였으며, 이두훈은 노자가 모자라 28일에 서울의 남문 밖에서 만나 함께 가기로 했다. 이렇게 하여 장석영은 서홍열, 이기충과 함께 여행길에 오르게 된다. 1912년 1월 19일[18] 왜관의 석전진(石田津)을 출발하여 4월 28일에 다시 왜관으로 돌아왔으니 도합 100일이다.[19] 대체적인 노정을 제시하면 다음과 같다.

① 1월 19일: 석전진(石田津), ② 1월 20일: 용산(龍山), ③ 1월 30일: 송경(松京), 평양(平壤), ④ 2월 2일: 백마역(白馬驛), ⑤ 2월 3일: 신의주(新義州), 안동역(安東驛), ⑥ 2월 5일: 원보산(元寶山), ⑦ 2월 6일: 봉천(奉天), ⑧ 2월 11일: 장춘(長春), ⑨ 2월 12일: 신시가(新市街), ⑩ 2월 14일: 합이빈(哈爾濱), ⑪ 2월 16일: 교계(交界), ⑫ 2월 17일: 보래포(寶來浦), 아도(阿島), 목화포(木花浦), 사리포(四里浦), 굴루취(屈樓聚), 홍토애(紅土涯), 후령(後嶺), 일육포(一六浦), ⑬ 2월 27일: 강원(江原), ⑭ 2월 29일: 상신치(上新峙), ⑮ 3월 1일: 밀산(蜜山), 상신치(上新峙), ⑯ 4월 1일: 강원(江原), ⑰ 4월 2일: 신치(新峙), ⑱ 4월 14일: 홍토애(紅土涯), ⑲ 4월 18일: 목화포(木花浦), ⑳ 4월 19일: 보래포(寶來浦), ㉑ 4월 22일: 목릉(木陵), ㉒ 4월 23일: 합이빈(哈爾濱),

18 제시한 날짜는 모두 음력이다.

19 곽종석이 「서요좌기행후」에서 "首尾百三十日"이라 하고, 이에 따라 윤병석도 「遼左紀行 解說」(『사학지』 8, 단국사학회, 1974)에서 여행 기간을 130일이라 하였지만, 실제로 장석영의 여행 기간은 정확히 100일이다.

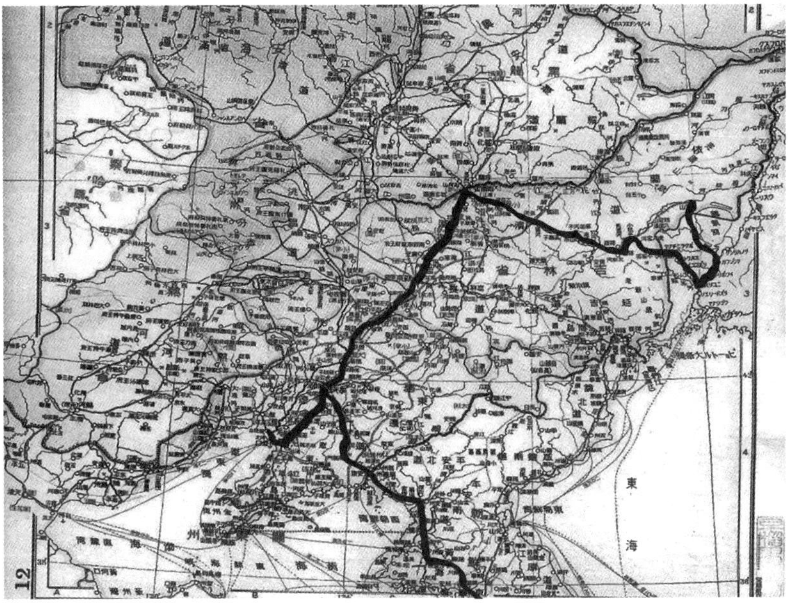

그림 1 장석영의 만주노정도

㉓ 4월 24일: 장춘(長春), ㉔ 4월 25일: 봉천(奉天), 영구(營口), ㉕ 4월 26일: 대석교(大石橋), 봉천(奉天), 안동현(安東縣), ㉖ 4월 27일: 안동현(安東縣), 한양(漢陽) 남문(南門), ㉗ 4월 28일: 김천역(金泉驛), 석전진(石田津)

1912년 1월 19일 왜관 석전진(①)을 출발한 장석영은 그다음 날 서울 용산(②)에 도착한다. 1월 30일에 비로소 만주행 기차에 올라 송경과 평양(③), 백마역(④), 신의주 등을 거쳐 안동현(⑤)에 도착한다. 신의주와 안동은 조선과 중국의 경계라는 측면에서 특별한 감흥을 일으키기도 한다. 이어 봉천(⑦)을 거쳐 장춘(⑧)에서 러시아행 기차를 타고 하얼빈(합이빈)(⑩)에 도착한다. 그리고 2월 16일에는 중국과 러시아의 경계지점인 교계(⑪)에 이르게 된다. 신치(⑰)에서 이승희를 만나 서로 반가움의 눈물을 흘렀고, 이후 하얼빈, 장춘, 봉천, 영구, 안동, 한양을 거쳐, 4월 28일 아침 해가 뜰 무렵 석전진으로 다시 돌아오게 된다. 이러한 장석영의 노정에 보이는 특기할 만한 사실 몇 가지만 들어 본다.

첫째, 장석영은 당시 고국의 모습을 주목하고 있다. 서울에서 10여 일을 머물게 되는데, 1월 22일에는 한양 시내를 구경한다. 당시 그는 "일본 병사들 수백 명이 각기 병기를 잡고 말 위에서 북을 치고 피리를 불며 음악을 연주하였다. 또 일본 남녀와 본국의 남녀 학도들 수천백 인이 삼삼오오(三三五五)로 대를 이루고 왔다. 또한 관인 몇 백 명이 있었는데 일본 옷을 입고 가슴에 훈장을 달고 수레를 타고 서로 이어졌다. 저자의 사람들은 그들을 손가락질하며 나라를 팔아먹은 국적 누구누구라 했다."[20]라고 하였다. 이날이 바로 일본의 육군기념회가 있는 날이었다. 이를 통해 그는 고국 조선이 일제에 의해 침탈당하고 있음을 여실히 보여 주었다. 용산에서는 남이 장군의 사당에서 그의 죽음에 가슴 아파하고, 창경궁에서는 선왕의 고궁이 박물원으로 변해 온갖 짐승들로 가득 차 있는 것을 안타까워하였다. 모두 같은 입장에서 이해되는 고국의 쓸쓸한 풍경이다.

둘째, 이동거리를 적어 자신이 여행한 곳이 어디며 거리가 얼마나 되는지를 기록해 두었다. 이는 일반적인 여행에서도 관심을 가질 만한 것인데, 장석영의 경우 처음 국외로 나가 만주를 체험하는 것이니 더욱 그러하였다. "아홉 시에 승차하여 한 시에 평양에 도착, 350리를 달려 하

---

20 장석영, 『요좌기행』 장1, 1월 22일 조. "日兵數百, 各執兵器, 馬上鼓吹作樂. 又有日男女, 本國男女學徒, 屢千百人, 三三五五, 結隊而來. 又有官人累百, 日服佩勳章, 乘車而相續, 市人指之, 日是賣國賊某某也."

차하였다.",[21] "돌아와 교계에 와서 승차, 보래포까지 30리를 달려 하차하였다."[22]와 같이 각 구간마다 거리를 기록하였다. 이동거리를 일괄적으로 기록하기도 했다. 2월 29일 상신치(上新峙)⑭의 기록을 마치고 '정력(程曆)'을 따로 두어, "석전(石田)으로부터 신의주(新義州)까지 1,600리, 안동현(安東縣)에서 봉천(奉天)까지 600리, 봉천에서 장춘(長春)까지 620리, 장춘에서 합이빈(哈爾賓)까지 600리, 합이빈에서 교계(交界)까지 1,400리, 교계에서 보래포(寶來浦)까지 40리, 보래포에서 목화포(木花浦)까지 40리, 목화포에서 사리포(四里浦)까지 30리, 사리포에서 굴루취(屈樓聚)까지 20리, 굴루취에서 홍토애(紅土涯)까지 40리, 홍토애에서 후령(後嶺)까지 20리, 후령에서 일육포(一六浦)까지 29리, 일육포에서 강원(江原)까지 30리, 강원에서 상신치(上新峙)까지 40리"[23]라 한 것이 그것이다. 이렇게 하여 그는 다시 칠곡의 석전진으로 돌아오게 되었다. 도합 1만 5천여 리였다.

셋째, 돌아오는 길에 여순(旅順)으로 가는 기차를 잘못 타 봉천에서 영구(營口)㉔까지 갔다 오는 해프닝이 벌어졌다. 4월 24일 장석영은 장춘㉓에서 급매로 차표를 사서 아침 8시에 봉천을 향하였는데, 봉천에는 오후에 도착했다. 그런데 기차가 저녁에 소가둔(蘇家屯), 요양(遼陽), 해성(海城), 대석교(大石橋)를 지나 영구역(營口驛)에 이른 것이다. 장석영이 여

21 장석영, 『요좌기행』 장4, 2월 1일 조. "九點乘車, 一點抵平壤, 三百五十里, 下車."

22 장석영, 『요좌기행』 장15, 2월 17일 조. "還至交界乘車, 至寶來浦, 三十里, 下車."

23 장석영, 『요좌기행』 장15, 2월 29일 조. "程曆: 自石田至新義州, 一千六百里, 安東縣至奉天, 六百里, 奉天至長春, 六百二十里, 長春至哈爾賓, 六百里, 哈爾賓至交界, 一千四百里, 交界至寶來浦, 四十里, 寶來浦至木花浦, 四十里, 木花浦至四里浦, 三十里, 四里浦至屈樓聚, 二十里, 屈樓聚至紅土涯, 四十里, 紅土涯至後嶺, 二十里, 後嶺至一六浦, 二十里, 一六浦至江原, 三十里, 江原至上新峙, 四十里." 원래 자료에는 책 마지막에 메모해 둔 것인데, 뒷날 이것을 정사하면서 '선문별집본' 『요좌기행』에서와 같이 2월 29일 조 일기 뒤의 위치로 옮긴 것이다. 원 자료에는 "上新峙上快, 二十里, 上快至蜜山, 六十里, 蜜山至穆陵, 四百三十里"라는 메모가 더 있다.

기에 대해 항의하자 순검은, "이 기차는 잘못 운행하여 영구에 이르게 되었으니 다시 봉천으로 가서 내일 안동으로 가야 합니다."[24]라고 하는 것이었다. 이에 그는 어이가 없어 "기차의 운행은 각기 정해진 노선이 있는데, 어찌 잘못 운행되었다는 거요?"[25]라며 따져 물었으나 소용이 없었다. 하는 수 없이 그들의 말을 들을 수밖에 없었고, 그들은 밀감수(蜜柑水) 한 사발을 사 주며 장석영을 달래기도 했다. 이렇게 하여 4월 26일 아침 8시에 봉천에 도착하여 차를 바꾸어 타고 안동을 향했다(㉕). 그러나 장석영은 돌아올 때까지 무엇 때문에 이런 일이 발생했는지를 알지 못했다. 교통 미숙과 언어불통으로 인한 해프닝이었다고 하겠다.

이상에서 보듯이 장석영의 만주 여행은 개인적인 것이면서도 민족적인 것이었다. 개인적이라 함은 일반 선비들에게서 볼 수 있는 것처럼 만주 여행이 산수 여행의 일환이며, 동시에 중국 유람에 대한 꿈의 실현이라는 것이다. 민족적이라 함은 만주에 대한 단군 이래의 고토의식과 당대의 여러 정치적 상황과 맞물려 있다는 것이다. 이러한 사정으로 그는 만주로 가거지를 찾아 나서게 되었고, 100일이라는 기간 동안 만주를 중심으로 러시아 일대를 두루 돌아보게 되었던 것이다. 그러나 교통 미숙과 언어불통에서 빚어지는 불편함을 감내하지 않을 수 없었다. 사정이 이러함에도 만주로의 여행은 그에게 매우 중요한 의미를 지니므로, 장석영은 방문 장소와 이동거리를 꼼꼼하게 적어 견문과 기억에 대한 자료를 남기고자 했다.

---

24 장석영,『요좌기행』장33, 4월 25일 조. "此車誤行, 至營口, 還向奉天, 明日安東行."
25 장석영,『요좌기행』장33, 4월 25일 조. "余日, 車行各有定路, 何以誤行."

3.『요좌기행』에 나타난 만주 체험

만주 지역에서 '가거지(可居地)'를 찾는다는 목적 아래 떠난 여행이었지만, 장석영이 본 것은 오히려 참담한 현실이었다. 또한 위험하기까지 하였다. 북간도의 사정은 더욱 그러하였는데, 이에 다른 사람들이 두려워하며 돌아가려 하기도 했다. 이때 장석영은 "하얼빈이 비록 두려운 곳이라고는 하나, 나의 밝고 곧은 마음으로 나아가서 처음부터 조금의 사의(私意)도 없다면 무엇을 두려워할 것이 있겠는가? 또한 내가 앉아 있는 차 위에서 한결같이 곧게 간다면 저 사람들이 나에게 무슨 일을 간여할 수 있겠는가?"[26]라고 하면서 마음을 다잡기도 했다. 이러한 불안 속에서 진행된 장석영의 만주 여행, 이 여행이 그에게 많은 시련을 안겨 주기도 했지만, 그의 시야를 세계적 차원으로 확장시키는 계기가 되기도 했다. 이 장에서는 이러한 사정을 몇 가지로 나누어 살피기로 한다.

1) 언어 장벽으로 겪는 고통

해외여행의 장애는 그 지역의 언어에 익숙지 못해 발생하는 경우가 대부분이다. 장석영은 문어인 한문에 능통하여 필담이 가능하였다. 그러나 중국어가 능숙하지 않으면 식사나 차표 구입 등 모든 것이 어려워진다. 장석영의 경우, 통역을 대동하지 않고 여행을 단행하였기 때문에 더욱 그러하다. 기실 그는 모든 상황을 필담으로 대응하였다. 2월 11일 봉천에서 장춘으로 가는 기차 안에서 장붕함(張鵬鹹)과 관복겸(關福謙)을

---

26 장석영, 『요좌기행』 장12, 2월 12일 조. "哈賓, 雖云可畏, 吾以白直心去走, 初無一毫私意, 有甚可畏? 且吾坐在車上, 一直過去, 渠輩干我甚事?"

만나 통성명을 할 때도 필담으로 하였고, 기차를 잘못 타고 영구로 내려갈 때 그 이유를 따진 것도 모두 필담을 통해서였다. 그러나 필담이라도 통하면 그나마 다행이지만, 현지인들은 한문을 이해하지 못하는 경우가 대부분이었다.

장석영은 중국 지역을 넘어오자마자 바로 언어로 인한 장벽을 느꼈다. 2월 4일 그는 노상익·상직 형제 및 용인 사람 맹보순(孟輔淳) 등과 함께 안동의 거리를 구경하게 된다. 이때, 왕양명(王陽明)의 후손 한 명이 2층에 있다가 이들을 보고 내려와 다과를 대접한 일이 있었다. 당시 장석영은 "대개 이 사람은 중화의 사대부이지만 장사를 하기 위해 여기에 오게 된 것이다. 친근한 뜻이 가득하였으나, 다만 문학이 넉넉하지 못한 듯하고 문자로 토론할 수 없는 것이 한스러웠다."[27]라 기록하고 있다. 여기서의 '문학'은 학문을, '문자'는 한문을 의미한다. 이것은 그가 만주 기행에서 느낀 최초의 언어 장벽이었다.

장석영이 만주 여행에서 언어 장벽을 경험한 경우는 허다하다. 특히 장춘에서 교계(交界)로 가기 위하여 러시아 기차를 갈아타면서, 그는 이로 인해 극도의 불편함을 느꼈다. 당시 그와 함께 온 사람은 도중에 돌아가고, 새롭게 만난 북청 사람 천준배(千駿培)와 함께 여행을 하게 되었는데, 둘 다 러시아 말을 알아듣지 못했다. 주위에는 러시아인이 아니면 만주인이었고, 갓을 쓰고 두루마기를 입은 사람은 천준배과 장석영 두 사람뿐이었다. 이들은 하얼빈역에 내려 어찌할 바를 알지 못했다. 당시의 상황을 장석영은 다음과 같이 전한다.

27 장석영, 『요좌기행』 장5-6, 2월 4일 조. "盖是中華士大夫, 而因商販來此也. 愛好之意可掬, 而但其文學似不贍, 不得以文字討論可恨."

> 우리 두 사람은 타는 것이 어떤 기차인지를 알지 못하고, 차가 언제 떠나는지를 알지 못하였다. 묻고자 하지만 말과 글이 모두 통하지 않았다. 묵묵히 있으려니 앉은 채로 기차 시간을 놓치게 될 것이고 어디에서 차비를 내는지도 몰랐다. 근심스럽고 답답한 마음은 말할 수가 없었다. 손으로 차표를 가지고 가서 문을 지키는 순검을 보면서 손으로 차를 가리키며 물으니 그가 비록 계속해서 무어라고 시끄럽게 이야기하며 자세하게 가르쳐 주었으나 나는 그가 무엇이라 말하는지를 몰랐다. 또 문자를 써서 청인(淸人)에게 두루 물어보며 혹 글을 아는 자가 있기를 기대하였으나 청인 또한 답을 하는 사람이 없었다.[28]

언어불통으로 발생한 장석영의 답답한 심정이 적나라하게 묘사되어 있다. 이 상황을 측은하게 여긴 러시아 순검이 자세하게 무어라 이야기해 주었으나, 두 사람은 그것을 이해하지 못했다. 마침 러시아어와 한문을 이해하는 중국인을 만나 그 난처한 상황을 모면할 수 있었다. 이에 대하여 장석영은 "마침 청인(淸人) 한 사람이 자못 문자를 해독하고, 또 러시아 말도 이해하는 사람이 있어 연필로 써서 우리에게 보이면서 말하기를, '저 사람이 말하기로 오늘 저녁 9시에 교계(交界)로 가는 기차가 장차 떠나는데, 그 시각에 오면 그가 와서 당신들에게 가르쳐 준답니다.'라고 하였다. 과연 8시가 넘으니 그 사람이 다시 와서 우리를 밀어 문으로 나가게 하여 하나의 차를 가리켜 보였는데, 드디어 차에 올라서 가게 되었다."[29]라고 기록하고 있다.

---

28 장석영, 『요좌기행』 장13, 2월 14일 조. "吾二人所乘, 未知何車, 車發不知在何時, 欲問, 則以言以文, 俱不相通, 欲默, 則坐失車行, 不知稅駕於何地, 憂惶悶沓, 不知所云. 手指車票, 往見守門巡檢, 以手指車而問之, 則彼雖絮絮聒聒細述之, 而吾不知其何謂也. 又以文字書之, 遍問于淸人, 或戴其有知文者, 而淸人又無答之者."

29 장석영, 『요좌기행』 장13, 2월 14일 조. "適有淸人一人, 頗解文又解俄語, 鉛筆書示我

하얼빈역에서의 언어불통 문제가 극적으로 해결되자, 장석영은 '하늘이 인간에게 인을 부여한 것은 화이(華夷)가 어떻게 다르겠는가'라고 하면서 "그 충후(忠厚)하고 사람을 사랑하는 뜻은 사람으로 하여금 감동케 하고, 이 사람이 아니었다면 우리는 장차 하얼빈의 귀신이 되었을 것이다."[30]라고 하면서 고마워하였다. 그러나 고마움도 잠시뿐이었다. 말이 통하지 않는 교계행 기차 안에서 차표를 도난당하는 사건이 발생하고 만 것이다. 기차는 역마다 정차를 하였고 순검은 반드시 한 사람 한 사람 차표를 검사하였는데, 표가 없으면 내쫓기거나 벌금을 크게 물어야 했다. 2월 15일 조의 기록은 이러하다.

> 새벽녘에 기차가 어떤 곳에 섰는데 순검이 또 차표를 검사하였다. 나는 주머니 속에 차표를 넣어 두었으나, 주머니를 베어 가서 주머니는 없어지고 끈만 조금 남았다. 대개 한창 자고 있을 때 도둑놈이 주머니를 찾아 주머니의 끈을 자르고 간 것이다. 남은 끈을 순검에게 보이며 또 상황을 이야기했다. 순검은 크게 놀라며 앉아 있는 여러 만호(滿胡)들을 주시해 보더니 드디어 한 사람을 잡아 어디론가 갔다. 곧 달리던 기차가 서고 또 한 곳에서 정거를 하였다. 마침내 나를 잡아 차에서 내리게 해서 데려갔다.[31]

曰, 彼謂今晩九時, 交界車將發, 其時, 彼來敎儞云也. 果於八點後, 其人復來, 推我出門, 而指示一車, 遂登車而行."

30 장석영, 『요좌기행』 장13-14, 2월 14일 조. "天賦之仁, 華夷奚異? 其忠厚愛人之意, 令人可感, 而微斯人, 吾將爲哈賓之鬼!"

31 장석영, 『요좌기행』 장14, 2월 15일 조. "曉頭, 車泊一處, 巡檢又索車標. 余於囊中藏標, 胠其囊無囊, 只有餘縷寸, 盖因睡熟, 盜兒探囊, 而連囊縷截去也. 餘縷示巡檢, 且告其狀, 巡檢大驚, 定睛看在座諸滿胡, 遂捽取一人去, 不知所向. 乃驅車又至一處停車, 遂押我下車去."

여기서 보듯이 장석영이 곤히 잘 때 누군가가 주머니 속에 넣어 둔 그의 차표를 훔쳐 간 것이다. 이러한 상황에서 도둑으로 추정되는 만주인이 잡혀 가고 그 또한 기차가 서자 공관에 잡혀 갔다. 이때 장석영은 "청컨대 만 리를 가는 나그네가 길에서 죽지 않게 해 주시오."[32]라며 애원하였고, 관인은 작은 글씨를 써서 순검에게 주면서 장석영의 편의를 봐 주었다. 이후 장석영은 매 정거장에서 차표를 검사할 때마다 남은 주머니의 끈을 들어 보이며 표시하였고, 순검은 큰 소리로 웃으며 지나갔다. 이를 두고 어떤 중국인은 장석영이 나이가 많고 또한 유자(儒者)의 풍모가 있어 특별히 봐준 것이라 말했다.

앞서 잠시 말한 봉산과 영구(營口) 사이에서 일어났던 해프닝 역시 언어불통으로 인해 생긴 문제라 하겠다. 이에 대하여 그는 "백 갈래로 의아하였으나 그 단서를 알지 못하고, 또 물을 만한 사람이 없고 갈 만한 곳도 없었다. 한 시경에 또 표를 사서 차에 오르는 사람들이 있었는데 대단히 많았다. 기차가 드디어 출발하였으나 그 차는 안동을 향하지 않고 동쪽으로 가다가 바로 서쪽으로 향하였고, 바야흐로 다시 오던 길을 찾아서 바람처럼 빨리 갔다. 사람으로 하여금 갈수록 더욱 의심이 생기게 하였으나 또한 어찌할 수가 없었다."[33]라고 기록하고 있다.

이처럼 장석영은 만주를 여행하면서 중국어와 러시아어를 하지 못해 여러 번 곤경에 처하였다. 그러나 한문을 아는 청인(淸人)을 만나 이러한 장벽이 해소되기도 하고, 차표를 도난당한 교계행 기차간에서 보듯

32 장석영, 『요좌기행』 장14, 2월 15일 조. "請使萬里行人, 無死於道路!"

33 장석영, 『요좌기행』 장33, 4월 25일 조. "百端疑訝, 莫知端倪, 而亦無人可問, 無地可去也. 一時頃, 又有買票登車者, 甚衆, 車遂發, 那車不向安東, 而東行直向西, 方尋來路, 而風颼也, 似去走了. 令人, 越生疑慮, 而亦末如之何也."

이 한문이 통하지 않을 때는 손짓 등 몸의 언어를 사용하기도 했다. 그 스스로 "지나온 곳이 만주와 러시아 지역인데 그 풍속에는 문자가 없어 족히 말할 것도 없으나, 중화의 사대부와 함께 경전을 이야기하고 예를 강론하며 천하의 일을 논하며 마음속의 초목을 제거하지 못한 것이 한이 된다."[34]라고 하였듯이, 그는 한문을 통해 중국의 사대부와 더욱 많은 이야기를 나누고자 하였다. 그러나 이러한 그의 꿈은 끝내 이루어지지 못하고 말았다.

2) 교통 상황과 봉별의 기억들

여행객에게 교통수단이나 그 상황은 매우 중요한 것이다. 장석영 역시 여기에 특별한 관심을 갖고 기회가 있을 때마다 이에 대한 기술을 잊지 않았다. 특히 장춘이 교통요지인 것을 인식하면서, 2월 12일 조에서는 "일본의 화차는 한국에서 남쪽으로는 부산까지 가고 서쪽으로는 의주에 이르며 압록강을 건너 봉천에 이른다. 여기서 한 길은 남쪽으로 여순과 대련으로 통하고, 다른 한 길은 북쪽으로 장춘까지 간다. 일본 화차가 끝나는 곳에서 청나라 화차가 연경으로 통하고, 러시아 화차가 서쪽으로는 서백리(西白利: 시베리아)로, 동쪽으로는 해삼위(海蔘威: 블라디보스토크)로 이어진다. 북간도로 가려면 여기서부터 러시아 화차를 타고 가야 한다."[35]라고 기술하고 있다. 그리고 다음과 같은 시를 읊었다.

34 장석영, 『요좌기행』 장35, 4월 27일 조. "其所經歷, 只是滿俄之地, 而其俗無文, 無足與語, 不得與中華士大夫, 談經講禮, 論天下事, 消却此胸中草木, 此可恨也."

35 장석영, 『요좌기행』 장12-13, 2월 12일 조. "日人火車, 在韓國, 南盡釜山, 西至義州, 渡鴨江至奉天, 一路南通旅順·大連, 一路北盡長春, 日車盡處淸車通燕京. 俄車西盡西伯利, 東至海蔘威, 從北間行者, 自此乘俄車而去矣."

浿江朝渡長春夕	대동강을 아침에 건너 저녁엔 장춘,
萬里中州一日馳	만 리의 중주를 하루 만에 달렸네.
雲中樓閣連天起	구름 속 누각은 하늘에 이어져 일어나고,
塞上風煙撲地迷	성채 위의 바람과 안개는 땅에 닿아 흐릿하네.
三國車輪爭上下	세 나라의 기차가 상하로 다투어 달리니,
百年邊戍壯威儀	백 년 동안 지키던 변방이 위의로 장엄하네.
明朝又向荒沙去	내일 아침에 또 황량한 사막을 향해 가려고 하니,
此地還如故國離	이곳에서 도리어 고국을 떠나는 듯하네.[36]

「만음(謾吟)」이라는 7언 율시이다. 여기서 보듯이 장석영은 '대동강의 아침'과 '장춘의 저녁'을 제시하며 빠른 교통을 먼저 노래하고, 청·일·러 삼국의 기차가 상하로 오르내리는 것을 변방의 장엄한 위의에 비유했다. 그리고 현재 그가 있는 장춘이 일본과 중국, 러시아의 기차가 서로 만나는 교통의 요지임을 자각한다. 특히 러시아로 가려는 사람은 여기서 갈아타야 한다면서, 그 또한 중국 기차를 러시아 기차로 갈아타고자 했다. 이 때문에 그는 '도리어 고국을 떠나는 듯하다'고 하면서, 중국의 경계를 넘는 것에 대한 아쉬움을 표했다. 여기서 더욱 나아가 청나라와 러시아의 철도 상황을 다음과 같이 정밀하게 살피기도 했다.

> 장춘에서 교계에 이르기까지의 철로는 곧 러시아인이 청나라의 땅을 빌려서 연한(年限)을 정하여 돈을 지불한 것이며, 지금은 그 연한이 이미 끝났다. 중화국의 힘이 더욱 강해져서 날로 러시아 기차에 많은 돈을 징수한다. 러시아인은 바야흐로 더 많은 철도를 건설하여, 한 길은 교계로부터 밀산을 통하여 피득보(彼得堡: 페테르부르크)에 이르는 것이고, 다른 한

36 장석영, 『요좌기행』 장12, 2월 12일 조. 「謾吟」.

> 길은 해삼위(海參威: 블라디보스토크)로부터 화발포(花發浦: 하바롭스크)를 통하여 흑룡강에서 끝난다고 한다.[37]

위의 자료에서 볼 수 있듯이 러시아는 중국에 많은 철도를 개설하였다. 장석영이 타고 가려는 교계행 기차도 러시아인이 건설한 것이다. 여기에는 중국인이 어떠한 방식으로 러시아인에게 철도 개설권을 주었는가 하는 문제도 제시되어 있다. 즉 연한을 정하여 청나라에 돈을 지불하는 방식이었다. 중국의 힘이 날로 강해져 러시아 측에 더욱 많은 돈을 요구하는 사정도 적어 두었다. 이 밖에 교계에서 밀산을 거쳐 페테르부르크로 가는 구간, 블라디보스토크로부터 하바롭스크를 통하여 흑룡강으로 가는 구간도 러시아에서 건설한 것이었다.

여행에는 봉별이 있기 마련이다. 함께 여행을 약속한 사람일지라도 개인적인 사정이 생겨 중도에 포기하고 돌아가거나 일정한 자리에 머물기도 한다. 새로운 사람들을 만나 다양한 이야기를 나누기도 하고, 어떤 경우에는 그 새로 만난 사람과 서로 도우며 함께 여행을 하기도 한다. 장석영의 만주 여행 역시 이러한 여행의 일반적인 방식에 따라 진행되었다. 앞서 말한 것처럼 처음 만주 여행을 기획했던 여섯 사람 가운데, 하용제(河龍濟)와 감기현(甘麒鉉)은 처음부터 동참하지 않았고, 이두훈마저 노자 문제로 인해 늦게 출발해 서울에서 만난다. 따라서 1912년 1월 20일 오후 1시에 출발지에서 기차를 탄 사람은 장석영을 비롯해서 서홍열(徐鴻烈)과 이기충(李基忠), 이렇게 셋에 불과했다.

---

37 장석영, 『요좌기행』 장22, 3월 1일 조. "長春之交界鐵路, 乃俄人之借得清地, 限年納贖者也, 今其年限已盡. 中華之國勢更振, 日徵千金於俄車, 而俄人方更築鐵道, 一路, 自交界通蜜山, 以至於彼得堡, 一路, 自海蔘威通花發浦, 以盡於黑龍江云."

1월 20일 9시에 서울 용산에 도착한 일행은 당현(堂峴)의 류주사(柳主事) 집에서 묵게 되는데, 22일에는 대묘동의 여관으로 숙소를 정한다. 28일에는 약속한 이두훈이 합류하게 되는데, 이때 가곡(家谷: 집실)의 장준승(張浚升)과 대포(大浦: 한개)의 이기병(李基炳)도 함께 따라왔다. 장석영은 이기병을 질책하였다. 아버지에게 여행 사실을 고하면, 아버지가 먼 여행을 허락하지 않을 것 같아 알리지 않고 왔다는 것이었다. 이에 장석영은, 아버지의 승낙도 받지 않고 온 이기병에게, 어른의 가르침도 소용이 없다면서 어쩔 수 없이 그와 동행하기로 한다. 오히려 서울로 함께 올라왔던 서홍열은 양식 문제로, 장준승은 임질(淋疾)에 걸려 환향하게 된다.

1월 30일 만주행 기차를 탄 사람은 장석영을 비롯해서 고령 관동의 이두훈, 성주 대포의 이기병과 이기충 등 네 명이었다. 이들은 송경과 평양을 거쳐, 2월 2일에 백마역에 도착한다. 이곳에서 정석(鄭錫)을 방문하여 서간도의 풍토와 지리에 대하여 들었다. 2월 3일에는 비로소 조중 접경 지역인 안동에서 용인 사람 맹보순(孟輔淳)과 밀양의 선비 노상익(盧相益)·노상직(盧相稷) 형제, 그리고 서울에서 온 상인 이민응(李敏應)을 만났다.[38] 특히 맹보순은 강을 건너온 지 1년쯤 되는데 수백 명의 학도를 거느리고 있었다. 그는 닭이 울면 일어나 「출사표(出師表)」, 「동서명(東西銘)」, 「경재잠(敬齋箴)」, 「숙흥야매잠(夙興夜寐箴)」 등을 외우며 아침을 기다렸다고 한다. 장석영은 이들과 서로 어울려 운을 내어 시를 짓기도 했다.

2월 4일에는 장사를 하는 왕양명의 후손을 만나고, 2월 6일에는 노상익 등 안동의 사람들과 이별한 후, 이두훈·이기병과 함께 기차에 올랐

38 이때 이두훈은 「渡鴨綠江, 宿安東旅館, 遇故國知舊, 盧大訥相益, 其弟小訥相稷, 孟東田輔淳, 李壽春敏應共賦」(『弘窩集』 卷2)를 지어 "會作中華大夫士, 離鄕去國不須愁"라 하였다.

다. 이기충은 안동에 남겨 둔다. 봉천이 거처하는 데 적실한지에 대한 회보를 알리기 위해서였다. 봉천에 도착한 이들은 이명규(李明奎)의 집에서 묵었다. 여기서 의령에 사는 안창제의 가족 30여 명이 떠돌고 있는 것을 보고 안타까워한다. 한편 장석영은 봉천에서 이두훈을 돌려보낸다. 양식이 부족하였기 때문인데, 편지를 써서 안동에 남아 있는 이기충과 함께 고향으로 돌아가도록 했다.[39] 2월 11일에는 장춘행 기차 안에서 난주(灤州) 사람 장붕함(張鵬鹹), 개원(開原) 사람 관복겸(關福謙), 무목공 악비(武穆公 岳飛)의 후손 악수원(岳修元) 등을 만나 시문을 주고받으며 우의를 다진다. 장석영에게는 중국인들과 품격 있는 대화를 나눌 수 있는 최초의 자리였다.

2월 12일 장석영은 장춘에서 관복겸 등과 헤어진 후 김태운(金泰雲)의 집을 방문하였다. 거기서 그는 북간도가 매우 위험한 곳임을 듣게 된다. 이로 인해 이기병은 겁을 먹고, 장석영에게 북간도로 가지 말고 함께 돌아가자며 졸랐다. 이에 장석영은 이기병에게 함께 가자고 강권할 수가 없어 그를 그곳에 머물게 하고, 새로 만난 북청 소년 천준배(千駿培)와 함께 하얼빈행 기차를 탔다. 그가 그곳의 사정을 잘 알고 있었기 때문이다. 이때 장석영은 자신과 함께 왔던 사람들이 모두 돌아가거나 포기한 것을 생각하며, "함께 온 자는 차례대로 떨어져 나가고, 함께 일을 해 본 적 없는 소년과 더불어 홀로 만 리 길로 가고자 하니 경계하는 마음이 없을 수 없었다."[40]며 당시의 심정을 전했다.

---

39 이때 이두훈은 「盛京西塔, 送張晦堂及李文汝基炳之吉林省蜜山府」(『弘窩集』 卷2)를 지어 "蜂蜜山人天下士, 五年相望有今行"이라 하였다.

40 장석영, 『요좌기행』 장13, 2월 13일 조. "同來者, 次第零落, 獨與不經事, 藐少年萬里前進, 不得無戒心."

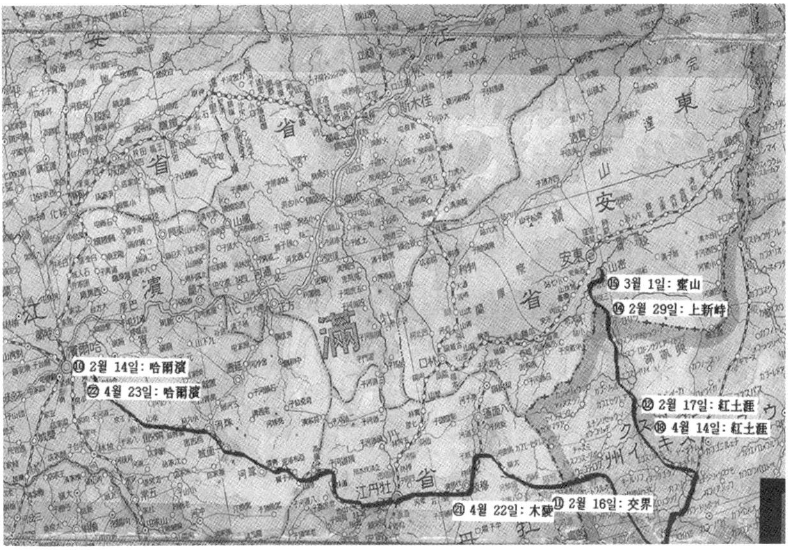

그림 2 흥개호 부근의 노정

2월 16일 교계에 도착한 장석영은 전위장(田衛將)의 집에서 묵고, 2월 17일에는 보래포에 도착해 김순서(金順瑞)의 집에서 묵었다. 여기서 그는 비로소 꿈에 그리던 이승희의 소식을 들었으며, 2월 27일에는 강원(江原)에서 이승희의 아들 이기인(李基仁)을 만나면서 이승희와의 해후가 급속도로 진전된다. 이승희는 1908년부터 자신의 이름을 대하(大夏)로 바꾸고 중국에 들어왔으며, 만주와 러시아 일대를 떠돌며 독립운동을 전개하고 있었다. 3월에는 상신치(上新峙)에 있는 송지련(宋枝連)의 농가에서 한 달 동안 묵으며, 김정묵, 김학룡, 이종갑, 이우필 등을 만나 이 지역의 사정을 듣는다. 그리고 4월 2일 신치(新峙)에서 비로소 이승희와 눈물의 상봉을 하게 된다. 이들은 원세개에게 연명으로 편지를 써서 당대의 문명사를 논하였고, 이승희의 해어진 옷을 본 장석영은 자신의 옷과 바꾸

그림 3 흥개호 표석

어 입기도 했다.[41] 이후 여러 날을 함께 보내다가 4월 18일 흥개호(興凱湖) 가의 홍토애(紅土涯)에서 전별하였다.[42]

돈을 빼앗기기도 하고, 기차를 잘못 타 영구까지 가는 불상사가 생기기도 하였지만, 돌아오는 길은 신속했다. 장석영이 하얼빈, 장춘, 봉천, 영구, 다시 봉천을 거치면서 안동현에 도착한 것은 4월 26일 오후 4시 전후였다. 안동현에 도착한 장석영은 노상의 형제를 찾아 그동안의

41 『요좌기행』 4월 2일 조에는 "강공을 보고 허다한 의리를 강토하면서 며칠을 머물렀다. 다만 그 의관을 보니 해어져 있어 보는 자가 대단히 민망하였다. 대개 그 옷은 한 벌로 3년을 입어 때가 끼어도 씻지 않고 떨어져도 깁지 않았으니 여름과 겨울에 따라 갖옷와 갈옷으로 바꾸어 입는 것을 생각할 수가 없었다."라고 하면서, "나는 입고 있던 한 벌의 옷과 바꾸어 입었다. 대개 나는 장차 돌아갈 터이니 돌아가서 다시 만들 수 있기 때문이다."라고 기술하고 있다.

42 이때 이승희는 「張舜華北遊吉林, 訪我于上新畤, 握手下淚, 歡敘數句, 其還, 餞于紅土河, 悵矓一律」(『韓溪遺稿』 1, 124쪽)이라는 시를 지어 장석영을 전별했다.

사정을 이야기했다. 이때 그는 “대개 넉 달 만에 노형의 집에서 비로소 쌀밥과 고기반찬을 보았다. 차를 탄 이후는 노자(路資)를 풀지 못하였는데, 강도에게 빼앗길까 염려해서였다. 무릇 8일 동안 먹은 것은 다만 냉수와 양과자 몇 개였고, 오늘 비로소 술과 밥을 먹게 되었으니 주린 창자가 갑자기 살아나는 것을 알겠다.”[43]라고 적고 있다. 이튿날인 4월 27일에는 맹보순이 노상익 형제와 함께 기차역에 와서 차표까지 사 주며 전송하였다.

이상에서 보듯이 장석영은 당시 중국의 철도 상황에 큰 관심을 가지며 여행하였다. 철도 건설의 주체는 누구이며, 그 철로는 구체적으로 어느 지역에서 어느 지역으로 이어지고 있는지도 적었다. 그리고 자신이 여행하고자 하는 북간도 쪽으로 가려면 어디에서 내려 어떤 기차를 타고 가야 하는지도 밝혀 두었다. 이 과정에서 많은 사람들과의 봉별이 이루어졌다. 당시 안동의 접리수(接梨樹)에서 한인촌을 형성해 살고 있었던 밀양의 노상익 형제와 용인 사람 맹보순, 그리고 장춘행 기차 안에서 만난 장봉함 등 중국의 선비들, 신치에서 상봉한 사돈이자 지기였던 이승희는 그에게 특별한 존재였다. 이 때문에 장석영은 이들과 시를 주고받으며 곡진한 정서를 서로 전할 수 있었던 것이다.

3) 만주와 러시아 지역의 풍경

모든 여행이 그러하듯이 여행자는 수많은 자연경관을 감상하게 된다. 특히 국외 여행일 경우에는 자신이 사는 지역의 자연과 비교하면서,

---

43 장석영, 『요좌기행』 장34, 4월 26일 조. “盖四朔之後, 盧兄家, 始見白飯肉饌, 而乘車以後, 盤纏不敷, 重以見奪於强盜. 在車凡八日, 所食, 只是冷水洋餠若干, 今日始飮酒喫飯, 飢腸頓覺一蘇也.”

다양한 시각으로 이들 경관에 대한 감흥을 일으킨다. 장석영 역시 여행 과정 중에 보았던 지역의 풍경들에 대하여 특별한 감흥을 일으켰다. 서울 용산에 올라가 명정(名亭)을 두루 보면서 시내를 내려다보고, 평양에서는 그곳의 아름다움이 동방의 제일[平壤佳麗, 甲於東方]이라며 찬탄해 마지않았다. 이처럼 여행지에서 만난 자연경관에 특별한 관심을 가졌던 장석영은, 이국 풍경을 기회가 닿는 대로 소개했다. 안동에서는 접리수에 살고 있던 노상익 형제와 함께 현의 서쪽에 있는 원보산(元寶山)을 올랐는데, 2월 5일의 일이었다. 여기에 대하여 그는 이렇게 기술하고 있다.

> 제공과 함께 원보산에 올랐다. 산은 현의 서쪽에 있었다. 봉우리가 명려하고 수림이 무성하였다. 공원이 산허리에 있었는데 이름난 누각과 아름다운 정자가 산상까지 이어져 있었으며, 도시 사녀(士女)들의 행락지로 화장한 미인들의 음악 소리가 사시에 끊이지 않는다. 공원의 곁에는 거대한 절이 있었는데, 절 가운데 관왕묘가 있고, 그 전우는 크고 화려하여 금으로 된 벽이 영롱하였다. 웅주(雄州)의 상서로운 색이 눈에 가득하고 빠르게 흐르는 큰 강이 앞으로 띠를 이루고 있었으며, 기차 소리가 하늘에 진동하고 배가 바람처럼 달리니 참으로 큰 나라의 웅도(雄都)라 하겠다.[44]

원보산은 해발 181.8m로 앞쪽은 깎아지르고 뒤쪽은 완만한데, 산 정상에 오르면 사방이 두루 보인다. 왼쪽에는 호이산(虎耳山)이, 오른쪽에는 금강산(錦江山)과 모회산(帽盔山)이 늘어서 있다. 앞쪽으로는 압록강

---

44 장석영, 『요좌기행』 장7, 2월 5일 조. "同諸公登元寶山, 山在縣西, 峰巒明麗, 樹林蓊翳, 公園在山腰, 名樓佳榭, 羅絡山上, 都人士女, 行樂之所, 而粉戴歌管, 四時不絶, 園旁有巨刹, 刹中有關王廟, 殿宇宏麗, 金壁玲瓏, 雄州瑞彩滿目, 星馳大江, 横帶乎前, 車聲震天, 舟楫風馳, 儘大邦之雄都也."

그림 4 원보산

이 사행으로 천천히 흐르며 시내가 한눈에 들어오는데, 강 건너로는 조선의 신의주가 자세하게 보인다. 장석영은 이 산에 있는 수많은 정자들, 거대한 절, 하늘을 진동하며 지나가는 기차, 바람처럼 빠른 배를 보면서 안동이 큰 나라의 웅도라고 칭탄해 마지않는다. 중국에 와서 처음 보는 아름다운 자연과 웅대한 도시에 대하여 큰 감동을 받았던 것으로 보인다.

장석영이 이두훈, 이기병과 함께 봉천에 도착한 것은 2월 6일이었다. 봉천은 심양으로, 안동과는 4시간 거리였다. 청나라 태조와 태종 때 수도가 되어 성경(盛京)이라 개칭하였으며, 순치제(順治帝) 때 북경으로 수도를 옮긴 후 배도(陪都)로서 봉천부(奉天府)를 설치한 곳이다. 장석영은 봉천으로 가는 도중에 「요동오절(遼東五絕)」을 짓기도 했다. 그 첫 수에서 "치우친 나라에서 나서 자란 지 60년, 보잘것없는 신세를 잔편(殘編)에 부치네. 지금 비로소 깨달았노라, 천지가 크다는 것을! 고개를 돌리노라니 하늘만 아득하구나."[45]라고 하였다. 그리고 마지막 수에서는 가족을 이끌고 이곳에 옮겨 와 살고 싶다는 이야기도 했다. 더 나아가, 세상이 안정되면 그 후손들이 중국의 조정에서 떳떳하게 벼슬할 수도 있을 것이라 생각하기도 했다.[46] 봉천의 서탑(西塔) 부근에 있는 이명규(李明奎)의 집을 숙박처로 정하고, 다음 날인 2월 7일에는 도성 내외를 두루 관람하였다. 다음은 당시를 기록한 것이다.

> 도성의 내외를 두루 다니며 소서문(小西門)에 올라 시정의 화려함과 여염의 즐비함을 두루 관람하였는데 참으로 큰 도시였다. 이 땅은 곧 성경성 봉천부(盛京省 奉天府)인데 성경은 곧 만주의 심양(瀋陽)이다. 옛날 우리 남한산성의 치욕으로 선문왕(宣文王)이 왕자로서 여기에 억류되었었고, 척화를 했던 제공은 의로 죽어 복종하지 않으며 솥에 삶겨 죽는 것을 즐거움으로 여기는 것을 보여 주었다. 몇 명이나 되는 망국의 외로운 자들이 이곳을 지나갔으며 백세의 뒤에도 황연히 그날의 일을 본 것 같으니 어찌 개연히 슬퍼하고 아파하지 않겠는가![47]

여기서 보듯이 장석영은 선문왕, 즉 효종이 심양에 억류되어 있을 때를 기억하고, 또한 항복을 극력 반대하다 청나라에 끌려가 장렬히 죽은 홍익한(洪翼漢, 1586~1637), 윤집(尹集, 1606~1637), 오달제(吳達濟, 1609~1637)

---

45 「遼東五絶」其一(『요좌기행』2월 6일 조), "生長偏邦六十年, 區區身世付殘編. 如今始覺乾坤大, 回顧茫茫只有天."

46 「遼東五絶」其五(『요좌기행』2월 6일 조)에서 "胸懷曠漠九愁飛, 我欲携家此地移. 待得河淸天定後, 子孫猶見漢官儀."라고 하였다.

47 장석영, 『요좌기행』장8, 2월 7일 조. "周行都城內外, 登小西門, 覽觀市井之華麗, 閭閻之櫛比, 儘大都也. 此地乃盛京省之奉天府, 而盛京卽滿洲之瀋陽也. 昔, 我南漢之辱, 宣文王, 以王子被拘於此, 而斥和諸公, 死義不服, 視鼎鑊如樂地者, 幾人亡國孤蹤, 行過此地, 而百世之下, 怳然, 如見當日事, 安得不慨然而悲傷乎?"

등 삼학사(三學士)를 떠올렸다. 백세 뒤에 찾아와 이들을 생각하며 개연히 슬퍼하고 아파하는 자가 바로 장석영 자신이었던 것이다. 이어서 그는 청의 제업이 이 지역에 기반하여 일어났고, 산릉과 궁전 또한 이곳에 있으나, 만호(滿胡)의 운이 이미 다하고 혁명당의 기세를 빌려 원세개(袁世凱)가 선통제 부의(宣統帝 溥儀)를 폐위시키고 통령이 되었으니, 천명이야말로 영원한 것이 없다고 했다. 심양의 아름다움이 요동에서 제일이고 제업 또한 이곳에서 일어났지만, 후대의 임금들은 천명이 이미 떠난 사실을 몰랐다며 시를 지어 한탄하기도 했다.[48]

장석영은 봉천에서 러시아 기차를 타고 장춘을 거쳐 교계에 닿게 된다. 2월 16일 정오 무렵이었다. 이곳은 그 이름에서 볼 수 있듯이 러시아의 첫 땅이면서 청나라 길림(吉林)의 경계 지점이었다. 그는 이를 적기하면서 "교계는 일명 '별우애(別又厓)'라고 하는데, 러시아인이 숫자로 '일(一)'을 '별우애(別又厓)'라 하는 까닭에 그렇게 이름한 것"[49]이라 하였다. 또한 보래포를 거쳐 강동으로 가서 그곳의 산수를 두루 관람하였다. 목화포(木花浦), 사리포(四里浦), 굴루취(屈樓聚)를 거쳐 홍토애(紅土涯)에 이르기까지는 러시아인들이 대부락을 이루고 사는데, 그 앞에는 거대한 흥개호(興凱湖)가 있었다.

> 문은 커다란 호수에 닿아 있었고, 호수의 이름은 흥개(興開)[개(凱)]이다. 그 호수는 둘레가 2,000리로 러시아와 청나라 두 지역에 걸쳐 있었다. 3분의 2는 러시아에 있고 나머지 3분의 1은 청나라에 있었다. 아득히 끝이

---

48 「遼東五絶」 其三(『요좌기행』 2월 6일 조)에서 "瀋陽佳麗冠遼東, 帝業興隆肇此中. 後辟無知天命去, 可憐今日閉深宮."이라 한 것이 그것이다.

49 장석영, 『요좌기행』 장15, 2월 16일 조. "交界, 一名別又厓, 俄人, 數一, 曰別又厓, 故, 因以名."

> 없는 하나의 큰 바다였다. 동정호(洞庭湖)와 운몽택(雲夢澤)이 천하에서 크다고 하지만, 이 호수의 크기는 고금에 알려진 바가 없었다. 오랑캐 땅의 황량한 곳에 있어 세상에 알려지지 않았던 것인가.[50]

흥개호를 소개한 부분이다. 이 호수는 표면적 4,190km²의 담수호로, 중국과 러시아의 접경지대에 위치한다. 당나라 맹호연(孟浩然)의 「망동정호증장승상(望洞庭湖贈張丞相)」[51] 등에 나타나는 '동정호'나 '운몽택'과 같은 호수와 비교해 볼 때, 흥개호는 중국의 고전 문헌에 거의 나타나지 않는다. 이 때문에 장석영은 흥개호가 거대한 호수임에도 불구하고 황량한 오랑캐 땅에 있어 문헌에 오를 수 없었던가라고 하였던 것이다. 당시 장석영은 동주원(董周元)의 집에서 묵고 있었는데, 봄이 다하려 하였지만 호수의 얼음은 풀리지 않았다. 이를 두고 그는 "바로 하나의 유리 천지 같았으며, 거마가 다니는데도 견고하기가 평평한 땅과 같다."[52]라고 기록하고 있다. 이에 그는 말 두 마리가 끄는 썰매[취마(橇馬)]를 타고 40리나 되는 아도(阿島)라는 곳을 다녀오기도 한다.

장석영은 만주를 여행하면서 많은 어려움을 겪기도 하지만, 아름다운 자연경관과 커다란 도시를 만나면 자신이 감상한 바를 섬세하게 소개하였다. 안동 원보산에서 본 주위의 아름다운 풍경들, 청나라의 기초

---

50 장석영, 『요좌기행』 장16, 2월 17일 조. "門臨大湖, 湖名興開, 周回二千里, 跨有俄清兩地, 三之二, 俄人有之, 其一, 清之有也, 茫茫無際, 一大海也. 洞庭雲夢, 以其大雄天下, 此湖之大, 古今無述焉, 以其在胡地荒閒, 而無聞於世界耶?"

51 孟浩然, 「望洞庭湖贈張丞相」. "八月湖水平, 涵虛混太清. 氣蒸雲夢澤, 波撼岳陽城. 欲濟無舟楫, 端居耻聖明. 坐觀垂釣者, 徒有羨魚情." 동정호와 운몽택은 많은 문학 작품에 함께 등장한다. 「창부타령」의 "洞庭湖 雲夢澤을 胸中에 삼킨 후에 落雁峰 다시 올라 謝朓의 驚人句를 青天에 朗吟하고"라고 한 것에서도 확인할 수 있다.

52 장석영, 『요좌기행』 장16, 2월 17일 조. "直一琉璃天地, 而車馬之行, 堅如平陸."

가 되었던 봉천의 화려함과 번화함, 중국과 러시아의 경계지점에 위치한 어마어마한 넓이의 흥개호 등이 대표적이었다. 흥개호에서는 동주원의 주선으로 두 마리의 말이 끄는 썰매를 타 보기도 했다. 이처럼 장석영은 때로는 산 위에서, 때로는 거리를 거닐며, 또 때로는 직접 체험을 하며 자연을 즐겼다. 이러한 이국의 자연경관과 그 체험은 그에게 특별한 감각으로 다가왔을 것임에 틀림이 없다.

4) 파괴되는 사회윤리 목격

장석영이 살았던 근대전환기는 이미 유가적 윤리만으로 감당해 낼 수 있는 시대가 아니었다. 앞서 나온 대포의 이기병(李基炳) 역시 아버지의 허락도 받지 않은 채 장석영의 만주 여행을 따라나섰고, 장석영이 이것에 대한 문제점을 지적하며 그에게 돌아가기를 강하게 권유하였지만, 그는 듣지 않는다. 조선왕조의 몰락과 경술국치를 경험한 한반도는 더 이상 유가경전을 읽으며 윤리도덕을 추구하면서 살아가고자 하는 사대부의 나라가 아니었다. 이에 대한 문제를 더욱 심각하게 제기한 부류가 바로 선비들이었다. 이들은 이상과 현실의 괴리를 철저하게 경험하지 않을 수 없었기 때문이다. 장석영의 여행은 이러한 생각 속에 진행되었고, 만주에서도 폐륜에 가까운 상황을 자주 목격하게 된다.

> 남쪽으로 몇 리를 가서 한인촌(韓人村)을 방문하여 전위장(田衛將)의 집에서 묵었다. 전 씨는 술주정으로 미친 듯이 날뛰며 집안 물건을 때려 부수고 그의 며느리 송 씨를 때렸다. 나는 이치로써 전 씨를 깨우쳤으나 전 씨는 노여운 눈으로 바라보면서 도리어 횡포를 부렸다. 날이 이미 저물어 다른 곳으로 갈 수도 없으니 사람으로 하여금 근심스럽게 하였다. 조금 있다가 그의 아들 명옥(明玉)이 이웃집으로부터 와서 문에 걸터앉더

니 그 어미에게, "처에게 무슨 죄가 있단 말이오? 아버지가 죽지 않으면 맹세코 돌아오지 않겠습니다."라고 하고 마침내 나가 버렸다. 나는 그를 불러 앞으로 오게 하여 부자의 인륜으로 꾸짖으며 옛일을 끌어 지금의 일을 증명하며 여러 가지로 일깨웠다. 한참 만에 명옥은 바깥으로 나가 회초리 하나를 잘라 와서 그 아비에게 죄를 청하니 아비 또한 노여움이 조금 풀어졌다.[53]

2월 16일 정오, 장석영은 중국과 러시아의 경계인 교계에 도착하였다. 이어 남쪽으로 몇 리를 가서 한인들이 모여 사는 촌락에 투숙하게 된다. 위의 자료는 그 투숙한 집에서 생긴 일이다. 여기서 장석영은 '전 씨의 며느리 구타', '아들 명옥의 무례', '명옥에 대한 자신의 훈계', '전 씨와 명옥의 깨달음'으로 이어지는 일련의 서사를 보여 주었다. 이를 통해 그는 "아! 북인의 무례함은 거의 금수와 다름이 드물지만, 선을 듣고 후회하고 깨달으니 이 또한 하늘이 부여한 천성이 본디 선해서 그러한 것이 아니겠는가. 어지러움이 이미 평정되어 드디어 편안하게 쉴 수 있었다."[54]라며 마무리하고 있다. '북인의 무례'를 들지만 본성 회복의 가능성은 있다고 본 것이다.

러시아와 중국의 접경지대에는 다양한 부류의 사람들이 살았는데, 당이자(唐夷子)도 그중 하나였다. 이들은 접경지역 가운데 심산궁곡(深山窮

53 장석영, 『요좌기행』 장15, 2월 16일 조. "南去數里, 訪韓人村, 宿田衛將家. 田方使酒猖狂, 打破家事, 毆打其子婦宋氏, 余以里諭田, 田怒目相視, 反可橫暴. 日已暮, 更無可往, 令人煞悶. 少焉, 其子明玉, 從隣舍來踞門, 而告其母曰, 妻何罪? 父未死誓不還, 遂去走. 余招而使前, 責以父子之倫, 援古證今, 開諭萬端, 良久, 明玉出外, 手折一箠, 請罪於其父, 而父亦怒稍解."

54 장석영, 『요좌기행』 장15, 2월 16일 조. "噫! 北人之無禮, 幾希其異於禽獸, 而聞善而悔悟, 是不亦天職彝性之本善者耶."

谷)에 주로 살며, 신라와 백제의 난을 피해 남방으로부터 이곳에 오게 되었다고 했다. 이에 대하여 장석영은, "만주인도 아니고 러시아인도 아닌 특별한 한 종족인데, 언어도 통하지 않고 행동도 법도가 없으며, 사람을 보면 문득 피하여 나타나지 않는다."[55]라고 하였다. 그러나 당이자를 '거지무도(擧止無度)'라 표현하고 있지만, 이들이 사회에 심각한 해악을 끼치는 것은 아니었다. 이에 비해 만주족 가운데 '홍이자(紅夷子)'와 '마상적(馬上賊)'이라는 도적의 무리가 있어 심각한 문제가 된다고 했다. 이에 대하여 장석영은 다음과 같이 기록하고 있다.

> 만주의 풍속은 어리석어 처음부터 예의가 없었다. 이른바 '홍이자(紅夷子)', '마상적(馬上賊)'은 모두 대도(大盜)이다. 무리를 이루고 대열을 지어서 곳곳에서 봉기를 하는데, 생민에게 커다란 해가 되었다. 남녀는 분별이 없고 윤기(倫紀)가 밝지 못하다. 가장 무도한 것은 처가 죽자 어미와 사통하려고 하다가, 그 어미가 관에 고하여 죄를 다스리기를 청한 자가 있었으니 대개 금수이다. 검은 의상을 입고 검은 신을 신어 보통 사람들과 다름이 없었다. 흰 두건을 쓰고 편발한 자에 대하여 물어보니 곧 상을 당한 자라고 하는데, 단지 흰 두건으로써 슬픔을 표시한다고 했다.[56]

길림성의 속현인 밀산(蜜山)[密山]은 처음에는 황무지였다. 한인(韓人)이 떠돌다 이곳에 정착하여 개척하게 되었고, 만주족과 한족 역시 여기에 와

---

55 장석영, 『요좌기행』 장21, 3월 1일 조. "非滿非俄, 而別爲一種, 言語不通, 擧止無度, 見人輒避而不見."

56 장석영, 『요좌기행』 장20, 1월 1일 조. "滿俗蠢蠢, 初無禮度, 而所謂紅夷子馬上賊者, 盖大盜也. 成群作隊, 在在蜂起, 大爲生民之害. 男女無分, 倫紀不明, 其最無道者, 妻死而求通於母, 母有告官, 而請治者, 盖禽獸也. 有黑衣裳黑鞋, 無異平人, 而以素繒編髮者, 問之乃喪人, 而只以素繒表哀云也."

서 살게 되었다. 이처럼 한인과 만주족, 그리고 한족이 섞여 살면서 서로의 풍속을 알게 되었으며, 장석영 역시 이곳을 방문하여 이러한 사실을 자연스럽게 알게 되었다. 그가 주목한 것은 그 가운데서도 사회윤리였다. 위의 자료에서 보듯이, '홍이자'와 '마상적'을 모두 대도로 보고, 이들이 생민들에게 큰 해악을 끼친다고 했다. 특히 이들의 '남녀무분(男女無分)', '윤기불명(倫紀不明)'에 대하여 비판하면서, 어미와 사통하려 한 자를 실례로 들어 '금수'라 하였다. 이들은 또한 나라에서 금하는 아편을 심기 위해 러시아 지역으로 들어가는데, 한인들도 동참하는 자가 있다고 했다.

장석영은 만주 일대를 떠도는 한인들에 대해서도 특별한 관심을 가졌다. 4월 22일 목릉(木陵)[穆陵]에서 하얼빈으로 가는 기차 안에서 그는 한 소년을 만난다. 그 소년은 피부가 검고 머리를 짧게 깎았으며, 용모가 매우 깔끔한 한인이었다. 이에 장석영은 친척을 만난 듯 기뻐하며 말을 걸어 물어보니, 그는 동춘당 송준길(同春堂 宋浚吉, 1606~1672)의 후손이었으며 집을 떠난 지 8년이나 되었다고 했다. 부모의 안부를 묻자 송 군은 황당한 대답을 한다. 즉 "아는 것이 무슨 도움이 되겠습니까? 나는 나이고 부모는 부모인데, 부모가 병들어 죽은들 내가 간여할 일이 아닙니다. 비록 알더라도 보탬이 되지 않으니 듣지 못하는 것만 같지 못합니다."[57]라고 하였던 것이다.

송 군의 대답에 장석영은 자기도 모르게 기가 막혀 아무 말도 하지 못하였다고 한다. '불각기색(不覺氣塞)'이라 한 것이 그것이다. 그리고 "아! 저자가 또한 사람의 아들이거늘, 어찌 이런 말을 한단 말인가! 대개 형

57 장석영, 『요좌기행』 장31-33, 4월 22일 조. "曰, 知之奚益? 我自我, 父母自父母, 父母之病且死, 不干我事, 雖知無補, 不如不聞."

체를 달리하고 옷을 달리 입고는 스스로 '개명(開明)'한 사람이라고 한다. 세상이 모두 이러한 사람이니 어찌하리오?"[58]라며 크게 한탄하였다. 여기서 우리는 '개명'에 대한 장석영의 비판을 읽을 수 있다. '짧은 머리의 깔끔한 용모로 부모를 저버리는 것'을 당대의 젊은이들은 개명이라 생각하고 있다는 것이다. 상투를 틀어 보발(保髮)을 하고 유가적인 도덕과 윤리를 지키며 살아가고자 하는 그에게, 당대 젊은이들의 이와 같은 생각은 매우 충격적이었다. 여기서 더욱 나아가 한인 가운데 도적이 되어 사기를 치는 자도 있었다. 다음 자료를 보자.

> 천준배(千駿培)를 방문하여 유숙하였다. 세 사람이 나보다 먼저 와서 방에 있었는데, 언뜻 보아도 그 모습이 부랑자임을 알 수 있었다. 그 세 놈은 나를 보더니 매우 공손하여 경로(敬老)하는 뜻이 있는 듯했다. 또 말하는 사이에 왕왕 일본인의 옳지 못한 곳을 말하면서 나에게 답변을 요구했다. 나는 다만 정색을 하고 그들을 대하였다. 또 말하기를 "이러한 말을 그만두자"라고 하더니, 그놈들은 여러 가지 단서로 찾았고, 마침내 꼬투리를 찾을 수가 없게 되자 갑자기 횡포를 부렸다. 성난 눈으로 서로 보면서 말하기를, "우리들은 일본의 정탐인(偵探人)으로, 바야흐로 하얼빈과 북간도 쪽으로 가려 하오. 공은 북방으로부터 왔으니, 어느 나라로부터 왔으며 특이한 사항은 어떤 것이 있소? 공과 같은 자를 묶어서 일본 경찰청에 넘기면, 우리는 상금으로 40원을 받소. 스스로 알아서 하시오."라고 하였다.[59]

---

58 장석영, 『요좌기행』 장31-33, 4월 22일 조. "嗚呼! 彼亦人子也, 有是言耶? 凡異形異服, 而自謂開明者, 擧世皆此人也, 爲之奈何?"

59 장석영, 『요좌기행』 장32, 4월 24일 조. "訪千駿培留宿, 有三箇人, 先我在室中, 一見可知其爲無狀潑皮漢也. 那三漢子, 見我甚恭, 似有敬老之意, 且於語間, 往往說得日人不是處, 要余答之. 余但正色而待之, 且曰, 此等說便可休罷, 那漢子, 百端求索, 終莫得其垢瘢, 忽可橫暴, 怒目相視, 曰俺們是日本偵探之人, 方向哈賓北間去矣, 公從北方來,

4월 24일 장춘의 천준배 집에서 있었던 일이다. 천준배는 북청 사람으로 장석영과 하얼빈 여행을 같이한 사람이다. 이때 세 사람이 일인의 정탐자 행세를 하면서 장석영을 밤새도록 심문하였다. 그들은 급기야 장석영의 전대를 열어 문적을 수색하고 돈을 빼앗아 갔다. 장석영은 일본 경찰청에 신고하려다 그만두고, 천준배가 그들에게 힘써 말해 돈의 절반만 돌려받았다. 이때 장석영은 "아! 저 세 사람은 또한 한인(韓人)이다. 지금 일인(日人)의 매나 개가 되어 우리 한인들을 학대하는 것이 이와 같구나. 저 일인은 스스로 우리 한인들을 보호한다고 하지만, 소임을 맡은 자들이 이러한 도적놈이니, 한국이 망하는 것도 마땅한 일이다."[60]라며 한탄해 마지않았다. 이처럼 장석영이 본 만주 사회는 사회윤리가 심각하게 무너진 매우 위험한 곳이었다.

격동하는 근대전환기를 맞아 국내는 물론이고 만주 지역은 장석영이 추구하던 유가윤리가 거의 파괴되어 있었다. 만호(滿胡)로 표기되는 만주인은 말할 것도 없고, 한반도에서 넘어간 한인 역시 그러하였다. 이들은 부자와 군신의 관계를 청산하고, 자신의 이익을 위하여 떠돌았으며, 때로는 일본인의 하수인이 되어 본국 사람들을 괴롭혔다. 장석영 역시 이들로부터 문적과 노자를 빼앗기는 등 참담한 경험을 한다. 특히 그는 당대에 유행하고 있었던 '개명'에 대하여 깊이 회의하고 있었다. 그에게 '개명'은 오륜과 삼강 등 유가의 핵심윤리를 파괴하고, 그 위에 이룩한 개인주의로 인식되었기 때문이다. 이를 장석영은 하얼빈행 기차 속에서 만난 송 군을 통해 적실하게 보여 주고자 했다.

來自何國, 有何異事, 如公者, 縛而納諸日警廳, 俺等, 賞金爲四十元, 請自諒處之."

60 장석영, 『요좌기행』 장32, 4월 24일 조. "噫! 彼三人者, 亦韓人也. 今爲日人之鷹犬, 而虐我韓人如此乎! 彼日人者, 自以謂保護我韓人, 而所任使者, 此等賊漢也, 韓國之亡, 宜矣."

4. 만주 체험의 의의

나라가 망한 것을 목격하고 도덕과 윤리를 지키면서 살 만한 곳을 찾아 떠난 장석영의 만주 여행, 그러나 그가 보았던 현실은 매우 참담했다. 언어 자체가 통하지 않아 답답하기 짝이 없었고, 필담을 하고자 하나 한문을 하는 중국인 역시 드물었다. 교통 상황에 민감한 반응을 보이며 여행지에서 수많은 사람들과 만나고, 만주와 러시아에서도 아름다운 자연경관이 있어 새로움을 더하기도 하였지만, 그가 만난 만주는 헐벗은 곳이었고 사회윤리가 거의 파괴된 곳이었다. 사정이 이러하니 그의 여행은 오히려 엄혹한 현실을 냉정히 바라볼 수 있게 하였고, 또한 많은 견문을 넓히는 데 봉사할 수 있게 하였다. 이 절에서는 주로 이러한 측면을 다루기로 한다.

1) 만주 풍문의 허구성 고발

한 조사에 따르면, 조선인의 만주 이주는 1900년대 초부터 시작되었고, 1945년 광복에 이르기까지 그 수가 200만 명에 이른다고 한다.[61] 『동아일보』 1926년 11월 20일 자 기사에는 「북간도(北間島) 가는 동포(同胞)」라로 표제를 내걸고, "해마다 추수기(秋收期)가 지나면 서간도(西間島)·

61 최일, 「최남선의 만주체험과 「千山遊記」」, 『만주연구』 21, 만주학회, 2016 참조. 1913년에 서간도 봉천성 관내에만 한인의 숫자가 286,000여 명, 북간도(화룡, 연길, 왕청 3현) 지역은 1912년 143,000명, 1916년 183,000명, 1918년197,000명, 1920년 232,000명에 이르렀다고 한다. 이들 한인의 숫자는 유민(流民)들이 대다수를 차지한다. 여기에 대해서는 이은영의 『요동의 학이 되어』(학자원, 2016, 242쪽) 및 박성순의 「한청간 間島 영유권 분쟁의 역사적 전개와 전망」(『동양학』 56, 단국대 동양학연구원, 2014, 91쪽) 참조.

북간도(北間島)로 가는 동포(同胞)로 각(各) 철도(鐵道)의 삼등실(三等室)이 차는 것이 예사다. 금년(今年)에도 각 지방(地方)에서도 만히 ᄯᅥ낫스려니와 십육(十六), 십칠(十七), 십팔(十八) 삼일간(三日間) 왕십리(往十里)·청량리역(淸凉里驛)에서만 오일백여 명(五一百餘名)의 농민(農民)들이 부로휴유(扶老携幼)하고 북간도(北間島)길을 ᄯᅥ낫다 한다."[62]라고 하였다. 장석영이 여행한 해로부터 14년 뒤의 일이기는 하나, 이 신문은 조선인의 만주 이주가 얼마나 활발히 진행되고 있었는지를 여실히 보여 준다. 이주를 희망하는 사람들은 대체로 만주에 대한 환상을 갖고 있었다. 장석영이 『요좌기행』에서 전하는 다음 자료 역시 그러한 환상을 증언한 것이었다.

> 흑룡강과 백룡강은 그 상류에서 합쳐지는데, 몇 백 리에서 하나의 골짜기가 있으니 이름을 백연(白淵)이라 하고 물이 맑은 곳이다. 그 땅은 주위가 대단히 깊고 은밀하며, 오직 한 길로만 통할 수 있다. 풀숲 속으로 3일을 가고 모래 위로 3일 동안을 가게 되면 외인은 그 푸성귀의 잎과 나무 사다리를 보게 되는데, 강 아래로 떠내려가다 보면 인가가 있음을 알게 되지만 찾으려 하면 길이 없다. 간혹 그 지역 사람들과 함께 들어가 그 행로를 자세하게 적어 두지만 이미 나와서 다시 찾으려 하면 그 들어가는 곳을 알지 못한다. 그 가운데 채(蔡), 고(高), 허(許) 세 성씨가 있는데, 채씨가 주인으로 그 사람은 자못 비범하다. 오랑캐가 들어가면 죽이지만, 우리가 들어가면 생업을 할 수 있도록 도와주고, 가난한 자는 먹게 하며 혼자 사는 사람은 장가를 들게 한다고 했다.[63]

---

62 『동아일보』 1926. 11. 20. 띄어쓰기만 현대 문법에 맞게 수정하였다.

63 장석영, 『요좌기행』 장21-22, 3월 1일 조. "黑龍江與白龍江, 合其上流, 幾百里, 有一洞壑, 曰白淵, 水淸地也. 其地, 周遭深密, 唯前一路可通, 而草裏行三日, 沙上行三日, 外人, 見其菜葉木梯, 浮江而下, 知有人家, 而欲覓則無路, 往往有與其土人共入, 細記其行路, 而旣出更覓, 則莫知其所從入焉. 其中有蔡高許三姓, 而蔡爲主, 其人頗不凡. 胡人入則必殺之, 我人入則資其生業, 貧者食之, 鰥者娶之云.

북간도의 흑룡강 일대에 전하는 이상향 '백연'에 대한 기술이다. 이곳은 도잠(陶潛)의 「도화원기(桃花源記)」에 전하는 무릉도원이나, 고려시대부터 지리산 속에 있다고 믿었던 청학동과 같은 상상의 공간이다. 다시 찾으려고 들어가면 찾지 못한다는 화소(話素) 역시 동일하다. 특히 굶주린 자는 먹고살게 하고, 홀아비는 장가들게 한다는 이야기는 가난한 사람들에게 매력적이지 않을 수 없다. 이러한 환상은 언제나 부정적 현실에서 발생하기 마련이다. 특히 한말의 가혹한 수취 상황과 동양척식주식회사의 토지 매입에 따른 농민의 유리(流離), 일제의 지식인 검열에 따른 망명 등 정치사회적인 문제와 맞닿아 있다. 그리고 조선인에 대한 일제의 만주 이주 사업도 중요한 요인이 된다. 실제로 당시 북간도뿐만 아니라 서간도 역시 살기가 좋다는 소문이 조선 전역에 파다하였다. 그러나 이것이 허구임을 장석영은 다음과 같이 말하고 있다.

> 기차역으로부터 현에 이르기까지 남자는 지고 여자는 이고 노인을 부축하고 어린아이를 이끌고 오는 사람으로 도로가 가득 매워져 서로 이어져서 끊이지 않았다. 모두가 한인으로, 서간도로 이주하고자 함이었다. 태반이 영남인이었고, 관동인과 호서·호남인 또한 많았다. 대략 날마다 몇 천 명을 헤아릴 만한데 날로 심해져서 온 나라를 텅 비우려는 듯하였다. 어떤 사람이 서간도의 말을 시작하였는지 모르겠다. 바람에 스러지듯 그림자를 따르듯 앞을 다투어 길을 오르고, 이미 강을 건넜지만 양식이 떨어져 진퇴를 할 수도 없어 울음소리가 길에 가득하였다. 아! 하늘이 우리 백성들을 여기에 이르도록 곤궁하게 하는구나![64]

---

64 장석영, 『요좌기행』 장6, 2월 4일 조. "自車場, 至于縣中, 男負女戴, 扶老携幼者, 充塞道路, 相續不絶, 皆韓人之移寓於西間也. 太半是嶺人, 關東湖西南亦多. 大略日計累千, 而日甚一日, 要之擧國枵如也. 不知何人倡西間之說, 風靡影從, 爭前就道, 旣渡江資糧

위는 장석영이 1912년 2월 4일 중국의 안동현에서 목격한 것을 기록한 것이다. 이에 따르면 서간도에 대한 풍문을 듣고, 바람에 스러지듯 그림자를 따르듯 앞다투어 이주 길에 오른 사람들의 모습이 그려져 있다. 강을 건넜지만, 양식이 떨어져서 진퇴를 할 수도 없었기에 울음소리가 길에 가득한 상황도 전했다. 이러한 상황을 인식하면서 장석영은 장편 고시 한 수를 지어 슬퍼한다. 여기서 그는 "서쪽에 하나의 섬이 있어, 세상에서는 서간도라고 하네. 오래도록 타인의 소유가 되어, 우리 강토를 오래도록 돌려받지 못하였네. 산이 깊고 토지는 비옥해, 사람들은 별유천(別有天)이라 한다네."[65]라고 하면서 서간도가 단군 이래로 우리의 고토임을 먼저 말하고, 사람들이 이곳을 이상향으로 생각하고 있다고 했다. 그리고 아래와 같이 이어 갔다.

> 누가 상서롭지 못한 거짓말을 하게 하였던고? 사람의 마음 거침없이 흐르기가 시내와 같았네. 이곳은 병란을 피할 수 있고, 이곳은 집을 보존할 수 있다고 하네. 한 번 전해지고 또 다시 전해지고, 천 번 전해지고 또 만 번을 퍼져 나갔네. 기차에 있으면 기차가 사람을 모두 수용하지 못하고, 길이 있으면 어깨가 서로 부딪힌다네. 큰 곳엔 여러 마을을 다 기울이고, 작은 곳은 그 동네를 비게 하였네. 손을 이끌어 이천 리를 함께 가고, 짐을 지고 아이를 업고 잇달아 강을 건너네. 비용과 식량은 이미 떨어져, 장정도 배를 채우지 못하네. 북풍에 찬 눈이 몰아치니, 늙고 약한 사람들은 원숭이가 곡을 하듯 울음 운다네. 손을 꼽으며 앞길을 헤아려 보지만, 오히려 천여 리로 멀기만 하네.[66]

垂乏, 進退失據, 號哭載路. 嗚呼! 天之窮我民至此哉!"

65 장석영, 『요좌기행』 장6, 2월 4일 조. "西方有一島, 俗呼爲西看. 久爲他人有, 吾疆久不還. 山深土地肥, 云是別有天."

66 장석영, 『요좌기행』 장6, 2월 4일 조. "誰敎不祥訛, 人心溱如川. 此地可辟兵, 此地可保

이에 따르면 간도의 '별유천'은 와전된 것이다. 그 와전은 걷잡을 수 없어 '일전우일전, 천전우만파(一傳又一傳, 千傳又萬播)'하여, 기차는 사람을 모두 수용하지 못하고 길에는 어깨가 부딪힐 만큼 사람들이 많다고 했다. 그런데 이것이 허구임을 알고 고국으로 돌아가고자 하지만 이미 전택(田宅)을 다 팔아 버렸고, 나아가고자 하나 배와 수레를 살 돈도 없다고 했다. 이에 그는 "이 「서간도가」를 지어, 우리 동포들에게 고하노라![作此西間歌, 告我諸同胞]"라고 하면서 작품을 마무리하였던 것이다. 이처럼 장석영은 간도가 살기 좋다는 풍문은 허구이며, 그 허상을 따라가는 사람이 얼마나 고생을 하고 있는지를 보여 주며, 고국에 있는 동포에게 간도의 풍문이 허구라는 것을 눈물로 호소하고자 했다. 그는 일례를 들어 설명하기도 했다. 안창제의 이야기가 바로 그것이다.

> 의령의 안명오 창제(安明五 昌濟)는 학사 순중(舜衆)[仲] 효제(孝濟)의 아우이다. 지난 겨울 유하현(柳河縣)에 들어왔는데, 지금 명오가 그 족친의 남녀를 무릇 30여 명이나 이끌고 유하(柳河)를 향하여 갔다. 안동으로부터 차를 함께 타고 봉천에 이르렀는데, 노잣돈도 이미 떨어져 나아갈 수도 물러설 수도 없는 궁지에 몰렸다. 그 부녀들이 나에게 오랜 세의(世誼)가 있다며 나를 향하여 울면서 괴로움을 호소하였으나 좋은 계책을 말해 줄 수가 없었다. 며칠을 머물렀으나 마차를 얻을 수가 없어 그 물건들을 묶어서 부녀들은 모두 아이를 등에 업고 천천히 수레를 따라갔는데, 보자니 너무나 참담하였다.[67]

家. 一傳又再傳, 千傳又萬播. 在車車不容, 在道肩相磨. 大方傾其里, 小方空其坊. 提携二千里, 渡江聯負襁. 資糧已告乏, 丁南不充腹. 北風吹寒雪, 老弱如猿哭. 屈指計前程, 尙有天里賒."

67 장석영, 『요좌기행』 장9, 2월 7일 조. "安明五昌濟, 學士舜衆孝濟弟也. 去冬, 入柳河縣, 今明五率其族親男女, 凡三十餘人, 向柳河去, 自安東同車至奉天, 盤纏已乏, 進退維谷,

의령 사람 수파 안효제(守坡 安孝濟, 1850~1912)의 동생 송은 안창제(松隱 安昌濟, 1866~1931)는 1910년 11월에 유하현(柳河縣)에 들어왔다.[68] 특히 안효제는 「요하일기(遼河日記)」를 남겨, 그가 만주로 갈 수밖에 없었던 사정과 함께 만주 경험들을 구체적으로 서술한 인물이기도 하다. 장석영이 본 것은 그의 동생 안창제가 족친 30여 명을 이끌고 봉천을 떠도는 모습이었다. 안창제는 이후 봉천을 중심으로 조직된 대한독립단(大韓獨立團)에 참여하여 항일투쟁에 힘썼다. 1931년 7월 일제의 간계로 벌어진 길림성의 만보산 사건(萬寶山事件) 이후, 조선인을 일본인과 한통속이라 여기던 중국인들에 의해 안창제는 그해 8월 피살되고 만다. 이때 그의 부인과 아들 또한 희생된다. 장석영이 안창제의 가족을 목격한 것은 이들이 봉천에 처음 와서 족친 모두가 험난한 시련을 감당하고 있던 때였던 것이다.

기실, 장석영 자신도 풍문을 따라 간도 지역으로 떠났다. 이 때문에 여행을 하면서 기회 닿을 때마다 서간도 지역의 사정을 알아보았던 것이다. 2월 6일에는 안동에서 수춘 이민응(壽春 李敏應, 1857~1938)으로부터 서간도에 대한 충격적인 이야기를 듣는다. 그가 "얼거나 굶주리지 않는 자가 거의 드물 것입니다. 진실로 봉천으로부터 기차를 타고 북쪽으로 가면 또한 구사일생일 터이니 가지 않는 것이 낫습니다."[69]라고 하였기 때문이다. 그러나 장석영은 "봉천에 가서 다시 생각해도 늦지 않을 것이

其婦女謂我有連姻之誼, 向我泣涕而告悶, 無由以良策說與也. 留數日艱得馬車, 駄其資裝, 而婦女皆背負奚兒, 踉踉蹌蹌, 趕着馬車去走, 見之慘然."

68 안창제의 생애와 문학에 대해서는 이은영, 「송은 안창제의 서간도 망명시 연구」(『대동한문학』 41, 대동한문학회, 2014)를 참조할 수 있다.

69 장석영, 『요좌기행』 장7, 2월 6일 조. "其不凍餒者, 幾希. 苟自奉天乘車, 而北亦只是九死一生, 不如無往."

다."[70]라며 서간도에 대한 희망을 버리지 않았다. 이처럼 장석영 역시 희망을 찾아 만주에 왔지만 상황이 만만치가 않았다. 이를 처절하게 느낀 장석영은 그 풍문이 허구였음을 깨닫고 절망한다. 그리고 여러 가지 경우를 들어 그 허구성을 강하게 폭로하였던 것이다.

2) 한인들의 거주 상황에 대한 보고

이주 초기 만주 지역 한인들의 거주지는 주로 농촌을 중심으로 형성되었다. 그러나 1910년 일제가 한반도를 무력으로 강점한 뒤 만주 지역으로 유입된 한인의 수가 대폭 증가하면서, 자연적으로 도시 유입 인구도 점차 증가하였다.[71] 한인들의 만주 거주지는 주로 압록강과 송화강의 상류 지역인 서간도와, 두만강 북부 지역인 북간도 혹은 동간도에 집중되었고, 이 외에 연해주인 블라디보스토크에도 상당수의 한인이 거주하였다.[72] 장석영은 가거지를 찾기 위해 떠난 만주 여행이었기 때문에, 한인들의 거주 상황에 특별히 관심을 가졌다.

1912년 2월 7일의 기록에 따르면, 장석영은 우리나라 사람들이 많이 와서 모여 사는 봉천 농평(農坪)에서 북간도로 가는 길을 묻는다. 이들은 적이 무장투쟁의 보위를 위하여 설치한 초소 경신(警信)이 있고, 또 하얼빈에는 민국회(民國會)라는 단체가 있어 정탐자로 오해를 받을 수 있을 것이라 했다. 이러한 위험이 있음에도 불구하고 장석영은 장춘으로

70 장석영, 『요좌기행』 장7, 2월 6일 조. "行至奉天, 更作商量, 未晩也."
71 김태국, 「만주지역 한인들의 도시 거주지 형성 과정」, 『근대 만주 도시 역사지리 연구』, 동북아역사재단, 2007 참조.
72 20세기 초 중국 동북부 지역 한민족의 이주 상황에 대해서는 『민족문화대백과사전』 「간도」 조에 대체적인 내용이 소개되어 있어 참조가 된다.

가서 당시 한인들의 거주 상황을 확인하고 싶었다.[73] 이렇게 해서 장춘에 도착한 그는 그 정황을 살폈고, 이어 2월 17일에는 교계를 지나 보래포에 와서 이곳 한인들의 거주 상황도 살폈다. 다음 기록을 보자.

> 다시 교계에 이르러 기차를 타고 보래포(寶來浦)에 닿았으니 30리다. 하차하여 우리나라 사람들의 농평(農坪)을 방문하여 김순서(金順瑞)의 집에 가서 묵었다. 많은 한인이 와서 모여 있었다. 대개 한인은 러시아와 청나라 두 지역에 떠돌다 머물러 살았는데 대략 수만 호나 되었다. 이것은 모두 수십 년간 나라에 기강이 없고 수령(守令)이나 목백(牧伯)들은 생민의 가죽을 벗기고 살을 베어 가서 백성들이 의지해 살지를 못하고 망명하여 살기를 구하여 몸을 거친 땅에 숨겨 두 나라의 사람들과 밭을 갈아 먹기 때문인데, 나라가 이와 같으니 비록 망명하지 않으려 하나 그렇게 할 수 있겠는가. 심양과 장춘 등지에는 평안도와 황해도 사람들이 많고, 러시아 강동(江東)과 청나라의 북간도 등지에는 함경도 사람들이 많았다. 의관(衣冠)은 청나라에 있으면 청을 따르고 러시아에 있으면 러시아를 따르지만, 그 두발은 보호하여 맹세코 죽더라도 자르지 않았다. 자르는 자는 백 명 정도에 한둘이었다. 내가 고국에서 왔기 때문에 백성들의 상황과 올 때의 노정을 물었고, 한 집안 사람같이 기쁘게 대해 주었다.[74]

중국과 러시아 접경지대 한인들의 거주 상황을 알 수 있는 자료이

73 장석영은 『요좌기행』 장9, 2월 7일 조에서 "奉天農坪, 多我人來住者, 來會於李家. 余問以西北可通之路, 皆言賊警信有之, 自此至長春乘我人車, 則北間可通. 然, 哈賓, 有所謂民國會, 疑我人之爲外國偵探, 而被害者, 甚衆, 最是可慮."라고 말한 바 있다.

74 장석영, 『요좌기행』 장15, 2월 17일 조. "還至交界, 乘車至寶來浦, 三十里, 下車, 訪我人農坪, 宿金順瑞家, 韓人多來會者, 皆韓人之流寓於俄淸兩地者, 大略爲屢萬戶, 而皆於數十年間, 國無統紀, 守宰牧伯剝割生民, 民不聊生, 而亡命求生, 竄身於荒閒之地, 佃食於兩國之人, 爲國如此, 雖欲不亡, 其可得乎? 在瀋陽長春等地者, 多是兩西之人, 在俄江東淸北間等地者, 多是咸鏡之人, 衣冠, 則在淸從淸, 在俄從俄, 而尙保其頭髮, 誓死不削, 削者, 或百十之一二焉. 以我從古國而來, 問以國民情狀, 道路經歷, 歡然, 如一家人."

다. 이에 따르면 이 지역에 한인들이 수만 호가 살고 있다. 그 이유는 한말 세도정치의 학정과 수탈을 견디지 못한 농민들이 관권이 미치지 않는 만주 지역으로 건너갔기 때문이라고 했다. 이들은 망명하지 않으려 해도 망명하지 않을 수 없었다고 했다. 그리고 서간도 쪽에는 평안도와 황해도 사람, 러시아 강동과 북간도 쪽에는 함경도 사람이 많이 살았는데, 이들이 가장 지키고자 했던 것은 보발(保髮)이었다. 이승희가 러시아 쪽으로 들어간 것도 같은 이유에서였다. "선생은 일찍이 봉밀산(蜂蜜山)에서 살다가 지난해 청나라에서 머리 깎는 명령을 매우 심하게 내리매 러시아 지역으로 피신을 해서 그 화를 면하였다."[75]라는 전언이 바로 이를 증언한다. 그리고 이들이 최근에 고국에서 온 사람을 만나면 고국의 사정을 물었고, 한 집안처럼 동지애를 느끼며 환대하였음을 알 수 있다.

장석영은 거주하는 한인들의 인심에 대해서도 섬세하게 관찰했다. 특히 블라디보스토크에 거주하는 사람들은 갈등이 심각하다고 했다. 이 지역의 민심은 다기(多岐)한데, 서울 사대부와 서북인이 서로 화합하지 못하고 있으며, 신진배들은 노성한 사람들에게 복종하지 않는다고 했다. 심지어 불평이 오래도록 쌓여, 서로 싸워 러시아 공관에 고소할 뿐만 아니라 그 생명까지 해친다는 것이다. 이에 장석영은 참으로 위험하다고 하면서, "망국으로 겨우 목숨을 부지한 사람들이 밖에 나와 살면서 또 서로 의기투합하지를 못하는가. 마땅하도다! 나라가 망하면 인종 또한 망하는 것이!"[76]라고 하면서 한탄하였다. 이어서 그는 다음과 같이

---

75 장석영, 『요좌기행』 장15, 2월 17일 조. "先生, 嘗居蜂蜜山中, 去年, 淸國薙令太酷, 先生避身俄地, 以免其禍."

76 장석영, 『요좌기행』 장24, 3월 1일 조. "亡國餘生, 在外而又不相得耶? 宜乎! 亡國而人種亦亡也."

말하고 있다.

> 아! 지금 온 나라의 인심이 스스로 포로가 되는 것을 달갑게 여긴다. 조금 지기(志氣)가 있는 자는 자주 서북의 양 간도로 길이 가서 죽을 때까지 천명을 좇아 살 땅으로 생각한다. 지금 그 황량하고 쓸쓸하여 함께 할 수 있는 것이 없다는 것을 보게 된다. 우리나라 사람들 중 떠돌다 머물러 사는 사람들 가운데, 현자는 유리하면서 곤고(困苦)하여 스스로 살아갈 수가 없고, 어리석고 무식한 자는 즐겨 만주나 러시아의 노예가 되어 그들의 땅에서 농사지으며 그 밥을 빌어먹으며, 불량한 자는 함께 살면서도 창을 잡는다. 사람을 죽여도 후회하지 않고, 외국에서 모욕을 받아도 막을 수 없으니, 드넓은 이 세상에서 우리가 가서 귀착할 곳은 어디인가? 아! 슬프도다.[77]

위의 글에는 만주나 러시아 지역에 이주해 살고 있는 한인들에 대한 장석영의 인식이 잘 드러나 있다. 지기(志氣)가 있는 자들은 대부분 서간도나 북간도를 '필생입명지지(畢生立命之地)'로 생각하지만, 실제로는 여기서 제대로 할 수 있는 것이 하나도 없다고 했다. 그리고 어진 자들은 스스로 살아갈 수가 없고, 어리석은 자들은 다른 나라 사람들의 노예가 되어 살며, 불량한 사람들은 창을 들고 서로를 겨눈다고 했다. 이러한 상황에서 그는 블라디보스토크에 들어가고 싶지 않다면서, 이것은 신분증이 없어서 그런 것이 아니라 '위태로운 나라에는 들어가지 않는다[危邦

77 장석영, 『요좌기행』 장24, 3월 1일 조. "嗚乎! 今擧國人心, 自甘爲俘虜, 而稍有志氣者, 往往長往於西北兩間, 意其有可以畢生立命之地矣. 今見其荒凉蕭瑟, 無與可爲, 而吾人之流寓者, 其賢者, 流離困苦, 不自聊生, 其愚無識者, 甘作滿俄人之奴隷, 佃其地而丐其食, 其不良者, 同室操戈, 殺越而莫之悔, 外侮而莫之禦, 茫茫世界, 我安適歸? 吁! 可悲也."

不入'는 공자의 말씀을 실천하기 위함이라 했다.[78] 우리는 여기서 당시 만주 지역 일대가 한인들에게 얼마나 위험한 땅이었는지를 알 수 있다. 또한 한인들이 살아가는 방식을 만주 일대를 떠도는 젊은이를 예로 들어 설명하기도 했다.

> 김정묵(金正默), 김학룡(金學龍), 이종갑(李宗甲)이 밀산으로부터 와서 보았다. 대개 이 세 사람은 이우필(李愚弼)과 함께 이곳에 왔는데, 연고가 없이 멀리까지 와서 떠돈 지 이미 3년이나 되었다. 우필은 이미 지난달에 화발포(하바롭스크)로 가서 철도 노동을 한다고 했다. 나는 홍토애에 있으면서 마침 화발포로 가는 사람을 만나, 편지를 써서 어버이를 떠나 멀리 떠도는 잘못됨에 대하여 간절히 꾸짖고 그로 하여금 속히 돌아갈 것을 권하였다. 그 답서가 와서 보았는데, 실로 귀국할 뜻은 없고 스스로 떠돌며 노동하는 것을 즐기고자 했다. 그 뜻을 알 수가 없는데, 이 사람은 친구의 아들이다.[79]

김정묵과 김학룡은 선산 사람이고, 이종갑은 무주 사람이며, 이우필은 친구의 아들로 성주 사람이다. 이들은 이승희가 블라디보스토크에서 밀산부로 들어가 한흥동(韓興洞)을 개척하는 데 중심적인 역할을 한 인물들이기도 하다. 당시 이우필은 하바롭스크에서 철도 노동자로 일하고 있었다. 장석영은 그에게 편지하여 돌아가기를 간곡히 권하였으나, 이곳

---

78 장석영이 "今吾此來足跡, 不欲入於海參威者, 其特以身標之無哉! 其實, 則不入危邦, 竊附於聖訓也."(『요좌기행』 장24, 3월 1일 조)라고 한 데서 이러한 사실을 확인할 수 있다.

79 장석영, 『요좌기행』 장24, 3월 1일 조. "金正默·金學龍·李宗甲, 自蜜山來見, 盖此三人, 與李愚弼同來此地, 無故遠游, 已三年矣. 愚弼, 已於前月, 往花發浦, 爲鐵道勞動云. 余在紅土涯, 適見花浦去人, 爲書切責其離親遠游之非, 而勸使之早還矣. 其回見其答書, 實無歸國之意, 而自樂其流離勞動, 其意不可知, 而此故人之子也."

에서 일하며 살고자 한다는 답신만 받았다. 장석영은 김정묵 등 세 사람에게도 고인의 말을 끌어들여 돌아가기를 권하였으나, 이들은 겉으로 "예, 예."라고 할 뿐 그럴 뜻이 전혀 없었다. 김정묵은 아예 밀산으로 가서 중국어를 배워 이곳에서 제대로 정착해 살 궁리를 하기도 했다.

이상에서 보듯이 장석영은 만주나 러시아 지역 일대에 거주하는 한인들의 상황을 다각도로 보고하고 있다. 무엇 때문에 한인들이 이곳으로 이주할 수밖에 없는가 하는 근본적인 문제에서 출발하여, 서간도와 북간도에는 우리나라의 어느 지역 사람들이 주로 사는가 하는 부분에 이르기까지 자세하게 기록해 두었다. 장석영은 이들 이주민들이 현우(賢愚)를 막론하고 만주나 러시아에서 살아가기가 어렵다고 했다. 이 때문에 친구의 아들 등 연고가 있는 젊은이들이 이곳을 떠도는 것을 보고, 그들에게 돌아가라고 권유하기도 했다. 그러나 이들은 장석영의 말을 경청하지 않았다. 오히려 이곳에서 노동을 하거나 중국어를 배우면서 적극적으로 적응해 나가고자 했던 것이다. 우리는 여기서 만주의 삶에 대해 장석영과 이곳 사람들 사이에 다소의 시각차가 있음을 확인하게 된다.

3) 세계문화에 대한 새로운 이해

장석영 스스로도 말하고 있지만, 그는 만주로 떠나기까지 육십 평생을 경상도 일원에서 '옹유(甕牖)'로 세상을 보았을 따름이다. 그가 본 것은 기껏해야 한반도 안의 수천 리에 지나지 않았다. 이 때문에 만주 여행은 그의 안목을 적게는 만주, 크게는 중국, 더 나아가 세계로 넓히는 구실을 하였다. 그는 1912년 2월 11일 장춘으로 가는 기차에서 장붕함과 시를 주고받은 적이 있는데, 이때 그는 "남아가 뜻을 세워 하늘의 강건함을 체득해야 하나니, 어찌 반드시 구차하게 고향에 연연하겠는가?"[80]라고 하였다. '조선이 스스로 강하지 못해 영웅이 타향을 떠돌게 되었다'라는 말을 받아 한 발언이지만, 여기에는 장석영의 정대(正大)한 포부가 내재되어 있었다. 이러한 시를 주고받으며 이들은 의기투합했고, 장춘에서 내려 함께 식사를 하게 된다. 여기에서 장석영은 중국의 식사문화를 체험한다.

> 포시에 장춘(長春)에 도착하였으니 620리였다. 차에서 내려 우신(羽臣)과 함께 손을 끌며 청인의 객점에 들어갔다. 객점은 작았는데 두 차례 여러 자리 앞으로 손을 씻는 물과 또 수건이 나왔다. 손 씻기를 마치니 저녁밥이 나왔다. 어육(魚肉)과 채장(菜漿)은 동시에 나란히 나오지 않았다. 가운데 커다란 탁자 하나를 두고 각기 한 개의 그릇에 담아 차례대로 나왔으며, 가장 마지막에 밥이 나왔다. 숟가락을 쓰지 않고 다만 젓가락이 있을 뿐이었다. 이것은 모두 동인(東人)들이 처음 생각한 것이었는데, 중화의 유속이 고례에 가까웠다. 대개 고인들의 빈주진찬이 대체로 이와 같았다. 밥을 먹을 때 숟가락을 사용하지 않는 것 또한 고례였다.[81]

장석영은 장춘에 내려 장붕함 등과 함께 중국식당에 들어가 식사를 같이 하게 된다. 여기서 중국의 식사문화를 체험하게 되는데, 그 방식이 고례에 가깝다고 했다. 손 씻기, 손 닦기, 어육과 채장 등이 따로 나오고 마지막에 밥이 나오는 방식, 그리고 가운데 큰 탁자를 두고 하나의 음식이 한 개의 그릇에 담겨 나오는 방식 등이 모두 고인들의 빈주진찬(賓

---

80 장석영, 『요좌기행』 장10, 2월 11일 조. "男兒立志體天强, 何必區區戀故鄕."

81 장석영, 『요좌기행』 장10-11, 2월 11일 조. "晡時抵長春, 六百二十里, 下車, 與羽臣携手, 入淸人客店, 店小, 二進列位盥水又進帨, 盥畢進夕飯, 魚肉菜漿, 不同時幷進, 一大卓, 各以一品, 以次而進, 最後進飯, 不用匙, 但有箸而已. 次皆東人之所創見, 而中華流俗, 頗近古禮, 盖古人賓主進饌, 大略似此, 而飯不用匙, 亦古禮然也."

主進饌)의 예라는 것이다. 숟가락을 사용하지 않는 것 또한 고례에 가깝다고 했다. 이러한 식사문화는 동인(東人)이 창안해 중국에 남아 있는 유속이라 하였는데, 장석영은 여기서 동이족의 옛 문화가 중국의 문화 속에 여전히 살아 있다는 것을 알리고자 했다.

장석영의 만주 여행 가운데 3월 한 달은 참으로 특별했다. 이때 그는 주로 상신치(上新峙)에 머물러 있었다. 한 달 동안 계속해서 눈과 비가 와서 냇물이 불어 움직일 수 없었기 때문이다. 읽을 수 있는 책도 없었고, 말도 할 수 없어 흙덩이처럼 홀로 앉아 있자니 스스로가 부처 같고 죄수 같다고 여겼다. 그러나 소득이 없었던 것은 아니다. 한가롭게 지내면서 마을의 수재들과 이 지역의 풍토와 요속(謠俗), 그리고 처음 접하는 다양한 문헌을 통해 만주 지역과 러시아, 그리고 서양의 문화를 만날 수 있었기 때문이다. 개략적이기는 하나 지역민들의 종교와 결혼문화 등을 흥미롭게 소개하고 있다. 장석영은 자신이 관심을 갖는 부분에 대하여 때로는 거시적으로 때로는 미시적으로 소개하였다.

장석영은 특히 러시아 문화에 대하여 비교적 많은 분량을 할애해 기술하였다. 아라비아 숫자 1, 2, 3, 4 등도 러시아인이 쓴 것을 통해 처음 알았다.[82] 그는 러시아가 중화 북쪽 지역의 외국이라고 하면서, 그 땅은 동쪽으로는 아시아로부터 서쪽으로는 유럽에 이르며 그 북쪽의 땅을 차지하여 세력을 형성하고 있다고 했다. 여기에 의거하여 장석영은 러시아는 "철로가 33,000리를 뻗어 있는 대국"이라 하였다. 러시아의 북서부, 발트해 연안에 있는 대도시인 페테르부르크에 대하여 특별한 관심을 갖

82 장석영, 『요좌기행』 장21, 3월 1일 조. "如俄人之數一二三四五六七八九十, 書之以 1234567890, 其文, 大略如此, 以猶吾韓之有諺文也."

고 기술하였다. 모스크바의 북쪽에 위치한 이곳은, 장석영이 만주 지역을 여행하고 있을 당시 수도였기 때문이다. 구체적인 기술은 다음과 같다.

> 수세 전 피득(彼得: 표트르Pyotr)이 왕이 되었는데, 이미 즉위한 후 몰래 서구의 영국으로 도주하여 고용 노동을 하면서 그의 자취를 의탁했다. 물리, 화학, 기계의 오묘함을 모두 터득하고 돌아와서 그 국민들을 발달시켜 드디어 북방을 제패하고 천하의 강국이 되었다. 지금은 서울을 일컬어 피득보(彼得堡: 페테르부르크Peterburg)라고 하는데 공을 알 만하다. 그 풍속에는 문자(한자)가 없고 다만 국문이 있을 뿐이다. 예절은 없는데 사람들을 보면 손을 잡아 예를 표한다. 그 부락에는 모두 불당이 있어 승려(사제)를 나라 가운데서 가장 귀하게 여기며, 높은 자는 국왕과 같고 그다음은 방백이나 수령과 같다. 그들은 고기를 먹지 않고 장가를 들지 않으며, 평민은 모두 삭발을 하였는데 승려만 홀로 머리를 길렀으니 대개 한인과는 서로 반대가 된다.[83]

페테르부르크는 러시아 제국의 차르 표트르 대제(1672~1725)가 1703년에 설립한 도시다. 그는 1713년에 모스크바에서 페테르부르크로 천도하였고, 1918년까지 이곳이 러시아의 수도였다. 이후 다시 수도를 모스크바로 옮긴다. 장석영이 주목한 것은 근대 러시아를 설계한 인물 표트르 대제였다. 그가 어린 시절 어머니와 함께 왕궁에서 나와 모스크바의 외국인 거주지 부근에서 살면서 과학기술을 익혔다고 한다. 장석영이

---

83 장석영, 『요좌기행』 장18, 3월 1일 조. "數歲前, 有彼得爲君, 旣卽位, 潛逃于西歐英國, 托迹于雇傭勞動, 盡得其物理化學器械之妙而歸, 以發達其國民, 遂覇北方, 爲天下之彊國. 今稱其京師, 爲彼得堡者, 識其功也. 其俗, 無文字, 只有國文, 無禮節, 見人, 以執手爲禮. 其部落皆有佛堂, 而僧最貴於國中, 高者, 與國王等, 其次, 與方伯守宰, 不食肉, 不娶妻, 平民皆削髮, 而僧獨有髮, 盖與韓人相反焉."

본 자료는 이러한 일반적인 사실과는 달리 기술되어 있지만, 그가 기술을 배워 나라를 부강하게 했다는 사실은 일치한다. 그리고 손을 잡고 예의를 표하는 인사예절, 정토회 사제를 매우 숭상하는 사회문화, 평민들과 달리 두발을 기르는 사제 등 다양한 형태의 문화를 전했다. 러시아인들이 주로 신봉하던 희랍정교와 남녀의 성 풍속도 소개해 두었다.

① 그들의 종교는 국초부터 희랍(希臘)을 종주로 하여 예수를 존봉하였다. 매년 한식을 1년 중의 큰 명절[84]로 삼는데, 예수 그리스도가 십자가에서 죽어 환생하여 승천하였기 때문이다. 이날에는 대개 8일 동안 집집마다 술과 음식을 마련하여 모두 배불리 먹고 취하며 마을에서는 놀이를 즐긴다. 죄가 있는 자는 모두 사면된다. 그 나머지 사소한 명절은 1월에 대개 여섯 번이나 된다고 했다.[85]

② 혼인은 남녀가 불당에 가서 승려(사제)와 더불어 서로 맹세를 한다. 그리고 형수가 과부가 되면 홀아비가 된 동생은 형수를 아내로 삼을 수 있지만, 아우의 처가 과부가 되면 그 처를 아내로 삼지 못한다. 이것은 형이 처음 태어날 때 아우는 보지 못하지만 아우는 그 형을 보게 되니, 그 형은 믿지 못하고 아우는 믿을 수 있음을 말한 것이다. 남녀가 처음에는 분별이 없어 음란하게 놀아 이르지 않는 곳이 없지만, 오직 젖은 다른 남자가 감히 손을 대지 못한다. 그리고 시집가지 않은 자의 음행은 꺼리지 않지만, 이미 시집을 가게 되면 감히 사사로이 간통할 수 없다.[86]

---

84 원주에 "속칭 쌔식기라 한다."라고 되어 있다. '쌔식기'는 러시아 정교회의 부활절 '빠스하(Пасха)'를 장석영이 우리말로 옮긴 것으로, 종교적으로 매우 중요한 기념일이다.

85 장석영, 『요좌기행』 장19, 3월 1일 조. "其敎, 自國初, 宗希臘, 尊奉耶蘇, 每年寒食, 爲一年之大明節, 以耶蘇基督, 死於十字街[架], 而還生升天, 在是日也, 凡八日, 家家酒食, 人人醉飽, 游戲閭里, 有罪者皆赦, 其餘, 小小名節, 一月, 凡六次云."

86 장석영, 『요좌기행』 장19, 3월 1일 조. "婚姻, 則男女會于佛堂, 與僧爲誓, 兄嫂孀, 則鰥

그림 5 러시아 부활절 빠스하 풍경

①은 러시아 정교의 부활절 '빠스하'에 대하여 기록한 것이고, ②는 러시아의 성 풍속을 설명한 것이다. 이에 따르면 러시아는 그리스를 종주로 하여 예수를 존경해 받드는데, 부활절은 1년 중 가장 큰 명절이다. 이 부활절을 맞이하여 나라에서는 다양한 행사를 거행하고 죄인을 사면한다고 했다. 러시아의 성 풍속은 유학자 장석영에게 있어서는 대단히 새로운 것이었음에 틀림없다. 형이 죽거나 동생이 먼저 죽었을 때 남은 형수나 제수에 대한 혼사 문제, 결혼을 전후로 한 여성의 정조 문제 등을 간략하게 소개하고 있다. 장석영은 여기서 러시아의 풍속을 담담히 소개할 뿐, 그가 평소 견지하고 있었던 유가적 도덕률을 적용하여 폄하

者作配, 弟妻孀, 則不配, 以謂不見兄之始生, 其弟則見其生, 不信其爲兄, 而爲弟則可信也. 男女初無分別, 而戲褻無所不至, 唯乳則他男不敢近手, 未嫁者, 行淫無忌, 已嫁, 則無敢私奸."

하거나 조선의 시각에서 다른 나라의 문화를 제단하지는 않았다. 이것은 그가 각 지역의 문화적 특수성을 인정하고 있었다는 것을 의미한다.

장석영은 세계문화에 대해서는 각 지역의 특수성과 이로 인한 다양성을 인정하였다. 이 때문에 총독 무보 조이손(無補 趙爾巽, 1844~1927)에게 우리 유민들을 보살펴 달라고 당부할 때도, '지금 천하에는 각각의 종교가 있으니, 그 가르침을 가르치게 하여 그 가는 바를 따르게 할지언정 금하지는 말아야 한다'[87]며 특별히 강조할 수 있었다. 위에서 살핀 러시아 등의 문화를 소개하면서도, 장석영은 그 문화에 대하여 대체로 존중하는 입장에 있었다. 심지어 성 문화를 기록할 때도 완고한 유가적 입장을 취하지는 않았다. 이것은 장석영이 '옹유'에서 벗어나 세계문화의 다양성을 인정하고 그것을 적극 수용하고자 하는 개방적 태도를 지니고 있었음을 의미한다.

4) 화이론(華夷論)에 기반한 문명의 재건

장석영은 강력한 화이론자(華夷論者)였다. 세계의 문화적 다양성을 인정하면서도 문명국 중화를 받들고 야만의 이적을 물리쳐야 한다는 세계관에는 변함이 없었다. 그의 『요좌기행』은 이러한 화이론적 입장에서 작성된 것인데, 만주인을 '만호(滿胡)', 러시아인을 '아호(俄胡)'로 표기한 것에서 이러한 현상은 극명히 드러난다. 장석영이 만주 여행을 하면서 그가 돌아가야겠다고 처음으로 생각한 것은, 1912년 3월 1일 상신치(上新峙)에 있는 송지련(宋枝連)의 집에서였다. 강원에서 상신치까지 30리를 달려

---

87 장석영, 『요좌기행』 장29, 4월 1일 조. "夫今天下, 各有宗教, 而教其教者, 隨其所之, 而莫之禁焉."

왔고, 이때 눈과 비로 묶여 나아갈 수가 없었다. 이에 그는 나라를 떠나 멀리 온 것을 생각하면서 동시에 생애의 곤고함을 깨닫고, 이어서 돌아갈 결심을 한다. 그가 돌아가기를 결심한 것도 그 원리에 화이론이 작동하였다. 다음을 보자.

> 대개 나의 여행을 생각한다면, 다만 나라를 떠난 것은 복거를 위함이었다. 러시아와 청나라 두 나라를 두루 다녀 보니 살 만한 곳이 되지 못하였고, 길은 아주 멀어 자신의 심력을 다할 수가 없다. 비록 심력을 다한다고 하더라도, 러시아에 있으면 자손들이 러시아 오랑캐[아호(俄胡)]가 될 것이고 만주에 있다면 자손들이 만주 오랑캐[만호(滿胡)]가 될 것이다. 자신의 몸이 수세 이후에 뒤를 이어 여기에서 나서 자라게 된다면, 장차 부모가 어떤 사람인지, 공맹서(孔孟書)가 어떠한 물건인지를 알지 못할 것이다. 생각이 여기에 이르게 되자 어찌 한심하지 않겠는가? 만약 집을 요양(遼陽) 등에 두거나 혹 산해관(山海關) 이북에 둔다면, 크게는 중주(中州)의 사대부가 되어 후세에 비록 쇠한다고 하더라도 오히려 중화의 백성이 되는 것을 잃지 않을 것이다. 고국이 또한 그리 멀지 않아 한 번 기차를 타고 강을 건너면 분묘와 친척을 아침저녁에 볼 수가 있을 것이다.[88]

위의 자료에는 장석영이 무엇 때문에 고국으로 다시 돌아가야 하는지가 구체적으로 제시되어 있다. 첫째, 훗날 자손들을 이민족이 되게 할 수는 없기 때문이다. 즉, 만주나 러시아에 와서 살게 되면 그 후손들은

88 장석영, 『요좌기행』 장17-18, 3월 1일 조. "盖念吾行, 只爲去國而卜居也. 歷覽俄淸兩地, 非無可居之地, 而道路絶遠, 無以自致, 雖或致之, 在俄則子孫爲俄胡, 在滿則子孫爲滿胡, 己身數世之後, 後屬之生長於此者, 將不知父母之爲何人, 孔孟書之爲何物, 思之及此, 寧不寒心? 苟可以置家於遼陽等處, 或山海關以北, 則大可爲中州士大夫, 後世雖衰尙不失爲中華之民, 故國又不甚遠, 一車渡江, 墳墓親戚, 若可以朝暮之也."

'만호(滿胡)'나 '아호(俄胡)'가 되어 부모와 공맹서를 알지 못하게 된다는 것이다. 둘째, 고국과 비교적 가까운 요양이나 산해관 북쪽이 아니기 때문이다. 만일 이곳으로 이주하게 된다면 후손들은 적어도 중화의 후예가 될 수 있을 것이며, 고국에도 쉽게 갈 수 있을 것이라고 보았다. 그리고 나라가 쇠하여 돌아갈 수 없게 된다면, 그의 자손이 중화의 후예가 되기를 희망하기도 했다. 우리는 여기서 장석영이 지닌 화이론적 사고의 극단을 보게 된다.

유가문명의 재건 역시 화이론에 기반한다. 원세개에게 편지를 띄운 것도 그 연장선상에서 이해할 수 있다. 장석영이 이미 초안을 잡아 놓았고, 여기에 이승희가 동의하면서 연명으로 원세개에게 편지를 띄웠다. 원세개는 1912년에 대총통(大總統)이 되었으니 장석영이 만주 여행을 한 바로 그해였다. 그는 조선과도 깊은 관계가 있었는데, 임오군란 이후 조선에 주재하면서 광서제를 대신함으로써 내정을 간섭하였다. 그리고 손문(孫文)의 중화민국정부와 대타협하여 혁명당의 이름을 빌려 선통제(宣統帝)를 제위에서 끌어내림으로써, 중국 이천 년의 제국사에 종지부를 찍은 장본인이기도 하다. 이러한 일련의 정치적 상황을 잘 알고 있었던 장석영은 만주족 정권이 제거되고 한족인 원세개가 총통이 된 것을 환영하면서도, 그가 중화의 고제를 어지럽히고 있다고 생각했다. 이를 심각하게 인식한 장석영은 3월 1일 자 일기에 다음과 같이 썼다.

> 손일선(孫逸仙: 손문孫文)은 이미 중국이 정해졌으니 몸소 광동(廣東)으로 물러나 포의(布衣) 야복(野服)으로 몸소 밭 갈고 농사를 지으며 스스로 말하기를, "천하의 일은 이미 정해졌다"라고 하였다. 공이 이루어졌지만 스스로 거기에 머물지 않으니 또한 높다 하겠다. 그러나 중화가 이미 정해

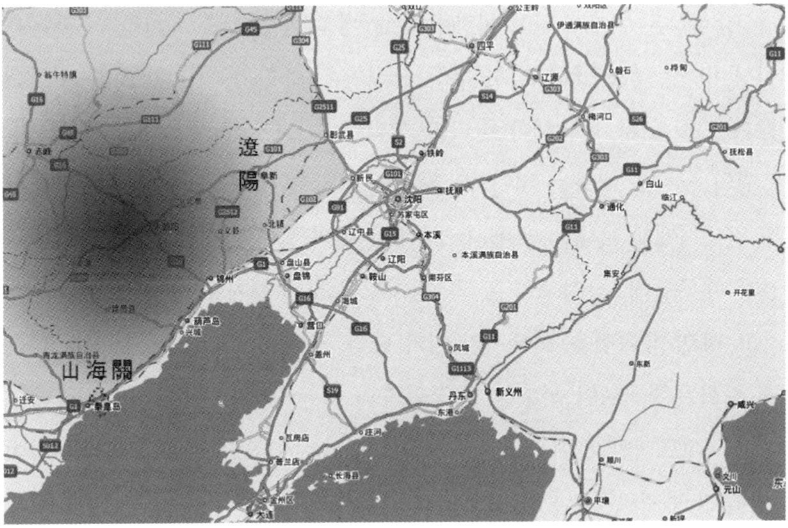

그림 6 장석영이 살고자 한 요양(療陽)과 산해관(山海關) 이북

졌다는 것은 만주 오랑캐의 제도를 모두 없애고 중화의 옛 제도를 모두 회복한 연후에 바야흐로 천하의 일이 크게 바로 되었다고 할 수 있을 것이다. 그러나 개혁하는 날, 한결같이 서양의 제도에 따라 먼저 그 머리를 깎고 강상(綱常)을 버리고 중화를 변화시켜 오랑캐가 되게 하고 말았다. 원 씨는 몸소 통령이 되어 팔짱을 끼고 명을 들으며 달게 스스로 이적 금수로 돌아가고자 하였으니 탄식할 만하도다. 우리는 공맹의 책을 읽고 공맹의 실천을 하며, 궁하게 아래에 있어 비록 일시에 도를 시행하지는 못하지만, 천하가 금수 되는 것을 차마 볼 수가 없으니 한마디 말이 없을 수 있겠는가. 편지 한 통을 써서 원 대총에게 보내 중화를 어지럽히는 죄를 꾸짖고자 한다.[89]

89 장석영, 『요좌기행』 장28, 3월 1일 조. "孫逸仙, 旣定中華, 身退廣東, 布衣野服, 躬耕農畝, 自以謂天下事已定矣. 功成而不自居, 其志亦高矣. 然, 中華已定所當, 革去滿胡之制, 盡復中華之舊, 然後, 方可謂大勘天下之事. 乃於改革之日, 一從西制, 先削其髮, 絶去綱常, 變中華而夷之, 袁氏身爲統領, 拱手聽命, 甘自歸於夷狄禽獸. 吁! 可歎也. 吾

장석영은 여기서 '중화이정(中華已定)'에 대한 문제를 제기한다. 손문은 '이정'이라며 물러났다고 하지만, 장석영은 중화가 '이정'하려면 중화의 옛 제도를 모두 회복해야 한다고 생각했다. 그것이 공맹의 책을 읽으며 공맹의 실천을 행하는 것인바, 그는 이를 극력 주장했던 것이다. 이 때문에 원세개에게 보내는 글에서, "대개 중화가 중화인 까닭은 삼강오륜이 있기 때문인데, 삼강오륜은 곧 천지고금의 중행지도(中行之道)입니다."[90] 라고 하면서 이것을 회복시켜 지켜 나갈 것을 강조하였던 것이다. 이러한 중화문명에로의 복귀는 중국인과의 필담에서도 구체적으로 나타났다. 그 대표적인 것이 2월 11일 관우의 후손이었던 관복겸과의 대화이다. 들어 보기로 한다.

> 내가 말하기를, "공은 만주인이오, 아니면 한인이오?"라고 하니, 그가 "한인입니다."라고 했다. 내가 "이미 한인이라면 무슨 까닭에 편발(編髮)을 숭상합니까? 한인들이 치편(薙編)을 하는 것은 그 뜻이 아닐 터인데, 지금은 오랑캐의 운이 이미 다하고 중화로 혁신이 되었으니 한인은 마땅히 오랑캐의 제도를 속히 버려야 할 것입니다."라고 했다. 그가 "치발(薙髮)의 명령이 내려온 곳은 순치황제 2년부터 형벌로 다그친 지 이미 300년이 되었습니다. 지금 비록 한인으로 개혁을 한다고 하지만 오히려 정해진 제도가 없습니다. 제가 어찌 잠시 시속을 따르지 않겠습니까?"라고 했다.[91]

人, 讀孔孟之書, 行孔孟之行, 而窮而在下, 縱不能行道於一時, 忍見天下之爲禽獸, 而畝一言乎? 擬作一書, 抵袁大統, 以責其亂華之罪."

90 장석영,『요좌기행』장37, 4월 27일 조. "盖中華之爲中華, 以其有三綱五倫, 而三綱五倫, 乃天地古今, 中行之道也."

91 장석영,『요좌기행』장10, 2월 11일 조. "余曰, 公是滿人, 抑漢人? 曰, 漢人也. 曰, 旣爲漢人, 何故尙編髮? 漢人薙編非其志也. 今胡運已盡, 中華革新, 爲漢人似宜速去胡制. 曰, 薙髮之令下, 自順治皇帝二年, 迫於威刑, 已三百年, 今雖漢人改革, 而尙無定制, 弟

위의 글에서 보듯이, 장석영은 청나라가 망한 후에도 편발을 계속하고 있는 한족 관복겸을 비판적 시각으로 보고 대화를 진행했다. 그는 청나라가 망했으니 한족의 구제를 회복해야 한다고 했다. 그러나 관복겸은 300년이나 된 편발은 이미 문화가 되었기 때문에, 중화주의에 입각해 개혁이 되었지만 정해진 제도가 없어 잠시 시속을 따른다고 했다. 여기서도 장석영의 화이론적 세계관에 입각한 문명의 재건을 읽을 수 있다. 그는 심지어 "내가 듣건대 혁명당은 이미 중화를 회복했다면서 의관문물(衣冠文物)에 대해서는 중화의 제도를 회복하지 않고, 먼저 그 머리를 깎는다고 하니 참으로 한심하다."[92]라고 말하기까지 하였다. 그가 명나라의 구제가 회복되기를 얼마나 바랐는지를 여기서 이해할 수 있다. 원세개에게 글을 쓰게 된 것도 바로 이 대화의 연장선상에 있었다.

장석영은 「만음삼절(謾唫三絕)」이라는 시를 지은 적이 있다. 이 시의 첫째 수에서 "흑룡강 동북쪽에 적인(狄人)이 사는데, 왕검의 산하로 만 리나 된다네. 원컨대 훌륭한 왕이 옛 강역을 다시 찾아, 그들과 함께 공사와 주자의 책을 읽었으면."[93]이라고 하였다. 만주 지역에 공자와 주자의 이념이 널리 펼쳐지기를 희망한 것이다. 그러나 이것이 일시에 될 수 없음을 자각하고 원세개에게 글을 써서 중화의 구제를 회복시킬 것을 강력하게 요청하였다. 이러한 그의 생각에 깊이 작동하고 있는 내적 원리는 물론 화이론이다. 이 때문에 만약 조선이 국권을 회복할 수 없다면, 그의 자손들이 만주보다 요양이나 산해관 북쪽에 살기를 바랐던 것이

安得不暫爲從俗乎?"

92 장석영, 『요좌기행』 장10, 2월 11일 조. "吾聞, 革黨旣復中華, 而衣冠文物, 不復華制, 先削其髮云, 大是寒心."

93 장석영, 『요좌기행』 장37, 4월 27일 조. "黑龍東北狄人居, 王儉山河萬里餘. 願得明王尋舊域, 和渠共讀孔朱書."

다. 이러한 그의 생각은 화이론적 시각에서 의미가 없지 않으나 민족주의적 시각에서 분명한 한계를 지니는 것이기도 하다.

5. 다시 만주로

본 연구는 장석영의 『요좌기행』에 나타난 그의 만주 체험과 그 의미를 밝힌 것이다. 장석영이 만주로 여행한 것은 그가 평소 갖고 있었던 중국 유람에 대한 꿈을 실현하기 위한 것이기도 했지만, 단군 이래의 고토의식(古土意識)에 기반하여 일제강점기라는 당대의 민족적 시련 속에서 가거지(可居地)를 찾기 위한 것이기도 했다. 그는 1912년 1월 19일 석전진(石田津)에서 출발하여 다시 그곳으로 돌아오기까지 100일이라는 기간 동안 만주를 중심으로 러시아 일대를 두루 살펴보았다. 그러나 이 지역은 그가 염원하였던 곳, 즉 공맹서를 읽으며 중화문명(中華文明)을 펼칠 수 있는 곳이 아니었을뿐더러 생명 자체에 위협을 받는 매우 위험한 곳이었다.

장석영은 중국어와 러시아어를 하지 못해 여러 번 곤경에 처하기도 하지만, 중국의 철도 상황과 여행 가운데 수반되는 봉별의 기억을 꼼꼼히 기록해 두었다. 안동 접리수(接梨樹)의 노상익 형제, 장춘행 기차에서 만난 장붕함 등의 중국 선비들, 신치에서 눈물로 상봉한 이승희가 대표적이다. 장석영은 여행 중에 안동 원보산 등의 아름다운 자연경관과 봉천 등 커다란 도시를 만나면 자신이 느낀 바를 섬세한 필치로 소개하기도 하고, 격동하는 시대의 사회윤리를 비판적 시각으로 바라보기도 했다. 특히 그는 당대에 유행하던 '개명(開明)'에 대하여 회의하면서 고도의 회복을 갈망하였다.

장석영의 만주 체험과 그 기록은 중요한 의미를 지닌다. 한편으로 간도 풍문에 대한 허구성을 장편 고시 등을 통해 고발하면서 우리 동포들의 각성을 촉구하고, 다른 한편으로 만주나 러시아 일대에 거주하는 한인들의 거주 상황을 다각도로 보고하였다. 한인들이 만주로 이주할 수밖에 없었던 근본적인 문제를 제기하면서 이 작업은 진행되었다. 그리고 만주 여행을 통해 장석영 스스로 세계문화에 눈을 뜨게 되는데, 이 과정에서 그는 각 지역의 문화적 특수성과 이로 인해 발생하는 다양성 역시 충분히 인정되어야 한다고 주장하였다. 그러나 그는 여전히 화이론적 문명의 재건을 꿈꾸었다. 이것은 바로 그의 존재이유이기도 하였다.

본고에서 『요좌기행』을 중심으로 장석영의 만주 체험과 그 의미를 밝혔지만, 여전히 풀어야 할 과제들이 남아 있다. 첫째, 장석영의 시대인식에 대한 한계를 분명히 지적할 수 있어야 한다. 그는 분명한 화이론자였고, 『요좌기행』에 저류하는 사상 역시 그러하였다. 그는 심지어, "걱정스러운 것은 오도(吾道)가 망하는 것인데, 이것은 종사(宗社)에 대한 걱정보다 더욱 심하다. 종사의 흥망은 선비의 책임이 아니다. 평생 동안 성현의 책을 읽으며 성현의 행동을 실천하고자 하면서, 어찌 눈으로 그 사라져 없어지는 것을 보면서 하나의 실이라도 잡기를 생각하지 않겠는가?"[94]라고 하기도 했다. 여기서 우리는 장석영이 '오도(吾道)'와 '종사(宗社)' 가운데 '오도', 즉 유교문명을 나라의 흥망보다 더욱 중시하고 있음을 보게 된다. 이러한 생각은 일제치하에서 한계로 지적되지 않을 수 없다.

---

94 장석영, 『요좌기행』 장29, 4월 1일 조. "所可患者, 吾道之亡, 有甚於宗社之憂也. 宗社興亡, 非布韋之責也. 平生讀聖賢之書, 行聖賢之行, 豈可以目見其消亡, 而不思所以扶持得一線耶?"

둘째, 『요좌기행』에 나타나는 문화요소를 검출하는 일이다. 장석영은 만주 지역을 여행하면서 중국과 러시아는 물론이고 서양문화까지 직간접적으로 경험한다. 예컨대, "서양에는 처음에 문자가 없었지만 1,100년 전 로마의 해철(該撤: 시저Caesa)이 비로소 라틴문자를 창제하여 문학가의 시조가 되었다. 소위 문자라고 하는 것은 단지 나라의 글일 뿐 우리가 말하는 문자는 아니었다."[95]라고 하면서 세계의 문자문화에 대하여 관심을 가진다. 그는 문자와 국문으로 대별되는 보편문어와 자국어에 대한 인식을 바탕으로 이렇게 기술하고 있다. 우리의 논의는 이러한 요소들을 체계적으로 정리하여 장석영의 문화인식을 입체적으로 살피는 데까지 나아갈 필요가 있을 것이다.

셋째, 『요좌기행』에 나타나는 다양한 인물평을 검토하는 일이다. 『요좌기행』에는 여행 중에 만나고 헤어진 인물 외에 당대 우리나라의 인물이 다양하게 등장한다. 2월 14일 하얼빈에 도착하여, 안중근(安重根)이 이등박문(伊藤博文)을 죽인 곳이 바로 여기라는 것을 떠올리고, "생각해 보면 늠름하여 머리털이 서려고 한다."라고 했다. 그리고 유길준(兪吉濬), 류인석(柳麟錫), 최익현(崔益鉉), 이범진(李範晉), 이범윤(李範倫), 이용익(李容翊), 이상설(李相卨) 등에 대해서도 포폄(褒貶)을 가하고 있다. 예컨대, 류인석에 대해서는 "글은 잘하지 못하지만 의를 지켜 굽히지 않는 사람"이라 하면서도, 그가 그 문생들과 함께 의로 나아가 죽고자 하는 것을 두고 "나라에 이익이 없고 다만 인명을 죽게 한다."라고 하였다. 이러한 인물평들은 그의 세계인식과 맞물려 있는 것인바, 이에 대한 보다 진전된 논의가 필요하다.

95 장석영, 『요좌기행』 장21, 3월 1일 조, "泰西, 初無文字, 一千一百年前, 羅馬該撤, 始制辣丁文字, 爲文學家之始祖."

넷째, 『요좌기행』에 나타나 있는 삽입시를 탐구하는 일이다. 『요좌기행』에는 타인의 한시를 포함한 38수의 한시와 함께 장편 고시도 한 수 있다. 타인의 작품이 포함되어 있는 것은 차운 및 원운을 소개하면서 자연스럽게 발생한 것이다. 이러한 기본적인 사실에 입각하여 『요좌기행』이라는 작품에 삽입되어 있는 한시의 기능과 함께 장석영이 만주 여행을 통해 그려 낸 서정의 세계를 논의할 필요가 있다. 여기서 더욱 나아가 삽입시에 등장하는 인물들의 문집을 살펴보면, 대체로 당시 장석영과의 만남을 찾아볼 수 있다. 이들의 만주에서의 봉별과 여기에 따른 정서를 이해하는 데 도움이 된다. 이 또한 본 연구와 관련된 중요한 연구 영역 가운데 하나이다.

이상에서 우리는 화이론적 세계관에 입각하여 장석영이 당대를 어떻게 인식하고 있었는지를 그의 만주 체험을 기록한 『요좌기행』을 통해 살펴보았다. 이로써 19세기 말에서 20세기 초에 활동했던 유가 지식인의 일반적인 성향도 알 수 있게 되었다. 그러나 장석영에 대한 이해는 그리 간단한 것이 아니다. 귀국 후 소위 회당본 「파리장서」를 초안하는 등 일제에 대하여 매우 강개한 태도를 보이며 강력한 민족주의적 입장도 함께 취하고 있기 때문이다. 이러한 사실을 고려하면서 장석영 연구가 본격화되기를 기대해 마지않는다.

제2부
만주의 꿈

1910년대 만주 망명 영남 지사들의 문학과 그 성격

제 7 장

김윤규

제7장

1910년대 만주 망명 영남 지사들의 문학과 그 성격

*****

전통적인 영남 학맥을 이은 지식인들의 망명 한문학은, 당시의 엄혹한 현실을 냉철하고 의식화된 시선으로 포착한 작품들이다. 한글가사는 독립운동의 능동적 주체로 각성해 가는 여성의 자기선언이다. 그러므로 이 작품들은 한국 현대문학의 중요한 업적으로 기술되어야 할 것이다.

1. 논의할 문제

만주 지역은 한민족의 역사에서 영토의 일부로 등장하는 땅이다. 그러므로 고려 이후 조선 중기까지 우리 국가의 주권이 미치지 못하는 동안에도 만주는 비교적 친근한 이미지로 국민에게 인식되고 있었다. 그러나 만주에서 청나라가 흥기하고 그 발상지가 금역으로 지정된 이후부터는 조선인의 출입도 금지되어 한동안 한중 어느 쪽도 적극적으로 개발하지 않는 지역으로 남아 있었다. 그러다가 1860년대 한반도에 기근이 심하고 국경 통제가 느슨해지면서 불법 월경이 시작된 것이 근대 만주 이민의 시작이었다. 그러나 본격적인 이민은 1910년 일제의 강압으로 국권이 강탈되고 민족적 생존이 위태한 시기에 대규모로 망명한 것에서 시작되었다. 이 망명에는 국내에서의 생존이 곤란하여 생계형으로 망명한 경우도 있었지만, 국내에서 지도적 위치에 있던 인사들이 국권의 회복기지로 만주를 선택하여 항일 망명한 경우가 많았다. 특히 국경에서 멀리 떨어진 영남 지방의 인사들이 일제강점기 초에 대거 망명한 경우는 거의 모두가 항일 망명에 해당되었다.

만주에 망명한 인사들의 주된 관심사는 생존과 항일이었겠지만, 생존에 대한 관심은 기본적인 생존조건이 간신히 충족되는 정도로 한정되었고, 이념적으로 추구하던 항일 활동이 망명 이후의 시간을 관통하는 중심 내용이 되었다. 망명 이전의 문화적 배경과 정치적 태도에 따라서 국권회복의 형태는 조금씩 달랐지만,[1] 일본의 강점에 반대하고 민족국가의 국권을 회복하고자 한다는 점에서는 전체적으로 유사한 활동 내용을 보이고 있었다.[2]

이러한 만주 망명 인사들의 추이와 활동 내용에 대한 연구는 상당히 진척되어 있다.[3] 대부분의 연구는 망명활동에 대한 실증적 연구에서 출발하여 그들의 이념적 다양성과 분화과정, 단체의 조직과 활동 내용, 교육기관의 운영과 인재 양성, 각 인물들의 성향과 관계망 등 다양한 방향에서 접근이 이루어졌다. 이러한 연구의 결과는 당시 망명 인사들의

1 박현모, 「일제시대 공화주의와 복벽주의의 대립－3·1운동 전후의 왕정복고[復辟]운동을 중심으로」, 『정신문화연구』 30-1, 한국학중앙연구원, 2007, 57~76쪽.

2 한경희, 「경북 북부지역 근대문학자들의 유학전통의 사유와 신념의 변화양상」, 『정신문화연구』 32-3, 한국학중앙연구원, 2009, 359~384쪽.

3 대표적으로 조동걸, 『한국민족주의의 성립과 독립운동사 연구』, 지식산업사, 1989; 김희곤, 『안동 사람들의 항일투쟁』, 지식산업사, 2007; 강윤정, 『사적에서 만나는 안동독립운동』, 지식산업사, 2013 등이 있고, 종합적으로 안동대학교 안동문화연구소 안동독립운동기념관, 『경북독립운동사』 1~7, 경상북도, 2013이 있다.

활동과 업적을 조명하여 전 민족적으로 공유되게 하고 적합한 존경과 기념이 이루어지는 데에 학문적 근거를 제공하였다.

조국이 병탄된 뒤에 결연히 이루어진 망명지사들의 결심과 실천은 그 남다른 탁월함으로 인해 많은 교훈을 주고 있다. 이는 그들의 업적에 대한 당연한 존경이며 후학으로서 마땅한 일이다. 그러나 그들의 삶이 교훈으로 제공되는 과정에서 이념적 특징만이 지나치게 강조되다가 인간적 특징에 대한 주목이 소홀해지는 경향도 있었다. 민족 광복을 위해 헌신한 위인들이라고 해도 그들 자신의 개인적 삶에 대한 서술과 성찰이 반드시 있었을 것인데도, 많은 연구가 그들의 사회적 업적에만 치중되어 왔기 때문이다.

모든 망명 인사들은 조상 대대로 수백 년 동안 뿌리내린 고향을 떠나 조상의 산소와 산업을 등지게 되었으며, 그간의 추억과 친교를 모두 단절하고 돌아올 가망이 없는 망명을 떠났었다. 문학 작품을 생산하는 교양을 갖춘 지식인들이라면 이런 경우에 틀림없이 문학적 표현을 얻었을 것으로 보인다. 망명 이후 가혹한 삶의 조건과 일제의 혹독한 추격과 싸워야 했지만, 그들은 그 가운데서도 성실한 기록을 남겼으며 그것이 그들의 진면목이었다. 그들이 어떤 형식으로든 남긴 문학적 성취가 세밀하게 기록되고 연구되어야 하는 이유가 이것이다. 또한 그들은 사회적 자아로서 일제의 강점에 대항하여 싸우는 사람이었지만, 개인적 자아로서 학문과 가문의 전통을 계승하고 가족의 안위를 책임지는 가장이었다. 그런 과정에서 자아에게 찾아오는 성찰의 감정은 자부심이 되었든 부담감이 되었든 정직한 기록으로 남았을 것이다. 그들의 문학에 대한 세심한 독서는 망명 인사들의 인간적 특징에 대한 고찰에 이르게 할 수도 있을 것이다.

해외에 망명한 인사들이 창작한 문학작품은 문학사적으로 망명 이전의 문학적 특징에 머물러 있는 경우가 많았다. 일제강점기 망명문학의 경우도 마찬가지여서, 국내에서는 이미 한문이 문학 도구로서의 기능을 잃고 주된 문학사는 한글 문학으로 옮겨 간 단계였지만 망명 인사들의 문학은 조선 후기 문학의 특징을 보존하고 있었다. 기록으로 남은 많은 문학작품은 한문을 사용하였고, 한글을 사용한 경우에도 형식적 전환이 일어나지 않은 상태로 창작되었다. 그러나 현대에 기록된 한국문학사는 이런 문학적 성취를 문학사의 일부로 기록하지 않고, 한문문학의 하한을 19세기 말 정도에서 정리하고 있다. 그러나 20세기에 이르기까지 지속적으로 창작된 한문문학은 이 시기 한국문학사의 성과를 확대하는 증거가 될 수 있다.

이 글은 1919년에 3·1운동이 일어나고 대한민국이 건국된 지 100년이 된 것을 기념하여 건국의 한 중심을 담당하였던 당시 만주 망명 지식인들의 문학을 고찰하기 위해 쓰였다. 일제강점기 전 시대 중에서도 1919년 이전에 망명한 분들을 중심으로 한 것은, 일제강점 후기 현대문학 창작자들과의 구별을 꾀한 것이다.[4] 만주 망명 중에서도 출신지역상으로 영남지역 출신을 대상으로 연구하고자 했지만, 연구자의 과문으로 인해 경상남도보다 경상북도 지역 출신이 중심이 되었고 특히 안동문화권 인사들에 집중하게 된 것은 이 글의 결점이다. 그럼에도 불구하고 이 연구가 필요한 것은, 당시 영남 인사들의 망명과 독립운동 과정에서 창작된 문학작품을 통해 그분들의 삶과 정서에 접근할 기회가 되기를 기대하기 때문이다.

4 일제 후기 만주 지역 창작문학에 대해서는 김창호, 「일제강점기 한국과 만주의 문학적 상관성 고찰」, 『만주연구』 12, 만주학회 2011, 49~72쪽 참조.

2. 만주 망명문학의 배경

1) 영남 지식인의 만주 망명 상황

만주에 망명한 영남 인사들은 그들에게 영향을 미친 학맥(學脈)에 따라 몇 갈래로 나누어 파악할 수 있다. 이렇게 이해하는 것은 단순한 분류를 넘어, 각 학맥의 인사들이 망명과 독립운동 과정에서 서로 연결된 행동을 보이고 있기 때문에 유효한 이해 방법이 될 수 있다.[5]

한주학맥(寒洲學脈)은 한주 이진상(寒洲 李震相, 1818~1886)의 문하에서 공부한 사람들로, 주로 경상북도 성주를 중심으로 형성되었으며, 그중에서 대표되는 사람은 한주의 아들인 한계 이승희(韓溪 李承熙, 1847~1916)와 면우 곽종석(俛宇 郭鍾錫, 1846~1919), 회당 장석영(晦堂 張錫英, 1851~1926), 홍와 이두훈(弘窩 李斗勳, 1856~1918) 등이었다. 조선 말기에 이미 국내에서 의병활동과 상소 등으로 국권회복에 노력하던 이들은 1905년 을사조약의 파기와 역적 처단을 주장하는 상소를 올렸고 1907년 국채보상운동에도 앞장섰지만 왜적의 방해로 성과를 내지 못하자 1908년 이승희의 망명을 필두로 하여 북만주로 연속적으로 망명하여 독립운동에 가담하였다.

이승희는 1908년 4월 성주의 집을 떠나 부산을 거쳐 블라디보스토크에 도착하였는데, 이 경로는 이후의 한주학맥 망명자들에게 거의 공통으로 나타나고 있다. 이승희의 아들 이기원(李基元)은 1909년 같은 경로를 거쳐 아버지가 이주해 있던 중국령 밀산(密山)에 도착하였고, 장석영과

5 망명 과정에 대한 이하의 설명은 안동대학교 안동문화연구소 안동독립운동기념관, 『경북독립운동사』 4, 경상북도, 2013, 51~95쪽의 내용을 참고하였다.

이두훈은 1912년 만주를 둘러보러 가서 이승희와 합류하였다. 이승희는 1909년 밀산에 한흥동(韓興洞)을 개척하고 민약(民約)을 시행하며 향촌 공동체를 형성하여 독립적인 생활문화를 유지하고자 하였다. 이렇게 형성된 민족공동체를 확대하여 민족국가를 회복할 수 있다는 신념으로 시행한 일이었다. 칠곡 각산의 장석영도 한주 문하에서 공부하고 1912년 만주로 가 이승희와 함께 활동하면서 『요좌기행(遼左紀行)』을 저술했으나 머지 않아 귀국하였다.[6] 그는 귀국 후 제1차 유림단 의거에 참여하여 파리강화회의에 독립청원서를 제출하였다.

한주학맥의 인사들은 주로 러시아와 중국 접경을 배경으로 하여 외교적 방법으로 국제사회의 관심을 불러일으키려 하였다. 이들의 이러한 노력으로 러시아에 주재하던 이상설(李相卨)과의 협력도 이룰 수 있었다.

정재학맥(定齋學脈)은 정재 류치명(定齋 柳致明, 1777~1861)의 문하에서 공부한 사람들이다. 대체로 경상북도 안동을 중심으로 분포하고 있었으나, 정재의 명성과 학덕을 따라서 전 경상도와 전국적인 인사들이 포함되어 있었다. 그러므로 정재 문하에서는 매우 많은 선비들이 배출되었고 조선 말기와 일제강점기 전통 지식인의 큰 부분을 차지하고 있었는데, 척사위정파에서 혁신유학파에 이르기까지 넓은 분포를 이루고 있었다. 조선 말기에 전국적 영향력이 있던 의병활동과 상소활동에 앞장섰던 인사들은 나라가 망하자 자정순국으로 민족을 격동시키기도 했고, 망명을 통해 국권회복에 나서기도 했다. 그중에서 망명투쟁에 앞장선 사람이 백하 김대락(白下 金大洛, 1845~1914)과 석주 이상룡(石洲 李相龍,

6 경상북도독립운동기념관 엮음, 『경북독립운동가 100인 열전』, 경상북도독립운동기념관, 2017, 196쪽.

1858~1932)을 중심으로 한 안동 유림이며, 이들과 사승관계 또는 혼인관계로 연결된 울진의 백운 주진수(白雲 朱鎭洙, 1878~1936) 일가, 평해의 국오 황만영(菊塢 黃萬英, 1875~1939) 일가, 강신종(姜信宗) 일가, 영양 주실의 조만기(趙萬基, 1881~1912) 일가, 영덕 도곡의 박경종(朴慶鍾, 1875~1938) 일가 등이 이 망명에 동행하였다.[7]

김대락은 1910년 12월 24일에, 이상룡은 1911년 1월 6일에 고향인 안동을 떠났다. 당시는 아직 일제의 감시체계가 엄중하지 않아서 망명 자체가 어렵지는 않았지만, 엄동의 날씨에 유약한 아녀자를 대동한 수십 명의 망명 집단이 이동하는 것 자체가 대단한 난관이었다. 김대락의 경우에 67세 노인인 자신과 만삭이 된 손녀, 손부와 함께하는 70명가량의 대규모 인원이었다. 이들이 불편한 교통과 차가운 날씨를 뚫고 삼원포 이도구에 도착한 것은 4월 19일이었다. 만 4개월을 길 위에서 추위와 위험 속에 망명을 강행한 것이었다.

이들은 망명 직후 중국 관헌이 요구하는 머리를 깎고 복식을 바꾸는 문제[체발역복(剃髮易服)], 중국인으로 호적에 등록하는 문제[민적입적(民籍入籍)] 등으로 요약되는 생계 문제에 당면했다. 이는 자칫 자존 유지의 문제로 비화될 수 있는 민감한 사안이었지만 이상룡이 주장한 필요적 동화론으로 비교적 안정되게 해결되었다.[8] 그러나 여전히 핍절한 생활비와 대규모로 소비되는 접빈비용 등으로 생계 문제는 큰 괴로움 중 하나였다.

---

7 이 명단과 출신지는 실제 망명자에 비해 대단히 요약된 것이다. 전체적인 활동은 강윤정, 『정재학파의 만주망명과 1910년대 항일투쟁』, 『경북인의 만주지역 항일투쟁사 연구』, 안동독립운동기념관, 2011에 설명되어 있다.

8 이상룡, 〈中華民國國會提議書 代柳河縣國民會長作〉, 『石洲遺稿』.

이런 고난 가운데서도 망명자들은 처음 가진 생각을 일관되게 추진하였다. 이들은 각 정착지마다 한인회인 경학사(耕學社—삼원포), 공리회(共理會—남산), 부민단(扶民團—합니하)을 조직하고 적절한 강령을 제정하였으며, 신흥강습소(新興講習所), 신흥학교(新興學校), 신흥중학(新興中學), 신흥무관학교(新興武官學校) 등을 설립하여 후진을 양성하고 독립운동의 지도자를 배출하였다.[9] 이들은 한인회를 통해 민족정기를 유지하고 독립의 의기를 기르고자 하였으며, 각 학교를 통해 역사의식과 신지식을 교육하여 독립운동의 중추세력을 형성하였다. 이렇게 양성된 인재들은 사실상의 군영조직인 백서농장(白西農庄)에 집결하여 독립전쟁에 대비한 군사훈련을 시행하였다.

성재학맥(性齋學脈)은 성재 허전(性齋 許傳, 1797~1886)의 문하 선비들로서 주로 선산 임은(구미 임은)을 중심으로 형성되어서, 방산 허훈(舫山 許薰, 1836~1907)이 청송 진보로 이주하여 살면서 정재학맥과 접맥되었다. 이들은 학맥으로도 무관하지 않았지만 특히 국권회복운동과 관련하여 두터운 신뢰와 인연을 갖게 되어서, 이들 사이에 허훈의 사촌 허형(許衡)의 딸 허길(許佶)이 진성이씨 이가호(李家鎬)에게 시집가서 낳은 아들들이 육사 이원록 형제들이었고, 허형의 손녀 허은(許銀)은 석주 이상룡의 손부가 되었다.

허훈의 사후 그 넷째 아우 왕산 허위(旺山 許蔿, 1855~1908)는 항일의병장으로 순국하였으므로, 실질적인 망명활동은 그 셋째 아우 성산 허겸(性山 許蒹, 1851~1940)을 중심으로 진행되었다. 허겸은 1912년 일족의 청년들과 함께 만주로 망명하여 합니하 부민단의 초대 단장에 취임하였

9 안동 유림의 독립군 기지 건설 활동에 대해서는 장세윤, 「1910년대 남만주 독립군 기지 건설과 신흥무관학교—안동유림의 남만주 이주와 이상룡·김동삼의 활동을 중심으로」, 『만주연구』 24, 만주학회, 2017, 89~131쪽에서 상세히 논의하였다.

다. 이때부터 성재학맥의 지사들은 정재학맥의 지사들과 함께 활동하였는데, 그들은 허훈의 손자 허종(許鍾), 허위의 아들 허학(許壆), 허겸의 사촌 허형(許衡), 허형의 아들 허발(許坺) 등이었다.

학맥에 따른 일련의 망명자들 이외에, 개별적으로 상황을 판단하고 결단을 내려 망명한 영남의 지사들도 있었다.

밀양의 우국청년 단애 윤세복(檀崖 尹世復, 1881~1960)은 1911년에 서간도로 망명하였다.[10] 그는 밀양에서 성장하고 수학한 뒤 대구 협성학교 교사로 재직하다가 1909년 국권회복 비밀결사 대동청년단(大東靑年團)에 가입하였다. 1910년 서울에 가서 대종교(大倧敎)의 홍암대선사(弘巖大宗師)를 만나 입교하고 1911년 시교사(施敎師)가 된 뒤 친형인 윤세용(尹世茸)과 함께 많은 가산을 정리하여 서간도 회인현 항도촌으로 망명하였다.

그는 항도촌에 동창학교(東昌學校)를 설립하였는데, 그 자신은 교주(校主)라고 불렸으며 교직원으로는 이원식(李元植), 박은식(朴殷植), 이극로(李克魯), 김영숙(金永肅), 김규환(金奎煥), 이시열(李時說), 김진호(金鎭浩), 김석현(金錫鉉), 신채호(申采浩) 등이 있었다. 이 학교는 단군연호를 사용하고 배일정신을 강조하여 강단 있는 민족지도자를 양성하고자 하였다. 민족주의 사학자를 중심으로 하는 교육과정과 군사훈련의 준비단계인 체육교과 등으로 인해 일제 관헌의 감시를 받던 동창학교는 1914년 일제의 교사 축출령으로 인해 폐교되었다. 윤세복은 1914년 무송현 백산학교(白山學校) 설립과 교육에 참여하였고 일제에 의해 투옥되었다가 석방된 뒤에도 계속하여 몽강현, 무송현, 안도현 등지에 20여 개소의 학교를 설

10 조준희, 「檀崖 尹世復의 민족학교 설립 일고찰」, 『선도연구』 8, 국제뇌교육종합대학원 국학연구원, 2010, 90~108쪽. 윤세복의 망명시기에 대해서는 자료에 따라 1년가량의 차이가 있다. 이 논문에서도 마찬가지이다.

립하였다. 그가 설립하거나 관여한 학교들은 모두 대종교 포교를 목적으로 하는 기관들이었지만, 당시 대종교의 활동 자체가 조국독립을 기본 이념으로 하고 있었으므로 윤세복의 만주 활동은 주목할 만하다.

밀양의 대눌 노상익(大訥 盧相益, 1849~1941), 소눌 노상직(小訥 盧相稷, 1855~1931) 형제도 1911년 만주로 망명하여 다른 망명지사들과 협력하면서 활동하였고, 귀국 후 파리장서운동에 참여하였다. 춘강 서세충(春江 徐世忠, 1888~1957)은 만주에서 신흥무관학교의 교관을 지내고 임시정부에서도 활동하였다.

청도의 유학자 이산 예대희(伊山 芮大僖, 1868~1939)는 1912년 7월 서간도 회인현으로 망명하였다.[11] 그는 송병순(宋秉珣)의 문하에서 수학한 전통 한학자인데, 스승의 형인 송병선(宋秉璿)이 을사늑약에 항의하여 음독 자결하고, 스승 또한 경술국치에 항의하여 음독 자결하자 가족과 일행 십여 가구를 거느리고 망명하였다.

망명지에서 예대희는 한계 이승희의 동삼성한인공교회(東三省韓人孔敎會)에 참여하여 민족주의적 유교개혁운동을 전개하였다. 그는 만주 거주 한인의 입적 문제를 해결하기 위해 당시 중국의 실권자 원세개(袁世凱)에게 편지를 보내기도 했고 일본 관료들에게 조선의 독립을 인정하고 조선에서 떠날 것을 요구하기도 했다.[12] 그의 활동이 직접적인 무장투쟁으로까지 발전하지는 않았지만 당시 전통 유학의 문제점을 개선하고자 했던 의지와 망명지에서 유수한 망명지사들과 협력 활동한 행적은 주목할 만하다.

---

11 이은영, 「伊山 芮大僖의 西間島 망명과 憂國詩」, 『한문학보』 27, 우리한문학회 2012, 254~284쪽.

12 권대웅 외, 『청도의 독립운동사』, 청도군, 2010, 176~180쪽.

2) 문학사적 상황

19세기는 한국문학사에서 불길한 침묵이 감지되는 시기이다. 이전 시기에 유난히 많은 문인들이 다양하고 활발한 창작과 토론을 벌였던 데 비해, 19세기의 문학사는 특별히 드러난 작품이 없이 세기말에 일어날 격동을 기다리는 모양을 하고 있기 때문이다.

18세기에는 우문군주인 정조의 우대에 힘입어 당색을 초월하여 채제공(蔡濟恭, 1720~1799), 홍대용(洪大容, 1731~1783), 박지원(朴趾源, 1737~1805), 박제가(朴齊家, 1750~1805), 이서구(李書九, 1754~1825), 이옥(李鈺, 1760~1812), 남공철(南公轍, 1760~1840), 정약용(丁若鏞, 1762~1836) 등의 빛나는 인재들이 문학과 사상의 새로운 영역을 개척하였다.[13] 그러나 일당독재와 사상 검증이 강화된 19세기에는 국가적 변란과 미래에 대한 논쟁 속에서 문학적 역량이 충분히 발휘되지 못하고 정치적 의제 속에 함몰되어 있었다. 원래 영남 남인의 경우에는 문학적으로 창의적인 창작물이 적은 편이었다. 성리학적 이념에 따라 문학은 도학의 여기(餘技)로나 쓰이든지, 도학의 깨달음을 담는 재도지기(載道之器)로 인식되고 있었기 때문이다. 이 때문에 조선시대 중기에도 다른 지역에 비해 영남 남인의 문학은 보수적이었고, 창의보다는 이념 표현에 더 충실한 특징을 가지고 있었다.

국가적으로는 이미 18세기에 촉발된 문학적 창의력이 문학에 대한 대량 소비와 재창작의 원동력이 되어 가고 있었다. 세책가(貰册家)와 전기수(傳奇叟)로 대변되는 문화 현상은 전국적으로 확산되었고, 특히 호남 지역을 중심으로 서사창극 형태의 판소리도 장편화와 현실화의 길로 나

13 북학파 문인들의 활동에 대해서는 김병민, 『韓國移行期文學硏究』, 국학자료원, 1995, 155쪽 참조.

아가고 있었다. 이 시기에는 전통적인 문학 양식과 내용에 대한 재검토와 변모가 시도되기도 했다.[14] 이들은 한시의 형태를 가지고 있기도 했고,[15] 한문 산문으로 나타나기도 했다.[16]

19세기 말에 이르면 표현도구로서의 한자문학에 대한 반전이 시작되고 한글로 표현된 문학작품이 광범위하게 소비되면서, 한자의 영향력이 줄어드는 현상이 나타난다. 1896년에는 한글로만 쓰인『독립신문』이 창간되고, 1894년에는 국가의 공적 문서에 국한문 혼용을 법제화하는 조치까지 반포되었다.

더욱이 속속 창간되는 신문들은 이러한 경향을 재촉하였다. 각 신문들은 자신들이 가지고 있는 정치적 태도를 설득하기 위해 다양한 방식의 문학을 차용하였고,[17] 이것이 문학의 형식적 다양화와 내용적 현실화의 경향을 굳히게 만들었다.[18] 이들 새로운 형식의 문학작품들은 빠른 속도로 한글 창작을 진행하고 있었다.

그러나 이런 근대적 변모에도 불구하고 전통적 창작의 관성은 여전히 강하게 유지되고 있었다. 각 개인의 문집은 경제적 후원을 입고 더욱 활발하게 발간되었고, 새로운 문물로서의 신문에서도 한시 창작과 평론은 여전히 다양하게 진행되었다.

현재 기술되고 있는 한국문학사에서, 1910년대는 이미 현대문학이 활발하게 진행되던 시기로 기록되고 있다. 이에 앞서 1894년 갑오개혁으로 국한문 혼용이 공식화되고, 1896년『독립신문』이 창간되면서 한글

---

14 이규호,『開化期 變體漢詩 硏究』, 형설출판사, 1986, 34쪽.
15 이희목,『애국계몽기 한시 자료집』, 성균관대학교 대동문화연구원, 2005, 40쪽.
16 조상우,『愛國啓蒙期 漢文 散文의 硏究』, 다운샘, 2002, 261쪽.
17 김영철,『韓國 開化期 詩歌의 장르 硏究』, 학문사, 1987, 249쪽.
18 김윤규,『개화기 단형서사문학의 이해』, 국학자료원, 2000, 207쪽.

전용의 매체까지 등장하였다. 19세기까지 순수 한문문학이 문학 창작의 주류를 형성하고 있었는데, 20세기가 시작되는 시기에는 현저히 구어화된 한글문학이 문학 변모의 선두에 서 있는 형국이었다.

『독립신문』 이후 대중매체로서의 근대적 신문은 『미일신문』(1898), 『황성신문(皇城新聞)』(1898), 『뎨국신문』(1898), 『시ᄉ총보(時事叢報)』(1899), 『대한미일신보』(1904), 『만세보』(1904) 등이 연속적으로 창간되었으며, 이들 신문과 『협셩회회보』(1899) 등의 잡지에 새로운 형식과 내용의 문학작품들이 수록되면서 문학사의 전환이 이루어지고 있었다. 이러한 대중적 문화생활에 힘입어 1906년에 이인직은 「혈의누」를 써서 이른바 신소설의 시작을 알렸고, 1907년 「치악산」과 「은세계」로 새로운 소설시대를 앞장서 갔다. 최남선은 1906년 일본에 유학하고 1908년 잡지 『소년』을 창간하여 「해(海)에게서 소년(少年)에게」를 발표함으로써 이른바 신체시의 시대도 시작되었다. 그러므로 1910년 정도를 기준으로 현재 기술되고 있는 한국문학사로서는, 이미 한문문학 시대는 종식되었고 한글문학도 시작단계를 넘어 다양한 작자와 작품이 등장하는 시대를 맞이하고 있는 상태였다.

그러나 이러한 문학사의 기술은 실제 창작되고 있는 문학사적 상황과 일치하는 것은 아니었다. 1910년을 기준으로 보아, 한글문학을 창작하고 향유하는 지식인보다 한문문학을 창작하고 교류하는 지식인이 훨씬 넓고 두터운 문학담당층을 형성하고 있었기 때문이다.

이런 점에서 볼 때, 19세기의 말에서 20세기의 초에 이르는 국문학사의 시기를 설명하는 것은 복합적이다. 가장 기본적으로는 표기 언어 자체가 문제이기도 하고, 내용적으로는 지식인의 세계관도 복합적이다.[19]

---

19 김윤규, 「19세기 말-20세기 초 전통 지식인 한시의 문학사적 성격 검토—척암 김도화

일단, 1894년을 기점으로 하여 공식적인 문서에 한글이 사용되었다는 것 때문에 이후의 문학을 한글문학 또는 그 유사한 형태로만 이해하기에는 문제가 많다. 실제로 1880년대 말부터 그 이후 발행된 신문 대부분은 한문 또는 한문현토체의 범위를 벗어나지 못했다. 그 결과 한시 등 과거의 문학형식을 원용한 작품들은 물론이거니와, 일부 단형서사물 등 창작 문학작품도 한문 문장 또는 그 번역투 문장을 사용하였다.

또한 창작물의 양과 빈도에 있어서도 한문류는 간단히 무시할 수 없는 비중을 가지고 있었다. 당시의 신문들은 「시원(詩苑), 사원(詞苑), 사조(詞藻)」류의 창작난을 가지고 있었고, 일부 한글작품 이외에는 많은 양이 한시 작품이었다. 그렇다면 이 시기를 한글문학 시대라고 정리하는 것이 문학사적 사실에 부합하지 않을 가능성이 있다.

이 시기의 지식인들은 자신이 사는 당시를 이해하는 데서 극렬한 분열상을 보인다. 일부 개화파 지식인은 새로운 역사가 열리는 희망찬 신시대로 보고 있었지만, 많은 지식인이 당대를 위험하고 혼란하며 금수의 시대 심지어 말세로 인식하는 경향도 있었다. 어느 편이 세밀하고 정당했느냐에 대해서는 충분한 논의가 있어야겠지만, 전적으로 개화파적 시각만 있었던 것은 확실히 아니므로, 이 시기 지식인의 동향을 논의하는데 더욱 확대된 시선을 가질 필요가 있다.

이런 점에서, 과거의 가치관을 보수하는 지식인군이 체제에 저항적이었던 것도 주목할 만하다. 일반적으로 보수적인 지식인은 권력에 호의적인 태도를 가졌었던 데 비해 이 시기의 보수 지식인들이 권력에 저항적이고 심지어 자결순국이나 무장투쟁까지 진행해 간 것은 당대의 한 특징적

의 경우」, 『동방한문학』 53, 동방한문학회, 2012. 12, 107~139쪽.

상황으로 이해할 수 있다. 당시에 제국주의적 세계관을 가졌던 신세대 지식인군이 체제에 영합적이었고, 현실지향적인 개화파 정권이 마침내 친일 정권으로, 결국은 매국 세력으로 변질되어 가는 과정을 보면서, 보수적 지식인들은 더욱 가치지향적 인식과 대응을 보이게 된 것이다.

그렇다면, 한국문학사로 볼 때 20세기 초에 국권이 침탈되는 과정 또는 그 직후에 나타난 보수 지식인의 한문문학을 어떻게 이해할 것인가가 문제가 된다. 현재의 '고전문학-현대문학' 양단적 구분에 따르면 20세기는 이미 한문문학의 시대가 아니었다고 정리되고 있고, 현대문학 기술에서 한문문학은 배제되고 있다.[20] 그러나 문학사 기술에서 문학사적 사실 전체를 대상으로 기술해야 한다면, 20세기 초에 유의미한 한문문학이 실재했던 것은 역사적 사실이며 이 사실(史實)이 문학사에서 제외되어야 하는 근거가 충분하지 않다.

어떤 시기에 문학사적으로 쇠퇴하는 말단현상으로 나타나는 개별 작품이라면 역사적으로 반드시 기술할 가치는 없을 수 있다. 그러나 그 경우에도 작품 개개의 품성과 수준은 검토되어야 하며, 더욱이 당대 지식인의 문학적·역사적 고뇌를 담고 있다면 세밀히 검토할 가치는 항상 있다. 이런 점에서 20세기 지식인들의 한시는, 그들의 일상 문자인 한시로 씌어진 것일 뿐 복고적이거나 퇴행적인 문학으로 볼 수는 없을 것이다.

---

20 개화기 문학의 전면적 기술에서 한시는 기술되지 않았다. 김윤식, 『한국근대문학양식논고』, 아세아문화사, 1990; 權五滿, 『開化期詩歌硏究』, 새문사, 1989 참고. 개화기의 한문학을 연구하고 문학사적으로 평가하려는 노력은 金榮喆, 『韓國開化期詩歌의 장르 硏究』, 학문사, 1987, 27쪽 등에서 시도되었고, 자료집으로는 강명관·고미숙, 『근대계몽기 시가 자료집』, 성균관대학교 대동문화연구원, 2000; 이희목, 『애국계몽기 한시 자료집』, 성균관대학교 대동문화연구원, 2005 등이 있다.

3. 영남인 만주 망명문학의 성격

1) 망명 한시의 세계

앞에서 논의한 바와 같이, 1910년부터 1919년 사이에 매우 많은 지식인이 만주에 망명하였다. 그들은 거의 모두 한문 지식인이었으며 당시 각자가 당면한 격변에 대하여 왕성한 기록열을 가지고 있었으므로 많은 기록물이 있었을 것으로 짐작되지만, 워낙 역사적 격랑을 겪어 왔기 때문에 대부분이 보존되지 못한 것으로 보인다. 망명자들 대부분은 망명지에서 세상을 떠났으므로 격동 속에서 자신의 원고를 챙기지 못했으며, 그들의 유족 역시 더 격심한 고난을 겪었기에 남은 것이 매우 희귀한 것이 사실이다. 그중에서 천신만고 끝에 전달된[21] 영남 유림의 문집은 『석주유고(石洲遺稿)』(이상룡), 『동구유고(東邱遺稿)』(이준형), 『백하일기(白下日記)』(김대락), 『대눌유서(大訥遺書)』(노상익), 『동산문고(東山文稿)』(류인식), 『소눌문집(小訥文集)』(노상직), 『이산문집(伊山文集)』(예대희), 『한계유고(韓溪遺稿)』(이승희) 등이었다.[22] 모두 한문으로 기록되어 전해진 이 원고들은 최근 일부 번역되었다.[23] 그러나 아직도 당시의 모든 자료들이 수습된 것도 아니고, 수습된 자료들이 다 번역되어 연구된 것도 아니다. 현재로서는 정리된 것을

---

21 (석주 사후 가족이 급히 떠날 때) "중요한 서류들 묶은 상자 두 개를 우선 선반에 올려놓고 짐을 풀었다. 그런데 다시 나올 때 그만 그 상자들을 안 가져 나왔다. 그것 있었으면 요새 아주 귀중한 자료가 될 터인데. 다행히 책 두 권은 갖고 왔다. 그 책은 아버님께서 그 삼복더위에도 항상 가슴에 품고 계셨으니까. 석주어른께서 지으신 글을 모아 놓은 원고였다"(허은, 『아직도 내 귀엔 서간도 바람소리가』, 정우사, 2003, 168쪽).

22 이은영, 「間島地域 亡命者들의 文集現況과 特徵—을사늑약에서 3·1운동 직후를 중심으로」, 『대동한문학』 49, 대동한문학회 2016, 41~76쪽.

23 『국역 석주유고』, 안동독립운동기념관, 2007; 『국역 백하일기』, 안동독립운동기념관, 2011; 『국역 동구유고』, 국무령이상룡기념사업회, 2016.

중심으로 당시의 한문 지식인이 창작한 한시들을 고찰하는 것만 가능할 뿐이다.

(1) 백하 김대락의 한시[24]

백하 김대락(白下 金大洛, 1845~1914)이 쓴 『백하일기(白下日記)』는 번역본이 한글 인쇄로 500페이지에 달하는 거편이다. 만 3년간 거의 빠짐없이 기록된 일기는, 기본적으로 생활과 사실에 충실한 기록성을 가지고 있다. 그러나 한문 지식인이며 망명지사인 저자의 개인적 특성으로 인해, 전면적으로 시작(詩作)활동도 겸하여 수록되어 있다. 전체 일기 중에서 시가 포함된 경우는 188회로, 편수는 총 200수[25]가량이다. 그중에서 가장 빈번히 나타나는 것은 개인적 사정과 자탄(自歎)을 읊은 것으로, 대략 97수가 실려 있다. 다음으로 자주 보이는 것은 객회(客懷)와 별리(別離)를 노래한 것으로 대략 66수가 있고, 민족의 위기와 우국의 정서를 읊은 것이 18수, 학문과 수련을 노래한 것이 5수 수록되어 있다.

수록된 시들은 전통적인 시의 형식에서 벗어나지 않았다. 5언 또는 7언으로 절구나 율시를 지었으며, 만약 율시를 넘는 배율(排律)이 있으면 연을 갈라서 새로운 시편을 만들었다. 다만 몇 편의 만사류와 함께 「억잉헌제(憶剩軒弟)」(1912. 10. 3.)[26]와 「백하교거음(白下僑居吟)」(1912. 11. 20.)과 「노

---

24 이 절은 김윤규, 「20세기 초 만주 망명 지식인 漢詩의 문학사적 성격–『白下日記』의 경우」, 『국어교육연구』 50, 국어교육학회 2012, 429~458쪽의 일부를 발췌하여 수정한 것이다.

25 『백하일기』에서는 일기의 중간에 시가 삽입되어 있기도 하고, 일기의 특성상 운자를 달리하거나 주제가 다른 시들이 제목이나 구분이 없이 실려 있기도 하다. 이는 같은 날짜에 지은 시들을 당일 수록한 결과이다. 그러므로 시의 편수는 출입이 있을 수 있다.

26 『백하일기』에서 인용하는 시는 일기의 날짜로 표시한다. 이하 같다. 시에는 제목이 있는 경우도 있고, 없는 경우도 있다. 연시의 경우 첫 편의 제목을 제목으로 간주하였다.

인탄(老人歎)」(1913. 1. 7.)만이 장형시의 구성을 하고 있다.

일기는 1912년 1월 6일부터 시작되는데, 1월 8일 자에 「압록강(鴨綠江)」이라는 시가 실리기 시작하는 것으로 보아, 저자에게 시작(詩作)은 일상적인 일이었던 것으로 보이며, 일기의 마지막에도 시가 실려 있다.

시의 내용에 따른 시기적 구분은 나타나지 않아서, 일기의 앞에서 나타나던 내용이 일기의 뒷부분에도 공히 나타나고 있다. 일기의 첫 시와 마지막 시는 다음과 같다.

喚婦將孫到大洋	며느리 부르며 손자 이끌고 대양에 당도하니
黃沙橫風白雲茫	누른 모래 비낀 바람에 흰 구름 아득하다
蒼烟遠接東西港	푸른 이내는 멀리 동서 포구에 닿아 있고
碧水中分大小畺	푸른 물이 가운데서 중국과 조선을 나누네
坦蕩氷程龍背濶	평탄한 얼음길이 용의 등처럼 열렸는데
泰平車路馬蹄强	크고 넓은 마찻길도 말발굽에 버겁다
離鄕去國遲遲日	고향 고국 떠나는 걸음 더디던 날에[27]
七耋羈懷兩涕滂	일흔 살 나그네 회포에 두 줄기 눈물이 흐르네

―「鴨綠江」, 1912. 1. 8.

笑他時輩逐奔忙	시세 좇아 사는 무리 분망하다 비웃더니
閒靜何如較佛房	고요하고 한가함을 어찌 절간에 대겠는가
萬里風踪人獨老	만리 풍상 무릅쓴 끝에 사람만 늙었는데

27 고향 고국 ~ 더디던 날에: 『맹자』「만장(萬章)」 하장 "공자께서 제나라를 떠날 때는 안친 쌀을 건져 떠나셨고, 노나라를 떠날 때는 더디고 더디다, 내 걸음이여라고 하셨으니 부모의 나라를 떠나는 도리였다.[孔子之去齊 接淅而行 去魯曰 遲遲吾行也 去父母國之道]"에서 나온 말이다. 고국을 쉽게 떠나지 못하여 망설이고 망설임을 뜻한다.

一年春意柳潛長　　한 해의 봄기운이 버들 속에서 자라네
詩惟性也由中出　　시는 천성이라 마음속에서 나오는 것
事已前之太上忘　　상사는 이전에 상고의 일처럼 잊었다네
最爾堂前三棣樹　　그대 집 앞에 삼체수(三棣樹)가 있었으니
還家贏得十分香　　집으로 돌아가면 가득한 향기 맡으리

—「正元就晩樵僑庄 共吟」, 1914. 1. 1.

이처럼 일기 전체에서 내용상의 변화가 보이지 않는 것은, 일기 전량이 실제로 저자의 만년 3년에 씌어진 것이며, 그사이에 전기적으로 중요한 변화가 일어나지 않았기 때문이다.

형태상으로나 내용상으로 일기에 수록된 시들을 시기적으로 분류할 근거는 찾기 어렵다. 비교적 짧은 기간이고, 그동안 거의 매일 일기와 시를 섞어서 썼기 때문에, 그 기간 내에서는 큰 변화가 일어나지 않은 것으로 보인다.[28] 또한 저자에게 있어서 이 망명 자체가 워낙 중대한 사건이고 노년의 일이었으므로 변화가 일어나기 전에 개인사적 종료가 왔기 때문일 것이다.

백하의 생애는 청장년기 전통 지식인의 일반적 삶에서, 각성한 지식인의 괴로운 자기 성찰을 지나, 단호하게 부정하고 선명하게 희생하는 노년으로 진행된다.[29] 그 모든 과정의 결실기에 해당하는 시기가 『백하

---

28 같은 시기에 같은 동기로 망명한 석주 이상룡(1858~1932)의 경우는 좀 더 역동적인 변화와 다양한 시세계를 보이고 있다. 이는 망명 이후 창작 기간이 비교적 길었기 때문으로 보인다. 참고: 김윤규,「석주시에 나타난 일제강점기 지식인의 세계」, 제9회 안동문화권 독립운동사 연구발표, 석주 이상룡의 사상과 독립운동, 한국근현대사학회, 2006. 12.

29 강윤정(2008),「백하 김대락의 민족운동과 그 성격」,『白下 金大洛 先生』, 백하김대락선생추모학술강연회, 42쪽.

일기(白下日記)』 시기이므로, 이 시기에 오면 그의 모든 소망과 지향이 집약된다. 백하의 외적 자아는 억압적이고 부당한 세계의 압박에 대해 강고한 투쟁을 선언한다. 많은 고난이 있지만 그의 시에 드러나는 대외적 선언은 일신의 안일을 버리고 광복의 대의를 향해 나아간 우국지사의 확신에 찬 선언이다.

그러나 개인으로서의 백하는 많은 내부적 압박을 받는다. 백하의 내적 자아에 가해지는 세계의 압박은 몇 가지로 나뉜다. 가장 큰 것은 가족적 가치를 지켜야 한다는 부담이며, 타향으로 이산한 고통과 수많은 이별, 그 고난을 당해도 아직 쉽지 않은 광복, 개인적인 늙음과 죽음의 예감 등으로 구성되어 있다. 백하의 시들은 이러한 압박에 대한 자아의 감각을 중심으로 창작되었다.

가. 굳은 의지와 광복의 희망

백하일기(白下日記)』에 나타난 백하의 사회적 자아를 가장 잘 드러낸 작품은 국한문 가사 「분통가(憤痛歌)」이다. 1912년 9월경에 창작되기 시작한 것으로, 1913년 6월 4일 일기에 기록되어 있다. 총 400행에 달하는 장편 우국가사인 이 작품은 몇 부분으로 나누어 살펴볼 수 있다. 망국의 한, 망명한 사연, 영웅찬사, 독립전쟁과 승리의 노래 등의 내용단락을 가지고 있는 이 작품은 당대 독립지사의 의식과 지향을 드러내는 전범적인 작품이다.[30] 다만 이 작품은 한글가사에 속하므로 절을 달리하여 고찰하고자 한다.

백하가 지은 한시에서도 조국의 광복에 대한 의지는 변하지 않는다.

---

30 강윤정(2008), 37쪽.

臥立皆薪膽	누워서나 서서나 복수를 다짐하며
逢迎盡弟兄	만나는 사람이 모두 형제와 같아
河淸如可俟	황하가 맑아지길 기다릴 수 있다면
年老奈難成	나이 들었다고 어찌 이루기 어려우랴

— 1911. 5. 17.

秦庭七日哭	진나라 조정의 이레 통곡
會稽十年期	회계산 상담의 십 년 기한
困迹三千里	고생길 먼먼 삼천리에
邵齡六十暮	나이는 벌써 예순인데도
丹心將死敵	붉은 마음 장차 적과 싸우려니
由髮反爲兒	머리야 도리어 아이가 되었네
願將新世界	원하노니 새 세상이 되거든
還作舊時規	다시 옛 모습 찾아 가세나

— 1911. 6. 5.

백하 등의 전통적 지식인에게 조국의 광복은 구질서로 복귀하는 복고적 광복이었다. 백하 역시 초기에는 의관문물에 많은 괴로움을 느끼는 구시대 지식인이었고, 지난 왕조의 은혜나 선왕의 제도에 집착하는 특징을 보였다.

공자의 적손(嫡孫)이 중화민국의 임명을 받아 선사봉사관(先師奉祀官)의 관직에 취임했다는 소식을 듣고 지은 아래의 시는 그의 복고적 지향을 강하게 보여 준다.

雖飢不食鯫魚湯	비록 주릴지라도 피라미탕을 먹을 수 없고
寧啞難訓鳥鴃譁	차라리 벙어리가 낫지 때까치처럼 떠들리오
〈鯫魚 蠻魚 鴃舌 蠻語〉	〈추어는 남쪽 오랑캐의 물고기, 격설은 남쪽 오랑캐의 말이다.〉

若使此身能耐苦	만일 나에게 고통을 참아 내게 한다면
有薪膽處是吾家	와신상담 있을 곳이 바로 내 집이리라

— 1912. 1. 11.

나. 보수적 가치와 변화의 부담

먼저 그의 시 전체에서 강하게 드러나는 것은 가족적 가치에 대한 중시이다. 그는 전통적으로 가족적 가치를 소중히 여기는 혈연적 배경을 가지고 있었으며, 학문에서도 예학(禮學)의 맥을 이었으므로 가족에 대한 사랑과 기대가 늘 컸다. 『백하일기』에서는 특히 망명 한 달 만에 태어난 증손자들을 통하여 그의 소망이 강하게 드러나고 있다.

十朔儲精百祿滋	열 달이나 모인 정기에 온갖 복이 늘어나
三千里外一雄兒	삼천리 이역에서 사내아이 태어났네
非徒坐享孫曾喜	앉아서 증손자 보는 경사를 누릴 뿐이 아니니
爲我私宗繼序思	내 가계를 위하여 대를 이으리라 생각하였네

— 1912. 2. 2.

石突當晨冷徹肌	방구들은 새벽녘 되자 냉기가 살갗을 뚫으니
牕明不欲起加衣	창밖이 환해져도 일어나 옷 입기 싫더니
新聲忽聞媧圍外	갓난아이 소리 홀연히 안방 밖으로 들려오니
喜入中門誤拂褘	기뻐서 중문에 들어가다 도포 잘못 입었네

— 1912. 2. 20.

連珠疊璧轉如奔	꿴 구슬 쌓인 구슬 치달리듯 구르더니
一月連生內外孫	한 달 사이 이어서 내외손이 태어났네

但願蒼天均覆育	바라건대 하늘이 골고루 키워 주셔서
緣渠恢拓兩家門	두 집 문호 그 덕분에 활짝 열리기를

— 1912. 2. 22.

위의 시에서 보듯이, 백하에게는 가족의 보전과 발전이 최상의 가치이며 지향하는 미래였다. 그러므로 그는 망명 중에도 끊임없이 가족에 대한 애착과 그리움을 보이고 있다.

每奉幽闡感涕新	매양 산소에서 받들어 절할 때 눈물이 새롭더니
丁寧至教夢魂邊	정녕 지극한 가르침 꿈속 혼 가를 맴도네
重泉若復聞詩禮	저승에서 다시 시례를 들을 수 있다면
猶愈昧方苟活人	캄캄한 곳이 구차하게 사는 것보다 낫지 않을까

—「思親」, 1913. 1. 25.

一自分荊萬里情	형제간에 헤어진 후 만리에서 그리는 정
三年生作九原行	3년 세월이 저승길이 되었구나
猶有蘧蘧池草句	아직도 생생하게 남은 시 구절
知君偏係愛兄情	형을 사랑하는 자네 마음 알겠네

—「憶弟」, 1913. 1. 25.

이 외에도 가족에 대한 그리움을 드러낸 시들이 많지만, 그보다 많은 것은 그런 가족들에게 자신이 최선의 보호와 의무를 다하지 못했다는 괴로움이 담긴 시이다. 망명 3년에 이르러 거의 생애의 마지막이 왔을 때 쓴 시는 그의 괴로움을 숨김없이 드러내고 있다.

風檐烟屋病仍纏	허술하고 연기 찬 집 병까지 따라 얽히고

糲穀鹽蔬摠苟愆	거친 밥 나물 반찬이 구차하고 괴롭구나
…	…
只恨當初輕擧足	다만 한하노니 처음부터 가벼이 옮겨 온 것
由吾無狀使渠然	보잘것없는 나 때문에 너희가 고생이다

—「正孫之宿祟纔平 唐孫之滿熱甚劇 次婦風眩之症 昌母阿睹之祟迭相告警 殆無全安之時 而鼎臼產業之窘 衣領絲線之績 百度艱險時有怨恨之語 因起而題之 以示解悗之意」,[31] 1913. 12. 5.

이처럼 자신은 강고한 의지로 망명을 단행했지만, 딸린 가족들의 고통에 대해서는 깊이 마음 아파하고 편하게 돌보지 못하는 것을 자탄하고 있다. 실제로 당시의 망명객들이 거의 모두 가족들을 동반하고 있었으며, 그들은 모두 이역의 위태한 삶으로 내몰리고 있었다. 그중에서 특히 백하는 문중의 어른으로 자신의 책임하에 60여 명의 권솔을 이끌고 망명했기 때문에 남달리 큰 부담감을 가지고 있었다.

이를 보면, 백하에게 가족은 가장 든든한 지지자이면서도 내면을 가장 괴롭게 하는 요소로 작용하고 있다. 그것이 그의 시에서 자아를 압박하는 요소로 작용하고 있다.

모든 자아는 급격한 변화를 두려워한다. 자아가 원하는 변화는 스스로 계획한 것이거나 통제할 수 있는 변화이다. 그러나 실제 삶에서 변화는 그 이상으로 격렬하게 일어난다. 이럴 때 자아가 반응하는 내용은

31 좀 길지만 이 시의 제목처럼 쓰여 있다. 번역하면 '정손의 묵은 병은 겨우 안정되었으나 당손의 가득한 열이 매우 심하다. 둘째 며늘아이의 현기증과 창손 어미의 눈병이 번갈아 서로 심하다고 하니 거의 아무도 온전하고 편안할 때가 없을 지경이다. 또 부엌살림의 군속함과 의복 마련과 길쌈 같은 일이 백 가지로 다 어려우니 때때로 원망하고 한탄하는 말을 한다. 이 때문에 일어나 시를 써서 한탄하는 뜻을 풀어 주었다.'라는 뜻이다.

서정적 장르인 시에서 비교적 진솔하다.

백하에게도 처음의 이별과 망명은 의도한 것이었고 예측 가능했을 것이다. 그러므로 망명 초기의 시들은 외적 자아의 성격을 가지고 있다. 이런 경향은 자신을 타인과 구별하여 자신답게 인식하는 사회적 자아상을 담고 있다.

箕聖遺冠尋在是	기자께서 남긴 복식 의관이 남았으나
夏田徑界井無稽	중화의 전제와 세법은 상고할 길 없구나
龍灣壯蹟中興業	용만의 웅장한 자취는 중흥의 기업인데
鴨水浮槎古渡迷	압수에 떠가는 떼배는 옛 나루를 잃었네

—「登縣樓回望平壤舊都」, 1911. 1. 9.

이런 반응은 조선의 전통적 지식인이며 외국의 강점에 대해 분개하는 지식인으로서 마땅히 가져야 한다고 전제된 감정의 표현이다. 그러므로 약간의 비장감과 지적 감회를 담을 수 있었다. 또한 망명에 대한 외적 선언과 현재의 감정이 동일하므로 자아가 인식한 인격적 일관성과도 합치한다.

그러나 망명생활에서 겪는 실제적인 고난과 기약 없는 이별은 자아에게 가혹하다. 초기 시 뒤로 이어지는 수많은 시들은 이별의 안타까움과 이별한 이에 대한 그리움을 간절하게 담고 있다. 석주의 부인이 된 누이 김우락(金宇洛)과의 작별을 노래한 시는 다음과 같다.

中饋澁腸盤白飥	점심으로 쓰린 속에 흰 국수 대접하는데
良辰無月雨靑天	좋은 날 달도 없이 하늘엔 비가 내렸지
吾衰爾病相憐地	나는 늙고 너는 병들어 서로 가련한 처지

回首歸程步不前　　귀로엔 안타까워 발걸음 뗄 수 없었네

— 1911. 8. 16.

사사롭고 내면적인 자아의 이런 당황스러움은 결국 이 고통의 원인을 찾고 탓하는 경향으로 나아간다. 일반적으로 자신이 아닌 다른 곳에서 원인을 찾아 스스로를 위안하는 것이 편하고 순조롭기는 하지만, 지식인에게 나타나는 많은 경우는 자책과 한탄의 정서이다. 백하는 망명 이후에 일어나는 많은 변화와 고난의 원인을 자기에게 돌리고 자책하는 내용으로 많은 시들을 창작하였다.

病殼相憐多骨處　　병든 사람이 여윈 몸을 서로 동정하나니
冬宵愈久有愁時　　겨울밤은 수심 겨워 더욱 길구나
除非喪性眞愚拙　　잘못을 버리려다 성정 잃은 참 멍청이
自賊其躬復怨誰　　내가 나를 해쳤으니 다시 누굴 원망하리

—「偶吟」, 1912. 12. 22.

누구도 원망하지 못하는 일이지만, 이미 일신에 닥친 고난은 예측하지 못하게 진행되고 있다. 그러나 백하는 자신이 예측하지 못한 일이라고 해서 외부의 원인을 탓하지 않고 스스로 자신을 해쳤다고 인식한다. 이렇게 되면 현재의 삶에 대한 애착이나 투지가 나타나지 않게 되므로, 백하의 만년 시들은 탄식조의 어법이 자주 나타나며, 심지어 죽은 이에게 살아 있는 자신을 곡하라는 안타까운 정서도 나타난다.

草草遼荒路　　거친 요동 황량한 길에
相逢已白頭　　서로 만나니 이미 늘그막이었지

共灑墟黍淚　　함께 망한 나라 보며 눈물 뿌렸고
同渡雨萍舟　　같이 부평처럼 배를 타고 건넜지
…　　…
早晩歸眞日　　조만간에 저세상에 돌아갈 때엔
謂君哭我斯　　그대가 여기 남은 나를 곡하시리라

— 「挽張杅城錫膺」, 1913. 12. 30.

다. 늙음과 우국의 정서

백하는 망명 당시에 이미 67세의 노령이었고, 아들과 손자가 광복투쟁의 지도자가 되고 증손자들이 태어나 성장하는 것을 보다가 망명지에서 70세에 별세했다. 그는 별세하기 전해에 자신의 늙은 모습을 시로 남겼다.

齒無當食舌呑之　　이가 없어 음식을 대해선 혀로 삼키니
飯粟如沙僅救飢　　조밥은 모래 같아 겨우 허기만 달래네
有物不知咀嚼味　　먹을 것이 있어도 씹어 맛볼 줄 모르니
下匙先攝軟柔腼　　부드럽고 연한 것에 수저가 먼저 가네

— 1913. 7. 5.

노년의 그는 망명지에서 실제로 활동적인 투쟁상을 보이지는 않았다. 『백하일기』에 따르면, 망명한 백하 우거에 조선으로부터 온 대부분의 중요한 인물들이 인사를 오고 중요한 의논을 하고 진지한 결정을 하고 있지만, 백하 자신이 그 논의의 중심에서 결정적인 역할을 하고 있지는 않다. 그는 다만 망명 사회에서 존로(尊老)의 위치에 있었으며 정신적인 지도자였을 뿐, 실제 광복운동의 기획과 실천은 다음 세대에게 위임하였다.

1911년 6월 29일에 망명지 추가가에서 학교 운동회가 열렸다. 그러나 노년의 그는 참석하지 못하였고, 매부 이상룡에게 시를 지어 주었다. 여기에는 자신의 늙음을 한탄하면서 실제적 활동에 나서지 못하는 안타까움이 잘 드러나 있다.

吾猶片月蹈東魯	나는 조각달 되어 동로를 두루 행할 터이니
君是長風破浪宗	그대는 긴 바람으로 큰 파도를 헤쳐 가게
圓滿高筵吾獨漏	원만하고 고상한 자리 나만 홀로 빠지니
不如歸故勸桑農	고향에 돌아가 권농함만도 못하리

— 「恨自外運動席」, 1911. 6. 29.

이 시에서 백하는 자신의 역할을 교육과 복고로 규정하였다. 그의 생애 전체에서 보아도, 백하의 광복투쟁을 진보적인 인식에 따른 것이라기보다는 복원의지에 따른 것이라고 설명하는 편이 온당해 보인다. 그러므로 그의 시들은 자신이 새로운 학문과 정세에 어둡다는 것을 가감 없이 드러내고 시세에 따르는 젊은이들이 노인에 대해 충분히 배려하고 있지 않다는 데 섭섭해하고 있다.

朱顔綠髮集團圓	붉은 얼굴 검은 머리 단란하게 모였는지
諧謔風流咫尺傳	해학이며 풍류소리 지척에서 들려오네
窮愁病禿不耐寂	수심에다 병든 노인이 적막함을 못 참아
扶杖尋聲暫就筵	막대 짚고 소리 찾아 잠시 자리에 들렀네
…	…
靑年惡習最惡老	젊은이들 악습에 늙은이를 싫어하지만
我之渠年何若焉	내가 저 나이에 어찌 이 같기야 했을까
但願加我六十九	다만 원컨대 나를 예순아홉 해 더 살게 하여

坐看渠輩到吾年　　저들 모두 내 나이가 되는 것을 보았으면

—「老人歎」, 1913. 1. 7.

백하의 시들 중에는 죽은 이를 조상하는 만시(輓詩)들이 많다. 당시의 지식인들이 대부분 만시를 많이 남기기도 했지만, 거의 의례적인 조문을 넘지 못했던 데 비해, 백하의 만시들은 자신의 처지를 겸하여 표현함으로써 진솔하고 절실한 작품들이 많다. 더욱이 70세가 되어서는 스스로 자신의 삶을 돌아보고 가까이 다가오는 죽음을 직시하는 노년의 통찰을 보이고 있기도 하다.

백하의 시들은 대부분 5언 또는 7언의 절구와 율시로 되어 있어서 단정한 짜임새를 보이고 있는데, 만시들은 유달리 장시(長詩)가 많다. 그만큼 죽은 이들과의 관계가 곡진해서일 수도 있지만, 자신의 상황을 비극적으로 인식하고 이를 만시에 투영한 경우가 많기 때문이기도 하다.

命矣無能躋上壽　　장수를 누리지 못했으나 천명일 것이니
誰之不若老遐荒　　누구라 이역 땅의 나만 못하다 여기리오
如今送死還爲慰　　이제 죽어 장사 지냄이 도리어 위로되니
猶勝人間活見藏　　세상에 살아 묻히는 것보다 오히려 나으리

—「挽仲涵査兄」, 1913. 1. 5.

백하를 비롯한 모든 독립지사들이 조국과 민족을 걱정하고 광복을 염원하는 데 신명을 바쳤다. 역사적 기억에 따르면 그들은 당연히 조국의 광복을 확신하고 승리의 전망을 가지고 있었다. 그러나 그런 확신과 전망이 반드시 내면적 기반을 든든히 가지고 있었던 것은 아닐 수도 있다. 백하 망명은 1911년에 시작되어 1914년 별세로 끝났다. 역사적으로

보면, 그 시기는 일본이 조선을 강점하고 식민 지배체제를 구축하던 시기였다. 아직 제국주의가 쇠퇴할 흔적은 나타나지 않았고, 도리어 세계는 제국주의 열강의 각축과 경쟁으로 대전의 기운조차 나타나기 시작하는 때였다.

그러므로 당시에 조선의 광복이 눈앞에 보였을 가능성은 적다. 백하는 노지사로서 이런 아득함을 남달리 절감했을 것이다. 오랜 전통과 문화를 가진 고향을 떠나서 수많은 일족과 추종자를 데리고 망명했는데, 독립의 기운은 점점 멀어지는 느낌이 백하를 감싸고 들었을 것이다.

처음 망명을 시작할 때는 일반적인 우국 정서가 자주 나타난다. 일본과 러시아가 동양의 근심거리이며 이를 중국과 함께 걱정하고 타개해야 한다는 의견을 보이고 있는 것이다.

中華時事日俄憂	중화의 걱정거리 일본과 러시아라
臨分脈脈難離恨	헤어질 때도 난리의 한던 그치지 않아
形語中間萬斛愁	형언하는 말 속에 근심이 만 섬일세

—「上座歡情劉候伴」, 1911. 4. 15.

백하와 지사들은 민족의 광복을 위해 힘을 기르고 지도자를 양성하려는 학교를 추가가에 세웠는데, 거기서 성장한 이들이 독립투쟁의 선봉에 섰다.[32] 그 학교를 처음 설립할 때 백하는 중심 지도자 중의 한 사람이었으며, 그 감회를 시로 읊었다.

---

32 이 학교가 후에 신흥중학교, 신흥무관학교로 발전하였다. 각 지부를 포함하여 전체적으로 신흥학교로 통칭되었다. 이 학교와 그 출신 인사들의 독립투쟁에 대해서는 서중석, 『신흥무관학교와 망명자들』, 역사비평사, 2001 참조.

聞說開新學　듣자 하니 새 학교가 열린다 하여
將孫午到芻　손자와 오후에 추가가에 이르렀네
歌因荊漸筑　노래는 형가와 고점리의 축소리요
人盡魯齊儒　사람들은 모두 노나라 제나라 선비라네
黑染悲衣制　검게 물들인 의복 제도 슬퍼도
丹心晒國憂　단심으로 나라의 우환을 밝히리

—「芻街歸路」, 1911. 5. 14.

또한 망명자들은 서로 의기를 격려하였다. 혹시 낙담하는 이들이 있을 경우에는 격렬한 토론과 행동으로 독립의 의지를 다잡기도 하였다. 1913년 7월 28일은 국치기념일이었는데 망명자들의 기념식에서 김준식의 부인 박씨가 연단에서 연설하고 자신의 손가락을 잘라 의지를 보였다. 이에 감동한 백하는 부인을 위한 시를 지어 자신을 돌아보았다.

그러나 망명지에서 이런 일은 자주 일어나지 않았다. 오히려 생활의 고달픔에 더하여 원수가 강성해지는 소문만이 무성하게 들려왔다. 점점 노쇠해지는 백하는 앞이 보이지 않는 광복투쟁에 아득한 감회를 드러낸다.

風花霜葉各分離　바람 불어 꽃 지고 서리 내려 잎 지듯이
亡國孤踪僅子遺　망국의 외로운 발길 홀로 버려졌도다
明社團欒餘舊夢　좋은 모임 단란했으나 부질없는 옛 꿈
溫泉行樂復何時　즐거웠던 온천 행락 언제나 다시 할까
西流歲月催殘景　서쪽으로 흘러온 세월 노년을 재촉하는데
東渡屐笻杳後期　동쪽 고국으로 돌아갈 날 까마득하여라

—「次李允奕韻」, 1912. 11. 28.

단지 고토 회복의 날만이 아득한 것이 아니라, 자신의 판단이 옳았

던가에 대한 끊임없는 자책이 자아를 억누르기도 했다. 그의 시는 만년에 이르러 더욱 자책이 깊어지는 모습을 보인다. 아래 두 시는 연속으로 경솔한 판단을 한 데 대한 회한을 드러내고 있다.

經秋病柵刑餘文　　성근 울타리는 해묵어 형벌 받은 모습이요
被雪寒山丈許肥　　눈 덮인 겨울 산은 한 자쯤이나 살쪘네
世亂常思貽後計　　혼란한 세상일수록 늘 후대를 걱정할지니
年衰方識以前非　　노쇠한 몸 이제야 지난 잘못을 알겠네

— 1913. 11. 15.

只憎平生迂滯見　　가증스러워라, 평생 쌓은 우활한 식견이여
朝舂將飯反炊沙　　금방 찧어 밥하려다가 모래밥을 지었네

— 1913. 11. 17.

(2) 한계 이승희의 한시

한계 이승희(韓溪 李承熙, 1847~1916)의 유고집 『한계유고(韓溪遺稿)』에 수록된 한시는 684수나 된다. 이 많은 시편들은 청년 시절부터 창작되어 70세로 별세할 때까지 계속해서 지어진 것이다. 한계는 1908년 러시아령으로 망명하여 중국령으로 옮겨 한흥동(韓興洞)을 개척하여 한인사회를 건설하고 한민학교를 세우는 등으로 활동하였다. 한계의 시 중에서 망명 이후에 지어진 것으로 판단되는 것은 130여 수인데, 그중에서 90수가량은 1914년 북경과 곡부를 다니던 시기에 지은 기행시가집인 『서유록(西遊錄)』에 실려 있다. 그러므로 한계의 시 중에서 망명 시기의 일반적 정서를 다룬 것은 40여 수이다.

가. 망명 이전의 우국적 정서

부친인 한주의 가르침 아래서 탁월한 유학자로 성장한 한계의 세계관이 현실적 확장을 이루는 것은, 그가 동양적 범위를 넘어 전 세계적 넓이로 당대를 이해하는 데에서 시작되었다. 한계는 당시 국내의 신지식인들이 읽고 영향받은 서양 역사책들을 읽었고, 그 각각의 책에서 받은 감동과 각성을 시로 읊었다.

孱王畏禍翻招禍	잔약한 왕은 화를 겁내다 화를 불렀고
世族肥身竟滅身	귀족들은 제 몸만 위하다 몸이 죽었네
慷慨死國高壽古	망한 나라의 강개한 장군 코슈스코[33]
如何露亞獄中人	어쩌다 러시아 옥중의 몸이 되었나

—「讀波蘭末年戰史」

卷舒闔闢乾坤手	펴고 감고 열고 닫음은 천지의 솜씨
進退炎寒冬夏身	진퇴하고 덥고 추움은 계절의 몸이라
却惜文明隨地限	아깝다, 문명이 땅의 한계에 국한되어
任他天主管斯人	천주를 저들께 맡겨 사람을 주관케 하네

—「讀美國華盛頓史」

그가 읽고 독후감을 시로 쓴 책으로는 『파란말년전사(波蘭末年戰史)』, 『미국화성돈사(美國華盛頓史)』 외에도 『법국혁신전사(法國革新戰史)』, 『나파륜사(拿破崙事)』 등이 있었다. 이런 종류의 서적들은 개화기에 역사 전기류

33 원문의 고수고(高壽古)는 고수사고(高壽斯古, 코슈스코)를 줄인 것인데, 이는 타데우스 코우치우스코(Tadeusv Kosciuszko, 1749~1817)의 음역이다. 그는 폴란드의 군인으로, 폴란드 분할에 반대하여 제정 러시아에 저항하다가 패배하였다.

우국계몽문학이라고 하여, 서양에서 있었던 일들을 당시 우리의 현실에 비추어 각성하고 계몽하기 위해 유통되던 책이었다. 한계는 이 책들을 읽으며 나라가 흥하고 망하는 원인을 찾고 이것을 우리 역사와 현실에 대입하면서 세계관을 확장하고 현실화하는 효과를 얻었다.

이런 각성된 세계관으로 현실을 바라보던 한계는 1905년 을사늑약 소식을 듣고 분연히 「청주적신파오륵약소(請誅賊臣罷五勒約疏)」를 올리고 이어서 「재청주적신파약소(再請誅賊臣罷約疏)」를 올렸다. 그는 상소를 작성하고 상소를 올리는 과정에서의 감회를 다음과 같이 시로 읊었다.

大義綱常五百年	대의로 강상을 지킨 오백 년 역사
后王一語發光鮮	임금님 말씀에서 신선한 빛 발하네
君而殉社臣死義	임금은 사직에 죽고 신하는 의에 죽어
青竹吾韓萬世傳	역사 속 우리나라 만세에 전하리라

—「十月小晦聞二十一日新報脅約事…」

綱常已墜國隨傾	강상이 추락하니 나라도 따라 기울어
萬木難支一厦傾	큰 집 기우는데 만 그루 나무로도 지탱 못 하네
如今一死猶無地	지금 같아서는 한 번 죽을 땅도 없으니
千古茫茫淚兩傾	천고에 아득해라, 눈물만 두 줄기

—「聞新約已被勒定痛哭有吟」

이 상소로 인해 그는 1905년 12월 25일 구금되어 이듬해 4월 8일까지 대구 감옥에 투옥되어 있었다. 그동안에 한계는 설날과 생일을 옥중에서 맞으면서 우국정신을 더욱 강하게 가지게 되었다. 한계는 그 후 국내에서 국권회복을 도모했으나 국운이 더욱 기울어 가자 결국 1908

년 러시아령 해삼위로 망명을 떠나게 되었다.

亂代慚儒拙	어지러운 시대 부끄러운 선비
暮途思遠遊	늙어서야 먼 길 떠나려 하네
河山九萬里	물 건너 산 넘어 구만리 길에
何處讀春秋	어디서 춘추를 읽을 수 있을까

—「是月二十日將去國渡海路上口呼」

나. 망명지에서의 우국과 감회

한계는 1908년 러시아령으로 망명하였다가 1909년 만주 길림성 봉밀산으로 옮겨 한인촌을 건설하고 공자정신을 구현하는 사회를 이루려고 노력하였다. 그해 윤2월에 손자가 태어났는데 한계는 6월에 아들 이기원이 와서 알려 주어서 알았다. 이때 쓴 시에는 기쁨과 함께 국치를 씻고 귀국하고자 하는 소망이 짙게 나타나 있다.

六十三初孫一兒	예순셋 초봄에 손자 하나 났는데
兒生五月始聞知	아이 난 지 다섯 달에 소식 들었네
洲爺宗嫡恩年值	한주부군 적통이 은년에 맞춰 났고
岡老源承夢感奇	한강선생 연원 이을 감몽도 기이해
吾家日月雙瞳照	우리 집 일월은 두 눈에 비치는데
大陸風雲一手麾	대륙의 풍운이 손을 들어 부르네
那得全邦湔大耻	어찌하면 온 나라 큰 수치를 씻고서
餘生携汝付書詩	여생은 너를 안고 시서를 가르칠까

—「中華密山府聞長孫生志喜」

망명지에서의 활동은 항상 불안정한 것이 일상이었다. 한계 역시 사정에 따라 이동하고 다시 정착하고 그러다가 형편에 따라 다시 이동하기를 반복하였다. 이런 생활은 당연히 매우 불편하고 괴로웠겠지만, 한계는 그런 괴로운 이동 가운데서도 나라의 수치를 씻겠다는 의지를 재삼 다짐하고 있다.

我是東西南北人	나는 동서남북으로 다니는 사람
昔來今去自無因	어제 와서 오늘 가니 정처가 없네
四載蜂山黃粟椀	사 년간 봉산에서 노란 조밥 먹었고
千程遼峀白雲隣	천리길 요동에서 흰 구름과 벗하네
綱常禮樂將何地	강상과 예악이 어느 곳에 있을까
猿鶴蛇虫又此民	금수인가 벌레인가 또는 이 백성인가
好將黃海無窮水	저 황해 무궁한 물을 듬뿍 떠 와서
淘盡寰區萬古塵	온 세상 오랜 먼지를 다 씻어 내고파

—「自密山府將移向遼東…」

한계의 망명동기가 국권회복이라는 것은 당연하거니와, 그가 회복하려는 국권의 성격에 대해서도 그는 자신의 시에서 정확하게 고백하고 있다. 중국을 포함한 동아시아에 개화가 시작되면서 외래의 풍조가 급작스럽게 들어오자 오랫동안 유지해 오던 화이론(華夷論)적 세계관에 균열이 생기고, 그 세계관적 불안정이 결국은 망국에까지 이르렀다고 보는 것이 당시 한계의 인식이었다. 그러므로 그는 왕조적 가치를 지키는 데 대해 적극적으로 찬동하는 태도를 보이고 있다. 이는 국내의 지사들을 만났을 때에도 그랬지만, 특히 한계의 경우 중국에서 뜻이 맞는 지사를 만났을 때는 더욱 적극적으로 문화회복의 의지를 드러내었다.

西潮掀大陸　　서양 풍조가 대륙을 흔들어
中華遂無君　　중화도 결국 오랑캐가 되었네
韙哉毅庵子　　곧으신 분 의암
百顚義如存　　백번 꺾여도 의를 지키셨네
誰知風雨夜　　뉘 알까, 비바람 부는 밤
一翰唱千門　　편지 한 장으로 천 문중을 깨움을
寂寞三箇字　　적막한 세 글자
敢托同聲云　　감히 같은 마음으로 의탁합니다

—「贈柳毅庵汝聖麟錫」

異國猶同國　　다른 나라지만 거의 같은 나라
今人亦古人　　요새 사람이라도 또한 옛사람
願合中韓俗　　원컨대 중국 한국 풍속 합하여
共期堯舜臣　　함께 요순의 신하가 되고저

—「曺佩之珍寶席上酬陳生」

그러나 한계의 많은 노력이 당시 야욕에 불타는 일제의 독수 앞에 실현되기는 어려웠다. 한흥동(韓興洞) 공동체 마을 사업도 실패했고, 덕흥보(德興堡) 황무지 개간 사업도 많은 어려움 가운데 결국 성과를 내지 못했다. 이미 68세로 연로하여 더 의욕적인 사업을 시작하지도 못하고, 일제의 세력이 점점 커져서 중국을 압도할 지경에 이르러 국권회복이 점점 아득해지는 상황에서 이국을 떠도는 망명객의 감회는 차차 쓸쓸해지고 있다.

平生擬作大鵬遊　　평생에 대붕처럼 유람을 하렸더니
溟海高風晩邦舟　　창해 높은 바람에 늦게 배를 띄웠네
頂上有天瞻日月　　머리 위에 하늘 있어 일월을 우러르나

眼前無地讀春秋	눈앞에는 춘추를 읽을 곳이 없구나
何年禾熟檀箕野	어느 해에 우리 들에 곡식이 익을까
窮宙源長洙泗洲	온 세상 긴 연원은 공맹의 도리인데
此夜諸君應未寐	이 밤에 그대들도 잠이 오지 않는지
一燈遙照萬今愁	저 멀리 등불 하나 고금을 근심케 하네

—「冬夜獨坐用山里諸益韻却寄」

(3) 석주 이상룡의 한시[34]

석주 이상룡(石洲 李相龍, 1858~1932)의 삶에서 그가 임청각의 종손이며 한 가족집단의 지도자였다는 사실은 한시도 분리할 수 없는 중요한 특징이다. 그렇다면, 석주 자신은 그가 그런 태생적 입장에 있었다는 것을 어떻게 인식했으며, 그로 인해 그의 인식과 반응이 어떤 작품으로 형상화되었을까 하는 것이 이 절의 관심이다.

가. 가족적 가치와 학문적 열망

먼저, 그의 시에서 볼 수 있는 것은 오랜 전통과 그것을 지켜 온 가족집단에 대한 긍지이다. 석주는 자신이 아름답고 오랜 가문의 계승자라는 사실을 다행하게 여기고 감사했으며, 그것을 자랑스러워했다.

非因玩好深藏置	사랑하여 깊이 간직함만 아니라
子敬青氈五世來	자경의 청전처럼 오 대째 전했으니

—「家藏梅花硯伏次竹塢府君韻」, 1889년(32세)

34 이 절은 김윤규, 「20세기 초 漢詩의 문학사적 성격 試論—石洲시의 경우」, 『동양예학』 17, 동양예학회 2007, 25~70쪽의 일부를 발췌하여 수정한 것이다.

花州形勝洛江涯	안동의 형승지 낙동강 물가에
第一高樓是我家	가장 높은 다락이 우리 집이지

— 「次韻示鄭聖紀聖環」, 1896년(39세)

南州第一好江山	남쪽 고을에서도 가장 좋은 강산
自幸吾身老此間	내 몸 여기 늙으니 참으로 다행스러워
喬木千年餘古色	교목은 천년 되어 고색이 창연하고
要津幾處起狂瀾	중요한 나루 몇 곳에는 물결이 일지

— 「臨淸閣同權冲逸」, 1905년(48세)

이러한 자부심은 임청각에 살던 젊은 시절에 지어진 시에서만이 아니라, 만주에서 모진 풍상을 겪고 만년에 이르러 마음이 쓸쓸해졌을 때에도 회상 모티브로 시에 등장한다.

六十年前丁卯運	육십 년 전 정묘년 운세
我家光景正無虧	우리 집 광경 참 이지러짐 없었네
高堂慶賀觥千壽	고당엔 천수를 축원하는 술잔
上舍恩榮笛一枝	상사부군 영광은 한 자루 피리

— 「丁卯除夕」, 1927년(70세)

그러나 이런 자부심은 또한 당연히 큰 부담감으로 작용하기도 했다. 종손으로서 가문을 보전하고 계승해야 한다는 부담과, 더욱 노력하여 발전시켜야 한다는 의무감도 시에 드러난다.

이런 부담감은, 만주에 망명한 뒤부터는 결과적으로 자신의 임무를 완수하지 못했다는 자각으로 돌아와 시적 자아를 괴롭게 하고 있다. 더 크고 중요한 일을 자임하였지만, 자신에게 맡겨진 종손의 임무도 결코 가벼운 것이 아니었고, 많은 종중과 가족들이 자신에게 기대한 일 역시 작은 부분이 아니었다는 것이 시인에게 압박으로 작용하고 있다. 이런 경향은 망명 초기로부터 석주 만년으로 갈수록 더 강하게 드러나고 있다.

元朝五十五番新	설날은 쉰다섯 번째 새로 밝아 오는데
此日堪悲去國身	오늘은 나라를 떠난 몸 슬픔만 더해지네
萬壽蓬宮回寶甲	얼기설기 엮은 초가 설날은 오는데
百年楸壟廢精禋	묵으신 선영에 제사도 못 지내네

— 「元朝」, 1912년(55세)

藉享人間中上壽	사람으로는 이만하면 상수를 누렸지만
崦嵫前途能幾遙	늙어 가는 앞길이 얼마나 될까
卄世先廬淸洛岸	이십 대 살아온 낙동강 가 우리 집
廟門空鎖香火廢	사당 문 비워 잠그고 제사조차 폐하였네

— 「思故鄕」, 1924년(67세)

이런 종족애와 애착은 특히 형제와 자제에 대해서는 더 진하게 나타난다. 원래 석주 삼 형제분의 우애는 남다른 바 있었거니와, 이역에서 고초 중에 있을 때나, 적의 겁박을 당해 고난 중에 있을 때는 더 절실하게 표현되었다. 이들 중에서 처음의 것은 망명 초기 가족의 이산을 경험하면서부터이다.

最念葡山山下屋	가장 염려되는 것은 포산 산자락 집이니
寒飢稚們色凄凉	춥고 주린 아이들은 안색도 처량하리

— 「送兒歸故里」, 1912년(55세)

隣寓歡情無遠近	이웃에 와 사니 원근 없이 기쁘지만
貧家小酌有凶豊	가난한 집 작은 술잔엔 흉풍이 있구나
最憐禮拜葡山屋	애련한 것은 포산 집에서 절하면서
長禱阿兄壽域中	늘상 우리 형님 오래 사시라고 빌던 일

—「甲子生朝吟示尺西」, 1924년(67세)

특히 함께 왜적의 고초를 겪은 아우가 감옥에 갇혔다가 풀려났다는 소식을 들은 뒤 지은 시에서는 아우에 대한 지극한 걱정과 함께 석방된 데 대한 통쾌한 감정이 숨김없이 드러난다.

軒然風度藹乎言	헌헌장부 풍채에 아름다운 말솜씨
印在心頭不暫諼	마음에 깊이 새겨 잠시도 잊지 못해
大被無期勞夢想	무기징역 받았다고 걱정도 많이 했고
遠郵多戒阻寒暄	멀고도 경계 많아 춥고 더움 몰랐었네
愚民做犬行貽孼	어리석은 백성은 주구 되어 해 끼치고
妖敵如狐攝去魂	여우 같은 요망한 적 혼백을 홀렸었지
若聞阿姪還家報	내 조카들 집에 갔단 소식을 듣는다면
方釋衰年懸念煩	비로소 이 늙은이 큰 근심을 놓겠네

—「聞健初出監之報次德初寄示韻」, 1920년(63세)

이처럼 석주의 생애 전체를 통해, 그 자신이 대가문의 종손이며 그 전통의 계승자라는 자기인식과, 그 문중과 가족의 소망을 진 존재라는 부담감은 몸에서 떠나지 않았다. 망명 전 국내에서 생활하던 때는 그것이 큰 자부심의 원천이고 실제로 그런 전통의 계승과 발전을 위해 노력하였지만, 국권이 침탈되고 솔가 망명을 한 뒤로는 도리어 걱정을 더하게 하는 요인이 되었다. 이런 경우 세계는 우호적 외양을 하고 있으나 자아에게 도덕적 압력을 가함으로써 자아의 자유를 제한하고 있다. 석주는 자신의 이런 처지를 깊이 비관하거나 무거워하지는 않았으나, 자아의 깊은 곳에서 자신을 책하고 벌하는 태도를 견지하여 이 부담감을 표현하고 있었다.

男兒老矣已玆筵	남아 늙었도다, 벌써 이 잔치라니
萬事人間擲牝玄	인간 만사는 현빈을 던져 버리고
彩舞重堂如昨日	어른 앞에 색동옷 춤 어제 일 같은데
漂流異域幾多年	이역에 표류하기 하마 몇몇 해런가
家貲洩盡尾閭海	재물이 새는 것은 밑이 새는 바다 같고
時運回遲睡國天	시운이 느린 것은 잠자는 하늘 같네
鑄合六旬成一錯	육순의 세월 녹여 잘못 하나 이루었으니
壽盃當替罰盃傳	축수의 술잔은 벌주잔으로 대신하세

—「六十一初度次尺西韻」, 1918년(61세)

吾生負債憑誰償	내 삶의 부채는 누구 덕에 갚으리
塘草餘春尙少年	연못 풀잎 남은 봄은 아직도 소년인데

—「壬戌元旦吟示尺西」, 1922년(65세)

학문적으로, 석주는 19세이던 1876년 서산 김흥락(西山 金興洛)의 문하에 들어갔다. 그는 안동 검제 서산의 집에서 동문들과 학문을 강론하였으며, 보인계(輔仁稧)와 우향계(友鄕稧)에 가입하였다. 1884년 갑신정변으로 발표된 갑신변복령에 대해서는 안동의 유생들과 더불어 상소를 준비하기도 했다. 그는 1886년 과거에 응시한 뒤 과거의 길을 접고 성리학 공부에 매진하였다. 그리고 이때부터 스승에게 입지(立志), 지경(持敬), 격물치지(格物致知) 등에 대해 질문하고 강토하면서 자신의 철학사상을

정립해 나갔다.[35]

그러나 그의 성리학적 탐구는 오래 지속되지 못하였다. 일제의 간계로 국권이 위태해지는 와중에 지식인으로서 국가의 쇠망을 보고 있을 수만은 없는 역사적 책무가 자각되었다. 석주는 1904년 서울에서 충의사(忠義社)라는 재야유림과 재경관인의 연계조직에 서명한 것으로 보이며, 1905년 거창의 차성충(車成忠)을 방문하고 1906년 가야산 의병기지 건설을 시도하면서 현실에 적극적으로 반응하는 지식인의 모습으로 변화하였다.

1895년부터 1896년 사이 안동에서 왕비 시해에 항의하는 의병전쟁이 일어나고, 안동 유림이 대대적으로 의병화하였다. 이 과정에서 석주는 의병진의 중요한 역할을 맡았던 것으로 보이며, 전쟁에 참여하는 동안에 학자로서의 추구가 현실의 삶에 부딪치는 경험을 하게 되었다. 이 전쟁이 한 번의 승전과 참혹한 패전으로 끝나고, 석주는 다시 임청각 또는 도곡에 은거하면서, 단순한 학자가 아니라 현실에 참여하는 지도자의 앞길에 대해 생각을 정비하게 된다. 그렇지만 학문적 추구에 대한 소망과 미련은 여전히 그의 마음을 잡고 있고, 끝까지 학문적 성실함을 지속하지 못하는 것에 대한 부담은 시 속에서 탄식하는 자아로 나타나고 있다.

靑雲路上初無念	청운의 길이야 본디 마음 없었지만
黃卷堆中晩有期	책더미 속에서 늙으리라 기약했지
萬事如今身老也	만사가 이 모양에 몸은 늙어 가는데
屠蘇不醉復何爲	술에라도 취해야지 다시 또 무엇 하리

—「己亥元朝」, 1899년(42세)

35 김정미,「石洲 李相龍의 독립운동과 사상」, 경북대학교 박사학위논문, 2001, 21쪽. 이하 석주 연보에 관한 것은 이 연구를 참조하였다.

1899년에 서산 김흥락이 별세한다. 서산은 단순히 석주의 스승일 뿐만 아니라, 석주 진외가의 어른이었으며,[36] 정재학통의 지결을 이어받아 영남 유림의 종장이 되었으며, 그 문하에서 수많은 유학자와 우국지사를 배출한 당대 유학의 사문(師門)이었다.[37] 석주는 이미 20여 년 전부터 그러한 서산에게 수학하고 질문하고 있었고, 많은 지식과 판단을 그로부터 영향받고 있었다. 이런 서산의 별세에 대해 석주는 8수의 만시(輓詩)를 통해 자신의 애통함과 존경심을 나타냈으며, 그 속에서 자신이 학문적으로 아직 대성하지 못함에 대한 안타까움과 송구함을 보이고 있다.

吾生幸及大賢門	내 다행히 대현의 문하에 들어
廿載摳衣奉緖論	이십 년 공경히 가르침을 받들었지
却愧愚蒙材智下	어리석고 재주 없음 문득 부끄러우니
塵塵無望報師恩	이 땅에서 스승의 은혜에 보답할 가망 없네

—「西山先生輓」, 1899년(42세)

이후부터 석주의 생애는 학문적 추구의 길로만 설명할 수 없게 되었다. 그는 너무나 무겁게 지워진 지식인의 책임을 통감하고 있었고, 자신의 삶을 민족의 공기(公器)로 내놓을 준비와 실천에 온 생애를 바쳤다. 물론 그가 이렇게 유학자에서 우국투사로 변신하는 과정은, 그가 초기에 이미 학문과 실천에 대해 지행합일(知行合一)을 생각하였고, 그 생각을 실천하기 위해 수많은 자문과 숙고를 거쳤으며, 그의 스승과 동문

36 서산의 누이가 석주의 조모 의성김씨였으니, 서산은 석주의 진외종조부였다.

37 서산 문하에서 수학한 분들 중에서 독립유공자로 포훈된 인원이 서산 가족과 직계를 제외하고 29인이었다(김희곤, 「서산 김흥락의 독립운동과 그 여맥」, 『한말 퇴계학통의 정맥 서산 김흥락』, 안동독립운동기념관, 2000 참조).

들과 수많은 유림 선후배들이 함께 우국투쟁의 길에 나선 것으로 설명될 수 있다.

그러나 석주는 끝까지 자신이 한 사람의 서생이라고 주장하였다. 이런 생각으로 그는 무장투쟁의 지도자이면서도, 군무(軍務)에 관한 한 양규열, 김동삼, 이청천 등의 정예한 지도자에게 책임을 지웠다.[38] 석주의 이런 생각은 망명생활을 정리하여 스스로 읊은 시에서 드러난다.

吾非勇士是書生	나는 용사가 아니고 서생이라서
事業難期智力成	지력으로 사업을 이루기 기약 못 해

—「滿洲紀事」, 1924년(67세)

我是文人非武士	나는 문인이지 무사가 아니니
泰山豈合委僬僥	태산을 어찌 난쟁이가 맡을까

—「思故鄕」, 1924년(67세)

이해는 석주 자신이 상해 임시정부의 국무령으로 추대되어 복잡하고 어려운 국정을 맡은 해이기도 하지만, 이미 칠십이 가까운 고령으로 평생을 풍찬노숙하면서 조국광복의 길을 찾아 온 노선비로서, 자신의 생애를 정리하는 자리에서 나온 표현인 만큼, 결국 석주는 자신을 한 서생(書生) 혹은 문인(文人)으로 받아들이고 있었음을 알 수 있다.

석주는 70세가 넘자 실제적인 광복투쟁에서 한발 물러나 자신의 일생을 돌아보며 은거하는 삶으로 돌아간다. 그러나 이미 학문적 연마에서는 벗어나 있고, 독서와 시작(詩作)으로 소일하게 된다. 물론 석주는 학

38 김정미, 앞의 논문. 145쪽.

자로서의 성취를 이룰 수 없는 것에 관해 스스로를 설득할 수 있는 논리를 가지고 있었다. 그에게는 사적으로 학자가 되는 것보다 공적으로 조국의 광복에 몸을 바쳤다는 논리가 있었기 때문이다. 그러나 학문의 길에서 벗어났다는 것은 평생 그에게 그 길로 돌아가야 한다는 의무감으로 작용하였다.

茆屋三間書一架	띠 집 세 칸에 책 한 시렁
林翁隱此避塵氛	임옹처럼 은거하여 속기를 피하노라

—「搬寓小城子」, 1930년(73세)

風牕氷壁野中家	바람 창에 벽이 어는 들 가운데 집
獨坐寒宵等槁査	찬 밤에 홀로 앉으니 마른 나무 같아
自信靜功參造化	스스로 믿노니 공부가 조화에 이르면
丹田漸暖放春華	단전이 따뜻해지면서 봄꽃을 피우리

—「冬夜靜坐」, 1930년(73세)

이런 의무감은 그가 실제 삶에서 추구했던 현실적 생애와 긴장관계에 있어서, 결국 완수하지는 못하고 부담만 주고 있었다. 석주는 만년에 이르러 자신의 임무가 대를 이어 수행되었으면 하는 소망을 노래하는 쪽으로 이 긴장을 정리하였다.

六歲小孩偏嗜書	여섯 살 꼬마가 글을 매우 좋아하여
能通漢字半千餘	능히 한자 반천여 자를 안다
箕裘世業吾身替	선대의 세업에 나를 대신하여
重擅文聲倚望渠	문명 거듭 떨치기를 저에게 기대한다

—「曾孫道曾六歲頗穎悟試之以書能解五百餘字把筆成字樣」, 1930년(73세)

나. 국가 상실과 광복의 어려움

석주의 일생을 그의 사적(私的) 생애와 공적(公的) 생애로 나눈다면 그 전환기는 1895년경이 될 것으로 보인다. 이해에 그는 외숙 권세연이 주도하는 의병진의 거사에 참여하였으며, 이 의병전쟁 이후 자신의 활동 범위를 가문 및 세의가(世誼家) 위주에서 전국적인 의거활동가로 넓히게 되었다.

그러나 실질적으로 석주가 국가의 위기에 적극 대응하는 것은 1904년 이후이다. 이때부터 1908년 말까지 차성충과 연계된 가야산 의병기지 건설을 시도하고 의병활동에 참여하였다. 이 시기에는 지난 1895년의 의병활동을 반성하고 좀 더 장기간의 계획과 거병전술을 시도하였지만 실제로 구체적인 전과를 보이지는 못했다. 그러나 시에서 나타난 것은 시국에 대한 현실적 위기감과 대응의 절박함이었다.

莫言我輩無官守	우리는 관직 없다고 말하지 마오
頭上分明雨露均	머리 위에 분명히 우로가 똑같으니
…	…
沈沈永夜何時曙	침침한 긴 밤은 어느 때 새려는지
悔不芳齡讀武書	젊어서 무서 안 읽은 것 후회가 되네

—「無題」, 1905년(48세)

관직을 가지지 않았으니 나라의 위기에 죽을 의리가 없다는 것은 무책임한 발상이라는 것이다. 그러므로 나라의 은혜는 누구에게나 다를 것 없고, 무기를 들고 싸움에 나서야 할 의무는 누구에게나 있다는 깨달음을 노래했다. 이런 논리는 당시의 우국지사들이 공통으로 가지고 있는 것이었다.[39] 물론 유학자가 전술에 대한 소양이나 지식이 있지는 않았겠지만, 석주의 경우는 다른 사람보다 다양한 경험과 지식이 있었다.[40] 또한 시에서 무력에 대한 필요를 노래했다는 것도 그가 앞으로 닥쳐 올 무력투쟁의 가능성에 대해 회피하지 않고 정면으로 대응하겠다는 의지를 보인 것으로 읽힌다. 이런 태도는 그가 지난 시간 동안 사적(私的) 생애에 골몰해서 민족적 필요에 수응하지 못하고 있었다는 반성으로 귀결된다.

今年四十九　　내 나이 올해 마흔아홉
從此悟前非　　이제부터 지난날의 잘못을 알겠네

―「伽倻山車晟忠家餞歲」, 1906년(49세)

오십에 지난 사십구 년의 잘못을 알았다는 것은 유학자들이 자주 인용하는 논어의 구절이다. 석주는 이때 가야산의 차성충에게 가서 해를 넘기면서 지난 세월 한정적이었던 생각의 폭을 넓히고, 을미년 거병의 전술적 실수도 반성하였다.

이런 점에서 석주에게 크게 영향을 준 사람으로 백하 김대락은 특별한 위치를 차지한다. 개인적으로 석주의 손위 처남이기도 했던 백하는, 13년이나 되는 나이 차이를 넘어 평생의 지기로, 동지로, 때로는 앞길을 깨우치는 지도자로 석주의 생애에 깊은 흔적을 남겼다. 백하는 1906년 도곡으로 석주를 찾아와 머물면서 당시의 정세와 선비의 대응에 대해 많은 이야기를 나누고 생각을 주고받은 것으로 보인다. 석주는 이때 깨

39 崔益鉉, "亂賊人皆討 何須問古今"(與金箕述)(노인숙, 『면암 최익현 한시 연구』, 국학자료원, 2002에서 재인용).

40 석주가 1894년 도곡에서 연노(連弩) 발사 실험을 했으며, 병법서 「무감(武鑑)」을 썼다는 것은 당시의 유학자로는 특별한 예가 될 수 있다(『石洲遺稿 後集』, 「武鑑」).

달음과 결심을 자주 노래하였다.

醉夢人間子獨醒	꿈처럼 취한 세상 당신만 깨었는데
山門相過喜逢迎	산문으로 찾으시니 반갑게 맞이합니다
無常勝敗棋邊國	승패는 무상하여 장기판 같고
有數窮通命裏星	궁통에 운수 있음은 운명 속의 별
塵蠹自慙詩禮縛	벌레처럼 시와 예에 묶였음이 부끄럽고
桑龜須戒笑談輕	담소를 가볍게 하는 것도 경계합니다
白頭會合前期闊	백발로 만났으니 앞날이 아득한데
多謝天公雨打庭	고맙게도 상제께서 비를 내려 붙잡으시는군요

—「陶谷寓舍與金賁西共賦」, 1906년(49세)

1907년에 안동 천전리에 협동학교가 세워지고 서울에서는 대한협회가 설립되었다. 가야산 의거계획에 몰두하고 그 후속 일을 하느라고 협동학교에 전적으로 참여하지 못했던 석주는 1908년 대한협회 안동지회를 구상하여 1909년 3월에 설립하였다. 그러나 나라는 1910년에 망하였고, 향산 이만도(響山 李晩燾, 1842~1910) 같은 석주의 선배는 자결하였다. 그 만사에서 "우리나라 선비들은 모두 노예가 되었습니다[東土衣冠胥化奴]"(「만향산이공만도(輓響山李公晩燾)」)라고 탄식하던 석주는 다른 만사(輓詞)나 술회시(述懷詩)에서는 더 직접적인 표현을 쓰고 있다.

擧目山河異昔時	눈을 들어 보니 산하는 예와 달라
靑丘無地可停輀	청구 땅 어디에도 상여 멈출 곳이 없네
英靈倘化韓魂鳥	영령께서 대한혼을 가진 새 되시면
秋月他宵舞水湄	다른 밤 가을 달 아래 물가에서 춤추시리

—「輓李正言仲寬中彥」, 1910년(53세)

南山有狐　　남산에 여우 있어
遇者迷魂　　보는 이 혼을 빼네
韓氏之子　　한씨의 아들들은
病魘惛惛　　꿈인 듯 혼미해져
迭據迭娓　　기대는 듯 꼬이는 듯
式繁其群　　그 무리도 많아라
武夫袖手　　무부는 팔짱을 끼고 있으니
孰蕩妖氛　　그 누가 이 요사스런 기운을 씻어 내리

—「李君起馥以鳳兮詩四章見寄…」, 1910년(53세)

이러한 분개는 결국 망명으로 이어진다. 이미 54세의 적지 않은 나이였지만, 석주는 "영웅 남아 어떻게 해골을 아끼라[焉有英男愛髑髏]"라고 선언하고 "태평세월 그날이 오면 돌아와 머물리라[昇平他日復歸留]"(「거국음(去國吟)」)고 결심하였다.

망명 이후의 고초는 이전에 상상하지 못하던 것이었다. 1910년에 먼저 망명하였던 백하 김대락 등의 도움과 인도를 받았지만, 당면한 추위와 고난은 "찬 침상에 얼어붙어 사람 몸이 아닌 듯하다[氷牀凍作別人身]"(「회인현북산임공택위잠류지계(懷仁縣北山賃空宅爲暫留之計)」)라고 할 정도로 고통스러웠다. 그러나 그는 의지를 굽히지 않았는데, 투쟁을 향한 표현이 국내에서보다 더 직접적이고 구체적이다.

吾輩若無眞目的　　우리에게 참으로 목적이 없었으면
何心臥此瘴江邊　　무엇 하러 장기 낀 이 강가에 누웠으리

—「鄒家街拈楚亭集中韻示賁西丈」, 1911년(54세)

未死難忘惟一事　　죽지 않고서는 잊을 수 없는 한 가지 일

腰間時吼怒龍光	허리춤 용천검이 때때로 우는 일

—「大牛溝秋夜」, 1911년(54세)

그러나 혼신의 노력에도 불구하고 독립의 희망은 보이지 않았다. 반드시 조국의 광복을 보겠다는 자아의 의지는 변함없이 투철했지만 세계의 질서는 호락호락하지 않았다.

가장 직접적인 적이었던 일제는 교활하고 강력해서 우리 투사들에게 힘에 겨운 상대였다. 경신년 청산리 전투에서 큰 피해를 입은 일제는 발악적으로 한인에 대한 보복을 단행하였다.[41] 석주는 일본군에 대해서는 직접적인 표현으로 적개심을 드러내고 있다.

倭騎跳踉兩旅團	왜놈 기병대 날뛰는 두 개 여단
所遇屠殺血成瀾	만나면 사람을 죽여 피가 물결을 이루네
貫盈爾罪天應厭	차고 넘치는 너희 죄 하늘이 미워하사
惡報昭昭待後看	나쁜 짓의 대가를 후일 똑똑히 볼 것이다

—「聞日兵所過燒殺延琿等地盡火灰塵」, 1920년(63세)

또한 만주에 정착하고 생계를 해결하는 데 있어서 중국의 존재도 괴로운 짐이었다. 중국은 초기에는 조선인의 입국을 반겼지만, 너무 많은 조선인이 만주의 질서를 위협할까 하여 입국을 통제하기도 하고, 중국 국적으로 입적하는 문제로 조선인을 통제하기도 했다. 또한 때때로 일본과 협력하여 우리 독립지사를 체포하거나 토벌하기도 했고, 중국인 마적들은 우리 요인을 납치하여 돈을 요구하기도 했다. 이역에 표랑하

41 경신참변을 말한다. 이에 대해서는 신주백, 『만주지역 한인의 민족운동사』, 아세아문화사, 2000, 56쪽 참조.

는 것이 당연히 어려운 일이기는 했겠지만, 나라를 회복하기 위해 망명한 석주에게 이런 고통은 세계의 압박으로 인식되었다. 석주의 시는 이런 중국의 처사를 지적하고 규탄하였다.

假道已愚復藉兵	길 내준 것도 어리석은데 병력까지 빌려주니
華人酣夢幾時醒	중국 사람 깊은 꿈은 어느 때나 깨려나
明知漲溢韓僑血	분명히 알지어다, 넘쳐 나는 한인 교포들의 피가
他日橫流入北京	다른 날에는 갑자기 북경으로 흘러갈 것임을

—「聞敵魁交涉北京得許十三縣自由行軍…」, 1920년(63세)

광복을 위해 투쟁하는 처지에서 적의 강성함 못지않게 괴로운 것은 동포들의 분열이었다. 그중에서 가장 큰 것은 임시정부 내부의 분열이었다. 임시정부에 참여한 독립운동 각파 중에서 독립의 완급에 대한 이견부터, 독립을 위한 방책으로 타국 특히 미국의 외교적 배려를 청원하는 문제에 이르기까지 내부의 분열은 끝이 없었다. 석주는 외교론에 대해서는 분명히 반대하는 뜻을 시에서 보였다. 그러면서 별세할 때까지 동포 단결의 외침을 그치지 않았다.

試問通治委任願	물어보자, 통치를 위임한 것이
何殊保護籍隣邦	이웃나라 보호국 되는 것과 무엇이 다르냐

—「滿洲紀事」, 1924년(67세)

有口皆爲警世鍾	입 있는 자 모두 경세종이 된다고
滿場聲浪海潮同	만장에 큰소리쳐 파도 소리 같았네

—「除夕次尺西」, 1924년(67세)

呼馬呼牛都可應　　　마소를 불러도 모두 다 대답이 있는데
只稀吾族合群圓　　　다만 드문 것은 우리 동포 단결하는 것

—「次韻示南友亨祐」, 1925년(68세)

死生亦大民奚罪　　　죽고 삶이 또한 큰데 백성이 무슨 죄냐
內外相聯黨可成　　　안팎이 연합하면 무리를 이룰 것을

—「除夕見一松書」, 1925년(68세)

新朝祝禧無他語　　　새해 아침 축하에 다른 말은 없나니
結社團圓宿憾融　　　결사 단결 깊은 유감 더욱더 깊어

—「元朝」, 1926년(69세)

석주는 일찍이 국가의 위기를 보고 자신이 추구하던 목표를 바꾸었다. 그것은 고난에 찬 것이었고 개인적으로 불리한 것이었지만, 이미 해골을 아끼지 않겠다고 결심한 이상 안타까울 것도 없는 결단이었다. 그러나 국가의 대운은 석주 한 사람의 결심과 헌신으로 바꾸기에는 너무 기울어 있었다. 나라는 회복불능으로 망해 갔으며, 망한 나라는 쉽게 회복되지 않았다. 일본은 자꾸 강성해졌고, 중국은 협조는커녕 적대적이기도 했으며, 동포의 단결조차 용이하지 않았다. 이런 겹겹의 압박이 석주 개인에게 겹쳐 오면서 자연인으로서의 노경이 다가왔다.

다. 인간적 한계와 극복의 소망

조선 말기에서 일제시대까지 75세를 산 석주의 생애는 당시 조선인의 평균수명보다는 긴 것이었다. 그러나 그의 일생은 다른 사람과 달리 거대한 세계의 압박 앞에서 혼신의 힘으로 재편을 시도하는 싸움이었다.

가족을 이끌고 망명길에 오른 54세도 이미 당시 사회에서는 노인의 나이로 여겨지는데, 이때부터 새로 시작한 투쟁에서도 석주는 늙음을 잊은 정열로 무장투쟁의 지도자가 되었다.

그러나 어떤 경우에도 개인으로서의 종말은 오게 되어 있고, 누구도 계획한 일을 다 이룰 수는 없다. 석주처럼 대자아를 위해 살아온 경우에는 그런 아쉬움이 더욱 크게 남는다. 실제로 석주가 자신의 늙음을 탄식한 시들은 망명 초기부터 나타나고 있다.

早晩時機應到手	머지않아 시기가 우리 손에 이르리니
只嫌鬢髮異前年	다만 살쩍머리가 작년과 달라 걱정이네

—「甲寅元朝」, 1914년(57세)

望七衰年惜別情	일흔을 바라보는 쇠한 나이에 석별하니
不須揮淚使人驚	눈물을 뿌려서 남을 놀라게 할 것 있나
古來却老虛求藥	예로부터 불로하려 헛되이 약을 구했지만
何日昇平共醉觥	태평세월 언제 만나 함께 취해 보겠는가

—「和寄李晩樵」, 1917년(60세)

이어진 석주의 개인사는 간난 속에서의 강고한 의지, 그 의지에 반하는 다양한 고난과의 치열한 싸움이었다. 그 싸움이 아직 끝나지 않았는데, 자아의 자연적 나이가 점점 많아진다는 것은 의지적 자아에게 가해지는 세계의 횡포였다. 이치상으로는 자연스럽게 늙어 갈 수밖에 없다 하여도, 하고 싶은 일이 많고 이루지 못한 사업이 있는 자아에게 늙음은 지나치게 빠른 것으로 인식된다.

愁邊鬢髮千莖雪　　수심 끝 귀밑머리는 눈처럼 흰 천 줄기
病裏筋骸一葉風　　병 속에 근골은 바람에 나부끼는 낙엽

—「甲子生朝吟示尺西」, 1924년(67세)

無情最是星星髮　　가장 무정할손 성성한 머리털
斷送韶華不復榮　　봄기운 잘라 보내도 다시 꽃피우지 못하리

—「冬至夜口占」, 1924년(67세)

어떤 경우에나 늙음은 한스럽지만, 타향에서 고향을 그리워하는 경우나 가족을 그리워하는 경우에 그 한스러움은 더 절실하게 표현된다. 석주의 경우에는 시간이 흘러가면서 그런 한스러움이 점차 체념과 정관으로 변해 가는 모습을 보이고 있다.

先搬要做後搬機　　먼저는 살기 위해, 나중에는 형편 때문에 이사하니
窮鬼揶揄萬事違　　가난 귀신이 농간하여 만사는 다 어긋나
七十衰齡分別苦　　칠십 노령에 서로 헤어져 고생하니
二千餘里信書稀　　상거 이천 리 서신조차 드물구나

—「寄尺西」, 1927년(70세)

世業隳壞天敢怨　　대 이은 유업 깨어지매 하늘을 원망했고
殊方流落歲頻飢　　이역 타관 유랑할 제 해마다 기근이라
旣衰且病吾靡及　　이미 늙고 병든 몸은 어쩔 수 없거니와
只望兒孫福若茨　　다만 바라노니 아들 손자 복 많이 받기를

—「丁卯除夕」, 1927년(70세)

석주 같은 대인에게도 어김없이 찾아오는 늙음은 결국 자아를 체념

에 빠뜨린다. 많은 시인들이 자신의 늙음을 한탄하는 시를 지었고, 대부분이 그런 한탄과 한계감에서 벗어나지 못하였다. 석주는 노경에 자신의 늙음과 이국에서의 외로움을 정직하게 표현하였다.

八旬臥病餘暉薄	팔순에 병들어 누웠으니 남은 정채 희미하고
萬里懷鄕歸夢遲	만리 밖 고향 그려도 돌아갈 꿈 더디어라
世事談笑心緖亂	세상사 말하려도 마음자리 어지러워
不如長飮醉無知	차라리 술 취하여 모르기만 못하여라

—「齊溥泉遇周約余九日登高等候不至」, 1931년(74세)

자아에게 가해지는 세계의 횡포는 누구에게나 부당하게 인식된다. 그러나 대부분의 개인은 그런 횡포를 당연한 이치로 수용하거나 자연의 섭리라는 방식으로 일반화하여 굴복한다. 이런 세계와의 대립에 가장 주관적으로 대응하는 개인이 시인이라고 할 수 있다. 서정양식인 시는 본질적으로 세계의 질서를 주관적으로 재해석하는 태도를 가지고 있기 때문이다. 그러므로 시는 세계의 횡포를 극복하는 힘을 가지고 있게 마련이다.

적이 국가를 강점한 상태에서 그 독립을 위해 싸우는 사람은 세계의 횡포에 굴복하지 않는 사람이다. 자아가 사랑하는 나라에서 그 나라의 사랑을 받으면서 살고 싶은 것이 자아의 욕구이다. 만약 어떤 힘이든지 이런 욕구를 억압한다면, 그것은 자아에게 부당한 개입자이다. 독립지사는 바로 이런 부당한 개입을 용서하지 않는 사람이다. 그러므로 시인이자 독립지사인 석주의 시에서는 세계의 부당함에 대한 태도가 명확하게 나타날 것이고, 그 극복을 위한 자아의 의지가 드러나게 되어 있다.

1910년 적이 결국 나라를 삼키자 향산 같은 이는 자결했고, 수많은 동지 선배들이 순국 또는 거의했다. 그중에는 적의 통치를 벗어나 국권 회복투쟁을 위해 만주로 망명하는 이들도 있었는데, 석주도 망명을 선택했다. 망명하는 마음은 그의 시 「거국음(去國吟)」에 표현되었고, 분개하는 마음과 결연한 의지는 곳곳에 드러났다.

旣奪我田宅	이미 내 밭과 집을 빼앗았으며
復謀我妻孥	다시 내 처자를 노리고 있구나
此頭寧可斷	차라리 이 머리 자를지라도
此膝不可奴	이 무릎은 결코 꿇지 않으리라

—「二十七日渡江」, 1911년(54세)

方知天下事無難	비로소 천하에 어려운 일 없음을 알았으니
人就其溫我就寒	남들은 따뜻한 데 가도 나는 찬 데로 가노라

—「曉起口占示賁西丈」, 1911년(54세)

망명 이후 석주의 시는 망명생활의 괴로움이나 답답함을 노래하기도 했지만, 많은 부분은 독립의 방책을 찾고 독립의 소망을 표현하였다. 석주는 이미 적이 강하다는 것을 안 뒤였기 때문에, 항상 시에서나 다른 글에서 독립의 방책이 교육과 단결에 있다고 밝혔는데, 실제로 무장투쟁을 위해서도 인력 양성은 가장 중요한 길이었다.

七尺飢寒元細事	이 한 몸 춥고 주림은 원래 자잘한 일
諸生學藝最關神	여러 학생 배우는 것이 가장 관심 가는 일

—「元朝」, 1912년(55세)

祖國精神群體合	조국 정신은 여러 사람을 합하게 하고
專門教育十年期	전문적인 교육은 십 년을 기약하네
…	…
少年積學要何用	젊은이들 공부하여 무엇을 하느냐고
吾輩還鄉庶有期	우리가 환향할 날 기약할 수 있지
未死難忘惟此事	죽기 전엔 잊지 못할 오직 이 일
天心已定勿須噫	천심이 정해졌으니 탄식하지 마세

— 「次金貢西贈李溟坡韻」, 1912년(55세)

誰知異日新韓運	뉘 알리, 다른 날 국운이 새로우면
建國英雄出此中	건국의 영웅들이 여기에서 날 것을

— 「憶安圖分駐教成隊諸君」, 1920년(63세)

이렇게 했지만 여전히 적은 강성하고 싸움은 고단했다. 1920년 청산리 대첩으로 적에게 타격을 입혔지만, 적의 반격에 더욱 참혹한 화를 입은 쪽은 우리였다. 많은 동포가 해를 입었고, 아까운 청년들이 장렬하게 죽어 갔다. 지도자로서 석주의 고통은 심했다. 그는 적에 대한 증오를 깊이 품고 있었지만, 현실적으로 그가 할 수 있는 것은 교육과 격려밖에 없었다. 만년에 이른 석주는 젊은 지사들을 격려하고 고무하였다.

天意分明庸玉汝	하늘은 분명히 자네를 옥으로 쓰려 하시니
勿須沮退倍加神	위축되어 물러나지 말고 정신력을 배가하라

— 「北進軍人權在重自露領自由市回來」, 1921년(64세)

鍊得一師精銳衆	훈련하여 한 부대의 정예 병사를 얻는다면
天公應借好時機	하늘이 마땅히 좋은 시기를 빌려 주시리

— 「黃岡冬夜偶吟」, 1922년(65세)

석주의 시에 은둔의 소망이 자주 등장하는 것은 삶에 가해지는 여러 압박의 강도와 관련이 있다. 석주는 비교적 이른 나이에 지은 시에서도 자연친화적인 태도, 더 나아가 친화를 넘어 은둔지향적인 태도를 보였다.

今年二月花猶早	올해는 이월에도 꽃이 아직 이르니
淸福難爲物外人	맑은 복에 물외인 되기 참으로 어렵네

—「早春」, 1878년(21세)

淵明旣不見	도연명은 이미 보이지 않지만
須賞菊花歸	모름지기 국화는 감상하고 가야지

—「栗里賞菊」, 1880년(23세)

그러나 이런 소극적인 대응은 국가적 위기를 인식한 다음에는 잘 나타나지 않았다. 이제 자아가 대면한 세계는 은둔을 허락할 만큼 부드러운 상대가 아님을 자각한 것이다. 확장된 자아로서 민족적 대자아가 당면한 일은 강한 적과의 무장투쟁이었다. 물론 이 싸움은 석주 생애 내에서는 승리를 보장할 수 없었다. 실제로 1920년대 이후에는 일제의 힘이 만주에까지 미쳐, 독립지사들은 더욱 간고한 투쟁을 계속해야 했다.

그러나 자연인으로서 나이가 들고 현실적으로 투쟁의 방도가 서지 않자, 시적 자아는 한탄에 빠지거나 초월의 소망을 드러내는 경우가 많아졌다. 오랜 싸움 끝에 개인으로 돌아가 쉬고 싶은 마음이 들면서, 만년의 노지사는 세계에 대한 치열한 대결보다는 휴식과 초월을 희구하는 자연 회귀적 심경이 되어, 청년 시절에 잠시 감성적으로 겪었던 은둔적 삶에 대한 회귀를 보인 것이다.

時機已過群英老　　기회는 이미 지나 뭇 영웅은 늙었으니
何日戎衣壯績收　　어느 날에 갑옷 입고 장한 공적 거두려나
負債人間積似岑　　세상에 진 빚은 산처럼 쌓였는데
居然七十鬢霜深　　어느 새 나이 칠십 귀밑 서리 깊어져

—「滬信後尺弟搆二律以示次其韻」, 1925년(68세)

白首風埃還自笑　　풍진 속에 백수 됨을 스스로 웃노라
扁舟歸釣五湖汀　　일엽편주 오호로 가 낚시질이나 할까나

—「滿洲紀事」, 1923년(66세)

安得超然遊物表　　어찌하면 초연히 물외에 노닐며
眼看禪代作仙翁　　요순 시절 신선된 분들 만나 볼 수 있을까

—「次淡叔」, 1924년(67세)

이런 심경이 되었을 때, 만주에서의 생활도 이제는 하나의 위로가 되면서 그 속에서 즐거움을 찾을 수 있게 되었다. 어렵고 힘든 생활이지만 그곳에서도 친구를 찾고 약간의 즐거움이라도 누리는 것이 인간적인 일상의 길임을 어쩔 수 없이 자각하게 되었고, 그것은 지금까지 대결해 왔던 세계와의 화해를 의미하는 것이기도 했다.

更喜前溪氷早解　　다시 기뻐하노라, 앞 시내 얼음 일찍 녹아
鱖魚受釣作閒人　　쏘가리 낚시 당기며 한가한 사람 되는 일

—「元朝次淡叔」, 1925년(68세)

明朝我亦携竿去　　내일 아침 나 또한 낚싯대 들고 가
兄弟聯磯醉一杯　　형제 나란히 낚시하며 한잔 술에 취해 보세

—「聞尺西於門外起釣臺吟寄一律」, 1925년(68세)

詩酒風情嗟我老	시와 술의 풍정에 내 늙음을 한탄하노니
溪山物色爲誰粧	계곡과 산의 물색은 누구를 위해 단장했던가
但得偸閒須盡樂	다만 한가한 틈을 타 즐기기를 다하리라
滔滔不駐是流光	도도히 흘러 멈추지 않는 것이 세월이라니

—「端陽設耆老會於竹史家」, 1925년(68세)

만주에서의 고초가 가혹했고 그간의 노고가 매우 많았지만, 이미 노령에 든 지사는 이곳에 정착할 소망을 가지게 되었다. "타향은 고향이 아니라고 누가 말했던가[并州孰謂故鄕非]"(「차운기손진초(次韻寄孫眞樵)」)라고 노래했듯이 이곳을 또 하나의 고향으로 여기려는 마음도 숨김없이 드러났다. 평생을 품어 온 소망은 이루어지기 아득하고, 세계와의 긴장은 아직 풀리지 않았지만, 이제는 차선(次善)으로 안정을 희구하면서 세계와의 공존을 시도하고 있다.

一般孤寓隣相好	대개는 외딴집 이웃 간에 정리 좋고
千耦同耕地有餘	일천 고랑 땅은 함께 경작해도 남겠네
男女通科私塾在	남녀 공통과정 사립학교도 있고
鄕屯自治小邦如	향촌은 자치하니 작은 나라 같네

—「次尺西興仁屯新居韻」, 1927년(70세)

磵水不寒宜釣月	석간수 차지 않아 명월 낚기에 적당하고
石田雖瘠可耕雲	돌밭 비록 척박해도 구름 갈기에 알맞다
鄕規自理民刑事	향촌규약 민형사를 스스로 다스리고
塾制兼修國漢文	학교의 제도는 국한문 다 배운다

—「搬寓小城子」, 1930년(73세)

그러나 결국 이런 화해가 원래의 소망이 아니었으며, 아직도 이루지 못한 소망에 대한 자아의 욕구는 없어지지 않아서, 밤늦게 홀로 생각에 빠질 때면 한탄의 정서가 마음을 지배하곤 했다. 더욱이 노환까지 겹치자 더욱 창연한 마음으로 탄식하고 있다.

呼童退燭已鋪衾	아이 불러 등잔 물리고 이불도 폈는데
忽聽隣鷄亂唱音	문득 이웃 닭 어지러이 우는 소리
半年憂病摧沮盡	반년 동안 근심 병고 꺾이고 막혔으니
無復英雄起舞心	다시는 영웅도 일어나 춤출 마음 없구나

―「臘二夜聞黃鷄聲」, 1930년(73세)

(4) 동산 류인식의 한시

동산 류인식(東山 柳寅植, 1865~1928)은 우국유학자로 국권회복운동을 하다가 1907년 고향인 안동에 협동학교(協東學校)를 설립하고 교장으로 활동하였다. 한일합병으로 국권이 강탈되자 1911년 서간도로 망명하여 신흥강습소 경학사(耕學社)의 교육부장으로 무관학교 설립을 위해 노력하였다. 1912년 활동자금을 마련하려고 귀국하였다가 일제에 체포되고 1913년 이후 일제치하에서 노동운동과 교육운동 민족협동전선운동 등을 지속하였다.[42] 그의 문집은 『동산전집(東山全集)』으로 남아 있으며, 많은 저작이 있으나 시는 25편가량 전해지고 있다. 그중에서 만시가 13편이고 서정시는 12편인 것으로 보이는데, 망명 시절에 쓴 것으로 확인되는 시는 소수이다.

---

42 김희곤, 「東山 柳寅植의 생애와 독립운동」, 『民族 위해 살다 간 安東의 近代人物』, 안동청년유도회, 2003, 150쪽.

가. 우국의 정서와 망명의 결심

동산은 전통적인 유학자로 과거를 보기 위해 상경하였다가 관리들의 문란함과 국가의 위태로움을 보고 귀향하여 의병에 참여하였다. 그 뒤 다시 상경하여 장지연, 신채호 등 개신유학자들을 만나 신교육과 애국계몽운동에 참여하였는데, 이 과정에서 현실의 참담함을 직시하는 세계관적 변화를 겪은 것으로 보인다. 이후에 그는 신교육을 몸소 실천하였고, 당시 자신의 현실인식을 시로 표현하였다.

十年浮劫海	십 년 동안 세상을 떠돌다가
此夜臥空山	이 밤에 빈 산에 와 누웠네
大地俱分裂	대지는 갈기갈기 찢어졌는데
寥天獨往還	적막한 하늘 홀로 다녀왔네

—「述懷」

百計無由效國民	암만 생각해도 국민된 값 할 수 없어
殘年焦惱費精神	노년에 고민하느라 정신을 허비하네
無寧禱佛菩提下	차라리 부처님 지혜에 기도해서
現化來生智勇人	내생에 날 때는 지용인이 되었으면

—「自嘆」

春宵寥寂漏丁東	봄밤은 적막한데 시계만 똑딱똑딱
一笑相看血淚紅	웃으며 서로 보니 피눈물만 붉구나
…	…
君看霽夜虛明月	그대들 비갠 밤 밝은 달을 보게나
乍隱雲間乍現空	구름 속에 갇힌 듯해도 금방 드러나네

—「協東校吟示諸君」

그러나 국가의 운명은 더욱 기울어 마침내 1910년 나라가 망하고 고향의 선배 향산 이만도는 단식으로 자결하였다. 이 소식을 들은 동산은 그가 마침내 자유를 실천하였다고 부러워하면서도 돌아가실 때에 동포에게 고하는 말씀이 있었더라면 좋았겠다는 민족계몽가다운 감회를 보이고 있다. 동산은 이미 인간이 모두 자유권을 가지고 있으며 이는 누구도 빼앗지 못한다는 인권사상을 받아들였고, 국가의 위기를 왕실의 위기가 아니라 인간으로서의 자유권에 대한 침해의 위기로 이해하고 있음을 드러내었다. 그러므로 향산이 동포를 격동하는 말을 명백히 하였더라면 좋았겠다는 아쉬움도 드러내고 있는 것이다.

人皆有自由	사람은 모두 자유를 가졌더니
人皆失自由	사람은 모두 자유를 잃었네
公能死自由	공이 능히 자유로이 죽으시니
誰能奪自由	누가 능히 자유를 뺏으리
哀我檀君族	슬프다 우리 단군민족
民命繫覆巢	백성의 생명은 엎어진 둥지에 매었네
獨惜臨化際	한 가지 아깝기는 돌아가시던 날
無語及同胞	동포에게 하시는 말씀이 없었다는 것

—「聞響山訃」

이렇게 나라가 망하고 선배가 자결하고 희망이 보이지 않는 곳에서 자신의 의지를 실천할 수 있는 길을 찾기는 어려웠다. 결국 동산은 망명할 수밖에 없는 자신을 발견하고 그 답답함을 시로 노래하고, 망명 과정과 활동이 험난할 것임을 알면서도 나아가는 의지를 시로 표현하였다.

大罟藏四海　　크나큰 그물에 사해가 갇히고
重鑰鎖八垠　　겹겹 쇠사슬에 온 땅이 묶였네
窄窄千里國　　좁디좁아 천리밖에 안 되는 나라
累累七尺身　　묶이고 묶인 칠 척의 이 몸
却羨巢男子　　차라리 소남자[43]가 부러워
猶爲亡命人　　망명인이 될 수는 있었으니

—「感歎」

人不涉難智不明　　어려움을 안 겪은 사람은 지혜가 밝지 않고
事不冒險功不成　　험한 일을 무릅쓰지 않으면 공은 못 이루니
由難而易由險平　　어려워야 쉬워지고 험난해야 평평하니
平易皆從險難生　　평이한 것은 모두 험난에서 나는 것

—「險難」

나. 망국민으로서의 상심과 극복

이처럼 막힌 전망을 뚫기 위하여 망명했으나 모든 일이 뜻대로 되지는 않았다. 만주에 망명한 선배인 백하 김대락이나 석주 이상룡 등은 강고한 의지로 신흥학교 등의 학교와 백서농장 등의 공동체를 구성하고 활동하고 있었는데, 동산은 국내의 민족운동단체와의 연계를 강화하기 위해 귀국하였다. 1912년 귀국한 뒤로 국권을 회복할 길을 찾았으나 일제의 강압은 더욱 심해지고 마침내 고종이 급사하는 변고가 일어나고 말았다. 고종의 국상을 들었을 때 동산은 그의 죽음을 슬퍼하면서도 그가 좀 더 확고하게 국권을 지키지 못한 것을 안타까워하는 태도를 보였

43 소남자(巢男子)는 소남자(巢南子)이다. 본명은 반패주(潘佩珠, Phan Boi Chau, 1867~1940)이다. 그는 월남의 독립운동가로, 월남 망국 후에 청나라로 망명하여 양계초의 『월남망국사(越南亡國史)』에 대담자로 등장한 사람이다.

다. 그러한 마음을 만약 고종이 나라를 지키기 위해 죽음을 각오했더라면 조국의 산하가 그를 받아 주었을 것이라고 표현하였다.

凶音那復漢中傳　　슬픈 소식 또 다시 서울에서 들리니
亡國遺民涕自泫　　망국의 남은 백성 눈물이 주룩주룩
假使當年殉社稷　　그해 사직을 위해 목숨을 버렸다면
靑山宜葬舊朝鮮　　청산이 옛 조선에 장사해 주었을 것을

—「聞國恤 戊午」

귀국하여 여러 통로를 찾았지만 국권회복은 어렵고 왜적의 강압은 더욱 강고해지고 있었다. 1920년이 되면 이미 56세의 만년이 되었지만 동산은 여전히 현실을 직시하고 각 분야에서 어떻게 활동할 것인가와 그런 일들이 얼마나 어렵고 고난에 찬 것인지에 대해 하나하나 짚어 가며 자기인식을 드러내고 있다.「1920년 1월 10일 밤에 찬 바람이 크게 불었다. 화로를 안고 홀로 앉아서 '이 밤이 차구나'라는 시 10절구를 읊었다[一九二○年一月十日夜風寒大作擁爐獨坐爲賦此夜寒十絕]」라는 시에는 동산의 이런 정서가 잘 나타나 있다. 이 연시는 10수의 절구로 되어 있는데, 그 첫 구절은 같은 표현을 사용하였다. 각 수의 첫 구절만 들면 다음과 같다.

突兀坡亭此夜寒　　오뚝한 오두막집 이 밤이 차구나
板屋風鳴此夜寒　　판자집 문풍지 우니 이 밤이 차구나
海外同胞此夜寒　　해외의 동포들에게 이 밤이 차구나
薊雪遼風此夜寒　　요동땅 눈바람 속에 이 밤이 차구나
學界諸君此夜寒　　학계의 제군들에게 이 밤이 차구나
社會諸公此夜寒　　사회의 제공들에게 이 밤이 차구나

商業諸君此夜寒　　상업하는 제군들에게 이 밤이 차구나
勞動諸君此夜寒　　노동하는 제군들에게 이 밤이 차구나
玄陸陰凌此夜寒　　으스스한 이 겨울 이 밤이 차구나
莫恨窮廬此夜寒　　궁한 집을 걱정 말자 이 밤이 차구나

이렇게 각 분야와 형편에 모두 겨울밤이 차다는 것이 동산의 현실인식이라면, 그는 이 찬 겨울이 결국은 지나갈 수밖에 없다는 전망도 갖고 있었다. 각 분야별로 고통에 빠져 있지만 그래도, 스스로 노력하여 부모를 봉양하고 열심히 공부하여 조국강산의 장래를 짊어져야 한다고 노래하면서 마지막 수에서 자신의 전망을 명확히 제시하고 있다.

莫恨窮廬此夜寒　　궁한 집을 걱정 말자 이 밤이 차구나
地中陽復已經旬　　땅속에 새 양기가 벌써 열흘 지났으니
次第春風煽大地　　차차로 대지에 봄바람 불어오면
死根枯木向營欣　　죽은 듯한 고목에도 기쁘게 앞이 나리

—「一九二○年一月十日夜風寒大作擁爐獨坐爲賦此夜寒十絕」 제10수

(5) 이산 예대희의 한시

청도의 유학자 이산 예대희(伊山 芮大僖, 1868~1939)는 1912년 서간도로 망명하였다. 그는 주로 한인공교회(韓人孔教會) 관련으로 활동하였는데, 그의 저작은 『이산문집(伊山文集)』으로 남아 있다.[44] 그의 한시에는 망명지에서 느끼는 정서와 우국의 심경이 주로 표현되어 있다.

---

44 이은영, 「伊山 芮大僖의 西間島 亡命과 憂國詩」, 『한문학보』 27, 우리한문학회, 2012, 252~286쪽. 본고에서 사용한 이 부분의 원문은 이은영의 논문에서 재인용한 것이다.

가. 망명지의 정서

이역만리 망명지에서 고향을 생각하면서 느끼는 감정을 표현한 시들이다.

十載山亭護樹林	십 년간 산정에서 수풀을 지키던 때
秋來慣聽亂蟬音	가을 들면 익히 듣던 요란한 매미 소리
問渠萬里相隨否	묻노라 만리 밖까지 따라온 것이더냐
此日難禁故國心	오늘 참 고국 그리움 이길 수 없구나

—「聞蟬有感」

고향에서 공부하면서 익히 듣던 매미 소리를 낯선 망명지에서 그대로 들으니 감회가 없을 수 없다. 낯선 이방에서 모든 것이 색다른데, 갑자기 들려오는 매미 소리가 고향에서 듣던 것과 똑같다는 것을 발견한다. 시인의 정서는 순식간에 고향으로 달려가고, 다시 고향 떠나던 날의 결심과 되돌아가고 싶은 향수가 매미 소리에 실려 시가 되었다.

親老恒添損	어버이는 늙으셔서 늘 편찮으시고
兒痴懶不讀	둔한 아이 게을러서 독서도 안 하네
債多人索錢	빚은 많아 사람들이 갚으라 조르고
旱甚野無穀	가뭄 심해 들판에는 곡식도 없구나
天涯爲客久	하늘 끝에 나그네 된 지 이미 오랜데
故國誰能復	고국은 누가 능히 광복시키리

—「憂」

조국의 국권을 회복하기 위해 망명하였지만, 처음 생각과 달리 광복의 대업은 쉬운 일이 아니었다. 그동안에도 고국의 가족은 생계를 걱정하며 시달려야 하는 것은 마찬가지이니, 멀리 떠나 있어도 고국과 가족이 걱정되는 것은 면할 수 없다. 더욱이 그해는 가뭄이 심하다니 망명객의 마음은 근심[憂]으로만 가득하다고 털어놓았다.

思君不見淚漣漣	그리운 그대 못 보고 눈물만 흘리며
湖上于今度十年	호상에 있은 지 지금 십 년 지나가네
遼野山川遐入想	요동 벌판 산천으로 달려가는 내 마음
夢中幾渡鴨江船	꿈속에 몇 번이나 압록강을 건넜는지

—「寄金梧石」

이산은 1912년 망명하였다가 1916년 환국한다. 그리고 이 시는 1925년에 지어졌으니 환국 10년째 지은 것이다. 망명하여서는 고국 걱정으로 마음이 편하지 않아 오래지 못하여 귀국하였는데, 귀국해서는 그곳의 사업이 걱정될 수밖에 없다. 요동 벌판에서 꾸던 큰 꿈이 아직도 잊히지 않고, 거기서 함께 몸 바쳐 일하던 동지들의 안부가 염려되어 밤마다 꿈을 꾸는 지사의 정서가 이 시를 낳았다.

나. 문명의 충돌과 우국의 정서

망국 이전부터 이산의 문학은 우국의 정서를 기반으로 하고 있었다. 그러나 망국의 절망은 이산의 생애와 문학에 큰 변곡점이 되었다. 망국의 소식을 들었을 때 이산은 산이 바다가 되는 절망을 노래하였다.

近得西來信	요사이 받은 서울 소식
寧聞不忍言	듣기는 하여도 차마 말을 못 하겠네
往還從此絕	이제부터 왕래도 끊어졌으니

臥起一山門　　누우나 서나 산중의 작은 문

—「庚戌八月一日」

망국의 충격은 산중의 선비에게 말로 하지 못할 충격을 주었다. 그는 모든 친지들과의 왕래를 끊고 고민에 빠졌고 결국 망명을 선택하였다. 그는 문명 민족의 자존심으로 망국의 슬픔을 당한 것에 비통하고 절망하고 있음을 시로 보여 주었다.

三韓曾是化中人　　삼한 땅은 일찍부터 문화 속의 사람들
開國千年講道眞　　개국 천년 동안 진실히 도를 강론했네
疆土如今悲阮越　　강토가 지금 완씨네 월나라처럼 슬프니
遼東客榻涕盈巾　　요동 객탑에서 눈물이 수건에 가득하네

—「贈陳博士煥章」

결국 중국으로 망명하여 중국의 선비들과 교유하면서도, 우리가 원래 문명민족이었다는 것과, 그 민족이 지금은 망한 월나라처럼 되었다는 것 때문에 눈물을 흘리고 있다. 당시 한국의 많은 한문 지식인들이 한국의 정체성을 중화 문명의 핵심 계승자로 파악하고 있었고, 한국 이외의 나라와 문명을 오랑캐로 인식하는 화이론(華夷論)을 기본 이해의 틀로 가지고 있었기 때문에, 당시의 지식인들이 지은 문학작품에서 이와 같은 문명 인식이 나타나는 것은 자연스러운 현상이다. 결국 이 때문에 국권회복의 논리 역시 과거 회귀적인 우국적 정서로 나타나는 결과를 낳았다. 이런 태도는 현실인식을 넘어 미래에 대한 이해에도 영향을 주었다.

객이 말했다. "지금 세상에 살면서 자손들에게 신학문을 배우지 못하게 하면, 장차 생활을 할 수도 없고 세상에서 사람 축에 낄 수도 없을 것이니, 어찌 자손들에게 우환을 남겨 주는 것이 아니겠습니까?"

내가 말했다. "내가 자손들에게 신학문을 배우지 못하게 할 수는 없었으나 내 자손으로 하여금 내 뜻과 같게 할 수는 있습니다. 이 세상에서 차라리 곤궁하고 주릴지라도 저들에게 빌붙어 고기 먹고 비단 입기를 원하지 않습니다."

—「호상문답」[45]

그는 어쩔 수 없이 결국 환국하였다. 그리고 자손들이 신학문을 배우는 것을 금하지도 못하였다. 다만 그들이 자기 뜻을 따라 적들에게 빌붙어 사는 것만은 하지 않기를 바라는 것이 그가 할 수 있는 최선이었다. 그러나 이 역시 자신의 확고한 신념대로 반드시 성취될 것이라고 믿을 수 있는 것은 아니었다. 자신도 이미 귀국한 상태였지만, 자손들도 국내에 있어서 왜적의 교육을 받지 않을 수 없는 상황에 놓였기 때문이었다. 결국 이산은 귀국 이후에도 국권회복의 가능성은 국외 투쟁에 있다고 생각하면서, 그들과 함께하지 못하여 안타까워하는 심정을 시로 표현하였다.

孤燈耿耿儀凄然	가물거리는 외로운 등불 모습도 처연해라
湖上于今又送年	호상에서 이제 또 한 해를 보내네
遙憶滿洲諸壯士	저 멀리 만주땅 여러 장한 선비들은
也應風雪不成眠	응당 눈보라에 잠도 못 이루겠지

—「己未除夕」

45 客曰 居今之世 不使子孫學新學 則將無以生活 世不齒人類 豈非遺子孫之憂患乎 余曰 吾不能使子孫不學新學 使吾子孫如吾志也 寧窮餓於此世 不願附彼 而食肉衣帛也(「湖上問答」).

2) 망명 가사의 세계

1910년대 일제강점기에 만주로 망명한 영남 지역 인사들의 가사문학은 총 6편이 확인되고 있다.[46] 가사는 모두 국문 또는 국한문 혼용으로 창작되고 전승되었기에 당시 망명지사들의 인적 구성으로 보아 여성 작품이 압도적으로 많다. 이는, 대부분의 남성 지사들이 한문 사용에 능숙한 사람들이었고, 자신들의 경험과 정서를 한시로 표현하였기 때문이다. 그런 점에서 백하 김대락의 가사작품 「분통가(憤痛歌)」는 남성 작자에 의한 가사작품으로, 특이한 경우에 해당된다. 현재 발견된 가사작품을 정리하면 다음과 같다.

제목	창작 연대	지은이	나이	문중	비고
憤痛歌	1913	김대락	68	안동 의성김씨 문중	김대락
해도교거사	1911	김우락	58	안동 고성이씨 문중	김대락의 여동생
위모사	1912	이호성	22	안동 의성김씨 문중	김대락의 종질부
조손별서	1913~1914	김우락	60	안동 고성이씨 문중	김대락의 여동생
간운ᄉᆞ	1914	김우락	61	안동 고성이씨 문중	김대락의 여동생
원별가라	1916	황씨 며느리	20대	울진 평해황씨 문중	김대락의 사돈가

이들 작품은 모두 김대락을 중심으로 인적 관계에 있는 사람들이 창작한 것으로 확인된다. 이는 당시에 망명한 지사들의 인적 관계 때문

46 고순희, 「일제강점기 만주망명지 가사문학—담당층 혁신유림을 중심으로」, 『고시가연구』 27, 한국시가문화학회, 2011, 37~64쪽; 정연정·천명희, 「고성이씨 소장 「해도교서사」의 국어학적 가치」, 『어문론총』 68, 한국언어문화학회, 2016, 9~30쪽. 고순희는 전체 7편의 가사작품을 발굴하여 연구했고, 정연정 등에 따르면 1편이 더 있어서 총 8편이 보고되어 있으나, 본고에서는 초점에 맞추어 1920년대 이후의 작품을 제외하고 논의하였다.

이기도 하며, 이들 작자군이 공통된 경험을 하는 상태에서 상호 독서가 이루어졌기 때문이기도 하다.

(1) 망명 남성 가사 「분통가(憤痛歌)」

「분통가(憤痛歌)」는 백하 김대락에 의해 1913년 창작되어 『백하일기』에 수록되어 있는 가사작품이다. 이 작품이 창작되고 수록된 경위에 대해서는 작자 자신이 쓴 후지(後誌)가 남아 있어서 상세히 알 수 있다.

> 국문으로 분통가 한 편을 지었다. 이로써 슬프고 분통한 마음을 털어놓고 부인과 여아들에게도 내가 전후로 곤란한 가운데 겪은 일들도 알게 하였다. 대략 역사가의 필법을 본떴는데, 이 또한 나의 본령이 있는 곳이다. 뒷날 이것을 보는 사람들이 펼쳐 보고 눈물을 훔치지 않을 수 있으랴.
>
> —「임자록(壬子錄)」, 1912. 9. 27.[47]

> 노래는 시의 일종이다. 이 때문에 군신이 화합하던 밝은 시대에는 갱재가와 남훈시를 지었고, 백성이 유리하여 고통받던 시대에는 서리시와 채미가를 지었다. 이는 그 만난 시대가 그랬기 때문에 사람의 성정에 감발하여 나타난 것이며, 바로 내용은 같으나 형식만 다른 것이다. 이것이 내가 오늘 분통가를 짓는 까닭이다. 이 때문에 교묘에서 회동할 때는 조화롭고 장엄하며 정부가 원한하는 노래는 슬프고 상심하는 것이다. 이것은 모두 쇠망하는 시대의 뜻이므로 갱재가나 남훈시의 풍모는 거의 찾을 수 없다.
>
> 내가 사변 이후로 사방으로 호구하며 다니는데, 더러는 시를 써서 분노하고 한탄하는 감회를 서술하기도 하고 더러는 노래를 지어 답답하고

47 以國文作憤痛歌一篇 以瀉悲憤之意 而使婦人女子 亦知我前後困難中經歷 畧倣史家筆法 此亦吾本領所在也 後之覽者 可不開卷而掩涕乎(『白下日記』「壬子錄」, 1912. 9. 27.).

우울한 기분을 풀기도 하였는데, 이것이 이른바 노래가 통곡보다 더 슬프다는 것이었다. 그러나 가지도 없고 마디도 없이 그저 다만 천하고 속된 소리를 웅얼거리는 데 불과하였으니, 던져 두었다가 휴지로 쓰거나 단지뚜껑을 할 만한 것이었는데, 우연히 진주의 벗 윤상우의 눈에 띄어 버렸다. 이 때문에 종이에 써 달라고 청하면서 편할 때 읽을거리로 삼겠다고 하였다. 그이 역시 품은 마음이 있는 사람이라, 농담도 심하다면서 스스로 덮고 넘어가지 못하게 되어 버렸다. 마침내 이것을 써서 마음과 뜻이 같은 사람을 위하여 기록해 둔다.

—「분통가후지(憤痛歌後誌)」, 1913. 6. 5.[48]

이 기록에 따르면, 「분통가」는 백하가 중국에 망명한 이후 자신의 감회를 가사형식으로 적어 두었던 것이라고 한다. 백하는 당시 수준 높은 한문 지식인으로 수많은 한시를 지어 이미 일기 속에 담아 두었는데, 그것을 좀 더 구어화한 문학으로 가사를 창작한 것으로 보인다. 한문문학 창작자가 무슨 의도로 한글가사를 창작하였는지에 대해, 실제로 나타난 양상과 효용에 대해서는 좀 더 면밀한 검토가 필요하겠거니와, 백하의 경우에는 한시 형식의 엄격함보다 좀 더 자유로운 표현과 직접적 감정 표현을 위해 한글가사를 달리 창작하였으며, 특히 부인과 아녀자를 위해 지었다고 한 것으로 보아 한문문학이 전달상의 장애가 되는 것을 의식한 것으로 보인다. 또한 남성 창작 가사들은 문집류에 수

48 歌者 詩之流也 是以都兪明良之時 則爲賡載歌南薰之詩 流離板蕩之世 則爲黍離詩採薇之歌 盖所遇時然而感發人性情之餘者 直亦同操而異貫 是余今日所爲憤痛歌之所以作也 是以郊廟會同之時 則和而莊 征婦怨恨之歌 則哀而傷 是皆衰世之意 而賡載南薰之風幾無所尋逐矣余自事變之後 湖口四方 或以詩而敍其憤惋之懷 或以歌而暢其堙鬱之氣是所謂長歌甚於痛哭也 然無柯無節 止不過爲謳啞下俚之音 置之爲休紙覆瓿之資矣 偶爲珍珠友人尹相佑之所矚 因以紙請書 要作姿覽之案 其亦所懷人也 旣不得爲極弄自護之計 遂書此而志夫聲氣所同之地云爾(「憤痛歌後誌」,『白下日記』「癸丑錄」, 1913. 6. 5.).

록되지 않고 인멸된 경우가 많은데, 백하의 경우 일기에 수록하였고, 일기 자체가 원고 상태로 보전되었기 때문에 현대에 와서 원문이 출판될 수 있었다.

「분통가」는 4음보 국한문 가사인데, 특이하게도 정확히 200구로 구성되어 있다. 대체로 2구 1짝으로 대응하여 대구를 이루고 있으나 반드시 그렇지는 않고, 경우에 따라서는 3구 또는 1구가 내용단위가 되기도 한다. 전체적인 구성은 망명을 중심으로 그 이전과 이후로 삼분되는데, 각 부분에 내용단락이 좀 더 세밀하게 분포되어 있다.

가. 서사(序詞)

우숩고도 분통ᄒᆞ다 無國之民 되단말가
우숩고도 憤痛하다 離親去國 하단말가
憤痛한일 許多하나 ᄂᆡ릴더욱 憤痛하다

서사 3구는 이 작품의 제목이 왜 분통가인지를 선언하는 부분이다. 이 세 구절에 정확하게 글의 태도를 선언함으로써 글 전체의 내용과 분위기가 일관되게 운용되도록 하는 효과를 얻었다. 분통(憤痛)이라는 말을 구절마다 반복하고 3구에는 두 번 반복하여 더욱 분통한 일임을 강조하였는데, 무국지민(無國之民), 이친거국(離親去國)을 분통의 내용으로 제시하였다.

나. 본사(本詞)

본사의 첫 부분은 안정된 조국에서 유용한 인재가 되기를 소망하던 시절을 묘사하는 데서 출발한다. 작중 자아는 부모님께 몸을 받아 사람으로 나면서 사민(四民) 중에서도 선비로 났으니 귀중하고 다행한 경우라고 자신을 인식하고 있다. 그러므로 효제충신(孝悌忠信)을 근본으로

인의예지(仁義禮智)를 익히며 사서육경(四書六經)과 시부표책(詩賦表策)을 공부하여 사군지로(事君之路)를 얻고자 한다. 그가 원하는 선비의 삶은 다음과 같다.

太平聖主 만나거던 日月山龍 繡를노코
世上이 板蕩커던 死於王事 하쟈던니

이 포부는 전적으로 왕조시대 가치관에 입각한 입신양명(立身揚名)의 소망이다. 그것은 당대로는 일반적이고 윤리적인 당위였을 것이다. 그러므로 이런 소망을 가지고 이런 공부를 하는 자아에게 외세에 의한 망국이라는 것은 견딜 수 없는 압박이었다. 이 작품에서 그것은 1910년의 합방과 그 이후의 고난으로 나타난다.

庚戌年 七月變故 꿈일넌가 참일넌가
칼도槍도 못써보고 이地境이 되단말가
二十八世 宗廟陵寢 香火祭享 뉘할넌고
三千里內 祖宗疆土 犬羊차디 되단말가

이렇게 일제에 강점된 조국에서의 생활은 "할이라도 고국생활(故國生活) 갈사록 분통(憤痛)하다"라고 고백할 만큼 괴로운 것이었다. 손에 가진 것이 없어서 당장 적을 무찌를 수는 없지만, 그 고통을 하나하나 열거함으로써 같은 하늘을 이고 살 수 없다는 것을 강조하고 있다.

貰金쥬고 그술가졔 祖上祭享 하단말가
屋貰쥬고 基貰쥬고 그터젼에 샤단말가

砒礵갓튼 恩賜金을 財物이라 밧단말가
길갓ᄒᆡ도 國服이라 그國服을 입단말가
毒蛇갓튼 그모양을 아츰제역 ᄃᆡ탄말가
鬼蜮갓튼 그人物을 이웃갓치 샤단말가
길ᄯᅡᆨ가라 길짐져라 雷霆갓튼 號令소리

본사의 둘째 단락은 망명 과정을 그리고 있다. 고통에 빠진 민족의 현실 속에서, "당당사부(堂堂士夫)"로서 그 압제를 같이 받을 수 없고 애잔하고 분통한 민족의 삶을 보고만 있을 수도 없는 것이 지식인의 고통이었다. 이렇게 망명 이전을 상세하게 노래한 부분은 "속졀업시 ᄉᆡᆼ각ᄒᆞ니 단공상책(檀公上策) 일주자(一走字)라"라는 결론이 나오기 위한 설득력을 확보하는 과정이었다. 본사 중에서 가장 긴 27구가량이 이 망명 결심과 망명 과정에 쓰인 것은, 나라가 망하고 백성이 고통에 빠져 있는데 지식인이 참고 순종할 수 없다는 당당함과, 그러나 결국 나라를 떠나 망명으로 의지를 실현할 수밖에 없다는 절박함이 서술되어 있기 때문이다. 이렇게 망명을 결심하고도 언제 어디로 망명할 것인가에 대한 고민은 계속되었다. 망명지를 만주로 택한 것은 "단조당년(檀祖當年) 개국처(開國處)요 구려태조(句麗太祖) 창업지(創業地)"이기 때문이라는 것이다. 만주를 민족의 옛 터전으로 인식하는 태도는 당시의 지식인들 사이에서 자주 있던 경우이므로 비교적 큰 고민 없이 선택할 수 있었을 것이고, 앞서 영남의 선비들이 만주로 망명한 경우가 선례가 되었을 것이다.

만주로 망명지를 결심한 뒤에는 더 슬픈 문제가 남아 있었다. 수백 년 조상으로부터 전래된 터전을 버리고 다정한 친척과 이웃을 이별하는 괴로운 과정을 겪어야 했던 것이다. 백하의 경우 "팔세구롱(八世邱隴) 향화소(香火所)" 조상의 산소를 아우에게 부탁하고 "남전북답(南田北畓) 조선

세업(祖先世業)”을 싼값에 다 팔고, 겨울에는 따뜻하고 여름에는 시원한 좋은 집도 헌신짝처럼 버리고 90당년 숙부를 하직하고 집을 떠나는 광경이 그려져 있다. 이 묘사에 이어 작자 자신의 감정 표현으로 “누수(淚水)가 압흘 막가 백일(白日)이 무광(無光)이라”라고 고백하였다.

실제로 고향을 떠나 망명하는 것은 매 순간 후회와 다짐의 반복이었다. 백하는 천전에서 가세가 가장 넉넉한 집안의 주인이었다. 확고한 신념으로 그 많은 재산을 다 버리고 망명하는 것이지만, 과연 잘 판단한 것인지에 대해 재삼재사 되새겨 반성하면서 다시 다짐하는 과정을 괴롭게 반복할 수밖에 없었다. 더욱이 연로한 백하로서는 가족과의 생이별이 지극한 괴로움이었다. 백하는 이 괴로운 이별을 섬세하게 묘사함으로써, 재산과 지위를 포기하는 것보다 손녀와의 애잔한 이별이 더 가슴 아프다는 것을 보여 주고 있다.

칼긋갓치 맘을먹고 활살것치 앞흘셔셔
氣色업시 가난곳디 栗城査頓 門前이라
孫女난 삼ᄋᆡ잡고 孫壻난 압흘막가
痛哭하며 怨望ᄒᆞ며 白首尊顔 언졔볼고
木石肝腸 안니거던 子孫之情 업살손가
草木禽獸 안니거던 慈愛之心 업살손가
已發之勢 無奈何라 다시오마 ᄯᅥᆯ잇치고
七十之年 사형제를 城ᄶᅡᆨ귀예 ᄒᆞ딕ᄒᆞ고
어셔가쟈 밧비가쟈 汽車우에 올나션니
千里길이 디쳑이오 萬事萬念 그만니라

이렇게 마음을 다잡고 도착한 서울은 더욱 쓸쓸한 풍경으로 그려진다. 당시의 서울이 비록 망국 직후이기는 하나 안동 천전의 빈한한 마을에 비하면 화려하기도 하고 번잡하기도 했을 것이지만, 백하는 그런 것에 눈길도 주지 않고, 오직 스산한 망국의 풍경만을 의식하고 묘사하였다.

漢陽城門 드러셔셔 古宮室을 울어보니
光化門과 大漢門은 寂寂無人 門닷기고
萬朝百官 朝會길은 黍稷蓬蒿 一望이라
壁돌딥과 電汽燈은 統監府와 外國領事
銃槍들고 橫行하난 輔助員과 日巡査가
白地行人 調査하고 無罪窮民 懲役치니
져승인가 이승인가 이地方이 어ᄃᆡ런고
郊廟神靈 업샤신가 이光景이 무샤일고

이어지는 본사는 모두 망명 과정의 경로와 약간씩의 감회를 서술한 부분이다. 여기에는 신의주(新義州)를 거쳐 봉황성 길림(鳳凰城 吉林)에 도착하였다가, 다시 유하현(柳河縣), 통화현(通化縣)에 도착하는 과정과 각지에서 느끼는 역사적 감상이 표현되어 있다.

본사의 셋째 단락은 망명 이후에 상상 속의 복수전쟁을 꿈꾸면서, 여기 필요한 여러 영웅들을 회고하고 그들과 같은 활약을 소망하는 내용으로 되어 있다. 현실적인 패배를 역사적 영웅들의 장쾌한 승리로 보상받으려는 태도는, 조선 후기 영웅담류 소설과 북벌류 가사들[49]로 이

---

49 「대명복수가(大明復讐歌)」는 조우각(趙友慤)이 지은 것으로 알려진 가사이다. 이 작품에는 중국의 충절신(忠節臣)과 우리나라의 삼학사(三學士)와 충렬사(忠烈士)들이 함께 연경(燕京)을 짓밟아 대명일월(大明日月)을 회복하고자 하는 내용을 노래하였다(李相寶, 「대명복수가(大明復讐歌) 해제」, 『고문연구』 6, 한국고전문화연구원, 1994, 153쪽).

미 광범하게 향유되고 있었다. 백하 자신도 이런 태도가 비현실적임을 인식하고, 영웅담의 시작에서 "하릴업셔 분울(憤鬱)홀제 대언장담(大言張膽)하여보식"라고 서술함으로써 이것이 가상의 영웅담임을 분명히 밝히고 있다.

이 복수담 부분은 크게 둘로 나뉘는데, 앞부분은 한민족사의 영웅들에 의한 영웅적인 승리를 그리고 있고, 뒷부분은 중국사의 영웅들도 이 싸움에 힘을 합친다는 구조로 되어 있다.

한민족의 영웅들로는 홍재학(洪在鶴), 이준(李寯), 이재명(李在明), 안중근(安重根), 민영환(閔泳煥), 최익현(崔益鉉)을 먼저 들었다. 이들은 백하 당시의 민족 영웅들로, 역적을 처단하거나 왜적을 처형하거나 순국하거나 의병을 일으킨 분들이었다. 백하는 이들을 앞세워 이 복수전쟁의 성격을 전면에서 선언하는 효과를 거두었다. 다음으로 열거된 민족 영웅들로, 김유신(金庾信), 을지문덕(乙支文德), 양만춘(楊萬春), 유검필(庾黔弼), 박제상(朴堤上), 정몽주(鄭夢周), 두문동 선비들, 강감찬(姜邯贊), 김취려(金就礪), 김부식(金富軾), 오연총(吳延寵), 윤관(尹瓘), 김경손(金慶孫), 김방경(金方慶), 원충갑(元沖甲), 곽세운(郭世雲)까지는 신라 고려 이상의 영웅들이라 하고, 이순신(李舜臣), 김응하(金應河), 권율(權慄), 곽재우(郭再祐), 정기룡(鄭起龍), 김덕령(金德齡), 임경업(林慶業), 오방언(吳邦彦), 정봉수(鄭鳳壽), 휴정선사(休靜禪師), 사명대사(四溟大師), 영규화상(靈圭和尙), 촉석루 삼장사, 심양 삼학사, 이부인(李夫人), 논개(論介) 등은 본조(本朝)의 영웅들이라고 열거하였다. 이들이 모여 종묘에서 통곡하고 일사보국(一死報國)을 다짐하는 것이 앞부분의 전체 내용이다.

여기에 중국의 영웅들인 여태공(呂太公), 방숙(方叔), 염장군(廉將軍), 범아보(范亞父), 조충국(趙充國), 진동보(陳同甫), 관운장(關雲長), 조자룡(趙子龍) 등이 합세하여 복수의 깃발을 높이 들고 "괴수(魁首)잡아 헌괵(獻馘)하고 도통(都統)잡아 수죄(數罪)"하면서 적을 굴복시키니 너희 기운이 세다고 하여도 오래 가지 못할 것이라고 했다.

이렇게 회복된 조국은 "영미법덕(英美法德) 상등국(上等國)에 상빈(上賓)으로 올나안쟈" 오대양 육대주에 호령하며 모든 계절에 온 세상에서 조공을 받아서 잔치를 하는 나라가 될 것이라고 하였다. 그 잔치의 끝에 "심의대대(深衣大帶) 구문물(舊文物)로 모수모구(某水某邱) 차쟈가니"라고 하여 고향으로 돌아가고 싶은 마음을 그리고, 이상적인 국가의 모습을 말하면서 본사를 정리하였다.

憲法政治 共和政治 時措之義 ᄯᅡ라가며
福을바다 子孫쥬고 德을ᄯᅡᆨ가 百姓쥬고
萬壽無疆 安樂太平 참말삼아 두고보세
長歌甚於 慟哭이요 大笑發於 無奈何라

다. 결사(結詞)

결사는 4구로 되어 있다. 결사에서는 이 노래가 누구를 위해 지어졌는지를 밝히고, 자신의 소망을 다시 한 번 확인하는 것으로 노래를 끝맺고 있다. 이 결사의 내용으로 보아, 백하에게 있어서 회복된 조국은 복벽의 대의 위에 헌법을 가지고 공화정치를 시행하는 입헌군주의 국가임을 알 수 있다.

憤痛코도 快活하다 靑年學徒 드러보소
靑春이 더이업고 白髮이 於焉이라
日征月邁 時習하야 人一能之 己百之라
아무려도 雪恥하야 大韓帝國 보고디고

(2) 망명 여성 가사

1910년대에 망명한 여성의 가사는 현재 5건이 보고되어 있다.[50] 지금까지 발견된 이들 가사는 모두 백하 김대락과 인연이 있는 여성들에 의해 창작되었다. 그중에서 김우락(金宇洛, 1854~1933)은 김대락의 여동생으로, 석주 이상룡의 아내가 된 사람이다. 그는 지금까지 발견된 가사 중에서 「해도교거사」와 「조손별서」, 「간운ᄉᆞ」 세 편의 지은이이다. 「위모사」의 지은이 이호성(李鎬性)은 김대락의 종질 김문식의 아내이며, 「원별가라」의 지은이는 김대락의 사돈가인 평해황씨 집안의 여성이다.

가. 「해도교거사」, 「조손별서」, 「간운ᄉᆞ」

이 세 작품은 모두 김우락이 만주 망명 중인 1911년~1914년에 지은 것으로 보인다. 「조손별서」는 지은이가 하회류씨에 시집간 손녀에게 보낸 것이며 「간운ᄉᆞ」는 고국에 있는 동생들에게 보낸 가사이다. 세 작품 모두 60세가량의 시기에 만주에 망명한 지은이의 감회와 그리움을 표현하고 있다는 점에서 공통적이므로, 그중에서 내용이 가장 풍부한 「해도교거사」를 중심으로 살펴보고자 한다.

「해도교거사」는 일부 훼손된 부분을 제외하고도 456행에 달하는[51] 매우 긴 생활가사이다. 전체적으로 한국에서의 생활과 망명하는 과정과 망명지의 생활을 가사로 표현하였는데, 제목은 한자로는 「해도교거사(海島僑居詞)」인 듯하고 자손들을 독자로 상정하고 회고담 형식으로 썼으며, 특별히 한 사람을 독자로 정하고 왕복서간 형식으로 쓴 글은 아닌 듯하다.

---

50 고순희, 『만주망명과 가사문학(자료)』, 박문사, 2015.

51 정연정·천명희(2016), 14쪽.

이 작품은 크게 세 부분으로 나눌 수 있다.

첫 부분은 친정에서 성장하여 임청각으로 시집와서 22세에 아들을 낳고 친정에 다녀온 등의 행복한 시절을 배경으로 하고 있다. 둘째 부분은 갑오년 동학난으로 도곡으로 은신하고 강씨에서 사위를 맞고 류씨에서 손녀사위를 맞은 내용을 포함하고 있다. 셋째 부분이 이 작품의 가장 핵심으로, 국운이 기울면서 남편 이상룡이 경찰에 구속되었다가 나온 뒤 망명을 결심하는 과정이 아내의 시선으로 서술되어 있고, 이어서 망명 과정, 망명지에서의 정착 과정과 고초 등이 여성의 입장에서 서술되어 있다. 그 뒤에도 좀 더 있을 가능성이 있으나 훼손되어 알 수 없다고 한다.

그가 시집간 뒤에 아들을 데리고 근친했을 때 부모가 한 말을 옮긴 부분은 다음과 같다.

너의몸이 반석이니 못잇칠계 업제마는
부모의 깁흔자졍 보고져워 ᄒᆞ엿더니
달포만 다시보니 어미난 ᄭᅩᆺ치되고
아ᄒᆡ난 룡봉이라 부모마음 깃부도다
만당한 너의남ᄆᆡ 우리슬하 즐겨셔라
친당의난 귀녀되고 식ᄃᆡᆨ의난 귀부되여
와도조코 가도조하 만심쾌락 ᄒᆞ겟고나

친정에 있는 동안 몇 달이 지나고 시댁의 어른들 분부를 따라 다시 시댁으로 돌아가게 되었다. 친정을 떠나 시댁으로 가는 장면도 장하고 영화롭게 표현되어 있다.

쥬렴을 놉히걸고 멀니셔 바라보니
강순은 그림이오 졔튁은 굉걸하다
건장한 하인들이 압헤와 공슈하며
영감님 분부나려 소인들이 등딕하오
억기의 놉히뫼고 집까지 드러가셔
교증의 나려셔셔 존당의 빅례하고
당샹의 안즌존당 의연하신 션학일셰

이렇게 안정되고 유족한 생활에서 “갑오연 동학난이 십사리가 소요하여” “강순졔튁 바려두고 도곡으로 올나”가서 우거하기 시작하였다. 그러나 그곳도 조상으로부터 물려받은 땅이며 필요한 것들이 모두 갖추어져 있어서 불편이 없었다. 도곡에서 딸을 시집보내고 손녀를 시집보내는 경사도 맞이하였다. 그해가 경술년(1910)이었는데, 슬하가 쓸쓸하고 집안이 허전해진 데다 국사도 점점 위태해지고 있었다.

그런 중에도 남편의 신념은 건고하여 “쥬군의 익국지심 업친물을 담을다시/협회도 한다하고 회장도 한다하니”라고 하였는데, 이는 석주 이상룡이 대한협회 안동지회장을 하던 일을 말한 것이다. 그러다가 일본 경찰에 구속되어 고초를 겪고 나온 뒤에 망명하겠다는 의사를 굳히는 것을 아내의 입장에서 받아들이고 있다.

오졸한 여즈라도 분울지심 발하려든
하물며 익국지스 비통지심 엇들넌고
산림졔튁 바려두고 월국의사 깁히드니
쳑셕갓치 굿은 마음 뉘라셔 말닐넌고

여성의 입장에서 남편의 결정을 따라 망명하는 과정에서 가장 어려운 것은 가족과의 이별이었다. 일시적인 여행이 아니라 영결의 감정으로 하는 이별이기에 모든 가족과 친지들이 깊은 슬픔으로 이 이별에 함께하고 있다. 당시 57세의 노년이던 작자는 손녀 부부와의 이별을 가장 안타깝게 그리면서 스스로 모질다고 표현하였다.

구담쥬졈 다다르니
손셔의 화월지용 계와셔 긔다리네
망경이 의의하고 누슈난 여우하여
간장이 슷쳐지네 토목갓한 쳐가향염
긔특하고 걸니여라 류실의 어린간쟝
셔러셔러 하난모양 심목의 의의하여
촌촌간쟝 다녹난듯
봉뎍랄 다다르니 강실의 슬푼눈물
경경치 못하난샹 씻치고 도라션니
슬푸다 내마음이 엇지이리 모지든고
아득한 이심회를 뉘라셔 알단말고

지금까지 이 작품은 행복하고 유족한 삶을 노래하다가 갑자기 기울어 가는 나랏일로 난관을 겪고 마침내 망국민이 되어 온 가족이 망명을 떠나는 데까지 진행되었다. 그동안 작중 자아는 이 망명에 대해 깊은 자각 없이 남편의 결정에 순종하는 자세만 보여 주었다. 그러나 작품의 중심이 되는 셋째 단락에 들어서면서 작중 자아의 태도가 조금씩 변화하는 모습을 보인다.

쳔고의 업는호강 슷나게 한다마는
일편의 향슨회포 여광여취 이닉마음

만ᄉᆞ무렴 하겟구나 슬푸다 한국이여
이조흔 호강ᄉᆞᆫ을 헌신갓치 바려두고
어ᄃᆡ로 가ᄌᆞᆫ말고 통곡이야 쳔운이야
강산아 잘잇그라 다시와셔 반긔리라

여기서는 여인의 몸으로 중국까지 오느라 먼 여행을 하였으니 남다른 호강이라고 할 수도 있지만, 고향을 생각하면 슬퍼지는 마음을 가누지 못하는 심정을 보여 준다. 이 단락에서 작중 자아는 "슬푸다 한국이여"라고 표현하여, 그 슬픔을 개인적 슬픔이 아니라 민족적 슬픔으로 이해했음을 알 수 있다. 가족의 가장이 결정한 가족적 난관으로 본다면 이 일은 남편을 원망할 수도 있는 일이겠지만, 그것이 한국의 "쳔운" 때문이라면 모든 것이 다르게 인식된다. 그러므로 작중에서는 "이조흔 호강ᄉᆞᆫ을 헌신갓치 바려두고/어ᄃᆡ로 가ᄌᆞᆫ말고 통곡이야 쳔운이야"라는 표현이 가능해진 것이다.

이제부터 중국에서의 망명생활이 시작되었다. 망명지에서의 고단한 삶은 다른 많은 문학작품의 소재가 되었고, 이 작품에서도 대동소이하게 묘사되었다. 그러나 여성의 작품인 이 가사에서는 그러한 고난 속에서도 국권회복의 소망을 잃지 않으면서 스스로 망국의 부당함을 인식하고 각성해 가는 과정도 보여 주고 있다.

어와 회즁분님 영웅열ᄉᆞ 동심합력
사업 달하시고 복국명인 되압시오
역역하다 우리향국 인걸은 지령이라
사람마다 영웅쥰걸 망국인종 불상하다

어와 이내몸이 청츈소연 어제러니
육십지연 늣거워라 이몸어이 다시졀머
영웅열사 모으신뒤 독입국권 쉬유려니
아모리 녀즈라도 잇뒤한번 쾌셜코져
빅슈노인 우리쥬군 만셰만셰 만만셰야
명만쳔 하압시고 만인지샹 되압시며
복국공신 되압시와
쳔만셰 무궁토록 만뒤영웅 될지어라

나. 「위모사」

이 작품은 김대락의 종질 김문식의 아내인 진성이씨 이호성(李鎬性, 1891~1968)의 가사이다. 작자는 1911년 집안의 어른인 백하 김대락을 따라 남편과 함께 만주로 망명하였다. 그때 그의 어머니 안동권씨가 「송교힝(送僑行)」을 지어 주었는데, 이 작품은 만주에 도착한 뒤 1914년경 어머니를 위로하기 위해 써서 보낸 것이다. 작품의 서두는 「송교힝(送僑行)」–「위모사(慰母詞)」 상호 왕복 서간 형식임을 분명히 하여 "부모님요 드러보소 위모ᄉ 한곡조로/송교힝 화답하여 이별회포 말하리다"라고 시작한다. 이 작품도 다른 가사와 마찬가지로 형식적으로는 '서사–본사–결사'의 순서로 서술되었고, 내용상으로는 '망명 이전–망명 과정–국권회복의 소망'이 순서대로 기술되어 있다.

서사는 태평조선의 모습을 서술하는 것으로 시작하였다. "우리나라 조선국도 히동의 반도강산/단군셩조 긔그ᄒ와 ᄉ쳔녀연 유전한니"라고 역사를 서술하고 평화로운 발전상을 그리고 있다. 그러나 그 시기에도 지은이 자신은 여성이므로 긍정적인 역할을 하지 못하고 있음을 원통히 생각하고 있다. 친정에서 자랄 때에도 별 유익이 없었고 부모에게는 애만 태우는 자식이었다고 서술하고 있는 것이다.

발고발근 이셰샹ᄋᆡ 부인예로 ᄉᆡᆼ겨나셔
이젼풍속 직히다가 무ᄉᆞᆫ죄로 고샹할고
금지옥엽 나ᄋᆡ몸이 불ᄒᆡᆼ이 ᄯᆞᆯ노나셔
친가ᄋᆡ난 유익업시 부모ᄋᆡ ᄋᆡ물이라

이와 같은 표현이 같은 작품의 앞부분에 나타나고 있는데, 여기서는 "부인ᄂᆡ 일평ᄉᆡᆼ은 션악을 물논하고/압ᄌᆡ밧고 구속ᄒᆞ미 젼즁살이 그안니요"라고 표현하였다. 그러나 이미 신문물을 경험하고 신사조를 이해한 지은이는 여성을 역사의 적극적인 담당자로 열거하면서 눈이 번쩍 뜨일 만한 변화라고 술회하였다. 그러기 위해서는 여성도 남성과 같은 지각과 경륜을 가졌음을 인식하고 재능과 분수에 따라 사업을 한다면 남녀가 다를 이유가 없다고 하였다.

시절을 살펴보면 쳔ᄒᆞ만국 다그럿소
하물며 신평심이 남녀가 평등ᄃᆡ니
심규ᄋᆡ 부인네도 금을 버셔 ᄯᆞᆯ고
이목구비 남과갓고 지각경뉸 마창인ᄃᆡ
ᄌᆡ분ᄃᆡ로 사업이야 남녀가 다르ᄀᆡ소

작품의 서술 순서로는 앞부분이지만, 경험 순서로는 그다음에 일제의 간악함에 말려 국가가 망국에 이르렀으며 망국민으로 학정 아래 신음하게 되었음을 표현하였다. 이 부분은 결국 부모를 떠나 만주로 망명하게 된 것을 설명하기 위한 것으로, 평화롭고 행복한 조국생활을 계속

할 수 없게 되었음을 말하고 있다.

세계를 ᄉᆞᆯ펴보소 바다문 여러노코
젼긔승 번ᄀᆡ불이 육쥬오양 연락ᄒᆞ와
오ᄇᆡᆨ연 예의풍속 일조ᄋᆡ 업서지고
우리나라 종묘사직 외인ᄋᆡ게 사양하고
강ᄉᆞᆫ은 의구ᄒᆡᄃᆡ 풍경은 글너시니
불ᄉᆞᆼ할ᄉᆞ 우리동포 사라날길 전혀업소
가ᄇᆡ안에 고기갓고 푸됴ᄶᆞᆫ에 희ᄉᆡᆼ굿치
살시리고 ᄇᆡᆨ골파도 셰금독촉 성화갓고
아니ᄒᆡ도 즁역가고 다ᄒᆞᄌᆞ니 굴머쥭고
학정이 니러ᄒᆞ니 살ᄉᆞ람 뉘가잇소

다음 부분은 "부모님요 ᄌᆞᆯ계시요/동긔친쳑 잘계시오"로 진행되는 이별의 장면과, 경부선－경의선－압록강－요동－유하현－통화현으로 이어지는 망명 과정에 대한 술회가 있고, 마지막에는 환국상봉의 소망을 표현하고 있다.

이다음 슌풍부러 환고국 하올적ᄋᆡ
그리든 부모동ᄉᆡᆼ 악슈샹환 할거시이
니밧게 다못할말
원근간 붕우님ᄂᆡ ᄂᆡ입만 처다보소
독닙연회 게설ᄒᆞ고 일쟝연설 하오리라 ᄭᆞᆺ

다.「원별가라」

이 작품은 울진군 평해면 사동리에 시집가서 살던 지은이가 남편을 따라 1911년 만주에 망명하여 1916년경에 창작한 가사이다.[52] 서두에 “고국에 부모동기친쳑 바려두고 굽분심회 ᄃᆡ강긔록 ᄒᆞᄌᆞ○○ 심신이 슈란”이라고 한 것으로 보아, 처음부터 망명심회를 술회하겠다는 목적으로 창작된 것으로 보인다. 이 작품은 많은 한자성어를 한글로 전사했으므로, 지은이의 한문 지식이 적지 않을 것으로 보이며, 각 성어의 출처를 정확히 이해해야 지은이의 창작의도를 설명할 수 있다는 특징이 있다. 제목이 「원별가라」인 것은 여성문학 중에서 이별을 한탄하는 종류인 원별가(怨別歌)류인 것으로 보이지만, 작품 전체가 원통함에만 머물지 않고 긍정적인 소망으로 전환되고 있는 점이 이채롭다.

작품의 앞부분은 다른 망명가사와 마찬가지로 자신의 생장과 출가를 행복하게 그려 내고 있다.

구고의 놉흔ᄌᆞ의 ᄐᆡ산이 가벼얍다
신ᄉᆞ랑 가득ᄒᆞ와 길거워 하신말ᄉᆞᆷ
며나리야 일등부인 ᄂᆡ며나리 면목도 황월갓고
셩졍도 유슌ᄒᆞ고 직임방젹 졔일이라
시부모 실하에도 ᄉᆞ랑으로 지ᄂᆡ다가
일연가고 잇ᄒᆡ가셔 귀령부모 ᄒᆞ리로다
반졍맛촤 친졍가고 몃날지나 시가오고
가고오고 논일젹에 무삼걱정 잇셔든고

다음 부분은 망국 장면이다. “지독한 원슈놈이/삼쳘이 금슈강산 소리업시 집어먹고/국ᄂᆡ에 모든거슬 졔임의로 폐지하고/학교죠ᄎᆞ 폐지하

52 고순희, 『만주망명과 가사문학(연구)』, 박문사, 2015, 50쪽.

니"로 이어지는 망국과 압제의 과정이 나타나 있다. 지은이의 남편은 평해 대흥학교 생도로, 남보다 먼저 삭발하고 신학문에 반하여 다니던 사람이었는데, 학교가 폐지되자 도저히 국내에는 살지 못하겠다고 하면서 망명을 결심하게 되었다. 지은이는 "규즁여즈 동서을 모르거든/무어슬 관계하리 우스며 딕답하야/여필죵부라니 어딕가면 안짜르리"라고 말하며 남편을 따라가는 수동적인 여성이었다.

그때부터 긴 이별 장면이 서술되고 난 뒤 영천까지 이동하여 기차를 타는 장면부터 지은이의 각성된 의식이 나타나고 있다.

구경ᄒᆞ기 어지럽다 북문밧 졍거장
오고가고 ᄒᆞ는 왜놈들 동졍을 살피노라
가작이 드러서서 치보고 네리보니
분여의 간장이나 분심이 졀노나고
쌀점이 졀노쪌여 소리업난 총잇스면
몃놈우선 쥭이겟다 열심히 겨우참고

도시에 나와 보니 수많은 일본 경찰이 조선인을 압제하는 장면을 보게 되고, 그것이 자연히 반일감정으로 전환되더라는 것이 이 장면의 내용이다. 그러나 아직 구체적인 항거를 지향하기에는 망명 과정이 너무 바쁘고 혹독했다. 이어지는 장면은 추위 속에 망명하면서 겪은 고생과 만주에서 여러 지역을 떠돌면서 겪는 향수가 주된 내용을 이루고 있다.

한희가고 잇희가야 삼ᄉᆞ연이 얼진가니
고국이 암암ᄒᆞ다
고당의 빅발부모 죤안이 히미ᄒᆞ다

보고져라 보고져라 부모동기
쉼갓치 이별한후 쳔ᄋᆡ지각 삼쳘이라
엇지하야 보쟌말가

이렇게 오매불망 잊지 못하는 부모동기에 대한 그리움을 표현하고 있지만, 이미 각성된 여성으로서의 민족의식은 확실히 이전과 달라진 모습을 보이고 있다. 망명 이전에는 양반가의 딸과 며느리로 살던 모습이 주조를 이루고, 망명 과정에서는 대체로 남편의 결정을 따르는 수동적 여성상이 나타나고 있다면, 망명 이후 세월을 보내면서 민족적으로 각성되고 주체의식으로 각성되는 여성의 모습을 보이고 있는 것이다.

실제로 만주에 망명하고 있었던 여성들은 빠른 속도로 민족주의자로 각성해 가고 있었으며, 그들은 자신들의 각성과 활성화를 위해서도 노력했지만, 남성 활동가를 격려하고 고무하는 역할도 수행했다. 그 한 예로, 『백하일기』에 수록된 김준식의 부인 박씨가 보인 단지(斷指) 사건은 강한 영향력으로 독립지사들 사이에 전파되었고, 이를 본 백하는 따로 한시를 지어 그 열렬함을 칭송하였다.

> 이어서 가슴에 품은 작은 칼을 꺼내어 오른손 검지를 자르는데, 한 번 찍고 두 번 찍고 세 번 네 번을 찍어서야 뼈마디가 잘려서 두 조각이 났다. 잘린 손가락이 연단 아래서 뛰는데 선혈이 낭자하고 치마 저고리를 다 적셨다.[53]

53 因出懷中小刀 斷其右手食指 一斫二斫 至于三四昨 而骨節始斷 分爲二片 躍于演壇之下 生血淋漓 汚巘衣裳(『白下日記』, 1913. 7. 28.).

鐵石其心玉其人　　철석같은 그 마음 옥같은 그 모습
三韓風雨一夫人　　삼한 풍우 속에 한 사람 여인인데
聊知滴滴刀豆血　　이제 보니 방울방울 칼 끝에 흐르는 피
添作新潮噴百人　　새 조류에 보태어 모두에게 뿜었네

—「寄呈朴夫人血指演壇帷緯之下」,『白下日記』, 1913. 8. 3.

이와 같은 망명지의 분위기에서 활동하고 배양된 여성의 의식은 이 가사의 말미에서 확실하게 드러난다. 지금까지 남성 활동가의 배우자 역할에만 충실하던 수동적 태도를 버리고, 민족운동과 독립 쟁취에 여성이 당당한 주체로 참여하고 그 성과를 함께 기뻐하겠다는 확고한 의식을 보여 주고 있다.

비나니다 비나니다 하나님씌 비나니다
우리민족 ᄉᆞ랑ᄒᆞᄉᆞ 권능만이 쥬압시고
…
ᄂᆡ가비록 여ᄌᆞ오나 이목구비 남과갓고
심졍도 남과갓ᄒᆡ
ᄒᆡᆼᄒᆞ든 못ᄒᆞ오나 ᄉᆡᆼ각이야 업슬소냐
우리여ᄌᆞ 만쥬에 거름ᄒᆞ는 여러형제
어리석은 ᄒᆡᆼ위 다바리고 지금 이시ᄃᆡ 이십셰기
문명한 빗흘어더 남의 뒤를 ᄯᆞᆯ치말고
만쥬일ᄃᆡ 부인 왕성ᄒᆞ여
독입권을 갓치밧고 독입기 갓히들고
압녹강을 건너갈졔 승전고을 울이면셔
ᄃᆡ한부인들도 만셰를 놉히 부르면서

이 대목은 이 가사의 결말 부분이다. 이 부분에 나타난 바와 같이,

「원별가라」는 망명 여성 가사 중에서 여성의 의식이 각성되고 미래에 대한 전망을 확보하고 있는 대표적 작품이다.

4. 만주 망명 문학의 문학사적 의미

19세기의 말에 한국문학의 표기수단을 한자에서 국한문 공용 또는 한글로 전환한 것은 한국문학사에서 획기적인 사건이었다. 이로 인하여 문학 창작과 향유 계층이 현저히 확대되고, 문학이 표현하는 삶의 여러 상황이 현실화·다변화되었다.

문학 표기수단이 바뀐 것은 후대에 당시 문학을 연구하는 데에도 큰 영향을 미쳤다. 대부분의 연구자들이 한문문학의 종료 시기를 19세기 말로 획정하고 20세기 이후의 한문문학은 전혀 기술하지 않거나 특이한 잔존상태로 기록하는 태도를 보였다.

그러나 1894년경에 국한문 혼용이 선포되어 전면적으로 시행되었다고 하여도, 당시의 문학을 담당하는 지식인들은 거의 전원이 한문 사용자였으며, 그들은 이후에도 지속적으로 한문으로 문학작품을 창작하였다. 심지어 어떤 경우에는 한문 창작이 신분과 지식의 획득표지로 작용하기도 했기 때문에 도리어 한문으로 창작하는 일이 증가하는 경향도 나타났다.[54] 그러므로 이 시기에 일제히 한문 창작이 종식되었다고 보는 것은 전혀 사실과 맞지 않는다.

---

54 김윤규, 「『巖齋唱酬錄』에 나타난 19세기 말 지방 인사들의 창수문화」, 『동방한문학』 62, 동방한문학회, 2015. 3., 377~401쪽.

20세기까지 지속된 한문 창작이 문학사적 의미를 가질 수 있는 가장 유효한 증거들이 독립운동가로 활동한 지식인들의 한문 창작물이다. 이들은 음풍영월류나 신분과시류 문학을 창작하고 있을 만큼 한가한 처지가 아니었으며, 급박하고 위험한 하루하루를 보내면서도 높은 신념와 지식을 유지하고 있는 지사들이었기 때문에, 그들의 한문문학은 문학사의 중요한 성과로 기록되는 것이 매우 타당하다. 더욱이 당시 망명 지사들 중에서 영남 지역을 근거로 둔 사람들은 정재(定齋)와 그를 이은 서산(西山), 한주(寒洲), 성재(性齋) 등 전통적인 학자들의 학맥을 이은 이들이었으므로, 이들에게 한시 창작은 생활화된 현재진행형 문학생활이었다. 또한 이들의 문학작품들은 당시의 엄혹한 현실을 냉철하고 의식화된 시선으로 포착한 작품들이므로, 그 현실의식과 미래지향적 가치관에 있어서도 한국 현대문학의 중요한 부분으로 기술되는 것이 마땅할 것이다.

또한 당시 독립운동에 헌신한 지사들의 활동을 연구하고 그 업적을 현창하는 방법으로도 그들의 문학작품은 연구되어야 한다. 엄혹한 시절 일신의 위험을 돌아보지 않고 모든 재산과 평안을 희생하고 망명하여 투쟁하였다는 것에서 끝나는 그들에 대한 기록만으로는, 그들의 인간적인 면모와 실제적인 활동에 접근할 수 없다. 실제로 지사들의 내면세계를 가장 정직하게 보여 주는 것은 그들이 창작한 문학작품이다. 문학작품 속에서 지사들은 역사적 기록들에 나오지 않는 그리움과 후회, 미안함, 심지어 두려움에 이르기까지 자신들의 실체를 표현하고 있기 때문이다.

일제강점기가 시작되고 국내에서는 일제의 통치가 정착되어 가던 시기에 아직 한문으로 창작되고 있던 망명문학이 당대적 현실성을 획득하기 위해서는 당시 창작자들의 현실인식이 매우 중요한 요소가 된다. 그런 점에서도 만주 망명 지식인들의 문학작품은 예민한 현실감으로 당대의 문제를 인식하고 있으며, 민족 문제와 빈부 문제에 이르기까지 지식인다운 문제의식을 내포하고 있다는 점에서도 주목된다.

남성 망명자로서 국한문 혼용으로 가사를 창작한 경우도 있다. 이 경우는 창작의 편의를 위한 것이기도 하지만, 무엇보다 국한문 혼용 가사가 획득할 수 있는 광범한 독자층을 염두에 둔 것이라고 할 수 있다. 한글가사의 창작 한계가 면밀히 보면 현재에까지 내려온다는 점을 감안한다면, 일제강점기 한글가사의 문학적 유용성은 가볍게 볼 수 없는 의미가 있다.

이 시기에 남성 망명자들과 함께 망명한 여성 망명자들의 가사문학 역시 한국문학사의 중요한 성과로 기록되어야 한다. 여성의 가사문학이 개인적 회고나 여흥의 산물로 인식되던 것에서 벗어나, 이 시기 망명 여성들은 주체적 자기인식의 발현으로 가사를 창작하는 경향도 있었기 때문이다. 그들은 망명의 동반자에서 출발하여 독립운동의 능동적 주체로 변화하는 인식각성의 과정을 작품 속에서 보이고 있어서, 20세기 초 한국 여성문학에 중요한 특징 하나를 첨가하는 역할을 할 것이다.

5. 정리와 과제

1910년 대한제국이 일제에 의해 강압적으로 병합되자 영남의 지식인들은 매우 어려운 선택의 기로에 서게 되었다. 그중에는 결연한 의지를 자결로 표현하는 이들도 있었지만, 사람마다 사정이 있어서 모두가 같은 선택을 할 수는 없었다. 이 시기에 자정순국한 사람이 가장 많았던 곳도 영남 지역이지만, 국외 망명하여 국권회복을 꾀한 사람이 가장 많았던 곳도 영남 지역이었다.

영남 지역에서 망명을 택한 이들은 대체로 안동 중심의 정재학맥, 성주 중심의 한주학맥, 선산 중심의 성재학맥으로 정리할 수 있는 각성된 전통 유학자들이었으며, 그 외에도 밀양의 윤세복, 노상익, 노상직, 청도의 예대희 등과 그 밖의 많은 인사들이 간도 지역으로 망명하여 독립운동에 헌신하였다.

이들은 모두 한문을 생활문자로 사용하고 있던 지식인이었으므로, 자신들이 경험하는 사태와 변화하는 의식 및 때때로 떠오르는 감정 등을 한문문학으로 기록하였다. 이들이 생산한 한문기록이 지금까지 다 정리되지는 않았으나, 현재 정리된 것만 보아도 망명지사들의 문학 활동은 한국문학의 중요한 성과로 기록될 가치가 있다.

망명지사들의 한시 창작의 경우, 역사로 기록된 그들의 신념에 찬 활동과 독립투쟁만 나타나는 것이 아니라, 그들 삶의 모든 상황이 문학에 반영되어 나타나고 있었다. 치열한 고민과 단호한 결심으로 이루어진 망명생활이지만, 조상에 대한 죄송함과 가족에 대한 미안함, 망명생활의 현실적 괴로움이나, 점점 멀어지고 있는 독립의 가능성에 대한 우울한 감회 등도 그들의 시에 정직하게 표현되어 있다. 그러는 가운데서도 독립을 향한 희망을 놓을 수 없는 절박함과, 후진을 양성하면서 그들에게 희망과 투지를 고취해야 하는 힘겨움까지, 당시 망명지사들의 한시는 일제강점기 한국 지식인의 의식세계를 살필 수 있는 유용한 성과이다.

한글로 창작된 가사는 좀 더 편리한 표현방법과 광범한 현실성을 획득할 수 있는 양식이었다. 그중에서 남성 작자에 의해 창작된 가사는 좀 더 정제된 형식에 의식적인 내용을 가지고 있었다. 「분통가」는 국권이 강탈된 데 대한 원통함으로 출발하여 망명을 결심하는 과정과 망명 과정, 정착과 후배교육 및 광복의 희망을 표현하면서, 광범한 독자를 상정하여 한문과 한글을 혼용하되 처음부터 끝까지 흔들림 없는 글씨체로 기록한 가사이다.

망명 여성 가사는 좀 더 여러 편이 발견되었다. 그 대부분은 망명 이전의 행복한 시절에 대한 회고로부터 시작하여, 결혼과 국권침탈, 망명과 고난 등의 순으로 기록되어 있다. 이들 작품 중 상당수는 고향에 있는 가족에게 보내는 서간의 성격을 띠고 있었기 때문에 사사로운 내용이 많으며 강한 의식을 담고 있지는 않다. 그러나 작품 곳곳에 일제에 대한 미움과 광복의 소망 등이 표현되고 있으며, 특히 「원별가라」는 여성의 의식이 각성해 가는 과정을 보여 주는 작품으로 매우 흥미로운 성격을 가지고 있다. 이 작품도 귀하게 자라서 좋은 남편을 만났으나 국운이 불행하여 망명하게 된 것까지는 일반적이지만, 작중 자아가 망명 과정에서 의식이 변화하는 과정을 보여 주면서 마침내는 주체적인 여성 독립운동가로 확고한 민족의식과 투쟁에 대한 분명한 전망을 제시하기에 이르고 있다는 점에서 주목할 만하다.

이 시기 망명지사들의 문학작품은 국내에서 진행되던 현대문학과는 형태와 내용이 다르다. 그러므로 일제강점하의 국내문학과 달리 망명지에서 전개된 민족적 성격의 문학으로 이들 작품을 정리할 필요가 있다. 더욱이 아직 정리되지 않은 작품들이 수집되고 연구된다면 더 풍성한 망명문학의 성과를 기대할 수 있을 것이다.

참고문헌

제1부 영남의 3·1운동

제1장 대구 지역의 한말 일제 초기 사회변동과 3·1운동

慶尙北道,「小作慣例に關する調査」,『朝鮮彙報』大正7-7, 1918.
慶尙北道 編,『慶尙北道勸業統計書』, 1912.
慶尙北道 編,『慶尙北道 農業統計書』, 1920.
慶尙北道警察部,『高等警察要史』, 1934.
近藤徹君,『大邱地方經濟事情』, 1913.
金正明 編,『朝鮮獨立運動』Ⅰ, 原書房, 1977.
大邱民報社編輯局,『慶北産業誌』, 朝鮮民報社, 1920.
大邱府 編,『大邱民團史』, 1915.
독립운동사편찬위원회,『독립운동사』3, 1983.
독립운동사편찬위원회,『독립운동사자료집』5(3·1운동 재판 기록), 1972.
『每日新報』
文定昌,『朝鮮農村團體史』, 1942.
浡拾藏,『慶北大鑑』, 1934.
이재인,「상해서 잠입한 김순애여사—대구의 3·1운동」,『신동아』, 1965년 3월호.
朝鮮總督府,『朝鮮の小作慣行』(下), 參考編, 1930.
朝鮮總督府警務局,『現代史資料 朝鮮 3·1運動編(1)』, 東京: みすず書房, 1967.
朝鮮總督府警務總監府,『大正5年警察統計』, 1917.
朝鮮總督府警務總監府,『大正4年警察統計』, 1915.
朝鮮總督府警務總監府,『大正5年警察統計』, 1916.

朝鮮總督府臨時土地調査局 編, 『朝鮮土地調査事業報告書』, 1905.
朝鮮憲兵隊司令部 編, 『大正8年 朝鮮騷擾事件狀況』

경북노회100년사편찬위원회, 『경북노회100년사』, 1997.
계성100년사편찬위원회, 『啓聖百年史 1906-2006』, 학교법인 계성학원, 2006.
광복회대구경북연합지부, 『대구경북 항일독립운동사』, 1991.
김남식, 『이만집목사 생애와 사상』, 새순출판사, 1987.
김보현·김용래, 『지방행정의 이론과 실제』, 법문사, 1967.
대구YMCA 엮음, 『대구 YMCA 80년사 1918-1998』, 1999.
민경배, 『韓國基督教社會運動史』, 대한기독교출판사, 1987.
오미일, 『한국근대자본가연구』, 한울, 2002.
이만열, 『한말 기독교와 민족운동』, 평민사, 1976.
이재원, 『대구장로교회사연구(1893~1945)』, 도서출판 사람, 1996.

강영심, 「朝鮮國權回復團의 結成과 活動」, 『한국독립운동사연구』 8, 한국독립운동사연구소, 1990.
권대웅, 「조선국권회복단연구」, 『민족문화논총』 9, 영남대 민족문화연구소, 1988.
권대웅, 「1910년대 경상도지방의 독립운동단체연구」, 영남대 대학원 박사학위논문, 1993.
권대웅, 「한말 경북지방의 사립학교와 그 성격」, 『국사관논총』 58, 국사편찬위원회, 1994.
권영배, 「대구지역 3·1운동의 전개와 주도층」, 『조선사연구』 6, 조선사연구회, 1997.
김도형, 「한말 대구지역 상인층의 동향과 국채보상운동」, 『계명사학』 8, 계명사학회, 1997.
김도형, 「한말 영남지역의 근대교육과 유교」, 『계명사학』 10, 계명사학회, 1999.
김영호, 「3·1운동에 나타난 경제적 민족주의」, 『3·1운동 50주년 기념논집』, 동아일보사, 1969.
김인호, 「일제하 대구지역 산업성장의 역사적 성격」, 『대구 근대의 도시발달과정과 민족운동의 전개』, 계명대학교 50주년 준비위원회, 2004.
김일수, 「서상일의 정치·경제 이념과 활동」, 성균관대 대학원 박사논문, 2000.
김일수, 「한말·일제시기 대구의 도시 성격 변화」, 『대구 근대의 도시발달과정과 민족운동의 전개』, 계명대학교 50주년 준비위원회, 2004.
이윤갑, 「1920년대 식민지 상업적 농업의 전개와 지주제의 확대」, 『韓國史研究』 90, 1995.
이윤갑, 「1920년대 경북지역 농촌사회의 변동과 농민운동」, 『韓國史研究』 113, 2001.
이지원, 「3·1운동의 전개양상과 참가계층」, 『3·1민족해방운동연구』, 청년사, 1989.
조동걸, 「대한광복회의 결성과 그 선행조직」, 『한국학논총』 5, 1982.
정경호, 「대구3·1만세운동을 주도한 민족지도자 이만집 목사의 자주적 민족신앙연구」, 『신학과 목회』 25, 영남신학대학, 2006.

제2장 안동 지역 3·1운동의 전개 양상과 특징

경상북도사편찬위원회, 『경상북도사』(중), 경북인쇄소, 1983.
권영배, 「안동유림의 3·1운동과 파리장서운동」, 『대동문화연구』 36, 성균관대학교 대동문화연구원, 2000.
김원석, 「안동지역 3·1운동의 성격」, 『안동문화』 15, 안동대학교 안동문화연구소, 1994.
김원석, 「안동의 3·1운동」, 안동대 석사학위논문, 1994.
김희곤, 『안동의 독립운동사』, 안동시, 1999.
김희곤, 『대한민국임시정부 연구』, 지식산업사, 2004.
김희곤, 『조선공산당 초대 책임비서 김재봉』, 경인문화사, 2006.
김희곤, 『안동 사람들의 항일투쟁』, 지식산업사, 2007.
김희곤 외, 『봉화의 독립운동사』, 봉화군, 2007.
김희곤 외, 『(국역)고등경찰요사』, 선인, 2010.
독립운동사편찬위원회, 『독립운동사』 3, 고려서림, 1983.
독립운동사편찬위원회, 『독립운동사자료집』 5, 고려서림, 1983.
독립운동사편찬위원회, 『독립운동사자료집』 6, 고려서림, 1983.
안동교회80년사편찬위원회, 『안동교회 80년사』, 안동교회, 1989.
안동대학교 안동문화연구소, 『경북독립운동사』 Ⅰ~Ⅶ, 경상북도, 2012~2014.
조동걸, 『한국민족주의의 성립과 독립운동사 연구』, 지식산업사, 1989.
조동걸, 『韓國民族主義의 理解와 論理』, 지식산업사, 1998.
한국근현대사학회, 『(개정판)한국독립운동사강의』, 한울, 2007.

제3장 3·1운동기 영남 지역 종교계의 동향

강대민, 「범어사 3·1운동의 재조명」, 『대각사상』 제14집, 2010.
강만길 편, 『밀양의 독립운동사』, 밀양문화원, 2003.
강정구, 「경상북도 북부지역 교회관련 3·1만세 운동」, 『연구공모 발표회 자료집』, 경북독립운동기념관 국민대표회의실, 2018. 11. 17.
김법린, 「三一運動과 佛敎」, 『新生』 창간호, 新生社, 1946.
김순석, 『불멸의 민족혼 되살려 낸 역사가 박은식』, 역사공간, 2013.
김순석, 『백년 동안 한국 불교에 어떤 일이 있었을까』, 운주사, 2009.
김천시사편찬위원회, 『김천시사』, 1999.
『대구시사』, 대구시, 1973.

도진순·박철규·전갑생, 『군북 3·1독립운동사』, 선인, 2004.
독립운동사편찬위원회, 『독립운동사』 제4권, 1983.
백암박은식선생전집편찬위원회, 『한국독립운동지혈사』, 『백암박은식전집』 제2권, 동방미디어, 2002.
『불교신문』, 「불교항일운동(7) 통도사 신평장터 3·13 시위」, 2018. 4. 18.
송길섭, 「3·1운동과 종교간의 연대문제」, 『가독교사상』 28(3), 기독교서회, 1984.
신용하, 『3·1독립운동』, 독립기념관 한국독립운동사연구소, 1989.
양산군향토사연구회, 『증보판 양산항일독립운동사』, 2009.
이덕주, 「3·1운동과 기독교」, 『한국기독교와 역사』, 한국기독교역사연구소, 2017.
이만열, 「3·1운동과 종교계의 역할」, 『한국기독교와 역사』, 한국기독교역사연구소, 2017.
이승윤, 「불교계의 국채보상운동 참여와 성격」, 『한국근현대사연구』 83, 한국근현대사학회, 2017.
이준식, 「'운동'인가 '혁명'인가?—'3·1혁명'의 재인식」, 『3·1혁명 95주년기념학술회의 자료집』, 민족문제연구소, 2014. 2. 26.
조규태, 「3·1운동과 천도교」, 『유관순연구』 창간호, 유관순연구소, 2002.
조선예수교장로회총회, 『제8회 조선교장로회총회록』, 1919. 10. 4.
채상식, 「한말 일제시기 梵魚寺의 항일운동」, 『한국문화연구』 4, 1991.
최범술, 「청춘은 아름다워라」, 『효당 최범술문집』, 민족사, 2013.
한규무, 「기독교와 천도교의 3·1운동 협력에 대한 평가와 오늘의 의미」, 『기독교사상』 제663호, 2014. 3.
한상길, 「통도사와 표충사의 3·1운동」, 『불교계의 3·1운동가 항일운동(3)』, 대한불교조계종 불교사회연구소, 2018.
홍순권·장선화·전성현·하지영·배병욱·이가연, 『부산·울산·경남지역 항일운동과 기억의 현장』, 선인, 2011.

제4장　파리장서운동의 전개와 영남 지역의 숨은 협력자들

『동아일보』, 『조선일보』, 『조선총독부관보』, 『중외일보』
『벽진이씨감무공파세보』(1983), 『성산여씨대동보』(2006), 『야성송씨충숙공파보』(1995), 『인동장씨대동보』(1998)
곽정, 『면우선생연보』, 1956.
곽종석, 『면우집』 4, 아세아문화사, 1984.
김노동, 『지산선생연보』, 1952.

김병호 편, 『유학연원록』, 대한공보사, 1982.
김창숙, 「기미유림단사건에 관한 추억의 감상」, 독립기념관 소장.
김창숙, 『심산유고』, 국사편찬위원회, 1973.
김황, 『중재선생문집』 13, 천자족보사, 1998.
박은식, 『박은식전서』 상, 단국대학교출판부, 1975.
손후익, 『문암선생문집』, 홍익대학교 도서관 소장.
송인건, 『겸헌문집』, 1985.
송인근, 『심중실기』, 송재소 소장.
심산기념사업준비위원회 편역, 『(심산김창숙선생투쟁사)벽옹일대기』, 태을출판사, 1965.
유림단독립운동실기편찬위원회 편, 『국역 유림단독립운동실기(심중일기)』, 대보사, 2001.
유호근, 『사가집』, 경인문화사, 1993.
장석영, 『선문별집』 지, 필사본, 장세민 소장.
장진영, 『동산유집』
조선유교회, 『조선유교회창립선언서급헌장』, 1933.

경상북도경찰부, 『고등경찰요사』, 1934.
국사편찬위원회, 『한민족독립운동사자료집』 42, 「김교림 신문조서」, 2000.
남부희 편역, 『제2차 유림단 사건—독립운동사 자료집』, 불휘, 1992.
독립운동사편찬위원회, 『독립운동사자료집』 14, 1978.
『사상문제에 관한 조사서류』 3.
『소화이년 조선전도면직원록』, 문진당, 1927.
『조선공직자명감』, 1927.
『조선은행회사요록』, 1921.

김창백 판결문(대구지방법원, 1929. 9. 30.)
송영우 등 12인 판결문(대구지방법원, 1927. 3. 29.)
송영우 등 29인 예심종결결정서(대구지방법원 예심계, 1927. 1. 21.)
이응수 등 24인 예심종결결정서(대구지방법원 예심계, 1923. 9. 30.)

강만길·성대경 엮음, 『한국사회주의운동인명사전』, 창작과비평사, 1996.
권오영, 『조선 후기 유림의 사상과 활동』, 돌베개, 2003.
김희곤 외, 『봉화의 독립운동사』, 봉화군, 2007.
독립운동사편찬위원회, 『독립운동사』 8(문화투쟁사), 1976.

민족문제연구소 편, 『일제협력단체사전』, 2004.
신주백, 『만주지역 한인의 민족운동사(1920~45)』, 아세아문화사, 1999.
윤보현, 『경북판 독립운동실록』, 1974.
조동걸, 『한국근현대사의 이해와 논리』, 지식산업사, 1998.
한국유림독립운동 파리장서비 건립위원회, 『한국유림독립운동 파리장서약사』, 1973.
한시준, 『의회정치의 기틀을 마련한 홍진』, 탐구당, 2006.

권영배, 「성주지역의 3·1운동과 파리장서운동」, 『계명사학』 23, 계명사학회, 2012.
권영배, 「경북지역의 파리장서운동」, 『경북독립운동사』 Ⅲ(3·1운동), 경상북도, 2013.
김상기, 「金福漢의 洪州義兵과 파리長書運動」, 『大東文化研究』 39, 大東文化研究院, 2001.
김상기, 「임한주의 사상과 독립운동」, 『한국독립운동사연구』 47, 한국독립운동사연구소, 2014.
김용기, 「삼일독립운동과 파리장서사건에 대하여」, 『문리대학보』, 부산대 문리과대학, 1959.
김희곤, 「제2차 유림단의거 연구—심산 김창숙의 활동을 중심으로」, 『대동문화연구』 38, 대동문화연구원, 2001.
김희곤, 「해제」, 『대한민국임시정부자료집』 7, 국사편찬위원회, 2005.
남부희, 「유교계의 파리장서운동과 3·1운동」, 『한국의 철학』 12, 1984.
서동일, 「파리장서운동의 기원과 재경유림」, 『한국독립운동사연구』 30, 한국독립운동사연구소, 2008.
서동일, 「1919년 파리장서운동의 전개와 역사적 성격」, 한국학중앙연구원 박사학위논문, 2009.
서동일, 「1910년대 한중유림의 교류와 공교운동」, 『한국민족운동사연구』 77, 한국민족운동사학회, 2013.
서동일, 「성주 사도실마을의 창씨 실태와 유림 김창숙의 반대 논리」, 『한국근현대사연구』 70, 한국근현대사학회, 2014.
오세창, 「파리장서와 송준필」, 『한국근현대사연구』 15, 한국근현대사학회, 2000.
임경석, 「유교지식인의 독립운동—1919년 파리장서의 작성 경위와 문안 변동」, 『대동문화연구』 37, 대동문화연구원, 2000.
임경석, 「파리장서 서명자 연구」, 『대동문화연구』 38, 대동문화연구원, 2001.
최미정, 「경북 봉화 의성김씨 문중의 유림단 의거 참여」, 『한국독립운동사연구』, 한국독립운동사연구소, 2014.
허선도, 「삼일운동과 유교계」, 『삼일운동50주년기념논집』, 동아일보사, 1969.

제2부 만주의 꿈

제5장 20세기 초 영남 유림의 만주 이주와 초기 정착과정

盧相益, 『大訥手卷續編』
盧相益, 〈西溝結社錄〉
李承熙 외, 〈東三省韓人孔教會趣旨書〉

국사편찬위원회, 『한국독립운동사(자료 27 임정편 XII)』, 국사편찬위원회, 1994.
박은식 지음, 김도형 옮김, 『한국독립운동지혈사』, 소명출판, 2008.
이규창, 『운명의 餘燼』, 클레버, 2004.
이은영, 『요동의 학이 되어—일제강점기 서간도 망명 우국지사 이건승·안효제·노상익·노상직·예대희·조정규와 안창제를 중심으로』, 학자원, 2016.
이은영, 『한국 독립운동과 암호』, 민속원, 2017.
이은영·이채경 등, 『철로 위에 선 근대 지식인』, 민속원, 2015.
허은 구술, 변창애 기록, 『아직도 내 귀엔 서간도 바람소리가—독립투사 이상룡 선생 손부 허은 회고록』, 민족문제연구소, 2018.

강윤정, 「만주망명 일기, 『백하일기(白下日記)』(1911~1913)」, 『기록인』 통권18호, 국가기록원, 2012.
김주용, 「만주지역 도시화와 한인인주 실태: 봉천과 안동을 중심으로」, 『韓國史學報』 제35호, 고려사학회, 2009.
배종석, 「상경헌 이능호의 경의(敬義)사상과 망명」, 『한문학보』 제37집, 우리한문학회, 2017.
서동일, 「100년 전 중국 안동현에 세워진 한인촌의 모습, '중국 남만주 안동현 접리수도'」, 『한국근현대사연구』 제74집, 한국근현대사학회, 2015.
서동일, 「일제 초기 동삼성한인공교회의 설립과 활동」, 『역사와 현실』 제99호, 한국역사연구회, 2016.
이은영, 「松隱 安昌濟의 西間島 亡命詩 硏究」, 『대동한문학』 제41집, 대동한문학회, 2014.
조항래, 「戊午獨立宣言의 民族獨立運動史的 意義」, 『三均主義硏究論集』 제10호, 三均學會, 1988.

국사편찬위원회, 『不逞團關係雜件—朝鮮人의 部—在滿洲의 部(3)』, 「排日朝鮮人의 狀況에 관한 건」(機密公信 제51호)(1914. 7. 28.)
국사편찬위원회, 『不逞團關係雜件—朝鮮人의 部—在滿洲의 部(4)』, 「排日朝鮮人의 狀

況에 관한 건」(朝憲機 제616호)(1914. 9. 15.)
국사편찬위원회, 『不逞團關係雜件—朝鮮人의 部—在滿洲의 部(4)』, 「地方民情彙報」(警高機發 제721호)(1915. 4. 15.)
디지털 안동문화대전(http://andong.grandculture.net/)
부산광역시 홈페이지(http://www.busan.go.kr/)
한국민족대백과사전(http://encykorea.aks.ac.kr)

제6장 『요좌기행』을 통해 본 장석영의 만주 체험과 그 의의

李斗勳, 『弘窩集』
李承熙, 『韓溪遺稿』
張錫英, 『晦堂集』
張錫英, 『遼左紀行』

김태국, 「만주지역 한인들의 도시 거주지 형성 과정」, 『근대 만주 도시 역사지리 연구』, 동북아역사재단, 2007.
박성순, 「한청간 間島 영유권 분쟁의 역사적 전개와 전망」, 『동양학』 56, 단국대 동양학연구원, 2014.
서동일, 「1910년대 전반기 張錫英의 외부세계 경험과 유교 인식」, 『한국인물사연구』 22, 한국인물사연구회, 2014.
우진웅, 「『회당집』의 간행과정과 간역의 특징」, 『국학연구』 27, 한국국학진흥원, 2015.
윤병석, 「요좌기행 해설」, 『사학지』 8, 단국사학회, 1974.
이은영, 「송은 안창제의 서간도 망명시 연구」, 『대동한문학』 41, 대동한문학회, 2014.
이은영, 『요동의 학이 되어』, 학자원, 2016.
이택동, 「晦堂 張錫英論」, 『한국고전연구』 19, 한국고전연구학회, 2009.
정우락, 「晦堂 張錫英이 쓴 『黑山錄』의 서술방식과 가치」, 『영남학』 23, 경북대학교 영남문화연구원, 2013.
정우락, 「近代轉換期韓國漢文學作家的中國體驗研究—以滿洲地域爲中心」, 『當代韓國』 78, 中國社會科學院 社會科學文獻出版社, 2013.
최일, 「최남선의 만주체험과 「千山遊記」」, 『만주연구』 21, 만주학회, 2016.

제7장 1910년대 만주 망명 영남 지사들의 문학과 그 성격

『국역 백하일기』, 안동독립운동기념관, 2011.

『韓溪遺稿』, 국사편찬위원회, 한국사료총서, 1976.

『국역 석주유고』, 안동독립운동기념관, 2007.

『東山全集』, 동산선생기념사업회, 1977.

『국역 동구유고』, 국무령이상룡기념사업회, 2016.

고순희, 『만주망명과 가사문학(자료)』, 박문사, 2015.

허은, 『아직도 내 귀엔 서간도 바람소리가』, 정우사, 2003.

이해동, 『滿洲生活 七十七年』, 명지출판사, 1990.

이은숙, 『西間島始終記』, 일조각, 2017.

강명관·고미숙, 『근대 계몽기 시가 자료집』, 성균관대학교 대동문화연구원, 2000.

강윤정, 「백하 김대락의 민족운동과 그 성격」, 『白下 金大洛 先生』, 백하김대락선생추모학술강연회, 2008.

강윤정, 『사적에서 만나는 안동독립운동』, 지식산업사, 2013.

강윤정, 『정재학파의 만주망명과 1910년대 항일투쟁』, 『경북인의 만주지역 항일투쟁사 연구』, 안동독립운동기념관, 2011.

경상북도독립운동기념관 엮음, 『경북독립운동가 100인 열전』, 경상북도독립운동기념관, 2017.

고순희, 「일제강점기 만주망명지 가사문학—담당층 혁신유림을 중심으로」, 『고시가연구』 27, 한국시가문화학회, 2011.

고순희, 『만주망명과 가사문학(연구)』, 박문사, 2015.

권대웅 외, 『청도의 독립운동사』, 청도군, 2010.

權五滿, 『開化期詩歌硏究』, 새문사, 1989.

金榮喆, 『韓國開化期詩歌의 장르 硏究』, 학문사, 1987.

김병민, 『韓國移行期文學硏究』, 국학자료원, 1995.

김영철, 『韓國 開化期 詩歌의 장르 硏究』, 학문사, 1987.

김윤규, 「『巖齋唱酬錄』에 나타난 19세기 말 지방 인사들의 창수문화」, 『동방한문학』 62, 동방한문학회, 2015.

김윤규, 「19세기 말-20세기 初 전통 지식인 한시의 문학사적 성격 검토—척암 김도화의 경우」, 『동방한문학』 53, 동방한문학회, 2012.

김윤규, 「20세기 초 만주 망명 지식인 漢詩의 문학사적 성격—『白下日記』의 경우」, 『국어교육연구』 50, 국어교육학회, 2012.

김윤규, 「20세기 초 漢詩의 문학사적 성격 試論—石洲시의 경우」, 『동양예학』 17, 동양예학회, 2007.
김윤식, 『한국근대문학양식논고』, 아세아문화사, 1990.
김정미, 「石洲 李相龍의 독립운동과 사상」, 경북대학교 박사학위논문, 2001.
김창호, 「일제강점기 한국과 만주의 문학적 상관성 고찰」, 『만주연구』 12, 만주학회, 2011.
김희곤, 「서산 김흥락의 독립운동과 그 여맥」, 『한말 퇴계학통의 정맥 서산 김흥락』, 안동독립운동기념관, 2000.
김희곤, 「東山 柳寅植의 생애와 독립운동」, 『民族 위해 살다 간 安東의 近代人物』, 안동청년유도회, 2003.
김희곤, 『안동 사람들의 항일투쟁』, 지식산업사, 2007.
노인숙, 『면암 최익현 한시 연구』, 국학자료원, 2002.
李相寶, 「대명복수가(大明復讐歌) 해제」, 『고문연구』 6, 한국고전문화연구원, 1994.
박현모, 「일제시대 공화주의와 복벽주의의 대립—3·1운동 전후의 왕정복고[復辟]운동을 중심으로」, 『정신문화연구』 30-1, 한국학중앙연구원, 2007.
서중석, 『신흥무관학교와 망명자들』, 역사비평사, 2001.
신주백, 『만주지역 한인의 민족운동사』, 아세아문화사, 2000.
안동대학교 안동문화연구소 안동독립운동기념관, 『경북독립운동사』 1~7, 경상북도, 2013.
이규호, 『開化期 變體漢詩 硏究』, 형설출판사, 1986.
이은영, 「間島地域 亡命者들의 文集現況과 特徵—을사늑약에서 3·1운동 직후를 중심으로」, 『대동한문학』 49, 대동한문학회, 2016.
이은영, 「伊山 芮大僖의 西間島 亡命과 憂國詩」, 『한문학보』 27, 우리한문학회, 2012.
이희목, 『애국계몽기 한시 자료집』, 성균관대학교 대동문화연구원, 2005.
장세윤, 「1910년대 남만주 독립군 기지 건설과 신흥무관학교—안동유림의 남만주 이주와 이상룡·김동삼의 활동을 중심으로」, 『만주연구』 24, 만주학회, 2017.
정연정·천명희, 「고성이씨 소장 「해도교서사」의 국어학적 가치」, 『어문론총』 68, 한국언어문화학회, 2016.
조동걸, 『한국민족주의의 성립과 독립운동사 연구』, 지식산업사, 1989.
조상우, 『愛國啓蒙期 漢文 散文의 硏究』, 다운샘, 2002.
조준희, 「檀崖 尹世復의 민족학교 설립 일고찰」, 『선도연구』 8, 국제뇌교육종합대학원 국학연구원, 2010.
한경희, 「경북 북부지역 근대문학자들의 유학전통의 사유와 신념의 변화양상」, 『정신문화연구』 32-3, 한국학중앙연구원, 2009.